Kohlhammer

Der Herausgeber

Dr. Dieter Haller ist Professor für Soziale Arbeit an der Berner Fachhochschule. Zu seinem Aufgabengebiet gehören Unterricht und Leitungsaufgaben im Masterstudiengang Soziale Arbeit, den die Berner Fachhochschule mit der Hochschule Luzern und der Fachhochschule Ostschweiz anbietet. Sein besonderes Interesse gilt Themen der Sozialen Arbeit an den Schnittstellen von Sozialem, Bildung und Gesundheit. Dieter Haller ist ein Spezialist für Theorien und die Forschungstradition der Interaktionistischen Soziologie.

Dieter Haller (Hrsg.)

Arbeit am Kindeswohl

Soziale Arbeit, Schule und Justiz
in Kooperation

Verlag W. Kohlhammer

Dieses Werk einschließlich aller seiner Teile ist urheberrechtlich geschützt. Jede Verwendung außerhalb der engen Grenzen des Urheberrechts ist ohne Zustimmung des Verlags unzulässig und strafbar. Das gilt insbesondere für Vervielfältigungen, Übersetzungen, Mikroverfilmungen und für die Einspeicherung und Verarbeitung in elektronischen Systemen.

Die Wiedergabe von Warenbezeichnungen, Handelsnamen und sonstigen Kennzeichen in diesem Buch berechtigt nicht zu der Annahme, dass diese von jedermann frei benutzt werden dürfen. Vielmehr kann es sich auch dann um eingetragene Warenzeichen oder sonstige geschützte Kennzeichen handeln, wenn sie nicht eigens als solche gekennzeichnet sind.

Es konnten nicht alle Rechtsinhaber von Abbildungen ermittelt werden. Sollte dem Verlag gegenüber der Nachweis der Rechtsinhaberschaft geführt werden, wird das branchenübliche Honorar nachträglich gezahlt.

Dieses Werk enthält Hinweise/Links zu externen Websites Dritter, auf deren Inhalt der Verlag keinen Einfluss hat und die der Haftung der jeweiligen Seitenanbieter oder -betreiber unterliegen. Zum Zeitpunkt der Verlinkung wurden die externen Websites auf mögliche Rechtsverstöße überprüft und dabei keine Rechtsverletzung festgestellt. Ohne konkrete Hinweise auf eine solche Rechtsverletzung ist eine permanente inhaltliche Kontrolle der verlinkten Seiten nicht zumutbar. Sollten jedoch Rechtsverletzungen bekannt werden, werden die betroffenen externen Links soweit möglich unverzüglich entfernt.

1. Auflage 2022

Alle Rechte vorbehalten
© W. Kohlhammer GmbH, Stuttgart
Gesamtherstellung: W. Kohlhammer GmbH, Stuttgart

Print:
ISBN 978-3-17-041278-1

E-Book-Formate:
pdf: ISBN 978-3-17-041279-8
epub: ISBN 978-3-17-041280-4

Inhalt

Einführung 7
Dieter Haller

Teil I Kindeswohl – Soziale Arbeit, Schule und Justiz in Kooperation
Dieter Haller

1 Kindeswohl als Aufgabe von Familie und Gesellschaft 19

2 Konstituierung der Arbeit am Kindeswohl 24

3 Versorgungsstrukturen 32

4 Versorgung und Fallgeschehen 42

5 Versorgungsmodelle 49

6 Lebenswelt der Familien 84

7 Kinderschutzverläufe 99

8 Schlussbetrachtung und Empfehlungen 119

Teil II Vertiefungen

9 Das Erleben und Handeln betroffener Elternteile –
   Zur Bedeutung der Beziehungsgestaltung zwischen
   Professionellen und Elternteilen 131
   Birgit Kalter

10 Das Erleben des Kindes im Kontakt mit nicht-professionellen
   Akteuren im Gefährdungskontext 161
   Julia Schatzschneider

11 Erkennen, Klären, Kooperieren – Gefährdungsmanagement
   in der Schule in der Schweiz 177
   Regina Jenzer

12	Versorgung und Fallgeschehen – Vergleich der Versorgungsräume aus quantitativer Sicht	197
	Jodok Läser	
13	Rahmenbedingungen des Kinderschutzes in Deutschland und der Schweiz	212
	Julia Schatzschneider	

Dank	238
Verzeichnis der Autorinnen und Autoren	239

Einführung

Dieter Haller

MehrNetzWert: Kindeswohl unter der Lupe

Forscherinnen und Forscher der Berner Fachhochschule und der Universität Duisburg-Essen bearbeiteten während der Jahre 2015 bis 2019 das Forschungsprojekt MehrNetzWert. Im Mittelpunkt dieser Forschung stehen zehn- bis 16-jährige Kinder und Jugendliche in Gefährdungssituationen sowie die Institutionen und Fachkräfte, welche sie und ihre Familien unterstützen. Die Gefährdung des Kindeswohls ist ein Thema mit hoher gesellschaftlicher Relevanz, das Betroffenheit auslöst. Die Gefährdungslagen sind vielfältig. Kinder können unter Vernachlässigung, Erwachsenenkonflikten, physischer, psychischer oder sexueller Gewalt oder Autonomiekonflikten leiden (Bundesrat der Schweizerischen Eidgenossenschaft, 2012, S. 11f).

Mit der Forschung MehrNetzWert wollen die Berner Fachhochschule und das Institut für Stadtteilentwicklung, Sozialraumorientierte Arbeit und Beratung der Universität Duisburg-Essen einen Beitrag zur Weiterentwicklung der Hilfen an Kinder und Familien in Gefährdungslagen leisten. Der Projekttitel MehrNetzWert ist ein Wortspiel: Es geht um das *Netzwerk* der Institutionen, welches Kinder und Familien unterstützt sowie um die Annahme, dass mit *mehr Netz* – mit einer Reflexion und einer Stärkung des Netzgedankens – *Mehrwerte* erzeugt werden können. Verschiedene Studien orteten Bedarf, das Netzwerk der Institutionen weiter zu entwickeln: Im Vordergrund steht die Kooperation der zahlreichen am Fall beteiligten Professionellen, welche als »betriebsames Nebeneinander« bezeichnet wurde. Weiter wurde auf den geringen Einbezug der betroffenen Kinder bei der Planung und Umsetzung der Hilfen hingewiesen (Voll et al., 2008, S. 64 und 225ff). Insgesamt bilden im Kinderschutzgeschehen die Art und die Qualität der Kooperation der Beteiligten eine entscheidende Einflussgröße. Die Zusammenarbeit von Fachpersonen über Institutionsgrenzen hinweg wurde deshalb auch als »Achillesferse« des Kinderschutzes bezeichnet (Schnurr, 2012, S. 251). Außerdem traten im Jahr 2013 in der Schweiz neue gesetzliche Bestimmungen des Kinder- und Erwachsenenschutzes in Kraft, die sich auf die Organisation des Kinderschutzes stark auswirken. Die Kindes- und Erwachsenenschutzbehörden (KESB) sind seitdem regional installiert und professionalisiert. Neu entscheiden sie als Fachbehörden über Kinderschutzmaßnahmen und erteilen die entsprechenden Aufträge für Beistandschaften, spezialisierte Beratungen, Therapien usw.

Vor diesem Hintergrund bilden die betroffenen Kinder und Jugendlichen mit ihren Familien sowie die Professionellen der Bereiche Soziale Arbeit, Schule und

Justiz die Zielgruppe der Forschung MehrNetzWert. Diese Fachkräfte sind in einem geografischen Raum für die Bildung, Begleitung und Unterstützung der Kinder zuständig. In Gefährdungssituationen gestalten sie die Fallverläufe maßgebend mit und tragen zu entsprechenden Ergebnissen bei. Daher wird das Zusammenwirken der beteiligten Akteure als Forschungsgegenstand definiert. Das Projekt fokussiert somit nicht die einzelnen Kinder, sondern die »Handlungsgemeinschaften«, welche die Kinder und Jugendlichen in Gefährdungssituationen zusammen mit ihren Familien und den involvierten institutionellen Akteuren bilden. Der gewählte Fokus beinhaltet auch eine Begrenzung: Die Institutionen und Fachkräfte des Gesundheitsbereichs wurden ausgeklammert. Sie sind zwar erheblich an der Arbeit am Kindeswohl beteiligt, ihr Einbezug hätte jedoch die Grenzen des im Projekt Bearbeitbaren gesprengt.

MehrNetzWert verfolgt die Hauptzielsetzung, Wissen für die Optimierung der Unterstützungsprozesse zu generieren: zum einen Wissen zur Gestaltung der professionellen Unterstützung, zum anderen Wissen zur Weiterentwicklung der Kooperationen der an der Unterstützung beteiligten Fachkräfte. Zur Erreichung dieser Zielsetzung ist ein Projektdesign gefragt, welches dem vielschichtigen, interaktiven und prozessualen Geschehen im Untersuchungsfeld und den Perspektiven der Anspruchsgruppen gerecht wird. Im ersten Forschungsteil wird das Geschehen rund um die Interaktionen zwischen Kindern/Jugendlichen mit ihren Erziehungsberechtigten und den Fachkräften der Schule und des weiteren Unterstützungssystems untersucht. Aus diesen Ergebnissen werden Folgerungen für die Optimierung von Unterstützungsprozessen formuliert. Eine zweite Projektetappe dient der Kontextualisierung, Verdichtung und Validierung der erarbeiteten Folgerungen durch Expertise. Im Frühjahr 2019 bewertete und erwog eine interdisziplinär zusammengesetzte Gruppe von 33 Expertinnen und Experten die erarbeiteten Ergebnisse und Folgerungen. Außerdem fand im Juni 2019 eine zweitägige Fachtagung statt, an welcher die Ergebnisse vorgestellt und diskutiert wurden.

Verankerung

Die Forschung MehrNetzWert ist theoretisch und methodisch in der Interaktionistischen Sozialwissenschaft verankert. Das schweizerisch-deutsche Forschungsteam orientierte sich an der Handlungstheorie von Anselm Strauss, insbesondere an dessen Konzept des Trajectory. Diese Denkfigur bezeichnet einen von einer Akteursgruppe gemeinsam gestalteten Handlungsprozess, betrachtet unter den jeweiligen bio-psychosozialen Voraussetzungen der Akteure sowie den ökonomischen und kulturellen Bedingungen im gesellschaftlichen Umfeld (Strauss, 1993; Soeffner, 1991; Haller, 2000; Strübing, 2007). Folglich werden in MehrNetzWert die Handlungsprozesse der Fachkräfte der Bereiche Bildung, Soziales, Sicherheit und Recht untersucht, welche die Arbeit am Kindeswohl in einem geografischen Raum in Interaktion mit den Familien gestalten. Dieses prozessuale Zusammenwirken der beteiligten Akteure bildet den zentralen Forschungsgegenstand in MehrNetzWert.

Zudem ist die Studie MehrNetzWert in der Methodologie der Grounded Theory verankert. Das Forschungsteam orientierte sich an der von Anselm Strauss und Juliet Corbin entwickelten Variante des Ansatzes (Strauss & Corbin, 1990; Corbin & Strauss, 2015; Strübing, 2008). Dieser fokussiert die sozialen Prozesse im Untersuchungsfeld und ermöglicht, Handlungs- und Interaktionsmuster im Sinne des erwähnten Trajectory-Konzepts zu entdecken und zu beschreiben.

In Forschungen im Stil der Grounded Theory beginnt die Datenanalyse unmittelbar nach den ersten Datenerhebungen. Von Offenem Kodieren wird gesprochen, wenn Kategorien entdeckt und analysiert werden. Wenn die Zusammenhänge zwischen den entwickelten Kategorien untersucht werden, wird dies als Axiales Kodieren bezeichnet. Weitere prägende analytische Prozeduren bilden das kontinuierliche Vergleichen provisorischer Ergebnisse und das induktive und deduktive Reflektieren. Arbeitsschritte zur Verifikation von provisorischen Aussagen – auch die Auswahl weiterer Untersuchungsfälle – geschehen in Hinblick auf die Verdichtung der entstehenden Kategoriensysteme, die im abschließenden Prozess des Selektiven Kodierens einen höheren Abstraktionsgrad erhalten. Ziel ist die Erarbeitung von Typen und Typologien, die in den Daten gestützt begründet werden können (Strauss & Corbin, 1990). Glaser und Strauss, die Begründer der Grounded Theory, sprachen in diesem Zusammenhang von substantiven Theorien (Glaser & Strauss, 1998, S. 41ff). Sie formulierten vier Kriterien, die ein mit der Grounded Theory entwickeltes Ergebnis auszeichnen:

- Die erarbeiteten Aussagen sollen den untersuchten Gegenstand realitätsnah abbilden.
- Die Ergebnisse sollen genügend Variationen und somit eine hohe Aussagekraft enthalten.
- Trotz der wissenschaftlichen Erarbeitung sollen die Aussagen auch für die untersuchten Personen verständlich sein.
- Schließlich besteht der Anspruch, dass Ergebnisse eine Basis für kontrolliert gesteuertes, professionelles Handeln im untersuchten Feld bilden sollen.

Ergebnisse

Die Darstellung von Grounded Theory-Ergebnissen weist spezifische Eigenschaften auf. So beinhalten die Beiträge der folgenden Seiten verallgemeinernde Aussagen – im Sinne der erwähnten substantiven Theorie. Mit einer typisierten Darstellung wird jeweils das Grundgerüst des Geschehens im Untersuchungsfeld aufgezeigt. Hierzu werden die entwickelten Kategorien und die postulierten Zusammenhänge auch grafisch dargestellt. In diesem theoretisierenden Stil findet sich in diesem Band bspw. eine Systematik zum Aufbau von Kooperationen im

Spannungsfeld von Freiwilligkeit und Zwang (▶ Kap. 2.4). Oder es werden typische Muster des Elternhandelns in Gefährdungsverläufen beschrieben. Diese stark verdichteten, theoretisierenden Ausführungen zu Mustern im Geschehen werden mit Darstellungen über Variationen ergänzt. Die Beschreibungen von Mustern haben einen theoretischen Gehalt. Die Variationen haben die Funktion, die theoretischen Aussagen zu veranschaulichen (Strauss & Corbin, 1990, S. 23ff). Variationen werden häufig mit Wendungen wie »Zum Beispiel« oder »Dies kann geschehen, wenn ...« eingeleitet. Die erkenntnistheoretische Funktion eines Typus oder eines Musters wird dabei im Sinne von Max Weber als Idealtypus verstanden: Typen fassen die in den Daten empirisch analysierten Einzelereignisse zu gedanklichen Figuren zusammen. Diese modellhaften Beschreibungen sind von den reellen Vorgängen abstrahiert und stellen keine Einzelerscheinungen der Wirklichkeit dar. Der Einzelfall kann aber mit den typisierten Darstellungen verglichen werden. Der Vergleich soll die Erkenntnis über Einzelfälle in der Praxis bereichern (Weber, 1988, S. 190, Haller, 2005, S. 44f).

Trotz des theoretisierenden Abstraktionsniveaus bleibt die Ergebnisdarstellung mit dem Konkreten im Untersuchungsfeld verbunden: So kommt die Sprache des Feldes in den Ergebnissen direkt zum Ausdruck, wenn Aussagen von befragten Kindern, Elternteilen und Fachkräften zitiert werden. Die Zitate aus Interviews dienen jedoch eher der illustrativen Ergänzung. Die Darstellung auf konzeptuellem Niveau steht im Vordergrund. Dazu Anselm Strauss:

> »In unseren Monographien [...] versuchen wir, die Daten intensiv zu analysieren [... ,] sodass wir daraus eine integrierte und dichte Theorie konstruieren können. Also sind Zitate aus Interviews und Beobachtungsprotokollen im Allgemeinen überschaubar und oftmals in die Analyse eingearbeitet. Längere Zitate [...] werden herangezogen, um Fallbeispiele zu illustrieren [...] Und weil viele Leser mit dem, was [im Untersuchungsfeld] vor sich geht, vielleicht überhaupt nicht vertraut sind, wird das Illustrationsmaterial dazu benutzt, diese Lücken zu schließen, auch wenn wir dieses Problem im allgemeinen mit unseren eigenen Worten lösen« (Strauss, 1991, S. 331f).

Schlussendlich bildet die konsequent datengestützte Beschreibung der untersuchten Prozesse ein auffallendes, vielleicht auch überraschendes Merkmal der Beiträge dieses Bandes, die im Stil der Grounded Theory erarbeitet sind. Die Argumentation erschließt sich aus den erhobenen Daten; die Bezüge zu bestehender Fachliteratur sind sekundär.

Forschungsdesign

MehrNetzWert arbeitet mit der These, dass die durch Gesetze formierte institutionelle Ausgestaltung der Hilfen an Kinder, Jugendliche und Familien einen entscheidenden Einfluss auf die Unterstützungsverläufe im Kinderschutz hat (vgl. Schone, 2003, S. 277; Voll et al., 2008, S. 53). Das Geschehen auf der Ebene der Einzelfälle soll in Zusammenhang mit dem Geschehen auf der Ebene der institutionellen Versorgung analysiert werden. Hierzu werden in MehrNetzWert vier unterschiedliche Versorgungsräume in der Schweiz und in Deutschland untersucht. In beiden Ländern werden je ein ländlicher und ein städtischer Versorgungsraum einbezogen, da die Versorgungssysteme in weniger dicht besiedelten Regionen anders strukturiert sind als in Städten.[1] Der damit angelegte länderübergreifende Vergleich soll die breite inhaltliche und empirische Auseinandersetzung fördern. Die Forschungsstrategie beinhaltete drei empirische Schritte.

(1) Standardisierte Erhebung von Merkmalen der Kinder und des Unterstützungsverlaufs

In den vier Versorgungsräumen wurden die Fallverläufe der zehn bis 16 Jahre alten Kinder bzw. Jugendlichen, die in den Jahren 2013 und 2014 von einer Gefährdungsmeldung betroffen waren, untersucht. Grundlage dieser Datenerhebung bildete die Akte der jeweiligen Kindes- und Erwachsenenschutzbehörde (KESB) in der Schweiz und des Jugendamts in Deutschland. Erhoben wurden Merkmale des Kindes, der Anlass der Gefährdungsmeldung sowie Eckdaten des Fallverlaufs und allfälliger Interventionen und Maßnahmen. Zusätzlich erfolgte eine standardisierte Erhebung zur Ressourcenlage der Kinder/Jugendlichen. Jodok Läser stellt in seinem Beitrag Ergebnisse der standardisierten Erhebungen in den Vordergrund (▶ Kap. 12).

(2) Fallstudien Kinder, Elternteile und Versorgungsräume

Den großen Teil des Datenmaterials von MehrNetzWert bilden Textdaten, die in Qualitativen Interviews erhoben wurden. Insgesamt konnten 25 Fallstudien mit zehn- bis 16-jährigen Kindern bzw. Jugendlichen verteilt auf die vier Versorgungsräume erhoben werden. In einigen Fällen wurden mehrere Kinder einer Familie befragt. In einem Fall konnte zur Vertiefung ein zweites Gespräch stattfinden. Auf Basis von Interviews mit Elternteilen wurden elf Fallstudien bearbeitet; teils handelte es sich um Erziehungsberechtigte bereits befragter Kinder.

Die Auswahl der Untersuchungsfälle erfolgte entlang des Hauptkriteriums, dass eine Gefährdungsmeldung vorlag. Im Laufe der empirischen Arbeit konnten spezifischere Kriterien wie die Art der Kinderschutzmaßnahme oder Merkmale des Kindes wie Geschlecht oder Migrationshintergrund einbezogen werden. Der Methodologie der Grounded Theory und den Vorgaben des Theoretical Samplings folgend bestand die Zielsetzung, die Untersuchungsfälle stufenweise so zu wählen, dass die Geschehnisse im Untersuchungsfeld Schritt für Schritt erschlossen und konzeptuell dicht und gleichzeitig variationsreich beschrieben werden konnten (Glaser & Strauss, 1998; Haller, 2000).

---

1 Die Untersuchungen wurden in den Versorgungsräumen Stadt Bern (Schweiz), Stadt Essen (Deutschland), Verwaltungsbezirk Emmental (Schweiz) und Landkreis St. Wendel (Deutschland) durchgeführt.

Nach denselben Auswahlverfahren wurden, verteilt auf die vier Versorgungsräume, insgesamt 50 Interviews mit Fach- und Führungskräften sozialer Dienste, der Schule, ambulanter Beratungsstellen, stationärer Einrichtungen und der Kindes- und Erwachsenenschutzbehörde bzw. des Jugendamts geführt. Diese Gespräche fanden fast ausnahmslos als Gruppeninterviews mit bis zu sechs Teilnehmenden statt.

Die Interviews wurden im Stil sogenannter problemzentrierter Interviews geführt. Diese lassen zu Beginn viel Raum für die Erzähllogik der Befragten offen, bevor im zweiten Teil aus der Perspektive der Forschenden Verständnisfragen formuliert werden (Witzel, 1982, S. 92ff). Nach den Gesprächen wurden die Teilnehmenden in einem standardisierten Format um Angaben zu ihrer Person und weiterer Themen gebeten. Die als Audiodateien aufgezeichneten Gespräche wurden transkribiert und mit den oben beschriebenen Kodierverfahren analysiert.

(3) Einbezug von Expertinnen und Experten

Im Frühjahr 2019 lagen die Ergebnisse im Entwurf vor. Darauf abgestützt formulierte das Forschungsteam Empfehlungen für das kooperative Handeln der Fachkräfte der Bereiche Soziale Arbeit, Schule und Justiz. Diese Empfehlungen wurden von 33 Expertinnen und Experten beurteilt, die in Kinderschutzbehörden bzw. Jugendämtern, in sozialen Diensten, in Schulen und in der Jugendhilfeforschung tätig sind. Die Ergebnisse dieser halbstandardisierten Befragung dienten der Validierung und Weiterentwicklung der Studienergebnisse und der Entwicklung der am Schluss dieses Beitrags formulierten Empfehlungen.

Führungs- und Fachkräfte aus Institutionen der Kinder- und Jugendhilfen leisteten aufwändige Beiträge zum Gelingen der Forschung MehrNetzWert. Unter anderem garantierten sie zur Rekrutierung der sensiblen Zielgruppe der Kinder und Elternteile ein Verfahren, welches forschungsethischen Standards entspricht. In den Jahren 2015 und 2016 wurden diese Projektbeteiligten zur Information über den Projektverlauf und zur Diskussion von Zwischenergebnissen an projektinterne Tagungen eingeladen.

Die Beiträge dieses Buches

Familien verstehen die Arbeit am Kindeswohl als Teil ihres alltäglichen Lebensvollzugs. Parallel dazu gewährleistet die Gesellschaft die Grundversorgung der Kinder in den Bereichen Gesundheit, Bildung, Freizeit, Sicherheit und Recht. In seinem Beitrag zur Arbeit am Kindeswohl als transdisziplinäre Aufgabe entwickelt Dieter Haller ein umfassendes Modell dieser von den Familien und den institutionellen Akteuren geleisteten Arbeit zum Wohl der Kinder. Dabei werden zentrale Aspekte des Geschehens auf Basis der in den untersuchten Versorgungsräumen erhobenen Daten dargestellt. Beispielsweise wird die besondere Dynamik der Kooperation der Familien und der institutionellen Akteure im Spannungsfeld von Freiwilligkeit und Zwang herausgearbeitet. Die Interaktionen zwischen den Familien und den natürlich sozialisierenden Institutionen wie der Schule verlaufen anders als jene zwischen Familien und Behörden, die mit Zwangsausübung konnotiert wahrgenommen werden. Die Analyse von Fallverläufen in Versorgungsräumen der Schweiz und Deutschlands führt zu Ergebnissen über Varianten der Ausgestaltung von Kooperations- und Bearbeitungssettings und deren begünstigenden bzw. hinderlichen Auswirkungen auf das Fallgeschehen. Die datenbasiert entwickelten Begrifflichkeiten und Modelle sowie die daraus entwickelten Folgerungen sollen dazu anregen, konkrete Versorgungsstrukturen und Unterstützungsprozesse vergleichend zu reflektieren, das heißt die Praxis weiter zu entwickeln.

Birgit Kalter befasst sich im ersten vertiefenden Beitrag mit dem Erleben und Handeln betroffener Elternteile und mit der Beziehungsgestaltung zwischen Professionellen und Elternteilen. Was Eltern konkret im Verlauf einer Maßnahme zur Abwendung von Gefährdungen für ihr Kind tun und wie sie im Zusammentreffen mit Fachkräften agieren, ist variationsreich. Ihr Handeln steht im Zusammenhang mit den Eigenarten eines komplexen Bedingungsgefüges und erhält dadurch seinen je individuellen Ausdruck. Vom Einzelfall abstrahiert lässt sich das Handeln der Eltern dennoch typisieren. Die Autorin beschreibt vier Typen des Elternhandelns: Widersetzen, Dulden, Instrumentalisieren und Kooperieren. Die Typen zeigen grundlegende Prägungen, denen das Handeln der Eltern unterliegt. Die Befunde werden im Hinblick auf Folgerungen für die Gestaltung des kooperierenden Zusammenwirkens von Elternteilen und Fachkräften kritisch diskutiert.

Das Erleben der Kinder im Kontakt mit nicht-professionellen Akteurinnen und Akteuren steht im Zentrum des ersten der beiden Texte von Julia Schatzschneider. In den Interviews berichten die Kinder und Jugendlichen über weitere Personengruppen, die neben ihren Eltern, Müttern, Vätern und Geschwistern sowie den in den Unterstützungsprozess involvierten Fachkräften für sie bedeutsam sind. Die Autorin fokussiert diese Interaktionen zwischen den Jugendlichen und Peergroups, Freundinnen und Freunden sowie weiteren Akteurinnen und Akteuren wie entfernteren Familienangehörigen, Erwachsenen aus dem Umfeld und Mitbewohnerinnen und Mitbewohnern im Rahmen stationärer Unterbringung. Die Frage, inwiefern solche »lebensweltlichen Inseln« für die Kinder und Jugendlichen bedeutsam und in Schutzverfahren erhaltenswert sind, wird untersucht.

Regina Jenzer nimmt die Rolle der Schule in der Früherkennung der Ressourcen und Defizite der Kinder und Familien unter die Lupe. Auf Basis der Interviews mit Fachkräften der Schule und der Sozialen Dienste in der Schweiz thematisiert sie die schulinternen Prozesse, die in Gang kommen, wenn Lehrkräfte die Gefährdung eines Kindes vermuten. Die diesbezügliche Arbeit der Schule entwickelt sich typischerweise in drei Phasen: Beobachten und Erkennen von Auffälligkeiten, Definieren eines Gefährdungsbildes und Installieren von Hilfen. Entscheidet sich die Schule, die Gefährdung eines Kindes zu thematisieren, wird die Gestaltung der Interaktion mit der Familie zur besonders anspruchsvollen

Aufgabe. Werden zudem externe Hilfen initiiert, stellen sich Herausforderungen der interdisziplinären Kooperation. Der Beitrag beleuchtet förderliche und hinderliche Bedingungen des Umgangs mit Kindeswohlgefährdungen in Schulen und in der Kooperation von Schulen mit sozialen Diensten und Behörden.

Wie dargelegt, wurden im Rahmen der Forschung MehrNetzWert nebst den gegen 100 durchgeführten Qualitativen Interviews auch standardisierte Daten aus Akten gewonnen. Der Beitrag von Jodok Läser behandelt ausgewählte Themenfelder, in denen die mit Grounded Theory erarbeiteten Ergebnisse mit Resultaten der quantitativen Untersuchungen kontrastiert werden. Beispielsweise wird erörtert, ob eine auf Prävention angelegte Versorgungsstruktur mit einer geringeren Zahl von Gefährdungsmeldungen einhergeht. Das standardisierte Datenmaterial erlaubt auch eine Quantifizierung der verschiedenen geleisteten Interventionen im Umfeld der jeweils geltenden gesetzlichen Rahmenbedingungen und Versorgungsstrukturen.

Um die Rahmenbedingungen des Kinderschutzes in Deutschland und der Schweiz geht es schließlich im zweiten Beitrag von Julia Schatzschneider. Sie verortet in einer vergleichenden Perspektive den Kinderschutz in Deutschland und in der Schweiz. Die Autorin nimmt Begriffsbestimmungen vor und beschreibt die rechtlichen Voraussetzungen und die wichtigsten institutionellen Akteure in den beiden Ländern. Es folgt eine Besprechung der wichtigen Gemeinsamkeiten und Unterschiede. Der Beitrag unterscheidet sich von den übrigen Texten des Sammelbandes. Das Ergebnis wird nicht auf Basis empirischer Daten entwickelt, die im Rahmen der Forschung MehrNetzWert erhoben wurden. Die Grundlagen bilden Fachartikel, Gesetzestexte und bereits vorliegende Studien.

Literatur

Bundesrat der Schweizerischen Eidgenossenschaft. (2012). Gewalt und Vernachlässigung in der Familie: notwendige Maßnahmen im Bereich der Kinder- und Jugendhilfe und der staatlichen Sanktionierung. Bericht des Bundesrates in Erfüllung des Postulats Fehr (07.3725) vom 5. Oktober 2007. Abgerufen unter http://www.bsv.admin.ch/themen/kinder_jugend_alter/00066/index.

Corbin, Juliet & Strauss, Anselm L. (2015). Basics of Qualitative Research, Techniques and Procedures for Developing Grounded Theory. Fourth Edition. Los Angeles: Sage.

Glaser, Barney G. & Strauss, Anselm L. (1998). Grounded Theory. Strategien qualitativer Forschung. (englischsprachige Originalausgabe 1967). Bern: Verlag Hans Huber.

Haller, Dieter (Hrsg.). (2000). Grounded Theory in der Pflegeforschung und anderen Anwendungsfeldern. Bern: Huber.

Haller, Dieter. (2005). Illegaler Substanzkonsum, Abhängigkeit und Therapie im gesellschaftlichen Kontext: Das Beispiel Methadon. Fakten und Grundlagen zur Weiterentwicklung der Suchtbehandlung (Dissertation). Soziologisches Institut der Universität Zürich.

Schnurr, Johannes. (2012). Kooperation und Netzwerkarbeit zur Abwendung von Kindeswohlgefährdung. In: Schone, Reinhold & Tenhaken, Wolfgang (Hrsg.). Kinderschutz in Einrichtungen und Diensten der Jugendhilfe. Weinheim: Beltz. S. 251–269.

Schone, Reinhold. (2003). Sozialpädagogische Bewertungsprobleme und Handlungsstrategien bei Kindeswohlgefährdung. In: Kaufmann, Claudia & Ziegler, Franz (Hrsg.). Kindeswohl – eine interdisziplinäre Sicht. Zürich: Verlag Rüegger, S. 257–278.

Soeffner, Hans-Georg. (1991). Trajectory as Intended Fragment: The Critique of Empirical Reason According to Anselm Strauss. In: Maines, David R. (Hrsg.). Social Organization and Social Process, Essays in Honor of Anselm Strauss. New York: Aldine de Gruyter. S. 359–371.

Strauss, Anselm L. (1991). Grundlagen qualitativer Sozialforschung. Datenanalyse und Theoriebildung in der empirischen soziologischen Forschung. München: Wilhelm Fink Verlag.

Strauss, Anselm L. (1993). Continual Permutations of Action. New York: Aldine de Gruyter.

Strauss, Anselm L. & Corbin, Juliet. (1990). Basics of Qualitative Research, Grounded Theory Procedures and Techniques. Newbury Park: Sage.

Strübing, Jörg (2007). Anselm Strauss. Konstanz: UVK verlagsgesellschaft.

Strübing, Jörg (2008). Grounded Theory. Zur sozialtheoretischen und epistemologischen Fundierung des Verfahrens der empirisch begründeten Theoriebildung. Wiesbaden: VS Verlag für Sozialwissenschaften.

Voll, Peter; Jud, Andreas; Mey, Eva; Häfeli, Christoph & Stettler, Martin. (2008). Zivilrechtlicher Kindesschutz: Akteure, Prozesse, Strukturen. Eine empirische Studie mit Kommentaren aus der Praxis. Luzern: Interact.

Weber, Max. (1988). Gesammelte Aufsätze zur Wissenschaftslehre, herausgegeben von Johannes Winckelmann. Tübingen: J. C. Mohr (Paul Siebeck).

Witzel, Andreas. (1982). Verfahren qualitativer Sozialforschung. Überblick und Alternativen. Frankfurt a. M.: Campus Verlag.

Teil I   Kindeswohl – Soziale Arbeit, Schule und Justiz in Kooperation

Dieter Haller

In der Studie MehrNetzWert wurden gegen 100 Forschungsinterviews geführt. Themen waren das Geschehen, das in eine Gefährdungsmeldung mündete, und die Interaktionen zwischen den Familien und den Professionellen. Zum einen nahmen zehn- bis 16-jährige Kinder und Jugendliche sowie Elternteile an Interviews teil; zum anderen wurden Gespräche mit Fach- und Führungskräften aus sozialen und sozialpädagogischen Institutionen, aus der Schule und aus dem Justizbereich geführt. Der vorliegende Beitrag bildet Ergebnisse ab, die aus dem Fundus dieser Textdaten mit den Analysemethoden der Grounded Theory erarbeitet wurden. So wird auf den folgenden Seiten über mehrere Stufen ein umfassendes Modell zur Arbeit am Kindeswohl als transdisziplinäre Aufgabe entwickelt. Die Fülle des Materials erforderte es Einschränkungen vorzunehmen: In die Analysen wurde zwar Material aus allen vier untersuchten Versorgungsräumen in der Schweiz und Deutschland mit einbezogen, dennoch wird hier stärker eine schweizerische Perspektive bearbeitet. So werden die rechtlichen und institutionellen Verhältnisse in der Schweiz ausführlicher dargestellt als jene in Deutschland. Um durch die vergleichende Analyse Erkenntnisse zu gewinnen, wird jedoch bspw. das im deutschen Bezirk St. Wendel umgesetzte Versorgungsmodell ausführlich beschrieben und diskutiert.

1 Kindeswohl als Aufgabe von Familie und Gesellschaft

1.1 Familialer Lebensvollzug und Kinderschutzverlauf

In der Arbeit am Kindeswohl treffen Familienakteure, das sind Kinder, Jugendliche, Elternteile und manchmal auch Verwandte auf institutionelle Akteure, das heißt auf Fachkräfte von Institutionen, die sich mit dem Wohlbefinden, der Ausbildung, der Begleitung, der Beratung und dem Schutz von Kindern befassen. Während der Zeit des Heranwachsens eines Kindes interagieren die beiden Akteursgruppen. Sie bilden rund um das Kind eine Handlungsgemeinschaft, die den Verlauf der Dinge stark bestimmt.

Das Kindeswohl ist laut einer in der Schweiz gängigen Begriffsbestimmung gewährleistet, wenn die Lebensbedingungen von Kindern in einer Art gestaltet sind, dass eine gesunde Entwicklung der Heranwachsenden gewährleistet ist (vgl. Hauri & Zingaro, 2020, S. 11). Dabei sollen der Grundbedarf der Kinder und ihre subjektiven Bedürfnisse erfüllt werden. In Anlehnung an den Capability-Ansatz kann der Grundbedarf von Kindern mit folgenden Begriffen beschrieben werden:[1]

- Körperliche Unversehrtheit und Sicherheit
- Materielle Bedingungen, die insbesondere eine regelmäßige Ernährung sowie Rückzug und Schlaf ermöglichen
- Gesundheit
- Beständige, liebevolle Beziehungen zu Menschen und zur natürlichen Umwelt, z. B. Haustieren
- Kognitive und emotionale Erfahrungen, die die individuelle Persönlichkeit und den jeweiligen Entwicklungsstand des Kindes berücksichtigen
- Zugehörigkeit zu einem sozialen Netzwerk ohne Gewalt- und Erniedrigungserfahrungen
- Grenzen und Strukturen
- Stabile, unterstützende Gemeinschaften und kulturelle Kontinuität

---

1 Capabilities benennen Lebensbereiche, in denen Menschen (im vorliegenden Kontext Kindern und Jugendlichen) Möglichkeiten geboten werden, ein Leben zu führen, das sie selbst wertschätzen können. Der Grundbedarf und die Bedürfnisse von Kindern können diesen Lebensbereichen zugeordnet und fassbar gemacht werden. Die beschriebene Aufzählung folgt den von Martha Nussbaum entwickelten »Central Capabilities« (vgl. Otto, Scherr und Ziegler, 2010, S. 158).

Das Kindeswohl ist eine gemeinsame Aufgabe von Familie und Gesellschaft. Im natürlichen Lebensvollzug der Familien bildet das Erziehen heranwachsender Kinder, auf ihre emotionale, kognitive und körperliche Entwicklung und ihre Bedürfnisse passend einzugehen, eine vielschichtige Aufgabe, die Eltern kontinuierlich während vieler Jahre erbringen. Gleichzeitig sind auf Seite der Gesellschaft die wichtigen Politikfelder Bildung, Soziale Wohlfahrt, Gesundheit, Justiz und Sicherheit in die Erziehung, die Bildung und den Schutz der Kinder und Jugendlichen involviert. Institutionen wie die Schule fördern die Entwicklung der Kinder. Entsprechend breit ist das Feld der institutionellen Akteure – der Institutionen und Berufe, die sich mehr oder weniger direkt mit dem Kindeswohl befassen.

In dem Maß, wie Elternteile die gesunde Entwicklung von heranwachsenden Kindern und Jugendlichen fördern, bauen sie am Wohl des Kindes. Aus der Sicht der Gesellschaft ist es problematisch, wenn das Wissen, Können und/oder Wollen in Familien nicht ausreicht, um das Wohl des Kindes zu gewährleisten. Wenn Erziehungsberechtigte das Kindeswohl vernachlässigen oder beschädigen, kann mit einer Gefährdungsmeldung ein Prozess in Gang gesetzt werden, der die Gefährdungsabklärung und allenfalls explizite Kinderschutzmaßnahmen beinhaltet. Die Institutionen, die den Schutz und die Rechte des Kindes gewähren, müssen nun in Interaktion mit den Familienakteuren treten. Es beginnt ein Kinderschutzverlauf.

1.2 Familiale Werte und gesellschaftliche Werte

Das Erziehen, Fördern und Bilden der Kinder ist eine gemeinsame Aufgabe der Familien und der institutionellen Akteure. Allerdings lassen sich dabei die beiden Akteursgruppen tendenziell durch unterschiedliche Werthaltungen leiten. Elternteile sind eng verbunden mit ihren Kindern; sie sehen sich zuständig für deren Entwicklung zu Menschen, die sich in der Gesellschaft behaupten können. Was das Kindeswohl ausmacht – etwa liebevolle Beziehungen pflegen, Sicherheit und körperliche Unversehrtheit gewährleisten oder für ihre Entwicklung passende Aktivitäten ermöglichen –, geschieht im Familienalltag überwiegend auf natürliche Weise. Das Wissen der Mütter und Väter über Kindererziehung scheint maßgeblich als Teil eines Wissensvorrats vorhanden zu sein und von Generation zu Generation weitergegeben zu werden. Entsprechend betrachten Elternteile die Kindererziehung als eine natürliche Aufgabe, der sie sich gewachsen fühlen. Familie zu sein, ist eine grundmenschliche Daseinsform. Dass Eltern das Leben in ihrer Familie hoch gewichten und entlang ihrer eigenen Entwürfe gestalten wollen, bildet einen transkulturell anzutreffenden, sozusagen anthropologisch konstanten Wert.

Die alleinerziehende Mutter zweier Kinder wird im Zuhause durch eine Familienbegleitung unterstützt. Sie erkennt an, dass sie ergänzende Unterstützung in der alltäglichen Erziehungsarbeit braucht. Zur Frage eine Fremdplatzierung äußert sie sich jedoch akzentuiert:

> »Da habe ich gesagt: ›Meine Kinder kommen sicher nicht von mir weg‹. Die sind alles, was ich habe. Wenn ich sie nicht mehr habe dann habe ich alles verloren.«

Die elterliche Grundfähigkeit, Kinder zu erziehen, ist gesellschaftlich hoch anerkannt. Die Familie gilt als schützenswerte Einheit gesellschaftlicher Reproduktion und es werden ihr für die Ausgestaltung des Familienlebens große Spielräume gelassen. Es wirkt ein stark verankertes Primat der Elternschaft.

In westlichen Gesellschaften stehen neben diesem in der Menschheitsgeschichte verankerten Primat der Familie neuere Wertesysteme wie die Charta der Menschenrechte und der Kinderrechte, auf die sich die Institutionen der Bereiche Bildung, Soziales und Justiz stützen. Die Gesellschaft verfügt damit über objektivierte Kriterien, die bezeichnen, was die Substanz des Kindeswohls ausmacht und die in Gesetzen und Verordnungen ausformuliert sind.

Das Familiäre wird so gesehen von einem Set von Werthaltungen unterschiedlicher Herkunft geprägt, von langzeitig transkulturell verankerten, auf die Lebenswelten von Familien bezogenen Werten sowie von Werten, die im gesellschaftspolitischen Diskurs westlicher Gesellschaften während der letzten Jahrzehnte etabliert worden sind. In der Sorge für die Heranwachsenden ergänzen sich die Verantwortungen der Eltern und gesellschaftlicher Institutionen: Die Eltern sehen sich als zuständig für die Versorgung und die Sorge im Alltagsleben der Kinder. Die Gesellschaft regelt über das Rechtssystem vorerst die Grundrechte des Kindes nach seiner Geburt, insbesondere, wer für seine Sorge zuständig ist, und seine Bürgerrechte. Für die ersten Lebensjahre der Kinder stehen medizinische Dienste und immer mehr auch Betreuungs- und Förderungsangebote bereit. Doch sind es in der Regel die Eltern, die über die Nutzung dieser Angebote durch ihre Kinder bestimmen. Das heißt, dass Kinder im Vorschulalter vorwiegend in den Lebenswelten der Familien heranwachsen und ihre Entwicklung stark von familialen Werten geprägt ist. Erst mit dem Eintritt in den Kindergarten und die Schule kommen Kinder stärker in den Einflussbereich gesellschaftlicher Institutionen.

Institutionen wie Kindergarten und Schule, Beratungsstellen und Kinderschutzbehörden orientieren sich an gesellschaftlichen Kriterien. Schulen verfolgen den Leitgedanken, den Jugendlichen mit einem Bildungsabschluss eine selbstbestimmte Zukunft im Umfeld der Leistungsgesellschaft zu ermöglichen (Primat der Leistung). Kinderschutzbehörden verfügen Maßnahmen, um bspw. Kinder vor Vernachlässigung durch psychisch beeinträchtigte Elternteile zu schützen. Zwischen diesen von Gesellschaft und Staat gesetzten Werten und dem Autonomieanspruch der Familien eröffnet sich ein Spannungsfeld, denn obschon sich Familien als Teil der Gesellschaft verstehen und die Gesellschaft Familien fördert, unterscheiden sich familiale Werte von institutionellen Werten.

Zwar sind die Kinderschutzverläufe von verschiedenen Faktoren abhängig, wie im Kapitel zu Lebenswelten der Familien dargestellt wird (▶ Kap. 6). So prägen z. B. der Gesundheitszustand oder das intellektuelle Vermögen von Elternteilen und Kindern oder die materielle Situation und die Familiengeschichte die Fallverläufe. Die Daten der vorliegenden Studie zeigen jedoch ebenso markant, dass die subjektiven Werthaltungen der Beteiligten das Geschehen maßgeblich beeinflussen. Der Einblick in eine Fallgeschichte soll dies veranschaulichen.

> Der zwölfjährige D ist ein vermindert leistungsfähiges Kind, das in seiner Wohngemeinde zur Schule geht, zur sprachlichen Förderung langzeitig Logopädieunterricht erhielt und zurzeit Förderlektionen der schulischen Heilpädagogin besucht. D wird langzeitig mit Ritalin behandelt, was aus Sicht der Schule zur Entspannung des unruhigen, manchmal auch gewalttätigen Verhaltens von D beigetragen habe.
> Seit der Scheidung der Eltern lebt D mit seinem Vater und dessen neuer Partnerin zusammen. Der Vater vermittelt ein kohärentes Bild eines Familienalltags, in dem er zusammen mit seiner neuen Partnerin die Versorgung, die Tagesstruktur und eine passende Freizeitgestaltung des Sohnes sicherstellt. Die Familie steht aber inhaltlich in Konflikt mit den Institutionen: Der Vater bekundet Mühe damit, dass der Sohn keine normale Schulkarriere durchläuft. Die Behandlung mit dem beruhigenden Medikament Ritalin, die die Schule gefordert hatte, hat er nie akzeptiert. So setzte die Familie das Medikament ohne Rücksprache ab, was zu einer Eskalation des unruhigen und gewalttätigen Verhaltens des Sohnes im Schulbetrieb führte. Mit einer Gefährdungsmeldung wurde die KESB eingeschaltet. Als Maßnahme wurden die Wiederaufnahme der medizinischen Behandlung, die Fortsetzung der Familienbegleitung und eine psychologische Beratung für D vereinbart. Im Interview mit D ist erkennbar, dass er von der Familienbegleitung profitiert, etwa beim Erledigen der Hausaufgaben oder Reflektieren seiner Situation. Gleichzeitig steht der Vater auch dieser Intervention stark ambivalent gegenüber. Er akzeptiert und duldet die Familienbegleiterin, um drastischere Maßnahmen der Kinderschutzbehörde zu vermeiden.

Die Zeitspanne, während der D besondere Hilfen benötigt, dauert bereits zehn Jahre. Im Alter von drei Jahren besuchte er erstmals logopädische Therapiestunden, eine Maßnahme, die bei den Eltern auf hohe Akzeptanz stieß. Später will die Schule das Sprach- und Sozialverhalten des Jungen mit heilpädagogischen und medizinischen Therapien fördern. Der Vater würde die Entwicklung seines Sohnes in der Schule einfach laufen lassen. Er geht auch davon aus, dass sich das Verhalten ohne außerordentliche Unterstützung und Behandlungen »normal« entwickeln würde. Während dieser Phase des Geschehens ziehen die Eltern und die Schule nicht am selben Strick. Als die Eltern die Ritalinbehandlung abbrechen, sieht die Schule die Entwicklung von D gefährdet, will den Druck erhöhen und gelangt mit ihrer Sichtweise an die Kinderschutzbehörde, die die medizinische Behandlung forciert und eine Familienbegleitung einsetzt. Seither hat sich die Situation von D in der Schule wieder beruhigt; der latente Konflikt zwischen der Familie und den Institutionen dauert an und prägt den Verlauf des Geschehens maßgebend mit.

Das im Fall D spielende elterliche Handlungsmuster des Duldens ist in vielen Kinderschutzverläufen erkennbar.[2] Wie in der dargestellten Fallgeschichte fußt »Dulden« oft in Wertekonflikten. Diese werden aus unterschiedlichen Gründen nicht thematisiert. Im Fall D ist ein komplexes Ursachengefüge erkennbar: Den Vater scheinen selbst Schlüsselerlebnisse wie der Tod eines Geschwisterkinds von D zu belasten. Gleichzeitig verfügt er kaum über kognitive und emotionale Kompetenzen, die eine diesbezügliche Auseinandersetzung erleichtern würden.

Die Geschichte von D zeigt, dass ein Kind zum Objekt eines Wertekonflikts zwischen Eltern und Institutionen werden kann, was der Kooperation der Beteiligten nicht förderlich ist. Kindern ist in Kinderschutzverläufen am besten gedient, wenn zwischen ihnen selbst, ihren Eltern und den Institutionen ein gemeinsam geteilter Entwurf der Zukunft entwickelt wird. Ähnlich wie der Vater von D schätzen Elternteile einen Gefährdungstatbestand jedoch oft anders ein als die gesellschaftlichen Instanzen. Die behördliche Intervention erfolgt dann gegen ihren Willen. Sie erfahren einen starken Eingriff in ihre Familiensphäre; aus ihrer Sicht ist das Primat der Elternschaft verletzt. Ihr Lebensnerv wird getroffen. In den Gesprächen, die im Rahmen dieser Studie mit Elternteilen geführt wurden, kam diese Furcht vor behördlichen Eingriffen stark zum Ausdruck. Es wirkt eine ständige Drohkulisse.

Im Kapitel zu den Kinderschutzverläufen werden die unterschiedlichen Verlaufsphasen ausführlich differenziert (▶ Kap. 7). Teils gelingt es, in der Handlungsgemeinschaft von Familienakteuren und institutionellen Akteuren Ziele festzulegen und diese kooperativ zu bearbeiten. Das Gegenstück sind Phasen, während derer Haltungen und Ziele der beteiligten Kinder, Elternteile und Fachkräfte auseinanderklaffen. Widerständiges Handeln der Familienakteure und Eingriffe seitens der Institutionen prägen solche Verlaufsphasen.

---

2 Vgl. ausführlich den Beitrag von Birgit Kalter zum Elternhandeln (▶ Kap. 9).

2 Konstituierung der Arbeit am Kindeswohl

Die Arbeit für das Wohl und den Schutz von Kindern und Jugendlichen wurde als interaktiver Prozess der familialen und institutionellen Akteure beschrieben. Diese Sichtweise beinhaltet eine Konzeption von Versorgung, die die Wechselwirkungen zwischen den zwei Akteursgruppen berücksichtigt. Ziel ist, ein Verständnis der auf das Kindeswohl bezogenen Prozesse in den Familien und deren lebensweltlichem sozialen Umfeld herauszuarbeiten. Parallel dazu soll ein Bild des Netzwerkes der Institutionen, deren inhaltliche Ausrichtung, Leistungen und Professionalität sowie ihrer Werthaltungen und der gesetzlichen Rahmenbedingungen gezeichnet werden.

2.1 Handlungskontexte

Aufgrund der Daten der vorliegenden Studie geschieht die Arbeit am Kindeswohl in unterschiedlichen Handlungskontexten (▶ Abb. 2.1). Grundsätzlich sind lebensweltliche von institutionellen Kontexten zu unterscheiden. In der *Lebenswelt* lebt das Kind zusammen mit Elternteilen, Geschwister und evtl. weiteren Nahestehenden in einer Familie. Auch die Nachbarschaft und die Peers des Kindes werden hier zugeordnet. Besonders während der ersten fünf Lebensjahre wachsen viele Kinder fast ausschließlich im lebensweltlichen Zusammenhang auf. Hier werden sie versorgt, es wird für sie gesorgt, sie werden gefördert und gefordert. Sie stehen in alltäglichem Kontakt mit Mitgliedern ihrer Familie, weiteren Erwachsenen des Sozialraums sowie mit Peers, die im Laufe der Kinderbiografien eine immer wichtiger werdende Rolle spielen. Im lebensweltlichen Kontext zählen primär die familialen Werte. Das Primat der Elternschaft, das den Eltern eine natürliche Erziehungskompetenz zuspricht, das heißt auch die familiale Selbstbestimmung, hat einen hohen Stellenwert.

In den *gesellschaftlich institutionellen Kontexten*, in welchen sich die Kinder bewegen, geht es vorerst um zeitlich begrenzte Interaktionen. Eine Selbstverständlichkeit sind z. B. die Leistungen von Medizin, Pflege und Beratung, die Familien in Zusammenhang mit Schwangerschaften und Geburten beanspruchen. Danach stehen die heranwachsenden Kinder und ihre Eltern in Angeboten der außerfamiliären Betreuung, in Frühförderungsangeboten und Schulen in Kontakt mit Fachpersonen, die zum Kindeswohl beitragen. Die Fachkräfte in Horten, Kindertagesstätten und insbesondere in Schulen involvieren die Heranwachsenden primär in Lernprozesse, die einer Sozialisierung im Sinne des gesellschaftlichen Mainstreams dienen. Obschon dies teils verpflichtende Angebote sind, genießen die von der Gesellschaft aufgestellten Förderungs- und Bildungsinstitutionen eine hohe Akzeptanz. Das Wirken und die Leistungen dieser Institutionen kann als *natürlich sozialisierendes institutionelles Handeln* bezeichnet werden. Nebst dem ersten, lebensweltlichen Kontext bewegen sich Familien in einem natürlich sozialisierenden Handlungskontext. Großenteils herrscht hier zwischen Familien und Institutionen ein Konsens: In einer regulierten Aufgabenteilung wird die bio-psychosoziale Entwicklung der Kinder gefördert. Die Heranwachsenden werden auf ein selbständiges Leben vorbereitet. Je älter die Kinder werden, desto mehr sind sie in diesen durch Institutionen geprägten Kontexten gesellschaftlichen Werten, insbesondere dem Wert des Leistungsstrebens ausgesetzt.

Vom beschriebenen natürlich sozialisierenden Handeln ist *das institutionelle Handeln zur Gewährung von Schutz und Recht* zu unterscheiden. Hier eröffnet sich der dritte Handlungskontext, in welchem gesellschaftliche, im Gesetz explizierte Werte herrschen, die den Schutz und die Rechte der Kinder gewährleisten. Die dazu befugten Instanzen – in der Schweiz bspw. die Kindes- und Erwachsenenschutzbehörde und der Sozialdienst, in Deutschland das Jugendamt und das Familiengericht – können mit einer Maßnahme oder einem Auftrag die Elternrechte begrenzen und die Spielräume der Familien einschränken. Wenn gegen den Willen von Elternteilen eine Verfügung gesprochen oder ein Kind von der Familie getrennt wird, entsteht zumindest vorübergehend eine konfliktive, invasive Dynamik (▶ Kap. 7.2).

2.2 Natürlich sozialisierendes Handeln und Handeln zur Gewährung von Schutz und Recht

Im natürlich sozialisierenden Modus unterstützen Institutionen das Kindeswohl im Rahmen des üblichen Lebensvollzugs der Familien. Wenn Institutionen wie die KESB in der Schweiz oder das Jugendamt in Deutschland zur Gewährung von Schutz und Recht angerufen werden oder sich einschalten, beginnt ein Prozess, der hier als Kinderschutzverlauf bezeichnet wird. In der Realität ist diese Klarheit oft nicht gegeben: Die Grenzen zwischen Unterstützung, die sich natürlich in den Lebensvollzug einbettet, und Unterstützung, die Merkmale eines Eingriffs aufweist, sind fließend. Ebenso lässt sich in vielen Unterstützungssituationen die Frage, ob Hilfen freiwillig oder unter Zwang erfolgen, nicht eindeutig beantworten.

Obschon die Schule aufgrund ihres gesetzlich festgelegten Bildungsauftrags und der Schulpflicht in Interaktionen mit Familien Druck aufbauen kann, wird sie als Institution mit natürlich sozialisierendem Auftrag eingeschätzt. Demgegenüber stehen die KESB und das Jugendamt aus Sicht der Bevölkerung für Eingriffe in die Familie und Zwangsmaßnahmen, wenngleich beide Institutionen den Schutz und die Förderung von Kindern pflegen und das Jugendamt in Deutschland für ein breites, auch freiwillig zugängliches Angebot der Jugendhilfe die Verantwortung trägt.

Den Schutz von Kindern zu gewähren, wird von Familien anders empfunden als die Schulpflicht durchzusetzen, wie ein Mitarbeiter einer KESB erklärt:

> »Also ich denke, in jeder Familie ist es wohl das Ziel, keine Bekanntschaft mit der dritten Sphäre [Institutionen zur Gewährung von Schutz und Recht] zu machen. Denn was wir hier machen, das ist sehr individuell begründet. Das ist individuell begründet und individuell zu lösen und greift natürlich viel mehr in die Integrität der Familie ein und in ihr persönliches eigenes Selbstverständnis als die abstrakt formulierte Schulpflicht, die sich losgelöst von jedem Kind ergibt, weil es einer generellen Pflicht entspricht und mich als Individuum überhaupt nicht verletzt, diese Pflicht.«

Ein Unterschied zwischen natürlich sozialisierenden Handlungskontexten und Handlungskontexten zur Gewährung von Schutz und Recht ergibt sich aufgrund praktizierter Haupttätigkeiten. Im Kindergarten und in der Schule (natürlich sozialisierend) geht es um Bilden, Fördern und Fordern sowie um präventives Früh-Erkennen von besonderen Umständen, die den Bildungszielen im Weg stehen könnten. Idealtypisch gesehen schaffen Bildungsinstitutionen den Raum für neue Erfahrungen, sie geben Impulse und präparieren und portionieren passende Inhalte, um die Kinder in ihrem Lernen im Hinblick auf den angestrebten Kompetenzzuwachs zu fördern. Die Logik der pädagogischen Berufe fußt stark im Prinzip des Förderns. Selbst wenn pädagogische Fachkräfte fordern, stellen sie dies in den Dienst des Förderns. Dieser Förderlogik folgen auch die Angebote der Kinder- und Jugendarbeit, jedoch mit inhaltlichen Schwerpunkten, die expliziter auf das soziale Lernen und auf Freizeitaktivitäten gerichtet sind. Auch Kinder-, Jugend, Familien-, Ehe und Partnerschaftsberatungsstellen stehen in dieser Logik. Viele dieser Angebote orientieren sich an der Zielsetzung, dass Menschen lernen, ihre individuellen und sozialen Ressourcen zu erkennen und im Hinblick auf eine passende Lebensführung besser zu nutzen.

Wenn eine Gefährdung festgestellt ist oder wenn ein Gefährdungsverdacht besteht, wird in der Schweiz die Kindes- und Erwachsenenschutzbehörde (KESB) bzw. in Deutschland das Jugendamt aktiv. Nun kommt die Handlungslogik zur Gewährung von Schutz und Recht zum Zug. Diese umfasst spezifische Tätigkeiten wie Eingreifen, Verfügen, evtl. Trennen. Die Familiensituation abzuklären – zu diagnostizieren – bildet auch eine wichtige Tätigkeit von Pädagoginnen und Pädagogen, Beraterinnen und Beratern sowie Therapeutinnen und Therapeuten. Wenn es um die Gewährung von Schutz und Recht geht, erfolgt dieses Abklären jedoch explizit von Amtes wegen, unter Umständen gegen den Willen der Familien.

Die Schweizer Kindes- und Erwachsenenbehörde ist als gerichtsähnliche Instanz durchwegs eine Institution zur Gewährung von Schutz und Recht. Im Vordergrund stehen das Abklären und Beraten sowie als Kernauftrag das Entscheiden und Verfügen auf gesetzlicher Basis. Die Arbeit mit den Familien wird in strukturierten, durch Gesetze und Verordnungen geregelten Abläufen bearbeitet.

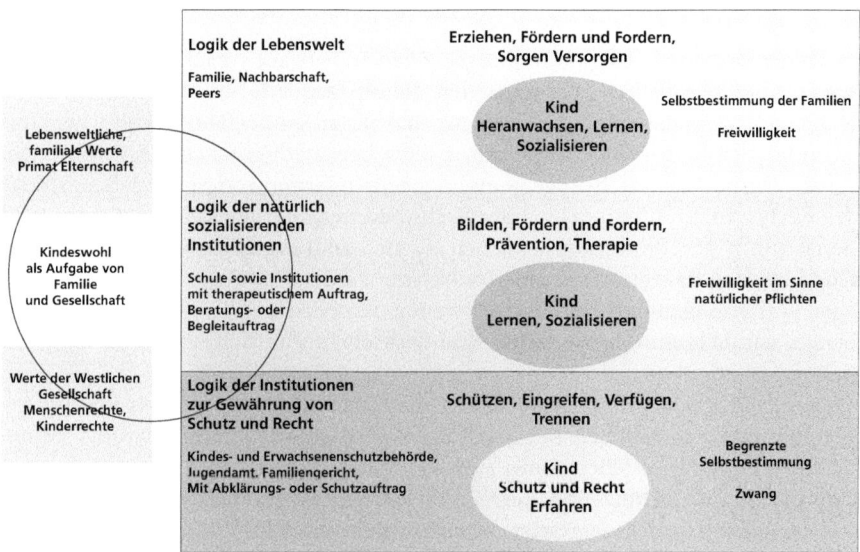

Abb. 2.1: Konstituierung der Versorgung im Kinderschutz

Das deutsche Jugendamt ist hingegen viel breiter aufgestellt. Es ist für alle gesetzlich verankerten Leistungen der Kinder- und Jugendhilfe zuständig. Es hat den Auftrag, zu positiven Lebensbedingungen von Familien beizutragen, Kinder und Jugendliche in ihrer individuellen und sozialen Entwicklung zu unterstützen und Eltern in Fragen der Erziehung beizustehen. Nebst diesen Präventions- und Unterstützungsaufträgen sind dem Jugendamt auch Aufgaben zur Sicherung des Kindeswohls und zum Schutz der Kinder und Jugendlichen übertragen (Bundesministerium, 2010, S. 48ff). Im Gegensatz zur Schweizer KESB bewegt sich das Jugendamt in beiden Handlungslogiken – sowohl der natürlich sozialisierenden als auch jener zur Gewährung von Schutz und Recht. Das Jugendamt soll präventiv wirken, muss aber einschreiten, wenn ihm Gefährdungen gemeldet werden.[1]

Natürlich sozialisierendes Handeln unterscheidet sich stark von Handeln zur Gewährung von Schutz Recht: Im natürlich sozialisierenden Modus interagieren Fachkräfte öfter mit Kindern und Familien in lebensweltlichen Mustern. Lehrkräfte stehen nicht nur während ihres Kerngeschäfts des Unterrichts in Kontakt

---

1 Vgl. auch den ausführlichen Vergleich der Institutionen der Jugendhilfe in der Schweiz und in Deutschland im Beitrag von Julia Schatzschneider (▶ Kap. 13).

mit Schülerinnen und Schülern. In Pausen, auf Schulreisen und in externen Schulwochen erhalten sie auf natürliche Weise einen Einblick in den Alltag der Kinder und in die Zusammenhänge zwischen Familiendynamiken und schulischer Leistungen. Zudem befassen sie sich über längere Zeit mit den Familien, öfter über mehrere Jahre hinweg, wenn sie mit mehreren Kindern einer Familie zu tun haben. Dagegen spielt in institutionellen Handlungskontexten zur Gewährung von Schutz und Recht das lebensweltliche Zusammensein mit den Kindern keine Rolle.

Hinter den ungleichen Handlungslogiken stehen auch Fachkräfte mit unterschiedlichen beruflichen Hintergründen. Schulpädagogik, Sozialpädagogik, Soziale Arbeit, Psychologie und Jurisprudenz sind Berufe mit eigener inhaltlicher Ausrichtung und Fachsprache sowie mit spezifischen methodischen Schwerpunkten. Zwar orientiert man sich an gemeinsam geteilten Grundwerten wie z. B. am Wert des Rechts auf eine möglichst hohe Selbstbestimmung der Klientel. Gleichwohl herrschen in den Professionsbereichen eigene handlungsleitende Werthaltungen. Dies bedeutet, dass die beteiligten Fachkräfte vor dem Hintergrund unterschiedlicher Vorstellungen und Herangehensweisen den einzelnen Kinderschutzfall bearbeiten, nämlich ein diagnostisches Bild entwickeln und sich über allfällige Maßnahmen verständigen.

In der Arbeit am Kindeswohl bildet die Verständigung zwischen Berufsgruppen, die unterschiedlichen Logiken folgen, eine große Herausforderung. Besondere Spannungen bestehen bspw. zwischen der Schule und den Institutionen zur Gewährung von Schutz und Recht. Oft hatten sich Schulen jahrelang intensiv mit Familien auseinandergesetzt, bevor sie sich entschlossen, eine Gefährdungsmeldung einzureichen. Im Weiteren, nun von der KESB geführten Verfahren, erhalten sie aus ihrer Perspektive zu wenig Informationen. Gleichzeitig haben sie im Alltag weiterhin mit dem Kind zu tun (▶ Kap. 5.4).

2.3 Versorgungsdynamik

In Kapitel 1.2 wurde die aktuelle Situation des zwölfjährigen D vorgestellt (▶ Kap. 1.2). Sein Alltagsleben führt D in der Lebenswelt seiner Familie. In Zusammenhang mit seiner Entwicklung ist die Familie mit der Schule und therapeutischen Diensten, die der natürlich sozialisierenden Logik folgen, und mit der Kindes- und Erwachsenenschutzbehörde (KESB), der Institution zur Gewährung von Schutz und Recht, in Kontakt gekommen. Im Folgenden wird veranschaulicht, wie das Fallgeschehen und das Handeln der Akteure, das den drei unterschiedlichen Logiken folgt, in einem Zusammenhang stehen.

> Im Vorschulalter war D wegen Sprachentwicklungsverzögerungen längere Zeit in einer logopädischen Behandlung.

Hier steht D in Kontakt mit einem therapeutischen Dienst, der dem Bereich der natürlich sozialisierenden Institutionen zugerechnet wird. »Natürlich« bezieht sich auf die Tatsache, dass es gesellschaftlicher Normalität entspricht, dass Sprachverzögerungen von Kleinkindern behandelt werden und dafür die entsprechenden Einrichtungen zur Verfügung stehen.

> In der Schule fiel D auf. Er war unkonzentriert, störte den Unterricht und verhielt sich gewalttätig gegenüber Mitschülerinnen und Mitschülern. Die Schule unterstützte den Jungen während der letzten fünf Jahre zum einen mit heilpädagogischen Fördermaßnahmen, zum anderen setzte sie durch, dass D eine sedierende Behandlung begann.

Im Schulalter kommt D in eine intensivere Phase seiner Sozialisierung. Seine Leistungen werden am Maßstab des staatlichen Lehrplans gemessen; er muss sein Verhalten auf eine Gruppe abstimmen. D erhält wiederum Unterstützung aus dem Bereich der natürlich sozialisierenden Institutionen. Die Schule versucht vorerst mit ihren eigenen heilpädagogischen Angeboten D zu fördern. Später initiiert sie zusammen mit der Familie und dem Hausarzt eine medikamentöse Behandlung. Dazu berichtet der Vater im Interview, dass die Schule die Familie unter Druck gesetzt hätte.

> Die Familie stand der Ritalinbehandlung stets skeptisch gegenüber. Gegen den Willen der Schule, jedoch mit Einwilligung des Hausarztes setzte sie vor zwei Jahren die Behandlung ab. Im Kontext Schule trat D darauf erneut störend und gewalttätig auf. Die Schule sah nun das Wohl des Jungen stark gefährdet und wandte sich an die Kindes- und Erwachsenenschutzbehörde.

Wiederum wird deutlich, dass die Besonderheiten der Entwicklung des Jungen am Sozialisationsort Schule besonders auffallen. Während dieser Verlaufsphase kommt die Schule in der Interaktion mit der Familie D an ihre Grenzen. Sie erreicht mit ihren (heil-)pädagogischen Mitteln nicht die gewünschte Beruhigung der Situation. Der Wiederaufnahme der medizinischen Behandlung verweigert die Familie die Zustimmung. Die Schule schaltet mittels einer Gefährdungsmeldung die KESB ein. In den Fall ist nun auch eine Institution zur Gewährung von Schutz und Recht involviert. Der Druck auf die Familie ist stark gestiegen.

> Im nun von der KESB geführten Verfahren willigt die Familie ein, die medizinische Behandlung wiederaufzunehmen. Die Familienbegleitung wird fortgeführt und D zusätzlich einer psychologischen Beratung zugeführt. In die letzten zwei Jahre fällt auch die Scheidung der Eltern. Seit einem halben Jahr lebt der Vater mit seiner neuen Partnerin zusammen.

Im Kindheitsverlauf des heute zwölfjährigen D sind phasenweise besondere Herausforderungen zu bewältigen. Bis zum zehnten Lebensjahr schafft es die Familie zusammen mit therapeutischen Diensten und der Schule, den Jungen zu fördern und im Rahmen einer Regelklasse auszubilden. Als sich die Eltern nicht mehr an die von der Schule initiierte Behandlung halten, meldet die Schule bei der KESB eine Gefährdung. Jetzt, in seinem zehnten Lebensjahr, wird D zum Kinderschutz-Fall. Die Institutionen, die alltäglich am Kindeswohl arbeiten, kommen nicht mehr zu Rande. Während einer gewissen Zeit kommt die Logik der Institutionen zur Gewährung von Schutz und Recht zum Tragen. Die KESB etabliert ein Bündel von Interventionen, insbesondere die Wiederaufnahme der medikamentösen Behandlung. Obschon der institutionelle Zwang zunimmt, wird dabei das Sorgerecht der Eltern nicht angetastet; es reichen die kurze Intervention der KESB und der damit erlebte Drohkulissen-Effekt.

Der Fall D zeigt verschiedene wichtige Aspekte der Dynamik im Versorgungssystem: Die intensivierte Arbeit am Kindeswohl beginnt in den natürlich sozialisierenden Institutionen der Bereiche Bildung, Therapie/Medizin und Soziales, die einige Jahre involviert sind. Nur kurz wird die KESB zur Gewährung von Schutz und Recht eingeschaltet. Wie erwähnt spielt dabei eine Art Drohkulissen-Mechanismus: Keine Familie möchte *unfreiwillig* mit der KESB in der Schweiz bzw. mit dem Jugendamt in Deutschland in Kontakt kommen. Diese Instanzen können das Sorgerecht einschränken oder sogar aufheben. Wenn Eltern mit staatlichen Instanzen in Kindeswohlkonflikte geraten könnten, denken sie diese bedrohliche Tatsache mit. Deutsche Familien übersehen dabei, dass das deutsche Jugendamt – im Unterschied zur schweizerischen KESB – auch in der Prävention und Unterstützung tätig ist. Die Tatsache, dass auch das Jugendamt das Primat Familie beschneiden kann, steht im Empfinden der Familien weit oben und wirkt bedrohlich.

2.4 Freiwilligkeit und Zwang: Das Grunddilemma in der Arbeit am Kindeswohl

Im Kinderschutzgeschehen ist eine widersprüchliche Dynamik erkennbar. Im Interesse des Kindes muss mit Eltern möglichst kooperiert werden. Denn in der Regel bleiben die Eltern für das Kind zentrale Bezugspersonen; das Primat der Elternschaft besteht auch in der Kinderperspektive. Gleichzeitig ist es aus der Sicht der Gesellschaft eine Notwendigkeit, das Kindeswohl schützen und notfalls die Elternschaft begrenzen zu können. Aus der Sicht von betroffenen Eltern bildet dies eine ständige Drohkulisse.

Dieses Spannungsfeld bildet einen der zentralen Treiber in Kinderschutzverläufen. Die Familien halten das Primat der Elternschaft und damit die Unabhängigkeit in Erziehungsfragen hoch. Sie wollen Zwangssituationen verhindern. Wenn ihre Kinder außerordentliche Leistungen benötigen, wollen sie möglichst über Art und Umfang entscheiden.

In den untersuchten Interaktionen zwischen Familien und Institutionen weist Freiwilligkeit unterschiedliche Facetten auf, die es zu differenzieren gilt: Es gibt die *effektive Freiwilligkeit*. In einem freiwilligen Kontext handelt die Klientel aus eigenem Willen, evtl. auch aufgrund zwangloser Einsicht in Ratschläge Professioneller. Auch Leistungen von Institutionen zur Gewährung von Schutz und Recht können effektiv freiwillig genutzt werden, etwa wenn ein Elternteil die KESB aufsucht, um eine Erziehungsbeistandschaft für ein Kind einrichten zu lassen, damit eine umfassende Sorge gewährleistet ist. Geschieht diese Maßnahme freiwillig, ist dies fundamental anders, als wenn die Beistandschaft aufgrund einer durch Dritte erfolgten Gefährdungsmeldung unter Zwang angeordnet wird.

Daneben handeln Familienakteure *freiwillig im Sinne einer natürlichen Pflicht folgend*. Beispielsweise sind Kinder verpflichtet, die Schule zu besuchen. Dies ist eine kollektive Erfahrung, die im Alltag als natürlich erfahren wird.

Weiter werden Handlungen im freiwilligen Modus ausgeführt. In diesem Fall wird Freiwilligkeit angesichts einer Drohkulisse vorgespielt. Es geht um eine Art *Scheinfreiwilligkeit* die mit einer Scheinkooperation einhergehen kann. Die Familie macht mit, um schwerere Eingriffe zu vermeiden.

Schließlich gibt es die *Unfreiwilligkeit*. In einem unfreiwilligen Handlungskontext erleben Familien Zwang und benennen ihn auch als solchen.

Auch Institutionen und Fachkräfte betonen die Allgegenwärtigkeit der Spannung zwischen Freiwilligkeit und Zwang. Sie versuchen, Zwang in der Arbeit am Kindeswohl überlegt dosiert einzusetzen. Wenn Kinder gezielt und rasch vor Gewalt oder Missbrauch geschützt werden müssen, wird zur Gewährung von Schutz und Recht allenfalls zwangsvoll eingegriffen.

Doch viel häufiger soll mit den Erziehungsberechtigten eine Kooperation aufgebaut werden, was durch Druck und Zwang erschwert ist. Wenn nicht eine unmittelbare Gefährdung eines Kindes besteht, ist daher auf Seiten der Institutionen das Primat der Freiwilligkeit prioritär. Wann immer möglich, sollen sich Kinder, Jugendliche und Elternteile zwanglos an Hilfen und Maßnahmen beteiligen, denn freiwillige Kooperation gilt als Grundlage positiver Entwicklungen in Kinderschutzverläufen. Das Nebeneinander der Primate Elternschaft und Freiwilligkeit generiert eine permanente Spannung.

3 Versorgungsstrukturen

Drei wichtige Faktoren prägen in den bisherigen Ausführungen die Interaktionen zwischen Familienakteuren und institutionellen Akteuren im Kinderschutz:

- Das Handeln der Erziehungsberechtigten, das durch das Primat der Elternschaft geprägt ist,
- Das Spannungsfeld zwischen Freiwilligkeit und Zwang, in welchem das Geschehen stattfindet und
- Das Handeln institutioneller Akteure unterschiedlicher Disziplinen

Diese Faktoren treiben das interaktive Geschehen im Kinderschutzgeschehen an und schlagen sich entsprechend in den organisationalen Strukturen und in der konkreten Ausgestaltung der Kinderschutzverläufe nieder. Anhand der in der Schweiz und in Deutschland erhobenen Daten werden im Folgenden die organisationalen Strukturen des Kinderschutzes dargestellt. Darauf aufbauend werden in den nachfolgenden Kapiteln die Zusammenhänge zwischen der Versorgung und dem Fallgeschehen beschrieben.

3.1 Überblick

Wie dargelegt, werden hier als Versorgungsräume die abgegrenzten Gebiete einer Stadt, eines Stadtteils oder eines Landbezirks betrachtet. Es handelt sich dabei in etwa um die geografischen Räume, in denen sich Familien alltäglich bewegen und versorgt sein wollen. Das Geschehen wird durch einige schwer beeinflussbare Kontextbedingungen geprägt: Zum einen sind dies die räumlich geografischen Verhältnisse und die damit verbundene Erreichbarkeit von Dienstleistungen sowie die sozioökonomischen Merkmale der Bevölkerung, mit denen spezifische Bedarfslagen von Familien zusammenhängen. Zum anderen setzen die geltenden Gesetze und Verordnungen sowie familien-, sozial- und finanzpolitische Satzungen einen Rahmen für die Arbeit am Kindeswohl.

Das Handeln der institutionellen Akteure, die die Versorgung gewähren, wurde als natürlich sozialisierendes Handeln und als Handeln zur Gewährung von Schutz und Recht typisiert. Im Folgenden werden die Organisationsformen der Institutionen, ihre inhaltlichen Kompetenzen und ihre hierarchische Position im

Gesamtsystem weiter differenziert. Von großer Bedeutung ist, ob sich die Akteure des Versorgungsnetzwerks an einer gemeinsamen Konzeption der Arbeit am Kindeswohl orientieren. Gibt es fachliche Standards, die die Fachkräfte über die Grenzen ihrer Institution hinweg kennen und in der Arbeit mit den Familien anwenden? Kennen die einzelnen Fachkräfte die Aufgaben und Rollen der an der Versorgung beteiligten Institutionen der Bereiche Bildung, Soziales, Justiz und Gesundheit? Da die Arbeit am Kindeswohl typischerweise interdisziplinär erfolgt, bilden solche, im Netzwerk der Institutionen geteilte Leitvorstellungen zur inhaltlichen Arbeit und zu den Zuständigkeiten der einzelnen Akteure wichtige Voraussetzungen gelingender Arbeit.

Arbeit am Kindeswohl geschieht auf vielfältige Weise in kommunikativen und somit zumeist kooperativen Prozessen. Die Kooperation findet in verschiedensten Formaten statt, z. B. als Alltagsbegleitung, Beratung, Vorladung oder Therapie, und an unterschiedlichsten Orten, etwa in Amtsräumen, in Therapieräumen oder im Zuhause der Familie. Oft werden Kinder, Jugendliche und Elternteile parallel von mehreren Fachkräften unterstützt und sind an mehreren der genannten Formate beteiligt. In der Analyse der Versorgung wird hier fallbezogen jeweils die Gesamtheit der Formate betrachtet.

Die Inhalte der Arbeit am Kindeswohl wurde bereits mit Verben wie bilden, begleiten, sorgen, beraten und schützen beschrieben. Das Gelingen dieser Bemühungen hängt wesentlich davon ab, ob es den Fachkräften gelingt, in der interinstitutionellen Zusammenarbeit im einzelnen Fall ein passendes Kooperationssetting aufzubauen. Passende Settings bilden eine Voraussetzung zielgerichteter Arbeit am Kindeswohl und entsprechend gelingender Kinderschutzverläufe.

3.2 Gesellschaftlicher Kontext

Im Kinderschutz sind öffentlich-rechtlich getragene Institutionen und von privaten, freien Trägerschaften geführte Institutionen tätig.[1] Die Gesetzgebung überträgt den Institutionen ihre Kompetenzen: insbesondere der Kindes- und Erwachsenenschutzbehörde (KESB) in der Schweiz und dem Familiengericht in Deutschland die Kompetenzen der Rechtsprechung. So benennt in der Schweiz das Zivilgesetzbuch im Abschnitt »Die elterliche Sorge« (296ff) die Rechte und Pflichten der zivilgesellschaftlichen Akteure wie Eltern, Kind und Pflegeeltern und nennt die Kompetenzen der KESB. Dadurch wird die Funktionsbestimmung der KESB im Netzwerk der beteiligten Leistungserbringer vorgenommen.

---

1 In der Schweiz sind private Trägerschaften oftmals nach Stiftungs- oder Vereinsrecht organisiert. In Deutschland wird in den Sozialgesetzbüchern eine Institution als freier Träger bezeichnet, die Personal und Sachmittel für Dienstleistungen zur Verfügung stellt und nicht öffentlicher Träger bzw. Verwaltungsträger (Gemeinde, Landkreis, Land, Bund) ist (▶ Kap. 13.3).

Wie sich die KESB im Netzwerk weiterer Behörden, Verwaltungseinheiten und freier Träger organisiert, ist jedoch Sache der Ausführungsbestimmungen der Kantone und der Selbstregulierung im Institutionennetzwerk.[2] Da die KESB in Kinderschutzverfahren über zentrale Rechte wie das Sorgerecht und das Aufenthaltsbestimmungsrecht der Eltern entscheiden kann, nimmt sie im Netzwerk der Institutionen eine zentrale Position ein, wie später ausgeführt wird (▶ Kap. 5.2).

Der gesetzlich verankerte Auftrag des Jugendamts in Deutschland ist im Vergleich zu jenem der Schweizer KESB breiter angelegt. Er umfasst einen allgemeinen Gestaltungsauftrag für die Jugendhilfe, der im Zusammenwirken mit freien Trägern umgesetzt wird. Jugendämter folgen als Teil der Bezirks- oder Stadtverwaltung einer kommunalen Jugendhilfepolitik und tragen allgemeine Leistungen zur Förderung und Unterstützung von Familien, Eltern, Kindern und Jugendlichen. Zum Beispiel führen in einem Teil der Kommunen die Jugendämter Kindertagesstätten, die als natürlich sozialisierende Dienstleistungen von Familien selbstverständlich in Anspruch genommen werden, oft ohne genau zu wissen, dass es sich hierbei um ein Angebot des Jugendamtes handelt. Lediglich der Schutzauftrag des Jugendamts bewegt sich in einem Handlungskontext zur Gewährung von Schutz und Recht. Hier hat das Jugendamt im Bedarfs- bzw. Notfall (bei unmittelbarer Gefahr für Leib und Leben) das Recht und die Pflicht, mit einer vorübergehenden Inobhutnahme des Kindes in Elternrechte einzugreifen und auf eine einvernehmliche Lösung hinzuwirken. Es hat für eine zeitnahe Rückführung des Kindes in die Familie zu sorgen oder – wenn keine einvernehmliche Lösung erzielt wird – einen Gerichtsentscheid herbeizuführen. Ohne gerichtliche Entscheidung ist eine Obhut entziehende Maßnahme spätestens mit Ablauf des Tages nach ihrem Beginn zu beenden. Das Jugendamt verfügt ausschließlich über Interventions- und nicht über rechtliche Befugnisse.[3]

In der Schweiz und in Deutschland sind alle wichtigen Akteure wie Jugendämter, Schulen, Gesundheitsämter, Krankenhäuser, Schwangerschaftsberatungsstellen, Ärztinnen und Ärzte sowie die Polizei verpflichtet, in (vermuteten) Gefährdungssituationen aktiv zu werden[4]. Bestehen Anzeichen eines Gefährdungsrisikos, sollen die Institutionen eine passende Unterstützung der Familie in Gang bringen. Bestehen Anzeichen einer Gefährdung, erfolgt in der Schweiz die Gefährdungsmeldung bei der KESB. In Deutschland sind die Institutionen gehalten, das Jugendamt zu informieren. Nur wenn ein sofortiges Eingreifen erforderlich wird, auch wenn die Familie nicht im erforderlichen Maße mitwirkt, leitet das Jugendamt selbst entweder das »freiwillige« Verfahren zur Abwendung der Gefährdung oder gerichtliche Schritte zur Legitimierung »unfreiwilliger« Maßnahmen ein, deren Umsetzung es dann wiederum steuert.

---

2 Zum Vergleich der schweizerischen KESB mit dem deutschen Jugendamt siehe im Beitrag von Julia Schatzschneider (▶ Kap. 13.3).
3 Art. 42 (Inobhutnahme von Kindern und Jugendlichen), SGB VIII (Sozialgesetzbuch, Achtes Buch, Kinder- und Jugendhilfe).
4 Art. 314d ZGB (Schweizerisches Zivilgesetzbuch) bzw. Art. 8a SGB VIII (Sozialgesetzbuch, Achtes Buch, Kinder- und Jugendhilfe).

Merkmale der Bevölkerung und des geografischen Raums beeinflussen das Kinderschutzgeschehen und die Strukturen der Kinderschutzversorgung. Zum Beispiel scheint Armut das Risiko, dass Kinder vernachlässigt werden, zu verstärken (Deutscher Bundestag, 2017); mit Jugendlichen, die nicht in der Schweiz bzw. in Deutschland geboren wurden, muss im Durchschnitt intensiver an ihrer beruflichen Perspektive und Integration gearbeitet werden. Dies zeigt, wie Bevölkerungsmerkmale in der Ausgestaltung der Arbeit am Kindeswohl eine Rolle spielen. Ein weiterer Aspekt ist die Bevölkerungsdichte mit mehrfachen Auswirkungen: In städtischen Ballungsgebieten tritt bspw. Armut verbreiteter auf; es bilden sich Ballungsgebiete mit hohem Migrationsanteil, sodass die soziale Durchmischung nicht mehr gewährleistet ist und Probleme bspw. der beruflichen Integration Jugendlicher verbreiteter sind.

Mit Blick auf die Arbeit am Kindeswohl bilden der gesetzliche Rahmen und die sozioökonomischen Strukturen die wichtigsten äußeren Bedingungen. Dabei lassen die Gesetze den regionalen bzw. lokalen Verwaltungen einen Spielraum dafür, unter den gegebenen Bedingungen die Arbeit am Kindeswohl spezifisch auszugestalten. Diese Kompetenzteilung entspricht der demokratischen Kultur westlicher Gesellschaften. Gleichzeitig beinhaltet der Freiraum auch den Auftrag an die regionalen politischen Instanzen, eine Organisation der Kinder- und Jugendhilfe aufzubauen, die den gesetzlichen Auftrag, das Kindeswohl zu fördern, mit hoher Qualität und wirkungsvoll umsetzen lässt.

3.3 Netzwerk der Institutionen

Das Institutionennetzwerk ist hier umfassend breit definiert: Sämtliche öffentlich-rechtlich und privat-rechtlich getragenen Institutionen, die in einem Versorgungsraum für das Kindeswohl arbeiten, sind eingeschlossen. Als Versorgungsraum ist in der vorliegenden Studie ein Einzugsgebiet einer Kindes- und Erwachsenenschutzbehörde (Schweiz) bzw. eines Jugendamts (Deutschland) bestimmt.

Im Netzwerk sind öffentlich-rechtlich getragene Institutionen und von privaten Trägerschaften geführte Institutionen tätig. Die öffentlich-rechtlichen Institutionen sorgen in der Arbeit am Kindeswohl für die Durchsetzung der Rechte und Pflichten der Beteiligten. Ihre Verfahrensentscheide sind auch mit Finanzströmen verknüpft: Erteilt die KESB bzw. das Jugendamt einen Leistungsauftrag an eine private Trägerschaft, löst dies auch einen Finanzfluss aus, wodurch die KESB und das Jugendamt als Auftraggeber eine Sonderposition im Netzwerk einnehmen. Sie übernehmen Steuerungsfunktionen (▶ Kap. 5.2).

Das Netzwerk ist weiter geprägt durch die Größe und die Anzahl der Institutionen sowie durch die Art und Vielfalt der Leistungen, die insgesamt erbracht werden. Der Staat gewährt nebst der KESB bzw. dem Jugendamt die Grundausstattung mit öffentlichen Trägern wie Schulen, Gerichten und Gesundheitsdiensten. Die Präsenz weiterer Institutionen, die z. B. spezialisierte Beratungs- und Betreuungsleistungen erbringen, kann stark von Versorgungsraum zu Versorgungsraum variieren. So ist bspw. in den untersuchten ländlichen Schweizer Gebieten die Schulsozialarbeit nicht überall präsent.

Die Studie MehrNetzWert fokussiert die regelmäßig umfassend ins Kinderschutzgeschehen involvierten Institutionen – die KESB bzw. das Jugendamt, soziale und sozialpädagogische Dienste in Abklärungs-, Begleit-, Beratungs- und Betreuungsfunktionen sowie die Schule. Ins Geschehen, das vor und nach Gefährdungsmeldungen stattfindet, sind oft Fachkräfte weiterer Institutionen involviert. Zu nennen sind auf akute Ereignisse spezialisierte Einrichtungen wie Frauenhäuser, Nottelefone, medizinische Notfalldienste und die Polizei. Diverse Stellen – bspw. Familien-, Sucht- oder Opferhilfeberatungsstellen – begleiten Familien, in denen sich Problemlagen zu Gefährdungssituationen zuspitzen können. Obschon solche Stellen in den untersuchten Fällen auftreten, wird auf ihre Rolle und ihre Arbeit in den folgenden Ausführungen nur punktuell eingegangen.

Die Angebote privater Träger wurden oftmals bereits vor Jahren aufgrund spezifischer Bedarfslagen gegründet und seither weiterentwickelt. So gibt es Heime, die vor Jahrzenten als Waisenhäuser gegründet worden waren und sich zu modernen sozialpädagogischen Einrichtungen, die heute auch ambulante Leistungen erbringen, entwickelt haben. Institutionen sind teils explizit spezifischen Werthaltungen verpflichtet. Zum Beispiel beziehen sich Träger in ihrer Tätigkeit auf die christliche Caritas oder die Anthroposophie. Teils orientieren sich Träger an fachlichen Konzepten wie z. B. einem systemischen Ansatz oder dem Fachkonzept der Sozialraumorientierung.

3.4 Versorgungs-Policy: Gemeinsame Konzeption und Leitsätze als Voraussetzung

In der Arbeit am Kindeswohl interagieren Fach- und Führungskräfte in einem breiten Aufgabengebiet mit unterschiedlichen professionellen und institutionellen Hintergründen. An sich sind sich Führungs- und Fachkräfte einig, dass es wichtig ist, in der Institutionen und Disziplinen übergreifenden Arbeit am »gleichen Strick zu ziehen«. Situationseinschätzungen, Zukunftsentwürfe und Ziele, die von möglichst vielen Fach- und Führungskräften (sowie von den Familienakteuren) geteilt werden, führen zu koordiniertem Handeln und entsprechend guten Ergebnissen. Inwiefern Führungs- und Fachkräfte dabei in diesem Sinne eine Versorgungsraum-Perspektive einnehmen, sich als Teil eines Netzwerks verstehen und die Arbeit am Kindeswohl als zusammenhängendes Ganzes definieren, ist ein wesentlicher Punkt. In der Analyse von Kooperationsnetzwerken sind vier Dimensionen relevant:

- Inhalte: Bestehen im Kooperationsnetzwerk fachliche Standards? Ist bspw. ein gemeinsames Gefährdungsverständnis erarbeitet?

- Verfahren: Sind die Schritte in Arbeitsprozessen definiert, in die mehrere Institutionen involviert sind? Gibt es gemeinsam entwickelte und akzeptierte Verfahren, in denen die Abfolge von Arbeitsschritten festgelegt sind?
- Kooperation: Sind gemeinsam definierte Kooperationsgefäße vorhanden? Sind in kooperativen Arbeitsprozessen die Aufgaben und Entscheidungskompetenzen – und damit die Rollen – geklärt und bekannt?
- Verwaltung: Besteht ein gemeinsames Verständnis der Verwaltungsprozesse, etwa der formalen Leistungsdefinition, der Leistungsbemessung und der Finanzierung?

In den Interviews mit Fachkräften wird oft erwähnt, es sei wichtig, über die Grenzen von Institutionen hinweg eine »gemeinsame Sprache« zu sprechen. Als mögliches Mittel, dies zu erreichen, werden Weiterbildungen, an denen sich Führungs- und Fachkräfte beteiligter Institutionen mit fachlich-inhaltlichen Themen und mit der transdisziplinären Kooperation auseinandersetzen, erwähnt und teils auch praktiziert.

Förderlich für die Bemühungen um inhaltliche Kohärenz der beteiligten Institutionen wirkt in Deutschland die Tatsache, dass das Jugendamt in seinem Einzugsgebiet, das heißt in der geografischen Einheit, die hier als Versorgungsraum definiert ist, dazu gesetzlich verpflichtet ist, eine mit den übrigen institutionellen Akteuren abgestimmte Jugendhilfepolitik und eine entsprechende Planung zu formulieren und umzusetzen. Die schweizerische KESB kennt keinen solchen Auftrag; ihr Fokus bildet primär der einzelne Gefährdungsfall.

3.5 Kooperation: Formate, Settings, Strukturen

Die institutionellen Akteure stehen in einer komplexen Ausgangslage: Es geht um anspruchsvolle Arbeitsinhalte, nämlich um die Unterstützung von Familien im Spannungsfeld von Freiwilligkeit und Zwang. Die involvierten Fachkräfte erbringen ein inhaltlich breites Spektrum von Leistungen: Bilden, Fördern, Fordern, Sorgen, Früh-Erkennen, Beraten, Schützen und Eingreifen sind die Grundtätigkeiten der Arbeit am Kindeswohl. Es sind Institutionen beteiligt, die im Versorgungsraum unterschiedlich positioniert sind, nämlich als öffentlich-rechtliche und privat-rechtliche Träger mit teils unterschiedlichen Werthaltungen und disziplinären Hintergründen. Weiter spielen finanzielle Abhängigkeiten eine Rolle, insbesondere sind privat-rechtlich organisierte Institutionen als Auftragnehmer abhängig von den öffentlich-rechtlichen Trägern. Diese Vielschichtigkeit der institutionellen Rahmenbedingungen und die Vielfalt des fachlichen Handelns beeinflussen und formen das Kooperationsgeschehen sowie die organisationalen Strukturen der Kinder- und Jugendhilfe.

In der Analyse des Kooperationsgeschehens können die inhaltliche und die formale Dimension differenziert werden. Mehr oder weniger bewusst und gezielt geben Menschen den Interaktionen eine Form. Interaktionen in der Kinder- und Jugendhilfe weisen z. B. für den Inhalt einer Beratung das Format des abgeschirmten, strukturierten Gesprächs auf. Oder es werden Familienmitglieder und involvierte Fachpersonen zu einem »Runden Tisch« eingeladen, damit die Beteiligten die gleichen Informationen aus einer Hand und zum selben Zeitpunkt erhalten können.

Zudem gibt es zwei Arten der Kooperationsformate: Wenn Fachpersonen in einer abgrenzbaren Situation mit Einzelpersonen, evtl. mit mehreren Familienmitgliedern arbeiten, sprechen wir von einem *Klientel-bezogenen Kooperationsformat*. Primär von der Fachperson gesteuert, bauen die Beteiligten das passende Format auf, z. B. ein Beratungsgespräch in den Räumlichkeiten des Amts oder eine Sequenz gemeinsamer Hausarbeit in der Küche der Klientin im Rahmen einer Familienbegleitung. Davon zu unterscheiden sind die *institutionellen Kooperationsformate*, in denen Fachpersonen unter sich kooperieren. Zum Beispiel kommt es eher zufällig zu kollegialen Gesprächen zwischen Tür und Angel; zur Bearbeitung fachlicher Fragen organisieren Teams hingegen gezielt eine Intervision oder eine Sitzung mit einer Tagesordnung.

Demnach ist im Rahmen einer interdisziplinär erbrachten Unterstützung von Kindern und Elternteilen nicht nur die inhaltliche Dimension der Unterstützung von Bedeutung. Vielmehr muss jeweils für das Informieren, Beraten, Anleiten, Verfügen usw. auch das passende Interaktionsformat gestaltet werden. Im Wesentlichen geht es um das Bestimmen der Teilnehmenden, des Zeitpunkts und des Zeitfensters, der Räumlichkeiten und der inhaltlichen Struktur (▶ Abb. 3.1).

Im Laufe eines Kinderschutzverlaufs stehen Familien oft mit mehreren Institutionen in Kontakt. Schulen, Beratungsstellen oder die KESB/das Jugendamt gestalten die Kooperationen mit Kindern und Elternteilen je entsprechend ihrer Logik. Familien lernen dann oft einen Strauß unterschiedlicher Kommunikationsformate kennen. Die gesamte institutionelle Anbindung der Familien wird hier als fallbezogenes *Kooperationssetting* bezeichnet. Gemeint ist damit das Set von Leistungen (und somit das Set von Formaten), an denen Familienakteure zu einem bestimmten Zeitpunkt partizipieren. Grundsätzlich sind Kooperationssettings im einzelnen Fall gestaltbar. Teils formieren Fachkräfte verschiedener Institutionen oder Abteilungen auch die Gefäße und Verfahren, die der Zusammenarbeit dienen. So sind etwa der bereits genannte »Runde Tisch« oder Verfahren der Fallführung Elemente, mit denen Institutionen die Kooperationsetting strukturieren.

Es zeigt sich, dass sich Kooperationsgefäße und damit auch das kooperative Handeln verfestigen können, sodass dann von Kooperationsstrukturen gesprochen werden kann. Aufgrund der Daten der vorliegenden Forschung ist die Strukturierung von Kooperationen auf mehreren Stufen zu betrachten:

3 Versorgungsstrukturen

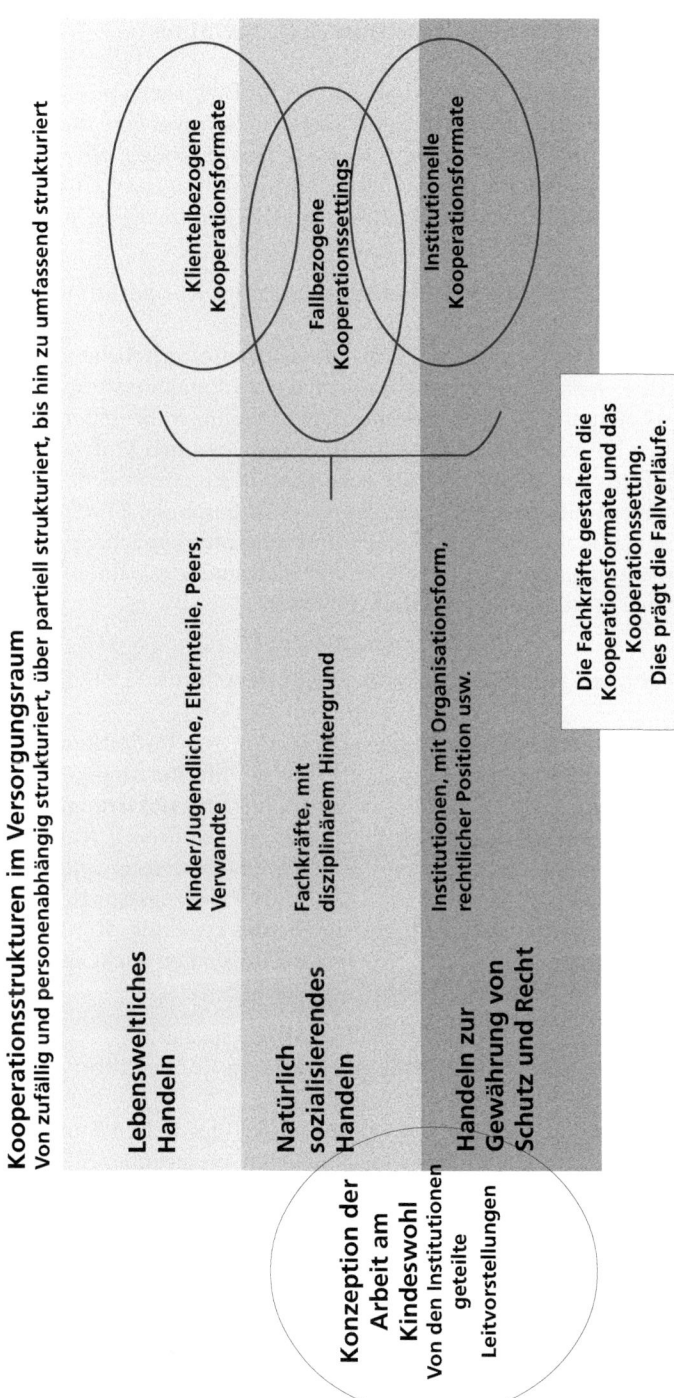

Abb. 3.1: Versorgungsraum – die strukturierenden Elemente

Die zufällige, unvermittelt strukturierte Kooperation

Den Erfordernissen eines Falls entsprechend, sind Fachpersonen verschiedener Institutionen zufällig in einen Unterstützungsprozess involviert und müssen von Grund auf ein Kooperationssetting entwickeln. Ein zufälliges, offen strukturiertes Kooperationsgeschehen ist dann verbreitet anzutreffen, wenn Fachkräfte selten in die interinstitutionelle Arbeit zum Schutz von Kindern involviert sind.

Die personenabhängig strukturierte, temporäre Kooperation

Auf der zweiten Stufe strukturiert sich das Kooperationsgeschehen, wenn sich im Alltag die von mehreren Fachkräften gepflegten Interaktionsformate bewähren, sich wiederholen und dadurch verfestigen. Die Beteiligten berichten, dass sich diese dienlichen Formate oft auf der Basis einer gemeinsamen professionellen Sichtweise auf die zu bearbeitenden Fälle herauskristallisieren würden. Diese Strukturierung interinstitutioneller Kooperation ist stark durch die einzelnen Fachkräfte geprägt. Sie kann als personenabhängig und temporär bezeichnet werden. Denn sie ist bspw. im Falle von Personalwechseln nicht mehr gewährleistet. Die personenabhängige Strukturierung ist weit verbreitet.

Die institutionell partiell strukturierte Kooperation

Auf der dritten Stufe gelangen in der Kooperation von Institutionen gemeinsam getragene Formate und Verfahren zum Einsatz. Unterstützungsprozesse werden bspw. durch einen regulierten Prozess zur Gefährdungsabklärung, an dem zwei oder mehr Institutionen beteiligt sind, strukturiert. Der Prozess regelt die Arbeitsschritte, die Aufgaben der beteiligten Akteure, ein Zeitfenster und die Finanzierung. Auch bewährte Arbeitsformate sind in der fallbezogenen Kooperation der Institutionen anzutreffen, am häufigsten der bereits erwähnte »Runde Tisch«.
Diese Stufe ist institutionalisiert – daher beständiger und nicht mehr temporär. Gleichzeitig betrifft sie nur Ausschnitte des Geschehens.

Die Versorgungsraum umfassend strukturierte Kooperation

Die Strukturierung der Kooperation kann sich auf der vierten Stufe auf die zentralen, an der Arbeit am Kindeswohl beteiligten professionellen Akteure eines Versorgungsraums beziehen. Die Institutionen formieren auf eine Stadt oder eine Region bezogen die Kooperationsprozesse. Aufgrund fachlicher und versorgungspolitischer Satzungen gestalten sie das Gesamtversorgungssetting gemeinsam.

Die auf vier Stufen dargestellte Strukturierung des Kooperationsgeschehens hat einen kumulativen Charakter: Die personenabhängigen Kooperationsmuster der Stufe 2 spielen auch in den regulierten Prozessen der Stufe 3 eine Rolle. Diese Prozesse wiederum sind Bestandteile einer Gesamtstrukturierung der Versorgung im Sinne der Stufe 4.

3.6 Kooperationssettings im Spannungsfeld von Freiwilligkeit und Zwang

Die Institutionen sind breit an der Arbeit am Kindeswohl beteiligt. Ihre Tätigkeiten reichen von Sorgen und Versorgen über Bilden, Fördern und Beraten bis hin zu Schützen und Eingreifen. Im Zusammenspiel dieser Tätigkeiten ist die Bewusstheit für das Primat der Elternschaft und für das Primat der Freiwilligkeit sehr bedeutungsvoll. Familien wollen möglichst zwanglos und ihrem freien Willen folgend über den Werdegang und die Zukunft der Kinder bestimmen. Wenn nun Erziehungsberechtigte das Wohl der Kinder vernachlässigen oder gar beschädigen und Fachkräfte eingreifen, beginnt eine Gratwanderung: Die Freiwilligkeit wird ausgeschaltet, gleichzeitig sollen die Erziehungsberechtigten – dem Primat der Elternschaft folgend – dennoch weitmöglichst an der Sorge beteiligt werden.

Unter diesen Bedingungen wird nachvollziehbar, warum sowohl Fachkräfte als auch Familien die Auffassung teilen, Institutionen zur Gewährung von Schutz und Recht seien nur anzurufen, wenn die natürlich sozialisierenden Instanzen den notwendigen Schutz nicht gewähren können. In der Folge bearbeiten z. B. Schulen Auffälligkeiten des Verhaltens oder der Leistungserbringung, die auf Gefährdung hinweisen können, oftmals während längerer Zeit mit eigenen Mitteln und im institutionellen Netzwerk der Institutionen, die sogenannt freiwillige Unterstützung erbringen (▶ Kap. 11).

Wenn sich in die Fallverläufe die KESB bzw. das Jugendamt und/oder das Familiengericht »einschaltet«, geht es um den Punkt, wie der Druck und der Zwang dosiert werden müssen. Hier kann eine Rollenteilung stattfinden: Die Institutionen zur Gewährung von Schutz und Recht zwingen Familienakteuren eine Maßnahme auf und interagieren in diesem Schritt aus einer Machtposition. Die ausführende Institution und Fachperson hingegen können sich in der Auseinandersetzung mit der Klientel auf deren Ebene bewegen. In diesem Modus können bspw. die sozialpädagogische Familienbegleitung oder stationäre Einrichtungen agieren. Sie verbringen den Alltag mit Familienakteuren, in sorgenden Bemühungen stehen sie mit Klientinnen und Klienten auf Augenhöhe – und dies, obschon ihre Leistungen behördlich verfügt wurden. Zwang dosieren bedeutet in solchen Fällen, dass klar eingegriffen und verfügt wird, dass damit jedoch Freiräume für Entwicklung und Lernen geboten werden sollen. Die Arbeitsteilung zwischen den Institutionen, die Schutz und Recht gewähren, und jenen, die natürlich sozialisierend wirken, ist gestaltbar. Die in dieser Studie untersuchten Versorgungsmodelle sind in Kapitel 5 dargestellt (▶ Kap. 5).

4 Versorgung und Fallgeschehen

4.1 Überblick

Die Familienakteure, die übrigen lebensweltlichen und die institutionellen Akteure gestalten und prägen den Aufbau und die Pflege des Kindeswohls. Um die Heranwachsenden bildet sich je eine Handlungsgemeinschaft, deren Zusammensetzung aus Elternteilen, Geschwistern, Professionellen usw. individuell variiert und sich im Laufe der Jahre verändert. Benötigt ein Kind professionelle Unterstützung – muss es bspw. aufgrund einer Gefährdung geschützt werden –, erweitert sich phasenweise der Kreis der Akteure, die den Unterstützungsprozess interaktiv gestalten und formen. Dieses Wirken der Handlungsgemeinschaften findet, wie dargestellt, in einem vorstrukturierten Versorgungsraum statt. Dabei sind die Kooperationsformate und das Kooperationssetting entscheidende Größen (▶ Abb. 3.1). An der Schnittstelle von Versorgung und individuellem Fallverlauf erweisen sich passgenaue, in ihrem Zusammenspiel kohärente Formate als ein Schlüsselelement, das entscheidend zu gelingender Unterstützung beiträgt. Die Arbeit mit Kindern und Familien wirkungsvoll zu installieren, beinhaltet immer auch die Klärung, ob eine Leistung in der vorgesehenen Form und in Kombination mit anderen Leistungen für das Kind selbst, die Erziehungsberechtigten und allfällige weitere Beteiligte passt. Die professionellen Akteure sind für ein kohärentes Setting verantwortlich.

Diese Kohärenz ist von drei entscheidenden Gestaltungsdimensionen abhängig:

- Partizipation: Gemeint ist, dass Kinder, Jugendliche und Elternteile in den Prozess der Auswahl und der Gestaltung der Unterstützungsformate und des Settings mehr oder weniger stark einbezogen werden.
- Responsivität: Mit diesem Kriterium ist die Intensität der Interaktionen zwischen Familienmitgliedern und Fachkräften angesprochen. In responsiven Formaten und Settings lassen sich Kinder, Eltern und andere Klientel auf kognitive und emotionale Auseinandersetzungen mit wesentlichen Aspekten des Kindes- und Familienwohls ein.
- Lebensweltorientierung: Einige Unterstützungsformate wie die sozialpädagogische Familienbegleitung können direkt in der Lebenswelt der Kinder angesiedelt sein. Hingegen findet z. B. bei einem stationären Aufenthalt eines Kindes eine stärkere Trennung vom lebensweltlichen Umfeld statt.

4.2 Kohärenz in Kooperationssettings

Im Datenmaterial der vorliegenden Studie finden sich Fallverläufe, die durch ein stabiles Setting charakterisiert sind. Beispielsweise ist ein Teil der untersuchten zehn- bis 16-jährigen Kinder während mehrerer Jahre in einer sozialpädagogischen Einrichtung untergebracht. Daneben verbringen sie meistens einen Teil der Wochenenden und Ferien bei Elternteilen und Verwandten. Als Kontrast zu den stabilen Kooperationssettings finden sich auf der anderen Seite des Spektrums turbulente Fallverläufe, in denen sich das Setting in kurzen Zeitabständen verändert; Leistungen werden abgesetzt, Neues wird ausprobiert. Die Kooperationssettings sind oft einem raschen Wandel ausgesetzt und insbesondere zu Beginn von Kinderschutzverläufen, wenn Beteiligte Widerstand leisten, gibt es Phasen, während derer es oftmals über Monate nicht möglich ist, Stabilität aufzubauen (▶ Kap. 7.2).

Entscheidend für den gelingenden Aufbau eines Kooperationssettings ist es, dass die familialen Akteure und die involvierten Fachkräfte möglichst gemeinsam geteilte Einschätzungen der Ausgangslage und der Zukunft entwickeln. Das Einordnen, Abwägen und Beurteilen vergangener und aktueller Geschehnisse sowie das Entwerfen von Zukunftsbildern und entsprechenden Maßnahmen bilden zentrale Schritte im Prozess der Handlungsgemeinschaften von Familienakteuren und Professionellen. Erst auf einem annähernd gemeinsamen Bild der anzustrebenden Zukunft lässt sich ein passendes, kohärentes Zusammenwirken der Beteiligten bauen und festigen. Hierzu drei Beispiele:

> Der Alltag der Patchworkfamilie W ist durch Konflikte stark belastet. Zwischen der 13-jährigen Tochter und dem elfjährigen Sohn habe »Krieg geherrscht«, berichtet die Mutter. Nachdem sich die Tochter wiederholt selbst verletzte, suchte die Mutter von sich aus Hilfe beim Jugendamt. In der Folge unterstützt das Familienberatungszentrum seit drei Jahren primär die Eltern und den Sohn mit Beratungs- bzw. Gruppenangeboten. Die Tochter wird vorerst ambulant psychiatrisch behandelt; mit der Zeit zieht sie es selbst vor, stationär in einer Wohngruppe zu leben und nur noch die Wochenenden und Ferien mit der Familie zu verbringen.

In der familiären Krise sucht die Mutter von sich aus Unterstützung. Mit den Elternteilen konnte eine gemeinsame Situationseinschätzung vorgenommen werden. In der turbulenten und belastenden Situation wurde ein griffiges, förderliches Kooperationssetting aufgebaut. Schrittweise wurden Hilfen für die Familienmitglieder eingerichtet: Eine psychiatrische Behandlung für die Tochter, ein alltagsorientiertes sozialpädagogisches Gruppenangebot für den Sohn und ein kontinuierliches, häufig genutztes Reflexionsgefäß für die Eltern. Die Familienmitglieder werden je in passenden Formaten unterstützt. Zwar kommt es immer wieder zu überfordernden Episoden im Familienleben, jedoch besteht insgesamt ein Kooperationssetting, in dem diese Herausforderungen aufgefangen werden können und bei Bedarf versucht wird, geeignete Anpassungen vorzunehmen.

Trotz einer hohen Komplexität ist das Setting produktiv: Dank dem starken Einbezug der Familienmitglieder entstehen eine hohe Passung der Leistungen auf den Bedarf der Familienmitglieder und einer starken Responsivität, was der Kohärenz und Stabilität des Settings dienlich ist.

In einem konträren Beispiel, im Fall der Familie R, versuchen die Fachkräfte hingegen seit Jahren vergeblich, ein passendes Kooperationssetting einzurichten:

> Die Familie ist vor 15 Jahren aus dem ehemaligen Jugoslawien zugewandert. Mit dem zweitältesten der vier Kinder, die zwischen neun und 17 Jahre alt sind, sowie mit der Mutter, die sich kaum in deutscher Sprache verständigen kann, wurden für die Studie Interviews geführt. Die Familie ist von Armut betroffen, der Vater ist phasenweise arbeitslos. Das Jugendamt ist seit sechs Jahren wegen unregelmäßigen Schulbesuchs und Kleinkriminalität der Kinder involviert. Aufgrund von Abklärungen und wegen gesundheitlicher Beschwerden der Mutter orten die Fachkräfte Unterstützungsbedarf, den jedoch die Familie ablehnt. Die geduldeten, ambulanten sozialpädagogische Hilfen greifen nicht. Mit der Zielsetzung, den jugendlichen Kindern eine minimale Tagesstruktur zu gewähren, wird die Familie zurzeit von einer Familienhelferin unterstützt.

Hier gelingt es über Jahre nicht, ein produktiv kooperatives Setting aufzubauen. Die Familie ist mit den Normen des neuen Lebenskontextes wenig vertraut. Die Eltern äußern zwar, Bildung sei für ihre Kinder wichtig. Der Mutter fehlen jedoch die Kompetenzen und die Kraft, den Familienalltag in einer Weise zu strukturieren und zu gestalten, die das Erreichen von Bildungszielen fördern könnte. Die Eltern schotten sich gegen die Unterstützung ab, ein Muster, das auch von den Kindern übernommen wird. Das Primat der Elternschaft steht im Vordergrund; eine gewisse Sippenhaftigkeit ist feststellbar. Die Kinder bewegen sich in der Freizeit teils mit Peers, die der Community derselben Herkunftskultur angehören und ähnlich abgeschottet leben. Es bestehen kaum Brücken zur Mainstream-Kultur.

Insgesamt ist es in diesem Fall nicht gelungen, mittels eines Aushandlungsprozesses die passenden Hilfen zu installieren. In den laufenden Unterstützungsprozessen ist wenig Responsivität feststellbar.

> Im dritten Beispiel ist die 13-jährige N mit ihren zwei jüngeren Geschwistern erst wenige Wochen bei einer Pflegefamilie untergebracht. Mit den Peers ihres früheren Umfelds kann N weiterhin regelmäßigen Kontakt pflegen, da sie täglich in ihr Herkunftsdorf reist und dort zur Schule geht. N schildert eine Art Zusammenbruch der Familie während der vorangehenden Monate. Die mit Alkoholproblemen kämpfende Mutter hatte vor einigen Monaten die Familie verlassen und war eine neue Beziehung eingegangen. Die psychische Erkrankung des Vaters sowie damit verbundene Erwerbsausfälle und materielle Sorgen spitzten sich zu.
> In der Pflegefamilie findet N langsam Halt bei neuen Bezugspersonen, z. B. der Pflegemutter und der neuen Partnerin des Vaters. Sie versteht die Unterbringung als vorübergehend und möchte bald mit den Geschwistern in die Haushaltung des Vaters ziehen können.

Verwahrlosung und innerfamiliäre Konflikte mit Gewaltanwendung führten dazu, dass die Behörden eingriffen und eine Unterbringung der drei Kinder durchsetzten. Zumindest für die Jugendliche N ist es gelungen, ein responsives Setting aufzubauen. Zum Gelingen hat beigetragen, dass sie ihre Peerkontakte im Alltag weiter pflegen kann. Die Frage der Unterbringung ist noch nicht gelöst. Dank ihrer starken Reflexionsfähigkeit stehen die Zeichen gut. N könnte gut in den Aufbau einer längerfristigen Lösung und die Klärung der notwendigen, auch therapeutischen Leistungen einbezogen werden und fordert dies im Interview auch ein.

Die drei Fallbeispiele zeigen eine breite Palette von Leistungen, die Fachkräfte an Familien erbringen. Die Unterstützung erfolgt oft transdisziplinär durch Professionelle verschiedener Institutionen. Manchmal muss rasch gehandelt werden; manchmal müssen Leistungen ohne Einbezug der Betroffenen verfügt werden. Zeitdruck und die Notwendigkeit von Zwang beeinträchtigen öfter die Spielräume für den Aufbau passgenauer Kooperationssettings. In Verläufen, die rasch und eventuell mit Zwangselementen beginnen, kann später das Kooperationssetting Schritt für Schritt neu organisiert werden. Teils ist nun ein stärkerer Einbezug von Familienakteuren möglich. Insgesamt sind die Entwicklung und die Pflege des Settings als dynamischer Prozess zu verstehen. Dabei die Gestaltungsdimensionen Partizipation und Responsivität zu berücksichtigen und dem Ziel der Kohärenz gerecht zu werden, stellt an die Fachleute hohe Anforderungen.

4.3 Partizipation, Responsivität und Anwaltschaftlichkeit

Wenn Familien freiwillig Unterstützung suchen, können Fachkräfte im Rahmen der Gesetze und der Möglichkeiten ihrer Institution auf die Bedürfnisse der Klientel eingehen und in einem partizipativen Prozess das Kooperationssetting aufbauen und entsprechende Leistungen erbringen. Wenn Pflichten und Zwangselemente eine Rolle spielen, sind die Möglichkeiten, auf Anliegen von Elternteilen und Kindern einzugehen, eingeschränkt. Dennoch wird in der Kinder- und Jugendhilfepraxis der Einbezug Betroffener zur Etablierung eines passenden Kooperationssettings mit folgenden Absichten angestrebt:

Eltern bleiben Eltern und ihre Kinder bleiben ihre Kinder. Dementsprechend entspricht es in der Schweiz und in Deutschland einem gesellschaftlichen Grundwert und der Rechtspraxis, dass Kinder äußerst selten vollständig von ihren Eltern separiert werden. Diese sollen, wenn immer möglich und möglichst bald, ihre Elternpflichten wieder übernehmen. Ein passender Einbezug bildet die Voraussetzung für den möglichst baldigen Rückzug der institutionellen Akteure. Zuvor sollen Kinder und Erwachsene dabei unterstützt werden, zurückliegende Ereignisse zu verstehen, allenfalls zu verarbeiten und Lösungen für Herausforderungen zu finden. Wenn Fachkräfte z. B. in der sozialpädagogischen Familienhilfe direkt in der Lebenswelt der Familie tätig werden, sind die Interaktionen sowieso stark geprägt durch einbeziehendes Sorgen.

Die im voranstehenden Abschnitt beschriebene Familie R wird über sechs Jahre hin unterstützt, ohne dass die installierten Leistungen greifen und die damit verbundenen Absichten und Ziele erreicht werden. Keines der Familienmitglieder öffnet sich gegenüber den Fachkräften; parallel dazu gelingt es diesen nicht, sorgende Beziehungen aufzubauen. Häufigkeit und Inhalte der Interaktionen zwischen der Familie und den involvierten Fachkräften beschränken sich auf das Notwendigste. In diesem und in ähnlichen Fällen kann kein responsives Kooperationssetting aufgebaut werden.

Responsivität ist als eine Grundeigenschaft der Interaktionen zwischen den Beteiligten zu verstehen. Eine hohe Responsivität entsteht, wenn zwischen den Akteuren ein Wechselspiel von Sorgen und Sich Öffnen stattfindet.

Nonresponsivität ist in unterschiedlichen Ausprägungen anzutreffen: Es gibt Unterstützungsprozesse mit oberflächlichen Interaktionen. Das Kooperationssetting ist installiert, aber die Hilfen greifen nicht. Von einer Nonresponsivität muss auch gesprochen werden, wenn zum Ausdruck gebrachter Unterstützungsbedarf von Kindern und Jugendlichen unbeachtet bleibt. In mehreren Fällen dieser Studie ist erkennbar, dass Kinder ihre Probleme und sogar Hilfebedarf zum Ausdruck bringen, dass aber (nebst den Eltern) auch die Professionellen nicht reagieren. Die (Früh-)Erkennung von Gefährdung erfolgt nicht.

Insgesamt ist Responsivität ein wichtiges Charakteristikum sowohl des Kooperationssettings als auch der Leistungserbringung. Das Setting muss responsiv sein, um im Kinderschutzgeschehen den passenden Rahmen zur Arbeit am Kindeswohl zu bieten. Die unterstützenden Interaktionen müssen responsiv angelegt sein im Hinblick auf das Erreichen passender Lösungen und Entwicklungsschritte.

Responsivität ist demnach eine Grundvoraussetzung für gelingende soziale und pädagogische Interventionen. Einen Ansatz, Nonresponsivität zu überwinden, bilden anwaltschaftliche Strategien. Fachkräfte lassen sich vorerst einseitig zuwendend auf Familienakteure ein, um in nachfolgenden Schritten ein wechselseitiges Beziehungsgeschehen zu entwickeln und somit die Responsivität zu verbessern oder erst einmal auszulösen. Im Ansatz liegt dieses Prinzip der sozialpädagogischen Familienbegleitung zugrunde: Die Fachkraft tritt in die Lebenswelt der Familie ein, akzeptiert vorerst größtenteils die Begebenheiten, die sie dort antrifft, und nimmt an den Alltagsaktivitäten von Elternteilen und Kindern teil. Schritt für Schritt entwickelt sie partizipativ Neuerungen, die dem Kindeswohl zugutekommen.

4.4 Kooperationssettings – zwischen Lebenswelt ergänzend und Lebenswelt ersetzend

Die Arbeit am Kindeswohl und zum Schutz der Kinder berührt stark die Lebenswelten der Familien. In vielen Fällen wird ein Kooperationssetting aufgebaut, das die lebensweltliche Arbeit der Familien ergänzt. Ein Beispiel dafür ist die erwähnte sozialpädagogische Familienbegleitung. Auch wenn Elternteile oder Kinder Begleit-, Beratungs-, Betreuungs- oder Animationsangebote nutzen, sind dies Hilfen, die die Alltagsaktivitäten ergänzen. In Lebenswelt ersetzenden Kooperationssettings verbringen die Kinder und Jugendlichen hingegen temporär einen großen Teil ihres Alltags in Institutionen. Die weitgehende Trennung von Kindern von ihrem lebensweltlichen Kontext entspricht oft in Fällen mit hohem Schutzbedarf einer Notwendigkeit. Dem Prinzip der bestmöglichen Einbindung der Eltern folgend, sind auch flexibler gestaltete Kooperationssettings anzutreffen: Je nachdem, was zuhause bewältigbar ist, verbringen Kinder drei oder vier Tage pro Woche in der Institution; die übrige Zeit leben sie zuhause (vgl. Familiensupport Bern West ▶ Kap. 5.2). Lebenswelt ersetzende Hilfen korrespondieren tendenziell mit stationären Hilfen.

4.5 Zwischenfazit

Zentrale Aufgaben der Professionellen sind der Aufbau von kohärenten Kooperationssettings und von Formaten, die einer einbeziehenden Kommunikation sowie der Entwicklung von Responsivität dienen. Unterstützungsleistungen kommen erst umfassend wirkungsvoll zum Tragen, wenn ein verlässliches und tragfähiges Kooperationssetting aufgebaut wurde und wenn dieses weiterentwickelt wird, falls ändernde Bedingungen dies erfordern.

Insgesamt ist in Kinderschutzverläufen das Kooperationssetting eng verknüpft mit dem Verlaufsgeschehen. In später dargestellten Ergebnissen dieser Studie werden Verlaufsphasen, während derer die Unterstützungsleistungen greifen, als *adjuvante Phasen* bezeichnet (▶ Kap. 7.1). Diese von den Beteiligten jeweils übers Ganze gesehen positiv beurteilte Verlaufsdynamik ist insbesondere von einem Kooperationssetting, das passende partizipative und responsive Interaktion ermöglicht, abhängig.

Die *invasive Phase* bildet den Kontrapunkt zur adjuvanten. Die Hauptursache einer invasiven Dynamik bildet eine auseinanderklaffende Situationseinschätzung der Familienakteure und der institutionellen Akteure. Es geht um oftmals fundamental unterschiedliche Sichtweisen auf problematische Geschehnisse in Familien und auf Maßnahmen, die die Behörden einleiten oder vorschlagen. Die invasive Dynamik beinhaltet typischerweise Zwang seitens der Professionellen sowie

Widerstandselemente von Seiten der Familienakteure. Im Sinne konfliktgeladener Interaktion ist sie zwar partizipativ, die Elemente konstruktiver Kooperation fehlen jedoch (noch). Das Kooperationssetting ist instabil, die institutionellen Akteure wechseln manchmal in kurzen Zeitabständen (▶ Kap. 7.2).

5 Versorgungsmodelle

Mit den beschriebenen Grundvoraussetzungen der Arbeit am Kindeswohl sowie der entwickelten Konzepte und Begriffe zu Versorgungsstrukturen im fokussierten Praxisfeld besteht nun eine Basis zur analytischen Beschreibung und Evaluation unterschiedlicher Versorgungsmodelle. Als Grundlagen werden zu Beginn Ausgangspunkte und Herausforderungen der Versorgung von Familien resümiert. Die Hauptakteure der nachfolgenden vergleichenden Darstellung sind die Schule, die abklärenden Sozialen Dienste und die Behörde zur Gewährung von Schutz und Recht – die Kindes- und Erwachsenenschutzbehörde (KESB) in der Schweiz und das Jugendamt in Deutschland. Die Schweizer Versorgungsräume werden mit dem Deutschen Versorgungsraum St. Wendel verglichen.

5.1 Ausgangspunkte

Grundhaltung

Die institutionelle Arbeit am Kindeswohl erfolgt als natürlich sozialisierendes Handeln und als Handeln zur Gewährung von Schutz und Recht. In der Schweiz deutlicher als in Deutschland wird einem Teil der Institutionen wie der Schule oder Familienberatungsstellen die natürlich sozialisierende Arbeit zugeschrieben, während dem in den Augen der Bevölkerung die KESB und die abklärenden Dienste die Arbeit zur Gewährung von Schutz und Recht ausführen. Die Logik des Förderns, Begleitens und Beratens steht der Logik des Schützens und Eingreifens gegenüber. Auch wenn daher zusammengefasst von einer aufgegliederten Versorgungslandschaft gesprochen werden muss, orientieren sich die interviewten Mitarbeitenden aller Institutionen am Ideal einer sorgenden, fördernden und transparenten Arbeit am Kindeswohl. Zweitens ist die grundsätzliche Arbeitshaltung der Angehörigen aller Disziplinen vom Primat Familie stark mitgeprägt. Sie teilen die Meinung, dass die Eltern die besten Erziehenden ihrer Kinder sind, und wissen, dass die Motivation der Eltern und Kinder ausschlaggebend ist, um Entwicklungen zu initiieren und Wirkungen zu erzielen. Die Professionellen fragen die Klientel nach ihrer Meinung; Elternteile, Kinder und Jugendliche sollen ernstgenommen werden. Das Prinzip, zusammen mit den Familien nach Lösungen und Hilfestellungen zu suchen, wird ernstgenommen. Die Fachkräfte legen großen Wert auf die Beziehungspflege. Sie wollen verlässlich, präsent und erreichbar sein. In den Auseinandersetzungen mit Familien sind ihnen Empathie, Authentizität, Wertschätzung, Offenheit und Transparenz wichtig. Sie betrachten Klientinnen und Klienten als Experten ihrer Lebenswelt. Man will auf die Ressourcen der Familien abstützen, immer auch mit dem Ziel, den Eltern möglichst viel Verantwortung (zurück-)zu geben.

Die Unvermeidbarkeit des Kooperierens und das Ausbalancieren von Freiwilligkeit und Zwang

Die Gefährdungsmeldung wird in der Regel von der betroffenen Familie als Einschnitt erlebt, denn in der Folge greifen die Behörden – um den Schutz der Kinder zu gewährleisten – in die Handlungssphäre der Familien ein. Druck und Zwang verletzen dann das Primat Familie und führen oft zu Widerstand der Familienakteure und in der Folge zu einer Blockierung produktiver Unterstützungsprozesse. Die Basis der Kooperation zwischen Professionellen und Familie kann im Einzelfall stark gestört werden. Daher ist es in der Arbeit am Kindeswohl entscheidend, ob eine Situation mit oder ohne Gefährdungsmeldung – das heißt auch mit oder ohne Instanz zur Gewährung von Schutz und Recht – bearbeitet werden kann. Institutionen und Fachkräfte versuchen daher möglichst, die Unterstützung von Familien in der Logik des natürlich sozialisierenden Handelns zu leisten. Sie versuchen, die Eltern zur Kooperation zu motivieren und die Hilfen in einem freiwilligen Rahmen zu installieren. Nur in akuten Gefährdungssituationen oder wenn sich Familien gegen Maßnahmen wehren, werden diese explizit verfügt. Fachkräfte und Behördenmitglieder betonen, dass jedoch auch dann kooperative Interaktionen anzustreben sind. Das Kooperieren mit den Familien ist in gewissem Sinne unvermeidlich, wie die Sozialarbeiterin eines abklärenden Dienstes erläutert:

> »Für mich ist es sehr sehr wichtig, die Leute immer ins Boot holen zu können. Das ist egal, ob es freiwillig ist oder nicht freiwillig. […] Wenn sie nicht mithelfen, dann geht es nicht.«

Gleichzeitig birgt in Situationen, in denen die Gefährdungslage unklar ist, ein Nicht-Eingreifen das Risiko, dass durch das Zuwarten ein Kind zu weiterem Schaden kommt. Das Ausbalancieren von Freiwilligkeit und Zwang fordert die Fachkräfte stark heraus. Das Reflektieren und Abwägen der Gefährdungssituation von Kindern und Jugendlichen bildet eine Aufgabe, die kontinuierlich geleistet werden muss. Eine Sozialarbeiterin, die Kinder und Familien sowohl sogenannt freiwillig berät als auch behördlich angeordnete Abklärungen durchführt, beschreibt diesen Balanceakt:

> »Mein Auftrag ist ganz klar, im Familiensystem das Wohl des Kindes sicherstellen zu können [...], also dort zu unterstützen, dass es dem Kind gut geht, und dort mache ich keine Differenzierung zwischen freiwilliger Beratung und [...] rechtlichem Auftrag [...]. Und wenn ich im freiwilligen Bereich Sorgen oder Bedenken habe, oder Risikofaktoren feststelle, teile ich das [der Familie] mit. [...] Bei den freiwilligen Fällen [...] gebe ich sehr viel mehr Verantwortung den Eltern zurück. Mir ist es dort sehr wichtig, dass ich Impulse gebe und ihre Anliegen wahrnehme [...], mir ist es da ganz wichtig, dass sie von sich aus noch vieles selbst machen und sich aktiv darum bemühen und auch einfordern. Und in den behördlichen Abklärungen [...] gehe ich dann mehr auch proaktiver vor und zum Teil auch direktiver. [...] Weil die ganze Situation schon ein bisschen verhärteter oder gefährdender ist [...] da können wir auch nicht mehr so viel Spielraum geben. [...] Da habe ich eine andere Rolle.«

Einmal mehr werden die zwei Grundaufträge der Arbeit am Kindeswohl deutlich: Für Kinder sorgen und die Kinder schützen. Das Erste geschieht diskursiv-einbeziehend; das Zweite ist auch durch direktiv- eingreifende Elemente gekennzeichnet. Wenn Gefährdungsmomente auftauchen und abgeklärt werden müssen, vermischen sich in der Praxis der Fachkräfte das Sorgen und Fördern mit dem Aufbauen von Druck. Solche ambivalenten Momente sind in Beratungsprozessen häufig. Sie treten auch im Alltag von Lehrkräften häufig auf (▶ Kap. 5.4).

Ein fachgerechtes Reflektieren und Abwägen der Gefährdungssituation bilden eine kontinuierliche Aufgabe der Fachkräfte. Die Gefährdungsabklärung bildet in Situationen, in denen in der Kooperation mit Eltern zwischen Freiwilligkeit und Zwang entschieden werden muss, einen zentralen Akt der Professionellen.

Maßgebliche Herausforderungen

Auf Basis der dargelegten Grundlagen können vier Herausforderungen der Arbeit am Kindeswohl benennt werden:

Elternteile einbeziehen

Erstens müssen Institutionen und Fachkräfte das Primat Elternschaft beachten: Elternteile oder gewichtige Erziehungsberechtigte sind die prioritären und erstverantwortlichen Akteure, wenn es um das Wohl der Kinder geht. Es zeigt sich, dass Hilfen an Kindern ihre Wirkung erst umfänglich entfalten, wenn sie möglichst auch dem Willen der Familienakteure entsprechen und in den Interaktionen zwischen Familienakteuren und Fachkräften ein gewisses Maß an Responsivität erreicht wird. Somit besteht eine Herausforderung darin, Unterstützungsleistungen in einer Weise partizipativ zu gestalten, dass sie von den Familien möglichst mitgetragen werden. Es gibt zweifelsohne Ausnahmen, etwa wenn Kinder vollständig im Stich gelassen werden oder wenn von Elternteilen ein akut riskantes Gefährdungspotenzial ausgeht.

Überlegter Umgang mit Freiwilligkeit und Zwang

Auch die zweite Herausforderung betrifft das Verhältnis der Institutionen zu den Familien: Aus deren Perspektive kommen in der Arbeit der Institutionen zwei Handlungslogiken zum Zug – das natürlich sozialisierende Handeln sowie das Handeln zur Gewährung von Schutz und Recht. In natürlich sozialisierend geprägten Institutionen bewegen sich Kinder und Familien mit hohen Freiheitsgraden, während es aus ihrer Sicht die Institutionen zur Gewährung von Schutz und Recht sind, die Druck und Zwang ausüben. Familien wollen es mit allen Mitteln vermeiden, unfreiwillig in eine Zwangslogik herein zu geraten. Wenn auf die Versorgungsstrukturen geschaut wird, stellt sich daher zweitens die Frage, wie die Institutionen das Handeln im Spektrum von Freiwilligkeit und Zwang aufteilen und orchestrieren.

Institutionelle und professionelle Logiken koordiniert nutzen

Für die Arbeit am Kindeswohl hat die Gesellschaft ein dynamisches, sich andauernd ausdifferenzierendes Netzwerk von Institutionen in den Bereichen Bildung, Soziales, Gesundheit und Recht aufgebaut. Entsprechend haben sich im Laufe der Jahrzehnte Politik- und Verwaltungsbereiche, Wissenschaftszweige und Professionen mit je einem spezifischen Fokus auf die Entwicklung von Kindern und Jugendlichen herausgebildet und differenziert. In der Gestaltung von Versorgung geht es daher drittens zentral um die Frage, wie die institutionellen Akteure ihre unterschiedlichen Wissensbestände und professionellen Logiken für die Arbeit am Kindeswohl kooperativ produktiv nutzbar machen können.

Kohärente Kooperationssettings aufbauen

Unter diesen anspruchsvollen gesellschaftlichen und institutionellen Bedingungen gilt es schließlich, eine Versorgung zu strukturieren, die es ermöglicht für den einzelnen Fall ein kohärentes Kooperationssetting aufzubauen. Die bisherigen Ergebnisse zeigen, dass solche Kohärenz von mehreren wichtigen Faktoren abhängt. Die zentralen Fragen lauten:

1. Inwieweit gibt es eine gemeinsame Policy im Versorgungsraum? Gemeint ist ein gemeinsames Verständnis wichtiger Konzepte auf der inhaltlich fachlichen Ebene zur Steuerung von Arbeitsprozessen, zu Entscheidungskompetenzen sowie zu Finanzierungs- und Verwaltungsprozessen (▶ Kap. 3.4).
2. Welche Kooperationsformate sind anzutreffen? Gemeint sind Klientel bezogene Formate und interinstitutionelle Kooperationsformate (▶ Kap. 3.5).
3. Wie werden die fallbezogenen Kooperationssettings gestaltet? Gemeint ist das gesamte Set der Formate, an denen eine Familie zu einem bestimmten Zeitpunkt beteiligt ist (▶ Kap. 3.5).

5.2 Schweizer Versorgungsräume

Akteure und Standardprozess des Gefährdungsmanagements

Die Schule hat eine wichtige Funktion in der Erkennung von Kindeswohlgefährdungen. Liegt eine Gefährdungsmeldung vor, werden die Kindes- und Erwachsenenschutzbehörde (KESB) und der abklärende Dienst die zentralen bearbeitenden Institutionen. Die KESB ist im schweizerischen System die zentrale Instanz zur Gewährung von Schutz und Recht im Kinderschutz und arbeitet in den zwei untersuchten Versorgungsräumen im Modus einer Verwaltungsbehörde. Erfolgt eine Kindeswohlgefährdung, hat sie den Auftrag, ein Abklärungsverfahren einzuleiten, die wichtigen Entscheidungen zu treffen und – je nach Ergebnis – Maßnahmen anzuordnen und zu überwachen.[1] Soweit möglich wird mit den Betroffenen eine einvernehmliche Lösung zur Abwendung der Gefährdung gesucht. Behördliche Maßnahmen sollen nur angeordnet werden, soweit die Erziehungsberechtigten nicht von sich aus Abhilfe schaffen oder dazu außerstande sind.[2] Daher ist das Handeln der Kindes- und Erwachsenenschutzbehörde (KESB) – obschon eine Institution zur Gewährung von Schutz und Recht – stark vom Prinzip der Sorge gelenkt. Die befragten Juristinnen, Sozialarbeitenden und Psychologen der KESB betonen, dass Lösungen immer – soweit möglich – gemeinsam mit den Familien erarbeitet werden, um der Situation angepasste Hilfen zu ermöglichen. Sind Erziehungsberechtigte in einer Anhörung nicht mit der geplanten Maßnahme einverstanden, wird im Gespräch versucht, ein Einverständnis zu erarbeiten. Oft müssen Missverständnisse ausgeräumt werden, etwa wenn Eltern meinen, die Behörde würde ihnen ein Kind »wegnehmen«, und die real begrenzte Tragweite einer Beistandschaft nicht erkennen.

Wird eine Gefährdung bei der KESB gemeldet, entscheidet diese in einem ersten Schritt, ob ein Verfahren eröffnet wird. Ist dies der Fall, leitet sie bei hohem Handlungsdruck selbst Sofortmaßnahmen ein. Besteht kein dringlicher Handlungsbedarf, erteilt die KESB der zuständigen Stelle einen Abklärungsauftrag, der in der Regel innerhalb dreier Monate bearbeitet werden soll. Die abklärende Stelle erarbeitet einen Abklärungsbericht mit Empfehlungen. Es folgt die Prüfung des Berichts sowie die Anhörung der Familie. Die Behörde entscheidet dann darüber, ob gesetzliche Maßnahmen angeordnet werden oder ob freiwillige Maßnahmen genügen.

Im Abklärungsverfahren arbeiten die abklärende, beratende Stelle und die KESB ergänzend zusammen. Primär kommunizieren die abklärenden Fachkräfte mit der Familie; die KESB steuert das nunmehr amtliche Verfahren und fällt die Entscheide über allfällige Maßnahmen. Der abklärende Dienst kann parallel zu den diagnostischen Arbeiten auch Interventionen wie eine sozialpädagogische

---
1 Vgl. Schweizerisches Zivilgesetzbuch, Art. 307ff. ZGB.
2 Subsidiaritätsprinzip gemäß Schweizerisches Zivilgesetzbuch, Art. 307, Abs. 1.

Familienbegleitung oder spezifische Beratungen und Therapien initiieren, falls eine Bereitschaft der Familie besteht. Behandlung und Klärung erfolgen dann parallel. Die Ergebnisse der Interventionen können in das Abklärungsergebnis einfließen.

Wird aufgrund der Abklärungsergebnisse eine Beistandschaft eingerichtet, formuliert die KESB die Aufgaben der Beistandsperson. Deren Rolle kann mit jener einer Case Managerin oder eines Case Managers verglichen werden. Sie erarbeitet zusammen mit der Familie die Ziele und trägt die Verantwortung für das fallbezogene Kooperationssetting. Die Maßnahmen werden periodisch ausgewertet und bei Bedarf angepasst.

Arbeitsgebiete und Schnittstellen

Die KESB ist somit in Zusammenhang mit Kindeswohlgefährdungen in zwei Formen tätig: Zum einen eröffnet und leitet sie das Verfahren, sie analysiert die Ausgangssituation, sie trifft Entscheidungen und leitet allenfalls Sofortmaßnahmen ein. Zum anderen verordnet sie Maßnahmen, die durch Dritte ausgeführt werden. In dieser zweiten Form wirkt die KESB im Gefüge der Institutionen in der Rolle der Leistungsbestellerin. Wenn eine Kindeswohlgefährdung abgeklärt wird oder wenn zur Abwendung einer Gefährdung Maßnahmen umgesetzt werden, leisten verschiedenste Institutionen die Begleitung und Betreuung der Kinder, Jugendlichen und Elternteile im Alltag. Das heißt, als Leistungserbringer wirken Sozialdienste, Beratungsstellen sowie Anbieter weiterer Dienste mit, bspw. einer Familienbegleitung, eines stationären Aufenthalts oder einer Therapie. Die Kinder und Familien sind in diesem Gefüge die Leistungsempfangenden. Dieses Rollenverständnis erklärt die Grundzüge der Arbeitsteilung zwischen den Institutionen.

Zur Beschreibung der Kooperationen, an denen all die genannten Akteure beteiligt sind, wird in den untersuchten Schweizer Versorgungsräumen öfter der Begriff der Schnittstellenbewirtschaftung verwendet. Dieses Bild beinhaltet, dass die KESB, die abklärenden Dienste, die Schule und die weiteren Akteure je in ihrem eigenen Arbeitsfeld am Kindeswohl arbeiten, dass es gleichzeitig auch Gebiete gibt, wo sich diese Tätigkeiten überschneiden – was in hohem Ausmaß im Falle einer festgestellten oder vermuteten Kindeswohlgefährdung zutrifft.

Die Schnittstellenbewirtschaftung beinhaltet, dass die Institutionen die Arbeit am Kindeswohl vorerst mal innerhalb des umgrenzten Auftrags ihrer Institution definieren und ausführen. Tendenziell findet interinstitutionelle Zusammenarbeit an den Rändern der Aufgabengebiete statt. Hier besteht die Herausforderung, die passenden Kooperationsformate aufzubauen und zu pflegen. Im Kapitel zu den Versorgungsstrukturen wurde auf der Basis der erhobenen Daten eine Kategorisierung der Kooperationsformate über vier Stufen vorgenommen:

1. die zufällige, unvermittelt strukturierte Zusammenarbeit von Fachkräften
2. die personenabhängig strukturierte, temporäre Zusammenarbeit von Fachkräften

3. die partiell durch die Institutionen strukturierte Kooperation
4. die in einem Versorgungsraum umfassend strukturierte Kooperation der Institutionen (▶ Kap. 3.5)

Eine Schnittstellenbewirtschaftung wird typischerweise in Kooperationsformaten der Stufen 1, 2 und 3 umgesetzt. An einigen Schnittstellen kommt das interinstitutionell etablierte Gefäß des runden Tischs zum Einsatz (Stufe 3); oft wird die Zusammenarbeit an den Schnittstellen positiv bewertet, wenn sich zwischen einzelnen Fachkräften eine Praxis der Zusammenarbeit eingespielt hat (Stufe 2).

Eine Schulsozialarbeiterin berichtet über dieses Spektrum der Kooperationsformate. Ihr Team pflegt mit dem zuständigen abklärenden Dienst etablierte Gefäße der Zusammenarbeit und strukturierte Prozessabläufe. Die Kooperation mit dem schulpsychologischen Dienst hingegen sei personenabhängig. So konnte ein Kooperationsformat zur interdisziplinären Bearbeitung gruppendynamischer Themen in Schulklassen nach einem Personalwechsel nicht weitergeführt werden.

»Ich hatte wirklich jemanden, mit dem ich sehr gut zusammenarbeiten konnte. Jetzt hat es sich geändert. Jetzt weiß ich nicht, wie es sich dann entwickeln wird. Und mich dünkt schon: Es ist [beim schulpsychologischen Dienst] eher personenabhängig als es jetzt beim zuständigen abklärenden Sozialdienst ist.«

Generell wird betont, dass ein Sich-persönlich-Kennen die fallbezogene Kooperation erleichtert. Beispielsweise wird auch von Schulleitungen berichtet, dass ein persönlicher Draht zu Mitarbeitenden der KESB es ermögliche, rasch hilfreiche Auskunft zu erhalten.

Von großer Bedeutung sind auch Kenntnisse über das Versorgungssystem. In vielen Interviews wird betont, es sei wichtig, die Aufträge, Angebote, Rollen und Kompetenzen der anderen Institutionen zu kennen, damit gegenseitiges Verständnis und Vertrauen entstehen würden. So wird in das gegenseitige Kennenlernen und Verstehen viel investiert. Angesichts der Komplexität des Versorgungsnetzwerks und der Menge der »Schnittstellen« muss dafür ein großer Aufwand geleistet werden:

»Also wir sind jetzt eigentlich da dran [...] Wir [die Schulsozialarbeit] haben einen jährlichen Anlass, von mir aus könnte es auch öfter sein [...]. Die Teamleitung plus zwei, drei Sozialarbeitende gehen sich in einer Schule vorstellen, sprechen über die Zusammenarbeit, sprechen über Entwicklungen [...]. Gerade haben wir massiv viele Unterrichtsausschlüsse von Kindern der Primarstufe, wo das [die Zusammenarbeit] wirklich ein Thema ist. Dass wir diesbezüglich halt einfach eben die heißen Themen besprechen können und die Zusammenarbeit, und schauen, wie sich diese verbessern könnte.«

Positionen

Die Kindes- und Erwachsenenschutzbehörde (KESB) ist im Netzwerk der Institutionen weit mehr als ein Leistungsbesteller. Sie nimmt gegenüber dem lose strukturierten Gefüge der natürlich sozialisierenden Institutionen eine andersartige komplementäre Position ein. Andersartig ist die KESB, weil sie im Kinderschutzgeschehen über ein legitimes Gewaltmonopol verfügt; sie ist die Instanz, die über Eingriffe in die Familiensphäre entscheidet. Die Machtposition der KESB ist mehrdimensional angelegt: Gegenüber den Familien kann sie als staatliche Instanz hintergründig wirken, bevor sie konkret in ein Fallgeschehen involviert ist, denn die KESB ist in der Öffentlichkeit bekannt. Auch aufgrund von Medienkampagnen besteht bei einem Teil der Bevölkerung das verzerrte Bild, die KESB arbeite gegen die Familien und damit auch gegen die Kinder. In der Folge können Fachkräfte der natürlich sozialisierenden Institutionen mehr oder weniger offen mit einer Gefährdungsmeldung drohen und damit Druck auf Familien ausüben. Der Druck wird offenkundig, sobald eine Gefährdungsmeldung eingereicht und die KESB involviert ist. Die Verbindlichkeit in Interaktionen der Familien mit der zu Entscheiden befugten KESB ist viel höher als in den Interaktionen, die Familien mit der Schule oder mit Beratungsstellen pflegen.

Wegen ihrer Befugnisse ist die KESB auch im Verkehr mit den natürlich sozialisierenden Institutionen ein machtvoller Akteur. Sie kann in ihrer Position gewichtig dazu beitragen, die Verhältnisse zwischen Institutionen/Fachkräften und Familien zu klären und generell wie kein anderer das Geschehen in Fallverläufen lenken. Sie erteilt den Institutionen Aufträge, die den Stempel erhöhter Verbindlichkeit tragen und zudem das Arbeitsvolumen der ausführenden Institution vergrößern.

Steuerungsvakuum

Trotz ihrer Machtposition versteht sich die KESB selbst als Hüterin von Schutz und Recht im Hintergrund. Außer in akuten Gefährdungssituationen soll sie erst aktiv werden, wenn Schulen, Beratungsstellen, therapeutische Angebote und präventiv wirkende Institutionen mit Familien nicht weiterkommen. Diese Haltung steht öfter in Widerspruch zu Ansprüchen der natürlich sozialisierenden Institutionen. Ein Mitglied einer KESB schildert dazu:

> »Die Schulen hätten jeweils gerne, dass wir den Rahmen setzen, in dem sie nachher quasi mit den Familien störungsfrei arbeiten können, dass wir eigentlich den Schwarzen Peter spielen und der Familie sagen, was erfüllt sein muss. Doch bevor wir dahinter gehen, fragen wir oder erörtern wir zusammen mit ihnen, ›Ja habt ihr eure Methoden angewendet?‹, ›Seid ihr auf den Kern des Problems gestoßen oder habt ihr nur zusammengezählt, wie viele Absenzen [des Schülers, um den es geht] da sind?‹, ›Kennt ihr die Gründe?‹. Und da kann es durchaus vorkommen, dass sie sagen ›Ja nein, die sind schwierig in der Zu-

sammenarbeit. Und uns wäre lieber, ihr würdet das machen‹. Dann müssen wir sagen: ›Nein, es ist ein Problem in eurem Alltag.‹ […] Und das ist ein relativ klares Beispiel. Schwieriger ist es dann, wenn mehr unkonkrete Befürchtungen eine Rolle spielen, wenn zum Beispiel irgendeine Misshandlungsgeschichte herum geplaudert wird und es für die Schule nicht mehr klar ist, ›Ja sollen wir jetzt die Eltern darauf ansprechen?‹, ›Was können wir denn machen?‹. […]«

Gerade wenn – wie im zweiten Teil des Zitats geäußert – die Fachkräfte eine Gefährdung vermuten, ist die Arbeit am Kindeswohl sehr anspruchsvoll und aufwändig. Große Herausforderungen bestehen darin, dass die Fachkräfte im Rahmen freiwilliger Dienstleistungen nur bearbeiten können, was die Familienmitglieder bearbeiten wollen. Veränderungen, Entwicklungen und Ergebnisse sind ein Produkt des Zusammenwirkens zwischen Fachkräften und Familien. Im Alltag freiwilliger Beratung stoßen hier die Fachkräfte oftmals an Grenzen:

»Da ist eine Mutter mit mehreren Kindern […], mit einer Tochter, die sich einfach an keine Regeln und keine Grenzen hält. Die ist zwar einmal hierhin [in die Beratung] gekommen, weil die Mutter es wollte, aber die Jugendliche war überhaupt nicht bereit, sich auf die Mutter einzulassen und die Mutter auch nicht wirklich auf die Tochter. Sie sah sich einfach als Opfer der Tochter. Und dort habe ich nur darauf gewartet, dass jemand Außenstehendes eine Gefährdungsmeldung macht, weil die Jugendliche spät in der Nacht draußen war usw. Da ist es wirklich auf eine Gefährdungssituation rausgelaufen, bei der ich aber zu weit weg war, weil die Beratung dann auch abgebrochen wurde. Es hat keinen Sinn gemacht, die Mutter alleine zu beraten, weil sie keine Einflussmöglichkeiten mehr auf die Tochter hatte. Ebenso wenig die Tochter alleine zu beraten, weil sie nicht bereit war, sich darauf einzulassen. Dort war ich auf verlorenem Posten.«

Auch mit der Unterstützung der Fachperson sind Mutter und Tochter nicht in der Lage, die Situation zu verändern. Als Ausweg sehe die auf langjährige Erfahrungen zurückblickende Fachperson einzig eine Gefährdungsmeldung. Sie sagt weiter zu den Gelingensbedingungen präventiver Unterstützung:

»Also der Ablauf einer Beratung ist ja immer der gleiche. Man macht eine Auftragsklärung und probiert dort zu schauen, ob auch Eigenmotivation vorhanden ist und dann steigt man ein und probiert eine Vertrauensbasis zu finden. Und dann gelingt es häufig durch die Beratung der Eltern oder durch die Mediation zwischen Eltern und Jugendlichen, die Situation zu verbessern. Dann gibt es aber andere Situationen, bei denen man merkt, dass die Beziehungspersonen nicht auf das Angebot einsteigen, oder dass sie unzuverlässig sind, Termine nicht einhalten. Dass sie zwar sagen, dass sie das und das ändern wollen,

> aber trotzdem nichts passiert. [...] Also ich denke, es gelingt sicher in einem rechten Teil der Fälle – wenn die Beziehungspersonen auch einsehen, dass es sinnvoll wäre –, etwas zu verändern. [...] Es gibt aber auch solche, die es einsehen und es dann aus äußeren Gründen trotzdem nicht möglich ist, etwas zu verändern – sei es, weil sie armutsbetroffen sind oder eine Sucht oder eine psychische Erkrankung da ist.«

Die hier aus der Perspektive professioneller Akteure des natürlich sozialisierenden Bereichs geschilderten Beispiele zeigen Fallverläufe, in denen mit freiwilligen Aktionen nicht weiterzukommen ist. Die anzustrebenden Veränderungen sind herausfordernd. Die Fachperson thematisiert auch, wie Familienarmut und gesundheitliche Beeinträchtigungen die Bemühungen, potenzielle Gefährdungen abzuwenden behindern können. Die Beispiele zeigen, dass oftmals der Aufbau passender Kooperationsformate mit den »Beziehungspersonen« der Familie anspruchsvoll ist. Und dazu kommt noch die Aufgabe, die eigene Arbeit zur Klärung bzw. Abwendung von Gefährdung mit jener anderer Akteure zu koordinieren. Eine Fachperson eines schulpsychologischen Dienstes benennt förderliche und hinderliche Faktoren für das Gelingen der interinstitutionellen Kooperation im freiwilligen Bereich:

> »Also für das Gelingen sind sicher die gemeinsamen Ziele wichtig. Und nachher muss aber auch noch von allen die Bereitschaft vorhanden sein, sich wirklich gezielt einzusetzen. Also es kommt vor, dass eine Beiständin da ist, die viele Mandate hat, die gleichzeitig alle schwierig sind, und nachher mit der Zeit nicht mehr durchkommt. Dann wird es ziemlich schnell schwierig. Ich denke, es gibt viele Leute im Sozialbereich, die mehr Zeitressourcen bräuchten. Das Wichtigste sind die gemeinsamen Ziele und das Zweite, dass man wirklich auch die notwendige Zeit einsetzen kann. Und je mehr Personen in die Zusammenarbeit involviert sind, desto mehr Zeit braucht es.«

Zusammengefasst sind die professionellen Akteure des natürlich sozialisierenden Bereichs – Schulen, Beratungsstellen, Fachkräfte der Medizin und Therapie usw. – mehrfach herausgefordert. Es geht um schwierige Themen, es müssen Vertrauen und Motivation aufgebaut werden und es gilt, an den Schnittstellen der interinstitutionellen Zusammenarbeit für jeden Fall ein passendes Kooperationssetting zu initiieren und zu pflegen. Innerhalb des natürlich sozialisierenden Bereichs besteht in dieser Schnittstellenbewirtschaftung ein gewisses Steuerungsvakuum, denn tendenziell versagen in Gefährdungssituationen die Selbststeuerungskapazitäten der Familien. Und keiner der professionellen Akteure ist durch eine gesetzliche Grundlage dazu bestimmt, die Fallsteuerung über die Grenzen seiner Institution hinweg zu übernehmen. Das Steuerungsvakuum kann zumindest teilweise erklären, warum öfter aus Sicht der KESB unnötige Gefährdungen gemeldet werden. Die Akteure des freiwilligen Bereichs sehen sich als begrenzt handlungsfähig; gleichzeitig appellieren sie an die mit mehr Macht ausgestattete Behörde.

Hybride Kooperationsformate

Seit die Kindes- und Erwachsenenschutzbehörde (KESB) im Jahr 2013 in der Schweiz eingeführt wurde, haben sich zwischen ihr und den Organisationseinheiten des natürlich sozialisierenden Bereichs die Kooperationsformate herauskristallisiert. Die Daten der Studie MehrNetzWert zeigen, dass ein intensiver Austausch besteht. Zu unterscheiden sind dabei Phasen, während derer Gefährdungen vermutet oder abgeklärt werden, von Phasen, während derer von der KESB verfügte Maßnahmen umgesetzt werden.

Wenn Fachkräfte eine Gefährdung vermuten, stehen sie öfter vor der Frage: Ist das Wohl des Kindes mit freiwilliger Beratung und weiterer Hilfe gewährleistet oder braucht es den Druck, der durch ein offiziell eröffnetes Gefährdungsabklärungsverfahren aufgebaut werden kann? In diesem Zusammenhang besteht zumindest zwischen einem Teil der Akteure des natürlich sozialisierenden Bereichs und der KESB das Kooperationsformat des informellen Austauschs. Der Familientherapeut, die Schulleiterin oder der Sozialarbeiter bespricht ein Fallbeispiel in anonymisierter Form mit der Fachkraft der KESB.

> »Es kommt ab und zu vor, dass wir eine Situation haben, bei der wir uns mit jemandem von der KESB informell besprechen, [...] wo man sich einfach ohne Namensnennung rückversichert. Oder es gibt auch die Situationen, bei denen die KESB bei uns nachfragt, was da ein sinnvolles Vorgehen wäre. [...] Und wir haben auch regelmäßig ein Jahrestreffen, dass man auch die Leute kennt. Das ist auch wesentlich, damit man gut zusammenarbeiten kann. Also wir haben eine gute Zusammenarbeit.«

In diesem Austausch bewegt sich die KESB klar in der Logik der Gewährung von Schutz und Recht. Die Beratungsstellen hingegen treten in beiden Handlungslogiken auf. So handeln Fachkräfte sozialer Dienste in der Logik zur Gewährung von Schutz und Recht, wenn sie im Auftrag der KESB das Kindeswohl abklären oder ein Gutachten verfassen. Suchen die Familien hingegen von sich aus freiwillig die Stelle auf, ist die Beratung der natürlich-sozialisierenden Logik zuzuteilen. Entwickelt sich aus der freiwilligen Beratung ein Verlauf mit Gefährdungsmeldung, kommen dagegen Handlungsmuster der Logik zur Gewährung von Schutz und Recht ins Spiel. Während dieser Übergangsphasen stehen die Fachkräfte der Beratungsstellen oft in engem fachlichem und fallbezogenem Austausch mit der KESB. Sie sind darauf angewiesen, sich bei der Instanz zur Gewährung von Schutz und Recht absichern zu können. Sie möchten erst vom sorgenden Beraten zum schützenden Eingreifen wechseln, wenn dies notwendig wird. Der Zwang gegenüber Familien wird sorgfältig dosiert. Eine aufgebaute Beratungsbeziehung soll nicht unnötig aufs Spiel gesetzt werden.

In der Folge scheint es sinnvoll zu sein, die beiden Rollen »Klären und Beraten« und »Steuern und Entscheiden« miteinander zu verweben. Teils nehmen Fachpersonen der abklärenden Dienste an den Elternanhörungen der KESB teil. Eine Beraterin eines abklärenden Diensts sagt dazu:

»Ob wir dort teilnehmen möchten oder nicht [...]. Da hat es methodisch auch immer dafür und dagegen. Aber es ist durchaus eine Möglichkeit, um noch einmal seine Einschätzungen mitteilen zu können. Die KESB ist auch sehr stark darauf angewiesen [...] in komplexen Fällen, dass wir dort dabei sind, dass wir auch noch einmal unsere Einschätzungen mitteilen können. Und das empfinde ich auch als sehr positiv. Es führt vielleicht nicht dazu, dass es eine andere Entscheidung gibt durch die Behörde, sondern es geht wirklich so um ein Miteinander. Das hat auch eine symbolische Wirkung. Das habe ich jetzt schon mehrmals erlebt: Wenn die KESB und wir zusammen uns auch bildlich so zeigen können ›wir sind, wir sind eins‹ [...]. Und nicht zwei zerstrittene Ämter. Das hat eine andere Wirkung auf die Familien. Und dort kann ja aber wiederum die Gefahr bestehen, dass die Eltern sich dann nicht getrauen, wirklich ihre Meinung zu sagen. Das kann man kritisieren [...]. Das schätzen wir schon vorher ab. Wir fragen auch ›Sollen wir dabei sein?‹. Und die meisten sind eigentlich froh [...]. Wir können [sie in der Anhörungssituation] unterstützen. Manchmal sagen wir gar nicht viel. In dieser kurzen Abklärungszeit müssen wir ja extrem schnell [...] eine Arbeitsbeziehung aufbauen, und wir sind wichtig für sie.«

Ein Kooperationssetting, das die Partizipation der Familie und in der Folge responsive Interaktionen ermöglicht, ist der zitierten Beraterin ein großes Anliegen. Ein responsives Setting kann auch in Fällen gelingen, wo Fachkräfte im Laufe einer Familienberatung eine Gefährdung bei der KESB melden. Diese bereits beratende Institution kann dann auch die Abklärung durchführen. Die Fachkräfte sind jetzt durch die KESB legitimiert, eine Gefährdungsabklärung vorzunehmen. In diesem Falle können die drei Phasen der freiwilligen Beratung, der Gefährdungszuspitzung und der Gefährdungsabklärung stärker gesteuert und gestaltet werden, was von den Fachkräften positiv bewertet wird. So kann etwa in der Gefährdungsabklärung auf die bereits während der freiwilligen Beratung aufgebaute Kooperationsbeziehung abgestützt werden. Teils liegen die für die Gefährdungsabklärung notwendigen Informationen bereits vor.

Die Kooperationspraxis der KESB mit Schulen, Sozialdiensten und Beratungsstellen ist erst wenige Jahre alt. Während der diffizilen Phase des Gefährdungsmanagements, während der unklar ist, ob eine Gefährdungsmeldung angezeigt ist, pflegen die KESB und zumindest ein Teil der natürlich sozialisierenden Akteure den Austausch in mehr oder weniger etablierten Formaten. Diese Kooperation ist als hybrid zu bezeichnen. Es gibt zwar gewisse Gestaltungselemente im Sinne einer partiell durch Institutionen strukturierten Kooperation – etwa die genannten Jahrestreffen der KESB mit den Beratungsstellen. Doch große Teile dieser Zusammenarbeit werden personenabhängig gestaltet (▶ Kap. 3.6).

Wenn die Gefährdungslage geklärt ist und die KESB eine oder mehrere Maßnahmen verfügt hat, sind die Kooperationsformate klarer. Dasselbe gilt bei akuten Gefährdungslagen, wenn die KESB Sofortmaßnahmen auslöst. In beiden Situationen spielt das idealtypisch vorgesehene Zusammenspiel der Rollen Leistungsbestellerin (KESB), Leistungserbringerin (Sozialdienst, Beratungsstelle, Familienbegleitung, stationäre Einrichtung usw.) und Leistungsempfängerin (Familie). Um das Kooperationsgeschehen in Worte zu fassen, sprechen einige Befragte von einer strategischen Rolle (KESB) und einer operativen Rolle (Akteure des natürlich sozialisierenden Bereichs). Ein Mitglied einer KESB betont die Sinnhaftigkeit der Teilung in eine strategische und eine operative Rolle in der Arbeit mit anspruchsvollen, widerständigen Familien und illustriert sein Rollenverständnis bildhaft:

> »[Die Rollenteilung macht Sinn,] damit du ein dreidimensionales Bild bekommst. Denn so haben wir zwei Augen [KESB und natürlich sozialisierende Institutionen], die nicht hintereinander sind. [...] [Fachkräfte der natürlich sozialisierenden Institutionen] stehen im Dschungel mit der Machete, und die hauen sich den Weg durch, und die haben vielleicht noch eine Landkarte und können vielleicht noch sagen ich stehe hier, und da vorne hat es Wasser, und hier hat es Treibsand und, da hinten warten die Krokodile auf mich, und ich probiere irgendwie, mich durch diesen Weg hindurch zu hauen. Wenn jetzt aber oben dran der Helikopter mitfliegt, der Pilot hat ein anderes Bild; der schwitzt nicht mit, dann kann der mit der Machete nach vorne schauen. Wenn die Kommunikation zwischen dem Machete-Mann und dem Helikopterpilot gut funktioniert. Dann bekommt man von der Welt an der Front eine dreidimensionale topographische Karte. Oben im Helikopter sehe ich nicht, wie tief er im Dreck steht. Er sieht aber nicht, dass er weiter vorne in ein Loch abstürzen wird. Das sehe ich. Und durch diese Kommunikation bekommen wir eben ein dreidimensionales plastisches Bild von der Sache.«

Hier wird ein Modell gezeichnet, in welchem die KESB in den von ihr eröffneten Verfahren die Eckpunkte setzt und die natürlich sozialisierenden Institutionen begleitet. Wenn die KESB Maßnahmen angeordnet hat, besteht zwischen ihr und den Institutionen auch ein Leistungsbesteller-Leistungserbringer-Verhältnis. Das Gelingen dieses Kooperationsformats ist in hohem Maße von der Qualität der Kommunikation abhängig. Diese sei gewährleistet, wenn die Beteiligten ihre Rolle klar wahrnehmen und gezielt kommunizieren würden. Kommunikation sei der Schlüssel des Gelingens, was auch das zitierte Dschungel-Bild zum Ausdruck bringt. Ohne gelingende Kommunikation mit den Kooperationspartnern sei auch die KESB machtlos, hält ein Behördenmitglied fest.

Familiensupport Bern West: Vom Kooperieren an den Schnittstellen zum sozialräumlichen Kooperationsnetzwerk

Verschiedene Institutionen in der Region Bern legen Wert darauf, Familien lebensweltnah zu unterstützen. Ein Beispiel ist der Familiensupport Bern West, der Leistungen in den Bereichen Sozialpädagogik und Sonderpädagogik erbringt.³ Analytisch – in der Sprache der bisherigen Ausführungen gesprochen – fokussieren die Fachkräfte des Familiensupports in ihrer Arbeit die Schnittstelle der natürlich sozialisierenden Institutionen mit den Lebenswelten der Familien. Sie vernetzen die Klientel mit den formellen Ressourcen, besonders mit den Institutionen im nahem Versorgungsraum wie der Schule, einer Kindertagesstätte oder der Jugendarbeit. Andererseits besteht der »Support« in der Verknüpfung von Familien mit lebensweltlichen Ressourcen wie einer Unterstützung in nachbarschaftlichen Kontakten oder Freizeitangeboten im Quartier. Im Rahmen sozialpädagogischer Supportleistungen begleiten die Fachkräfte die Kinder, Jugendlichen und Elternteile »so viel wie notwendig und so wenig wie möglich«. Ein Kind mit Gefährdungsrisiken im Zuhause verbringt bspw. die Nacht in der Institution Familiensupport. Es kann weiterhin die Schule im Quartier besuchen. Den Mittag und die Nachmittagsfreizeiten verbringt es in der Kindertagesstätte.

> »Auch wenn das Kind hier schlafen muss, warum sollte es dann nicht ins Tagi gehen? Weil es funktioniert ja dort. Warum soll es dann hier den Tag durch betreut werden? Oft gibt es ganz viel, das schon besteht. In Tagesstätten sind es auch professionelle Beziehungen, aber es ist wieder näher am Regelsystem. Wenn man da sorgfältig schaut, was es bereits gibt und das versucht beizubehalten und zu bestärken, hat man glaube ich schon sehr viel gewonnen.«

Die Institution orientiert sich an einer realistischen Vorstellung des hier entwickelten Begriffs des Primat Familie (▶ Kap. 1.2). Es geht darum, dass die Betroffe-

---

3 Vgl. https://www.familien-support.ch (letzter Zugriff: 14.04.2021). Ein weiteres Beispiel setzten die drei Berner Gemeinden Ittigen, Münchenbuchsee und Muri-Gümligen in ihrem 2017 gestarteten Projekt Flexible Jugend- und Familienhilfe im Sozialraum Bern Ost um. Den Grundsätzen der Sozialraumorientierung folgend, setzen sie sich zum Ziel, die Hilfen an Kinder, Jugendliche und Familien weiterzuentwickeln, indem die Leistungen möglichst frühzeitig und flexibel auf den Bedarf abgestimmt erbracht werden (Hinte, 2007). Um dies zu erreichen, wurden Sozialraumteams installiert, in denen Fachkräfte der Sozialdienste, der ambulanten und stationären Sozialpädagogik und der Schulsozialarbeit die Fallbearbeitung kooperativ steuern. In der Sprache von MehrNetzWert will das Projekt auf der Ebene der Gemeinde (dem Sozialraum) eine Policy mit gemeinsamen fachlichen Standards entwickeln und umsetzen. Im Projekt konnten teils eine neue Kooperationskultur der beteiligten Institutionen (Sozialdienst, sozialpädagogischer Leistungserbringer, Schulen, Schulsozialarbeit) aufgebaut und das Modell der »Schnittstellenbewirtschaftung« überwunden werden. Aus der von der Berner Fachhochschule durchgeführten Evaluation sind zwei Hauptergebnisse besonders erwähnenswert: Dem stärker kooperativen Netzwerk von Sozialdienst, Schule und Sozialpädagogik gelingt es vermehrt, Hilfen ohne das Zwangselement der Gefährdungsmeldung zu installieren. Entsprechend hat im Laufe der Projektumsetzung die Zahl der Gefährdungsmeldungen abgenommen. Zudem haben auch die stationären Leistungen zugunsten ambulanter, flexibler gestaltbarer Hilfen abgenommen. Die stärkere Ausdifferenzierung der Leistungen wird durch die stärkere Kooperation der Rollenträger Leistungsbesteller (Sozialdienst) und Leistungserbringer (sozialpädagogischer Dienstleister) sowie auf neue fachliche Standards in der Interaktion mit den Familien zurückgeführt (Haller & Läser, 2021).

nen zu Beteiligten gemacht werden können, dass Elternteile innerhalb der Spielräume, auch wenn sie aufgrund von behördlichen Verfügungen oder Maßnahmen noch so klein sind, selbst wirken können (Hinte, 2007, S. 101ff; Noack, 2015, S. 107ff). Ein Beispiel: Im Rahmen der stationären Unterbringung eines Kindes ermöglicht es die Institution, dass eine Mutter ihr Kind ins Bett bringen kann, mit offener Tür zum Flur, in Rufweite zur Sozialpädagogin. Die Frage »Wo können denn Familienmitglieder mithelfen, auch als Expertinnen und Experten ihrer Sache?« bildet stets einen wichtigen fachlichen Orientierungspunkt. Dies erfordert eine klare Haltung gegenüber gewaltausübenden Eltern. Spielregeln müssen formuliert werden. Deren Einhaltung ermöglicht sogleich jedoch kleinere oder größere Freiräume.

> »Eltern bleiben Eltern. Kooperation anzustreben, das macht für mich immer Sinn. Und ich habe in all diesen Jahren immer wieder auch die Erfahrung gemacht, dass es Situationen gibt – Phasen in Verläufen – wo wir Fachleute sagen »Da wird sich nichts ändern«. Und dann ändert sich irgendetwas in der Lebenssituation, egal ob auf der Seite der Kinder oder der Eltern, wo man dann sagen muss »Ja doch, also es lohnt sich ja doch, die Kooperation anzustreben«. Aber da, wo es um Kindswohlgefährdung geht, bspw. nach einer Traumatisierung, da finde ich, da sind ganz klar Grenzen da. Aber trotzdem: Ich würde immer mit dem Gedanken an mögliche Kooperationen arbeiten.«

Den Familien wird auf Augenhöhe begegnet; alle Beteiligte werden als Expertinnen bzw. Experten betrachtet. Mit diesen Arbeitsprinzipien kommt die Institution an Grenzen, wenn sich Klientinnen und Klienten nicht auf diese Form der Begleitung und Unterstützung einlassen. Gegenüber Jugendlichen, die sich nicht einlassen wollen, die immer wieder auf Kurve gehen, versagt dieser Arbeitsstil – zumindest bis zum Punkt, an dem die forcierten Bemühungen greifen, ein spezifisches geeignetes Setting mit allen Beteiligten auszuhandeln.

Damit das Tätig-Sein im Grenzbereich zwischen dem Netzwerk der natürlich sozialisierenden Institutionen und den Lebenswelten der Familien gelingt, investiert der Familiensupport in die Pflege der Netzwerke. Dies ist zum einen fallunspezifische Arbeit, die ohne direkten Bezug zur Situation eines Kindes oder Elternteils geschieht (Noack, 2015, S. 126ff). So wirkt der Familiensupport bspw. bei einem Quartierfest mit oder hilft mit, einen Velofahrkurs von Frauen für Frauen umzusetzen. Zum anderen pflegt die Institution die Zusammenarbeit mit den Schulen, Beratungsstellen, Kindertagesstätten usw. Sie legt dabei Wert auf strukturierte Kooperationen und erreicht mit einigen Partnerinstitutionen institutionelle Kooperationssettings, auf die fallbezogen gebaut werden kann.

Der Familiensupport will Teil des Sozialraums sein und Verbindungen schaffen zwischen den Kindern und Elternteilen und dem Regelsystem, der Mütter- und Väterberatung, einer Bibliothek, einem Malkurs, der Schulsozialarbeit, usw.

Die Leistungen des Familiensupports sind flexibel bezüglich ihres Inhalts, ihrer Dauer und ihrer Intensität. Die Mitarbeitenden sind als Teams auf Wohngruppen stationiert, nehmen aber Aufgaben im ambulanten und stationären Setting wahr und begleiten die Familie vom stationären in den ambulanten Bereich und bei einer Krise auch wieder zurück. Alle drei Monate wird mit den Beteiligten – auch den »Leistungsbestellern« – geschaut, ob Veränderungen angezeigt sind, sodass die Familien schrittweise wieder in die Selbständigkeit begleitet werden können. In komplexen Ausgangssituationen läuft dieses Aushandeln des Unterstützungssettings öfter über mehrere Etappen. Der Familiensupport kann oftmals nicht einfach so einen von der KESB oder vom Sozialdienst definierten Auftrag ausführen. Vielmehr vertritt man die Haltung, dass die Art und Menge der Leistung mit der Klientel und dem Auftraggeber ausgehandelt werden müssen.

> »Wir sind davon weggekommen, die Erwartung zu haben, dass sie vom Schreibtisch aus Aufträge so wunderbar formulieren können, dass unsere Fachleute finden, »Super, nach dem kann ich arbeiten!«. Sondern das ist vielmehr ein Miteinander: Klar das sind unsere Auftraggeber – der Sozialdienst oder auch die KESB –, aber wir müssen die richtigen Fragen stellen, damit sie überhaupt einen passenden Auftrag erteilen können.«

Die Institution verweist damit darauf, dass das von der Verwaltung installierte Drei-Rollen-Prinzip von Leistungsbesteller, Leistungserbringer und Leistungsempfänger als dynamisches Gefüge gesehen werden muss: Im Hinblick auf akzeptierte, wirkungsvolle Unterstützung konkretisiert der Leistungserbringer die Inhalte der Aufträge. Er klärt mit den Familien auf Augenhöhe, was sie wollen und benötigen, und legitimiert die Hilfen gegenüber dem Auftraggeber.

Zusammengefasst fokussiert der Familiensupport Bern West nicht das Kooperieren an den Schnittstellen zu anderen Institutionen, sondern er baut an einem Kooperationsnetzwerk der beteiligten Institutionen des Stadtteils. Mit Blick auf die bisher dargestellten Ergebnisse zu den Versorgungsräumen in der Schweiz fallen dabei zwei Besonderheiten auf: Die Fachkräfte des Familiensupports lotsen die Klientel durch das Netzwerk der natürlich sozialisierenden Institutionen und der informellen lebensweltlichen Ressourcen. Dadurch gelingt es in diesem Ausschnitt des Versorgungsraums, das ansonsten festgestellte Steuerungsvakuum im Zusammenwirken der natürlich sozialisierenden Institutionen zu überwinden oder zumindest stark zu reduzieren. Außerdem scheint der Familiensupport auch die Funktion einer niedrigschwelligen Anlaufstelle wahrnehmen zu können. Fachkräfte an der Front – bspw. in Schulen oder Kindertagesstäten – würden öfter Familien motivieren, die Möglichkeit eines Erstgesprächs beim Familiensupport wahrzunehmen. Die Institution kann somit eine Rolle in der Früherkennung einnehmen und präventiv wirken.

5.3 Sozialraumteams in St. Wendel

Der Landbezirk St. Wendel liegt im deutschen Saarland. Im ländlichen Bezirk leben gegen 90.000 Personen auf einer Fläche von 476 km². Die Kreisstadt St. Wendel mit gegen 30.000 Einwohnern liegt etwa 40 km von Saarbrücken entfernt. Gemäß dem Kinder- und Jugendhilfegesetz ist das Jugendamt beauftragt, Kinder und Jugendliche zu fördern, Eltern und andere Erziehungsberechtigte zu beraten und zu unterstützen, Kinder vor Gefahren zu schützen und generell positive Lebensbedingungen für Familien zu begünstigen.[4] Das Amt entwickelte für diesen Teil seiner Aufträge eine Versorgungspolicy, die sich am Konzept der Sozialraumorientierung ausrichtet.[5]

Das im ganzen Landkreis umgesetzte Modell enthält erstens fachliche Standards für die Fallarbeit, wie z. B. eine Differenzierung des Begriffs Kindeswohlgefährdung. Zweitens sind die Prozesse der interinstitutionellen Kooperation beschrieben: Position, Rolle und Funktion der wichtigen beteiligten Institutionen und Fachkräfte sind aufeinander abgestimmt. Die wichtigen Kooperationsgefäße (Kooperationsformate) sind definiert. Das Modell reguliert drittens auch Verwaltungsprozesse, so etwa – mit Bezügen auf das Jugendhilfegesetz – die Leistungskategorisierung, die Leistungsbemessung und die Finanzierung der Leistungen. Diese Gesamtkonzeption der Versorgung wird von den beteiligten Institutionen seit zwölf Jahren umgesetzt. Innerhalb der Studie MehrNetzWert steht das Modell für eine vergleichsweise starke Regulierung der fachlichen Standards und der interinstitutionellen Kooperation in einem Sozialraum. Insbesondere wird das Gefährdungsmanagement in St. Wendel intensiv reflektiert und koordiniert gestaltet.

Den gesetzlichen Vorgaben folgend verantwortet das Jugendamt St. Wendel unterschiedliche Formen der Hilfen an Kinder, Jugendliche und Familien. Dazu gehören Hilfen bei der Ausübung der elterlichen Sorge, Hilfen in Notsituationen, die frühen Hilfen und die Hilfen zur Erziehung, Kosten und Kostenbeteiligung sowie der Schutzauftrag des Jugendamtes – die Gefährdungsabklärung und Inobhutnahme. Die Hilfs- und Unterstützungsleistungen sind im Landbezirk dezentral in acht Sozialräumen organisiert. In jedem Sozialraum ist in der Regel ein freier Träger vom Jugendamt beauftragt, das Angebot entlang der geltenden fachlichen Leitideen umzusetzen.[6] Die Leistungen des Trägers umfassen summarisch dargestellt:

- Betrieb eines Familienberatungszentrums als Kontakt- und Beratungsstelle
- Niedrigschwellige Beratung: Eine Familie kann im Familienberatungszentrum ihres Sozialraums kostenlos drei Beratungstermine wahrnehmen

---

4 Bundesministerium für Familie, Senioren, Frauen und Jugend 2010, Art. 69, S. 106ff.
5 Vgl. Hinte 2007, Noack 2015.
6 Im SGB VIII ist in Art. 75 definiert, welche Körperschaften als Träger der freien Jugendhilfe anerkannt werden können.

- Ambulante Hilfen wie Erziehungsberatung, soziale Gruppenarbeit oder sozialpädagogische Familienhilfe[7]
- Schulsozialarbeit in der Grundstufe
- Netzwerkarbeit: Sogenannte Netzwerker verknüpfen die Akteure im gesamten Sozialraum, von der einzelnen Familie über die Nachbarschaftsgruppe bis zum Jugendamt
- Projekte: Der Träger lanciert Angebote, insbesondere im Bereich der Prävention[8]

Diese Angebotsstruktur entspricht den Leitideen, die das Jugendamt mit den Trägern vereinbart: Die zu installierenden Hilfen sollen wohnortnah und niedrigschwellig erreichbar sein; sie sollen bedarfsorientiert, passgenau und orientiert an den Stärken der Familie ausgestaltet werden; sie sollen in der Tendenz beratend statt intervenierend sowie ambulant vor teilstationär und vor stationär erfolgen. Es soll der Grundsatz »So viel Hilfe wie nötig und so wenig Hilfe wie möglich« gelten.[9] Der Träger soll insgesamt Potenziale, Ressourcen und Defizite von Familien erkennen und Unterstützungen frühzeitig und lebensweltnah erbringen. Für die Erbringung dieses in Kürze beschriebenen Auftrags erhält der Träger ein festes Jahresbudget. 80 % der Abgeltung sind für Hilfen zur Erziehung reserviert; 20 % fließen in die präventiven Leistungen, inklusive die Arbeit im Netzwerk und in den Schulen.

Gefährdungsverständnis

Die St. Wendeler Akteure der ambulanten Kinder- und Jugendhilfe, die Mitarbeitenden des Jugendamts und der Freien Träger wenden gemeinsam ein Modell zur Gefährdungseinschätzung an. Das Modell nach Maria Lüttringhaus bezeichnet drei Arbeitsbereiche der Kinder- und Jugendhilfe, die durch die Stärke der Präsenz realer oder vermuteter Gefährdungsereignisse charakterisiert sind:[10]

1. Die Professionellen erkennen keine Gefährdungselemente. Die Familie bezieht freiwillig Leistungen. Sie ist Auftraggeberin. Lüttringhaus nennt dieses Arbeitsfeld der Kinder- und Jugendhilfe den Leistungsbereich.
2. Im zweiten Handlungsfeld der Professionellen, dem sogenannten Graubereich, bestehen Unsicherheiten; es könnte eine Gefährdung vorliegen. Die Fachkräfte

---

7 Es sind dies die Hilfen zur Erziehung gemäß Art. 27–32, SGB VIII.
8 Ein Beispiel bildet das sogenannte »Mini-Coolness-Training«, das für Kinder von fünf bis acht Jahren an Kindergärten, Kindertagesstätten und Grundschulen angeboten wird. Ziel ist die Stärkung der Gefühlswahrnehmung, der Gefühlsinterpretation und des Selbstwertgefühls. Siehe http://www.grundschule-marpingen.de/seite/143511/mini-coolness-training.html (letzter Zugriff: 13.11.2021).
9 Vgl. Vertrag zwischen dem Landkreis St. Wendel und den Freien Trägern der Jugendhilfe vom 22.12.2003. Siehe https://www.stiftung-hospital.de/content/hilfen-im-sozialraum (letzter Zugriff: 22.11.2019).
10 Lüttringhaus & Streich, 2007, 145f.

sollen die Situation im Zusammenwirken mit der Familie rasch klären. Zwang kann eine Rolle spielen, etwa wenn eine Abklärung forciert wird.
3. Schließlich, wenn klar Gefährdungsereignisse vorliegen, arbeiten die Fachkräfte im Gefährdungsbereich. Ihr Handeln ist durch Kontrolle, allenfalls durch Eingriffe geprägt. Teils geht es um die Erfüllung gerichtlicher Auflagen.

Die Sozialraumteams nehmen für jeden Fall eine Risikoeinschätzung vor.[11] Das Modell ist dynamisch gedacht: In Risiko-Verläufen wird die Gefährdungslage kontinuierlich beobachtet und reflektiert. Je nach Entwicklungen werden Familien dem einen Bereich oder dem Anderen zugeordnet. Eine Zuordnung zum Graubereich sollte nur kurz dauern. Die Falleinordnung ist zügig vorzunehmen.

Kooperationsformate

Das Kooperationsformat der St. Wendeler Institutionen weist die folgenden Eigenschaften auf:

Jugendhilfe ist flankierend in den institutionell natürlich sozialisierenden Räumen der Kinder, nämlich den Nachbarschaften, dem Quartier/Gemeinwesen und der Schule präsent: Sogenannte Netzwerker und Schoolworker handeln dort sowohl im natürlich sozialisierenden Modus als auch im Modus zur Gewährung von Schutz und Recht. Primär leisten sie ihre Informations-, Beratungs-, Bildungs- und Vernetzungsarbeit zur Stützung der natürlichen Sozialisation der Kinder. Ihre Zielgruppen sind sowohl die Familien als auch die Fachkräfte, insbesondere die Lehrkräfte und Schulleitungspersonen. Im Sozialraumteam werden (auch fallbezogen) die Leistungen koordiniert. Falls angezeigt, wird hier die Gefährdungseinschätzung vorgenommen. Falls eine familiale Entwicklung dem Graubereich oder dem Gefährdungsbereich zugeordnet wird, werden die entsprechenden Maßnahmen abgewogen und eingeleitet.

Im St. Wendeler Kooperationssetting ermöglicht das Gefährdungsverständnis mit den drei Kategorien Leistungsbereich, Graubereich und Gefährdungsbereich einen gemeinsamen Orientierungsrahmen. Das Modell ermöglicht spezifische Formen der Zusammenarbeit der Fachkräfte und Familien. Prävention, Beratung, Langzeitbegleitung, Kindeswohlabklärung und schützende Interventionen erfolgen stärker aus einer Hand, wie eine Leitungsperson anhand eines Fallbeispiels erläutert:

---

11 Laut bundesdeutscher Gesetzgebung haben Institutionen, die mit Kindern zu tun haben – das heißt z. B. Schulen, Kitas und eben auch die freien Träger – einen Schutzauftrag. Dies schafft die Grundlagen dafür, dass die St. Wendeler Träger in dem ihnen zugewiesenen Sozialraum das Gefährdungsmanagement verantwortlich durchführen können. In der Schweiz haben diese Institutionen ausschließlich die Möglichkeit, Gefährdungsmeldungen bei der KESB einzugeben und Gefährdungsabklärungen auszulösen.

»Also der Leistungsbereich zeichnet sich ja dadurch aus, dass er absolut freiwillig ist. Das heißt im Sinne von: ›Eltern haben Probleme in der Erziehung und holen sich hier Unterstützung‹. Sie rufen an, machen einen Beratungstermin. Das nennen wir die Erstberatung. Wir haben drei bis fünf Erstberatungen […], und dann entscheiden sich die Eltern [ob sie Leistungen beanspruchen wollen]. Geht es jetzt darum, dass eine Familie im Graubereich ist, ist es oft so, dass wir vorher häufig im Leistungsbereich drin waren – dass wir dann feststellen, hier verändern sich Dinge, die machen uns Sorgen, die machen uns richtige Sorgen.

Gutes Beispiel: Wir hatten ein Mädchen. Dieses kleine Mädchen, acht Jahre, ist bei uns in der sozialen Gruppe und in der Hausaufgabengruppe innerhalb des Sozialraums. […] Es war der Wunsch der Mutter und auch der Schule, dieses Kind sollte in die soziale Gruppe. Plötzlich ist dieses Kind nicht in der Schule und nicht in der sozialen Gruppe. Wir versuchen, die Eltern telefonisch zu erreichen, erreichen die nicht. Die Mitarbeiterin fährt zum Haus des Kindes und klingelt und dann macht dieses Mädchen die Tür auf. Und man fragt sie: ›Wieso bist du denn nicht in der Gruppe, wieso bist du nicht in der Schule?‹ Und dann war sie ganz erstaunt: ›Ei, ich hab den Bus verpasst.‹ – ›Ja, wir haben doch angerufen.‹ Und dann meint sie, sie kann nicht telefonieren, sie kann das einfach noch nicht. So. Also keine Aufsicht für das Kind. Das war nicht nur einmal, das war zwei, drei Mal, wo das passiert ist. Aus dieser Situation heraus haben wir uns zusammengesetzt, auch mit der Mutter. Und wir als Team haben eine Gefährdungseinschätzung gemacht. Und da kam dabei heraus, wir sind hier in einem Graubereich in Richtung Gefährdung. Es wurde in dem Moment eine Kinderschutzvereinbarung getroffen, mit den Eltern, dem Jugendamt und uns. Man hat intensiv mit dem Kind gearbeitet, dass das Kind lernt. Weil sie morgens einfach allein ist, dass sie lernt, mit dem Wecker umzugehen, dass sie lernt zu telefonieren. Und die Mutter, die Aufgabe der Mutter war, die Betreuung sicherzustellen. So und das ganze ging über zwei Monate und dann lief alles wunderbar, und dann ist man wieder aus diesem Graubereich herausgegangen. Die Kinderschutzvereinbarungen wurden eingehalten und jetzt läuft es wieder ganz normal im Leistungsbereich weiter.

Das ist eine gute Geschichte. Die kann so funktionieren, weil man die Familie in dem Moment auch kennt. Hätten wir diese Familie nicht gekannt, wäre das ganze über das Jugendamt gelaufen, im Sinne von: Wir haben ein achtjähriges Kind, das öfter in der Schule fehlt, man weiß nicht, wo sich das Kind aufhält, die Mutter ist bei der Arbeit und die kann nicht sicherstellen, wo das Kind ist. Wären wir sofort in einem Gefährdungsbereich gewesen, auch möglicherweise mit Gericht und allem, der ganze Rattenschwanz, der sich dann nachzieht. Wir wären möglicherweise dann mit einer Familienabklärung reingegangen, um festzustellen, ob das Kind zu Hause bleiben kann oder nicht?

Also, ich sag mal einfach: Wir sparen Kosten. Das ist so ein Punkt. Wir sind in den einzelnen Sozialräumen wirklich präsent […]. Das heißt, die Mitarbeiter sind bekannt, alleine dadurch, dass sehr viele Präventiv-Projekte an

> Schulen und Kindergärten laufen. Alle Kinder kennen meine Mitarbeiter in den Sozialraumteams, also alle die, die ein bisschen länger dabei sind. Kann man sagen, ab dem Alter von vier durch die Grundschule durch. Durch intensives Arbeiten, also im Präventionsbereich, aber auch im Festbereich. Also wir sind präsent, wenn's ein Dorffest gibt, wenn es irgendetwas gibt, sind wir einfach da, da verändert sich diese Hemmschwelle.«

Im beschriebenen Fallverlauf bezieht die Familie im Laufe der Zeit unterschiedliche Arten von Leistungen: Die Fachkräfte und Familienmitglieder kennen sich aus wenig formalisierten Kontakten. Das Mädchen nimmt später an einer sozialpädagogischen Gruppe (einer formalen Hilfe) teil. Als es der Schule und der Gruppe fernbleibt, kommt das verbindliche Instrument der Kinderschutzvereinbarung zur Anwendung. Die professionellen Akteure ordnen das Geschehen jetzt dem »Graubereich« zu; das Jugendamt ist involviert. Doch obschon diese Maßnahme eine Zwangssituation darstellt, wird sie von der Familie als Unterstützung empfunden, weil sie auf bekannten und bestehenden Hilfen aufbaut, mit der Familie entwickelt wird und zeitlich begrenzt angesetzt werden kann. Das flexible Kooperationsformat ermöglicht in diesem Fallbeispiel passende und wirkungsvolle Leistungen zum richtigen Zeitpunkt. Gerade für solche langzeitig adjuvante Fallverläufe beinhaltet das St. Wendeler Kooperationsformat großes Potenzial (▶ Kap. 7.4).

Viele Graubereich-Situationen, wenn Gefährdungsindikatoren erkennbar sind oder vermutet werden, können in der Kooperation von Schule, Jugendhilfe und Familie ohne Jugendamt gelöst werden. Die »Schoolworker« der St. Wendeler Jugendhilfe sind als Drehscheibe zwischen Lehrpersonen, Kindern, Eltern, Schulleitungen und Jugendhilfe anerkannt und wirkungsvoll. Dass die Grenzen zwischen der Schule mit ihrem Schwerpunkt Bilden und der Sozialer Arbeit mit ihrem Schwerpunkt Beraten und Schützen überwunden werden konnte, sei während der letzten zwölf Jahre ein langwieriger Lernprozess gewesen, wie mehrere Befragte bestätigen. Heute verlangen die Schulen größere Pensen für die Schulsozialarbeit der Jugendhilfe. Dies habe auch mit Entwicklungen in den Schulen der letzten Jahre zu tun, der höheren Belastung der Regelklassen durch die Einführung eines integrativen Schulmodells sowie durch den generell zunehmenden Erziehungsauftrag, den Schulen übernehmen müssten.

Im St. Wendeler Modell verläuft die Zusammenarbeit der Fachkräfte der Schule und der Sozialen Arbeit reflektiert, reguliert und daher vergleichsweise komplikationslos. Dennoch bleiben aus der Perspektive der Schule grundsätzliche Problemlagen bestehen. In der Handlungslogik Bilden und Ausbilden sollen Eltern ihre Kinder erzieherisch fördern, damit die Schule darauf aufbauen kann. Ein Teil der Familien nehme dies zu wenig wahr, wie eine Schulleitungsperson schildert:

> »[...] Familien, wo man sagt: ›Mensch, da müsste doch mal jemand denen unter die Arme greifen‹ und sagen: ›Ihr müsst das so machen‹ und dann gibt es halt keine Möglichkeit. Das finde ich einfach schlimm.«

Für die Erziehung ist primär die Familie zuständig. Wenn das Kindeswohl nicht gefährdet ist, können Lücken, die die Schule geltend macht, ausschließlich mit Einwilligung der Eltern bearbeitet werden. Auch die St. Wendeler Kooperationsformate, die den niedrigschwelligen Einbezug der Familien ermöglichen, stoßen an ihre Grenzen, wenn es darum geht, Eltern zu einer stärkeren, für sie ungewohnten erzieherischen und schulischen Förderung ihrer Kinder zu motivieren.

Die Gefährdungseinschätzung – ein Balanceakt zwischen der Logik des natürlich sozialisierenden Handelns und der Logik des Handelns zur Gewährung von Schutz und Recht

Die Arbeit in Sozialraumteams erfordert von den Fachkräften Tätigkeiten in unterschiedlichen Rollen. Zu ihrem Repertoire gehören sowohl Informieren, Beraten und Befähigen als auch Schützen und Eingreifen. Als Beraterinnen und Berater stehen sie für Information und Erstberatung im Familienberatungszentrum zur Verfügung, sie leisten Erziehungsberatung, soziale Diagnostik, sozialpädagogische Familienhilfe, Gruppenarbeit und Erziehungsbeistandschaft. Als Netzwerker initiieren und begleiten sie Aktionen und Projekte zur Förderung des Kindeswohls in den Lebensräumen der Familien. Als sogenannte Schoolworker sind sie sozialpädagogisch präventiv in den Grundschulen tätig und bilden auf der Basis ihres kontinuierlichen Austausches mit Lehrpersonen und Schulleitungen das Eingangstor für deren Anliegen an die Jugendhilfe.

Die Sozialraumteams der St. Wendeler Sozialräume treffen sich in der Regel wöchentlich zu einer Sitzung. Die Traktanden umfassen die Punkte »Neues aus dem Sozialraum«, die Planung und Umsetzung von Projekten, die neuen und die laufenden Fälle der Kinder und Familien. An jeder zweiten Sitzung nimmt auch die zuständige Sozialarbeiterin bzw. der zuständige Sozialarbeiter des Jugendamts teil. Das Sozialraumteam als institutionelles Kooperationsformat spielt eine entscheidende Rolle: Die Fachkräfte, die in Familienzentren, in den Familienhaushaltungen, in Nachbarschaften und in den Schulen tätig sind, pflegen den Informationsaustausch und die kollegiale Beratung. Durch ihre Teilnahme ist die Vertretung des Jugendamts informiert und an Entscheidungen beteiligt. Ihr obliegt die Bewilligung eines Teils der Leistungen, namentlich der Hilfen zur Erziehung. Die befragten Leitungspersonen moderieren die Sitzung. Sie gestalten den Sitzungsrahmen auch im Hinblick darauf, dass die fachlichen Standards eingehalten werden.

Besonders in komplexen Fällen, wenn Familien über längere Zeit mehrere Formen von Leistungen beziehen, sind auch mehrere Mitglieder des Sozialraumteams in die Fallbearbeitung involviert. Das Team reflektiert und steuert den Fall, was das Erbringen situationsgerechter Leistungen fördert. Eine an eine bestimmte Fachperson gebundene Fallführung kennt das Modell nicht. Letztlich trägt die Leitungsperson des Trägers die Verantwortung.

Im Sozialraumteam wird auch die Gefährdungsdimension bearbeitet. In Anlehnung an das oben dargestellte Modell von Lüttringhaus ist dabei die Frage, welchem Gefährdungsbereich ein Fallgeschehen zuzuordnen ist, handlungsleitend. Die Mitarbeitenden sind in der Pflicht, Gefährdungsrisiken zu erkennen und im Sozialraumteam zu thematisieren. Der Freie Träger ist somit auch im Bereich von Schutz und Recht tätig. Wenn die Sozialraumteams das Gefährdungsrisiko eines Kindes abwägen, stellt sich die heikle Frage, ab welchem Punkt das Jugendamt über die mögliche Gefährdung informiert wird. Sobald das Jugendamt von der Gefährdungsvermutung Kenntnis hat, muss es aufgrund seines Schutzauftrags die Gefährdungsabklärung vornehmen. Im Prozedere des Amtes gerät die Familie in eine Dynamik, in der Zwangselemente eine Rolle spielen können.

Diese strukturellen Bedingungen beeinflussen die Interaktionen zwischen Sozialraumteam und Jugendamt. Da formale Einzelfallhilfen wie Erziehungsberatung oder Familienbegleitung vom Jugendamt genehmigt werden, erhält die Vertretung des Amts in den Sitzungen Kenntnis von den Hilfen und deren Gefährdungseinordnung. Die eigentliche Gefährdungseinschätzung nimmt das Sozialraumteam in Abwesenheit der Jugendamtsvertretung vor. Erst wenn das Team Klarheit hat, dass wegen einer Gefährdung eingegriffen werden muss, informiert der Träger das Jugendamt, das zur Gewährung von Schutz und Recht die entsprechenden Maßnahmen auslöst.

Das St. Wendeler Modell ist darauf angelegt, Defizite in Familien früh zu erkennen und mit lebensweltnahen sozialpädagogischen Mitteln Familien zu fördern. Dieser Teil des professionellen Handelns folgt einer natürlich sozialisierenden Logik. Die Familien beanspruchen die Leistungen der Jugendhilfe freiwillig. Die Unterstützung ist nach Lüttringhaus dem »Leistungsbereich« zuzuordnen. Sozialraumteams erbringen oftmals über Jahre Leistungen an Familien mit geringen Ressourcen und entsprechenden Gefährdungsrisiken. Das dabei über lange Zeit generierte, umfangreiche Erfahrungswissen erlaubt es, fallbezogen fundiert mit Kindern und Familien zu arbeiten und dadurch potenzielle Gefährdungen abzuwenden. Im Landbezirk kommt es vergleichsweise selten zu Gefährdungsmeldungen durch die Sozialraumteams oder durch Schulen. Dank fundierter Kenntnisse der Familien ist es in der Regel nicht notwendig, eine Gefährdungsmeldung zum Zweck der Abklärung einzugeben (vgl. dazu die Ausführungen zum quantitativen Vergleich der Versorgungsräume, ▶ Kap. 12).

5.4 Kindeswohl als Aufgabe der Schule

Die Schulen im Kanton Bern, wo die Untersuchung in der Schweiz stattfand, stellen die umfassende Arbeit am Kindeswohl stark in den Vordergrund. Das Gesetz beschreibt den Auftrag der Schule zu Beginn mit den vier Punkten Unterstützung der Eltern bei der Erziehung der Kinder, Förderung des physischen, psychischen und sozialen Wohlbefindens der Schülerinnen und Schüler, Schutz deren seelisch-geistiger und körperlicher Integrität sowie Förderung von Toleranz und verantwortungsbewusstem Handeln gegenüber Mitmenschen und Umwelt. Erst als fünfter Punkt folgt der Bildungsauftrag im engeren Sinn – das Vermitteln von Kenntnissen und Fertigkeiten, welche die Grundlage für die berufliche Ausbildung, für den Besuch weiterführender Schulen und für das lebenslange Lernen darstellen.[12]

In der Schule sind die Aktivitäten Woche für Woche umfassend auf das Wohl der Zielgruppe der zehn- bis 16-jährigen Kinder und Jugendlichen ausgerichtet. Analytisch interpretiert ist die Schule die Instanz, die entscheidende Beiträge zur gesellschaftlichen Sozialisation der Kinder ab dem erreichten vierten Lebensjahr leistet. Das professionelle Handeln der schulischen Fachkräfte ist dem Typus des natürlich sozialisierenden Handelns zuzuordnen (▶ Kap. 2.1). Gleichzeitig bestehen auch die gesetzlichen Grundlagen dafür, dass die Schule bei Anzeichen von Kindeswohlgefährdungen aktiv wird. Sie soll dann in Kontakt mit den Eltern treten. Nötigenfalls soll sie die Kindes- und Erwachsenenschutzbehörde benachrichtigen.[13]

Die Schule bewegt sich somit abwägend in unterschiedlichen Rollen: Das Erziehen und Bilden – und gleichzeitige Im-Auge-Behalten möglicher Gefährdungen beinhaltet ein anspruchsvolles Abwägen. Ein Lehrer berichtet über einen 13-jährigen Jungen, der darüber erzählte, dass ihn die Mutter ab und zu ohrfeigen würde.

> »Das war ein Kind, das hat hundert Prozent gesund und zufrieden gewirkt. Und im Schnitt – würde ich sagen – einmal im Monat eine [Ohrfeige] kassiert. Das ist nicht richtig, und doch finde ich, es ist ein Unterschied zwischen zuhause abgeschlagen werden, mit dem Gurt, unkontrolliert, unbegründet und einer Ohrfeige, wenn das Kind einen riesigen Bock schießt. Es ist eine Sanktion, die nicht in Ordnung ist, die aber aus der Sicht des Kindes gerechtfertigt ist und Wirkung zeigt. Und da ist es ein Abwägen. Und ich habe es mit dem Jungen diskutiert. Und der hat gefunden ›Nein sicher nicht mit der Mami darüber reden, nein nein nein, jetzt hören Sie auf […].‹ Er hätte nicht verstanden, weshalb das jetzt zu einem Problem hätte führen sollen. Und da haben wir dann versucht präventiv mit ihm anzuschauen, was man anders machen könnte, was auch er anders machen würde und z. B. an der Frage gearbeitet ›Würdest denn du so in zwanzig Jahren dein Kind schlagen?‹ ›Aha, eigentlich nicht. Warum macht es denn deine Mami?‹, ›Was könntest du denn [jetzt] anders machen?‹«

Das Beispiel zeigt, wie die Lehrperson einen Prozess im Schnittbereich von Auffälligkeit-Beobachten, Risiko-Klären und Erziehen gestaltet.

Die Häufigkeit der Situationen, in denen Lehrkräfte stärker im Modus des Erziehens als in jenem des Unterrichtens wirken, ist stark unterschiedlich. In einem Teil der Dörfer bzw. Stadtteile kann die Schule den Unterricht primär rund um die inhaltlich-fachlichen Kompetenzen der Schülerinnen und Schüler gestalten;

---

12 Volksschulgesetz des Kantons Bern vom 19.03.1992 (Stand 01.01.2017), Art. 2.
13 Volksschulgesetz des Kantons Bern vom 19.03.1992 (Stand 01.01.2017), Art. 29.

in einem anderen Teil steht das Ausbilden der sozialen Kompetenzen im Vordergrund.

> »Wir sind hier Lehrkräfte, die gern mit dem [Erziehen] arbeiten, das auch ein Stück weit suchen, die mit dem umgehen können, die versuchen mit dem umgehen zu können. [...] Dein Berufsauftrag unterscheidet sich aber diametral zum Berufsauftrag von jemandem in einem Schulhaus, das nur Gymeler[14] fabrizieren muss. Das ist hundertachtzig Grad etwas Anderes. Wir sind hier mehr Sozialarbeiterinnen und Sozialarbeiter als Lehrerinnen und Lehrer. Aber es sind Leute hier die das gern machen. Wir haben Leute, die sind mehr als dreißig Jahre hier und machen es immer noch.«

Eine andere Klassenlehrkraft erläutert die Notwendigkeit ihres Engagements für die psychosoziale Entwicklung ihrer 13- bis 16-jährigen Schülerinnen und Schüler:

> »Wenn man nicht bereit ist, das [die psychosoziale Arbeit in der Klasse] in einem gewissen Ausmaß zu machen [...], kann man hier langfristig nicht arbeiten. Weil wie zu viele Probleme zusammenkommen. Das implodiert oder explodiert früher oder später. Da muss man bereit sein, eine gewisse Zeit dort hineinzustecken, damit die Klasse überhaupt zusammen funktionieren kann. Und ja, [...] als Klassenlehrer stehen mir dafür im Jahr 70 Stunden zur Verfügung. Da kann ich nicht gerade eine Null anhängen. Aber mit 350 [...] Stunden würde es etwa stimmen.«

Das letzte Zitat zeigt, dass sich das Erziehen und das Unterrichten nicht nur inhaltlich, sondern auch zeitlich überschneiden. In Schuleinheiten, wo die psychosoziale Entwicklung der Kinder stark fokussiert werden muss, wird dafür Zeit aufgewendet, die in anderen Schuleinheiten für das Unterrichten zur Verfügung steht.

Der Einblick in die schulische Arbeit am Kindeswohl zeigt deren Besonderheiten: Inhaltlich ist sie breit angelegt und umfasst die Dimensionen Unterrichten und Erziehen. Das Erziehen beinhaltet auch das Beobachten von Auffälligkeiten und das Abwägen von Gefährdungen. Die Erziehungstätigkeiten sind stark Lebenswelt bezogen: Es geht um das Gestalten des Zusammenlebens in der Schulklasse und in der Schuleinheit. Das Verhalten der Kinder widerspiegelt Teile ihres Lebens in ihrer Familie. In der Interaktion mit den Kindern und Elternteilen werden die Lehrkräfte tendenziell zu Expertinnen und Experten für die Lebenswelten der Familien. Hier ist zu ergänzen, dass die Interaktionsbeziehungen zwischen Familien und Schuleinheiten oft über Jahre dauern, etwa dann, wenn

---

14 Gymeler – Gymnasiasten – besuchen auf Sekundarstufe 2 eine Mittelschule, die ihnen den Zugang zu den Hochschulen ermöglicht.

mehrere Kinder derselben Familie nacheinander die drei Jahre der Oberstufe in derselben Schuleinheit durchlaufen.

Gefährdungsmomente im Schulalltag

Die Prozesse des Erkennens von Gefährdungen und das Handeln, das Gefährdungsereignisse und entsprechende Vermutungen im Kontext Schule auslösen, sind ausführlich im Beitrag von Regina Jenzer beschrieben (▶ Kap. 11). Die Autorin unterscheidet drei Phasen: Die Erste umfasst das Beobachten und Erkennen von Auffälligkeiten im Handeln und Verhalten der Schülerinnen und Schüler. Auffälligkeiten wie häufiges Kranksein, starke Verstimmungen, Lügen, aggressive Verhaltensweisen, Fernbleiben vom Unterricht, Zeichen sichtbarer Vernachlässigung und Leistungsabfall beim Kind werden vorerst nur festgestellt und mit geeigneten Mitteln bearbeitet. Der Übergang in die zweite Phase findet statt, wenn die Lehrkraft beginnt, sich mit der Frage einer möglichen Kindeswohlgefährdung auseinanderzusetzen und sich hierzu auch schulintern mit anderen Fachpersonen austauscht. In geeigneter Form wird die Situation auch mit den Erziehungsberechtigten thematisiert. Je nachdem wie sich die Schuleinheit organisiert hat und welches Fachpersonal intern zur Verfügung steht, sind nun zusätzlich die Schulleitung sowie Fachpersonen der Heilpädagogik und der Schulsozialarbeit involviert. In der dritten Phase werden schließlich explizit auf die Gefährdung bezogene Unterstützungen installiert. Dabei geht es weiterhin um schulinterne Hilfen wie Lektionen zur integrierten Förderung, Beratungen durch die Schulsozialarbeit oder eine Aufgabenhilfe. Dazu kommen aber oft auch Unterstützungen von Beratungsstellen außerhalb der Schule wie die Erziehungsberatung, der Sozialdienst, psychologische oder psychiatrische Therapien oder eine Familienbegleitung.

Dieses Phasenmodell ist dynamisch zu verstehen: Das Geschehen kann sich zwischen den Phasen hin und her bewegen. Die Fachkräfte können in Phase 1 oder 2 mit den zur Verfügung stehenden Mitteln eine Normalisierung der Entwicklungen bewirken. Oder es entwickelt sich ein Prozess, während dem die Gefährdung über längere Zeit bearbeitet wird. Offenkundig wird wiederum der große Aufwand, den die Schule in ihrem Aufgabenfeld Erziehung erbringt. Ob in Phase 2 und 3 in den Schweizer Versorgungsräumen eine Gefährdung bei der KESB gemeldet wird, ist von Fall zu Fall unterschiedlich.

Jenzer legt in ihrem Beitrag zu den Schweizer Versorgungsräumen dar, dass ein Teil der Schuleinheiten das Gefährdungsmanagement systematisiert hat, das heißt, die Aufgaben der Lehrkräfte, der Schulleitung, der Heilpädagogik und allenfalls der Schulsozialarbeit sind für den Gefährdungsfall beschrieben und festgelegt. Die Akteure der Schule handeln mit mehr Sicherheit, wenn sie sich an Konzepten der Früherkennung und des Gefährdungsmanagements orientieren können. So hilft es, wenn gemeinsame Kriterien zur Beurteilung einer potenziellen Gefährdung festgelegt sind und wenn die Rollen und das Zusammenwirken der einzelnen Akteure – Klassenlehrkraft, Fachperson der Heilpädagogik, Schulleitung und allenfalls Schulsozialarbeit – für die Bearbeitungsschritte einer Gefährdungsvermutung beschrieben sind.

In St. Wendel ist die Schoolworkerin bzw. der Schoolworker in das Geschehen involviert, sobald eine Lehrkraft Gefährdungsereignisse im Schulteam artikuliert. Wie die Schulsozialarbeit in anderen Versorgungsräumen kann sie selbst Beratung leisten. Da die Schoolworkerinnen und Schoolworker gleichzeitig auch in das Sozialraumteam der Jugendhilfe eingebunden sind, fällt es ihnen leichter, betroffene Schülerinnen und Schüler mit den Angeboten der Jugendhilfe zu vernetzen. Es wird berichtet, dass oftmals Kinder, die in der Schule auffallen, bereits Unterstützung der Jugendhilfe, etwa eine Teilnahme an einer sozialpädagogischen Gruppe, bezogen haben. Auf diesen Kontakten zur Familie kann aufgebaut werden. Es geht dann eher darum, Hilfen wieder zu aktivieren.

Fehlendes (gemeinsames) Gefährdungsverständnis als Stolperstein

Generell ist es erleichternd, wenn die Führungs- und Fachkräfte einer Schuleinheit über ein gemeinsames Verständnis einer Kindeswohlgefährdung verfügen. In zentralen Fragen besteht dann ein gemeinsamer Orientierungsrahmen. Wo dies nicht der Fall ist, stützen die Akteure ihr Handeln auf eigene Erfahrungen, Werte und Normen ab. Es liegen keine Kriterien vor; eine gemeinsame Sprache fehlt. Die Grenze, wann eine Situation als Kindeswohlgefährdung gilt, wird für jeden Fall neu bestimmt.

Kleine Schulen haben aufgrund der geringen Schülerzahlen nur sporadisch mit Gefährdungsereignissen und entsprechenden Klärungsprozessen zu tun. Fehlt dann in der Schuleinheit eine definierte Arbeitsteilung zwischen Lehrkraft und Schulleitung und ist zudem keine Schulsozialarbeit eingesetzt, wird der Prozess für die betroffene Lehrkraft sehr aufwändig. Sie initiiert und führt Gespräche, tritt mit externen Stellen in Kontakt, organisiert Unterstützung usw. Diese Aufgabe der Fallführung ist nebst dem laufenden Unterrichtspensum eine große Belastung. Wenn Lehrpersonen unvorbereitet in einen Prozess des schulischen Gefährdungsmanagements hineingeraten, fühlen sie sich teilweise überfordert und allein gelassen.

Auch hier setzt das Modell St. Wendel einen erheblichen Kontrapunkt: Die im Sozialraum tätigen Fachkräfte des Schoolworks sind in jeder Schuleinheit präsent. Sie sind Mitglieder eines Sozialraumteams der Jugendhilfe. Dadurch sind sie mit der Systematik der Gefährdungseinschätzung, wie sie auch das Jugendamt vertritt, vertraut. Sie stützen die Schule in der Abwägung von Gefährdungsmomenten. Nebst dem können sie Schülerinnen und Schüler selbst beraten und mit den Angeboten der Jugendhilfe vernetzen.

Zwischen Lebenswelt und Verwaltung – zwei Organisationskulturen

Fördern, Befähigen, Unterstützen der Kinder und Jugendlichen. Dies sind die zentralen Begriffe, mit denen sich die Arbeit der Schule zusammengefasst benennen lässt. Das zum Ausdruck kommende Bildungsverständnis versteht die Schule als Raum, in welchem sich die Heranwachsenden Wissen sowie Handlungs- und Sozialkompetenzen aneignen. Für die Gestaltung des Unterrichts verfügen die Lehrkräfte über umfassende didaktische Konzepte und Instrumente (Lehrplan, Leitbild, Lehrmittel usw.). Die Erziehung als zweites Aufgabengebiet findet in der Schuleinheit als Ganzes und insbesondere in der Schulklasse statt. Diese bilden eine Art Lebenswelt, einen alltäglichen Ort, der durch die Persönlichkeiten und ihre spezifischen Handlungsweisen mitgestaltet wird. Die Daten der vorliegenden Studie zeigen auf, dass das schulische Erziehen weniger durch Konzepte und Instrumente reguliert wird. Dennoch bildet das Funktionieren der schulischen Lebenswelten eine Voraussetzung für das Unterrichten und Lernen, sodass Lehrkräfte die Einschätzung und Beurteilung der Heranwachsenden immer auch vor dem Hintergrund der lebensweltlichen Erfahrungen vornehmen. Lehrkräfte entwickeln eine Gefährdungseinschätzung typischerweise in einem über Wochen, Monate oder sogar Jahre dauernden Beobachtungs- und Verstehensprozess. Im Schulalltag besteht die Chance, Kinder sehr umfassend kennenzulernen.

Gelangt in den Schweizer Versorgungsräumen die Schule mit einem Gefährdungsfall an die KESB oder eine abklärende Stelle, treffen die lebensweltliche Kultur der Schule und die Verwaltungskulturen der KESB und der abklärenden Dienste aufeinander. Ein Mitarbeiter eines Beratungs- und Abklärungsdiensts erläutert seine Perspektive auf die Schule:

> »Ich würde das jetzt einmal so behaupten, dass wir natürlich eher von einer systemischen Sichtweise ausgehen. Das heißt, wir haben schon per se eine andere Sicht auf ein Kind. Wir berücksichtigen das Kind [betont] in der Familie [betont] im Familiensystem […] und können uns dann gar nicht so individualisiert, ich sage jetzt einmal problemdefiniert, auf das Individuum [begrenzen]. […] Ich habe schon oft auch das Gefühl, dass Lehrer vielleicht mehr jetzt aus ihrem pädagogischen Bereich, einfach wirklich [betont] sehr verhaltensorientiert bewerten. […] Und das kann dann durchaus sein, dass das dort vielleicht unterschiedliche Sichtweisen ergibt. […]. Denn das Emotionale und vielleicht wirklich auch das persönliche Aufgewühlt-Sein und die Betroffenheit der Lehrkräfte – möchte ich auch bemüht sein, zu respektieren. Weil es [betont] ist einfach eine ganz andere Art und Weise [des Betroffen-Seins] wenn man im Alltag mit den Jugendlichen, jeden Tag das zu spüren bekommt, als wenn wir hier im Büro irgendwie finden, ›ja gut, aber der hat vielleicht Druck von den Eltern und darum tut er so‹.«

Der Interviewausschnitt fokussiert auf zwei wesentliche Dimensionen, in denen sich institutionelle Kulturen differenzieren können. Der Sozialarbeiter, der selbst Kinder, Jugendliche und Elternteile berät und im Auftrag der KESB auch Gefährdungsabklärungen vornimmt, reklamiert für seine Institution einen in systemischen Theorien der Familienarbeit verankerten Orientierungsrahmen, während dem er die Perspektive der Schule in einer auf individuelles Verhalten fokussierten Pädagogik verortet. Wie es die Datenlage der vorliegenden Studie bestätigt, führen unterschiedliche theoretische Orientierungen zu Schwierigkeiten in der interinstitutionellen Zusammenarbeit. Die beiden Institutionen teilen kein gemeinsames Gefährdungsverständnis, was in obigem Zitat auch zum Ausdruck kommt. Es fehlt ein wesentlicher Teil der in Kapitel 3 beschriebenen Leitideen als Teil einer Versorgungs-Policy, die eine Voraussetzung für ersprießliche Kooperation wäre (▶ Kap. 3.4).

Das zweite Kulturelement, das im Zitat prominent zur Sprache kommt, betrifft das Kooperationssetting der Fachkräfte mit den Kindern und Jugendlichen. Der Sprecher anerkennt, dass die Auseinandersetzung mit Jugendlichen im Schulalltag den Professionellen nahe gehen könne. Im Bürosetting sei es einfacher zu abstrahieren und sachlich zu bleiben. Ein Schulleiter beschreibt diesen Unterschied wie folgt:

> »Vielleicht haben wir schon eine spezielle Perspektive, denn wir haben diese Kinder jeden Tag hier vor Augen, im Klassenzimmer, im Schulhaus. Wir können nicht weiß ich wie lange warten; wir müssen handeln und dann manchmal auch schnell reagieren. Und bei der KESB und beim [abklärenden] Sozialdienst haben sie die Kinder nicht jeden Tag im Büro [...] Da ist es halt ein Dossier.«

Zusammengefasst können die zwei aufeinandertreffenden Organisationskulturen mit folgenden Begrifflichkeiten typisiert werden:
Die Schule mit einem individualistisch-pädagogischen Orientierungsrahmen sowie einem gemischt lebensweltlichen und leistungsorientierten Arbeitssetting.
Die KESB und die Beratungs- und Abklärungsdienste mit einem sozial-systemischen und durch Gesetze geprägten Orientierungsrahmen sowie einem Arbeitssetting, das sich an Verwaltungshandeln orientiert.

Regina Jenzer beschreibt die Konfliktlinien, die in der Zusammenarbeit der beiden Organisationskulturen in den Schweizer Versorgungsräumen typischerweise auftauchen (▶ Kap. 11.3). Meldet eine Schule eine Gefährdung, erwartet sie eine rasche Verbesserung der Situation. Denn oft gingen der Gefährdungsmeldung länger dauernde Entwicklungen, die sich erst gerade zugespitzt hatten, voran. Dem stehen verschiedene Notwendigkeiten auf der Seite der KESB gegenüber: Ein gesetzlich korrektes Verfahren ist zu gewährleisten. Außer in Fällen mit akutem Handlungsdruck, ist eine gründliche Abklärung angezeigt. Und schließlich ist das Primat Familie zu berücksichtigen: Druck ist kontraproduktiv; ohne Kooperation mit den Erziehungsberechtigten sind nachhaltige Entwicklungen nicht erreichbar.

Konfliktive Zuspitzungen in den Schweizer Versorgungsräumen

Die Schule ist die zentrale Instanz der institutionalisierten Sozialisierung Heranwachsender. Im Bildungsprozess befasst sie sich mit den Ressourcen, Stärken und Talenten der Kinder. Sie ist aber auch der Ort der Früherkennung von Defiziten, Gefährdungsrisiken und offensichtlichen Gefährdungen. Sie fördert Kinder mit besonderem Bedarf im Rahmen von Spezialunterricht und durch die Schulsozialarbeit innerhalb der Schuleinheit. Nach Einwilligung der Erziehungsberechtigten unterstützen assoziierte Stellen wie der schulpsychologische und der schulärztliche Dienst die Kinder. Kann im Zusammenspiel der Familie und der Institutionen die gesunde Entwicklung der Heranwachsenden nicht gewährleistet werden, nimmt die Gefährdungslage zu, kann die Schule eine Gefährdungsmeldung einreichen, damit sich die Institutionen zur Gewährung von Schutz und Recht einschalten.

An diesem Punkt ist die Kooperation der Schule mit den abklärenden Diensten und der KESB nicht bloß aufgrund unterschiedlicher Handlungslogiken herausfordernd, hier spielen auch hinderliche Kommunikationsmuster eine Rolle. Aus der Perspektive von Schulleitungen und Lehrkräften nehmen die abklärenden Dienste und die KESB die Schule nicht als ebenbürtige Partnerin. Es herrscht eine Art Einwegkommunikation. Verfasst die Schule eine Gefährdungsmeldung, dokumentiert sie diese umfassend. Die Schulen reklamieren nun, dass sie kaum Informationen von den abklärenden Diensten und der KESB, die nun weiter diagnostisch arbeiten und allfällige Hilfen und Maßnahmen initiieren, erhalten würden.

Beispielsweise berichten eine Schulleiterin und eine Lehrkraft von einem Schüler mit starkem aggressivem, teils gewalttätigem Verhalten gegenüber Peers und Lehrkräften. Über mehrere Jahre wurden die Schwierigkeiten mit schulinternen Mitteln, insbesondere verhaltensorientierten Abmachungen bearbeitet. Der Verlauf entwickelte sich trotzdem negativ. Der Vorschlag der Schule lautete, den mittlerweile Jugendlichen psychologisch abzuklären; seine Eltern willigten nicht ein. Auf einer hohen Eskalationsstufe, nachdem auch Eltern von Peers Druck machten, meldet die Schule eine Gefährdung. In der nun folgenden Gefährdungsabklärung fehlt der Schule der Diskurs auf Augenhöhe. Sie wird zwar im Beisein der Elternteile angehört, es findet aber keine diskursive Auseinandersetzung statt:

> »Das ist für mich eigentlich ein grundlegender Kritikpunkt [...]. Sind die KESB und die Beratungsstellen effektiv die Anwälte der Eltern? Und wir sind quasi die, die beweisen und belegen müssen und so ein wenig die Bösen spielen. Und ein zweiter Punkt war: Da reichen wir so ein riesiges Dossier ein; dann folgt ein Abklärungsgespräch; und ich rufe nach zwei drei Wochen mal an und frage ›Bekommen wir ein Protokoll von diesem Gespräch?‹. Und dann bekomme ich irgendwie einen Dreizeiler darüber, was wir besprochen haben.«

Die Schulleiterin erhält insbesondere auch darüber, wie es weiter geht, keine Informationen. Gleichzeitig bleibt in der Schule der Handlungsdruck im Umgang mit dem Jungen bestehen.

Nicht zu wissen, wie es weiter geht, kann die Arbeit im Schulbetrieb stark erschweren, wie ein Schulleiter einer anderen Schuleinheit darlegt:

> »Also was den Lehrern wahrscheinlich noch auf dem Magen liegt: Wir sollen volle Datentransparenz liefern und bekommen nachher keine Datentransparenz zurück. Und zwar bräuchten wir nur Informationen zu den Basics: Ich denke, es ist wichtig zu wissen, was war jetzt die Maßnahme. Oder was ich von einer anderen Schule weiß, dass der Schulleiter jeweils die Meldung bekommen hat. Er durfte sie aber nicht weitergeben an die Lehrpersonen, was ja noch viel schräger ist. Und er hat es dann jeweils doch gemacht und gesagt: ›Diese Information bei mir allein, die nützt mir gar nichts‹. Und ich finde dort müsste ein gewisses Vertrauen entstehen, dass man sagt, okay, wir [in der Schule] arbeiten ja sehr intensiv mit diesen Kindern, also müssen wir auch etwas Weniges wissen. Manchmal muss man wissen, eine Schülerin übernachtet im Moment nicht zuhause, das heißt es kann sein, dass sie am Morgen später kommt; sie muss sonst zu früh raus. Das ist für uns essenziell wichtig. Sonst können wir nämlich anfangen Suchspiele zu machen ›Wo sind diese Kinder?‹. Dass wir mit diesen Daten auch sorgfältig umgehen, ist ja klar. Wir sind ja andauernd mit Daten konfrontiert. Für solche Sachen müsste einfach ein gewisses Grundvertrauen da sein […] von Behörde zu Behörde, von Direktion zu Direktion. Wir arbeiten alle mit hochsensiblen Daten.«

Tatsächlich sieht die Gesetzgebung vor, dass die KESB der Schule Daten bekannt geben kann, wenn diese zur Erfüllung der jeweiligen gesetzlichen Aufgabe zwingend erforderlich sind. Wie obiges Zitat zeigt, fühlen sich Leitungspersonen und Lehrkräfte nicht ernst genommen, wenn kein geregelter und genügender Rückfluss der notwendigen Informationen stattfindet.

Die Schule ist die Institution, in der sich Gefährdungen zehn- bis 16-jähriger Kinder manifestieren. In manchen Fällen hat die Schule über Jahre mit individuellen Karrieren von Schülerinnen und Schülern, die in eine Gefährdungsmeldung münden, zu tun. Aufgrund der Datenlage ist das Kooperationsverhältnis von Schulen mit der KESB und abklärenden Diensten als angespannt zu bezeichnen. Einzig dort, wo es gelingt, personalisierte Kooperationsformate aufzubauen, ist die Zusammenarbeit entspannter. Im Sinne einer »eingespielten Kooperation« entwickelt sich bspw. zwischen einer Schulleitung und der KESB oder dem abklärenden Dienst ein Kommunikationsformat, in welchem ein sachlich fachlicher Austausch in einem gegenseitig wertschätzenden Stil stattfindet. Wie im Abschnitt zu den Kooperationssettings dargelegt, ist dieses Format allerdings wenig stabil, da es personenabhängig und befristet ist (▶ Kap. 3.5). Gerade aber im Hinblick auf die öfter langzeitig verlaufenden Fälle wäre ein stabiles Kooperationssetting, in das die Schulen, die KESB und die abklärenden Dienste eingebunden wären, angezeigt.

Im Kooperationssetting, das die Jugendhilfe in St. Wendel mit der Grundschule aufgebaut hat, sind die genannten Differenzen zwischen den Organisationskulturen der Schulen einerseits und der freien Träger und des Jugendamts andererseits stark abgebaut. Dies ist darauf zurückzuführen, dass im St. Wendeler Kooperationssetting mit dem Schoolwork eine institutionalisierte Brücke zwischen Schule und Jugendhilfe eingerichtet wurde. Dies wird im folgenden Abschnitt weiter ausgeführt

5.5 Vergleichende Perspektive und Zwischenfazit

Die institutionellen Akteure der Schweizer Versorgungsräume sind sich auf einer übergeordnet programmatischen Ebene einig: Die Sorge für die Kinder und die Partizipation der Familien werden hoch gewichtet. Ebenso anerkennen die Fach- und Führungskräfte den hohen Wert des kooperativen Handelns. Im Abschnitt zu Grundlagen der Kooperation (▶ Kap. 3.5) wurde dargelegt, dass sich der Aufbau von interinstitutioneller Kooperation auf vier Dimensionen bezieht: auf die inhaltlich fachliche Dimension, auf Verfahrensprozesse und deren Abfolge, auf ein von den beteiligten Professionellen geteiltes Kooperationsverständnis sowie auf strukturierte Verwaltungsprozesse.

Konturen der Versorgung sind in den Schweizer Gebieten eindeutig auf Ebene der Verwaltungs- und Finanzierungsprozesse erkennbar: Von der übergeordnet kantonalen Seite wurde das Modell mit den drei Rollen Leistungsbesteller, Leistungserbringer und Leistungsempfänger etabliert. Im Kern beinhaltet dieses Modell ein reguliertes Zusammenspiel von Auftrag gebenden und Auftrag nehmenden Institutionen. Der inhaltliche Auftrag – die gemeinsame Arbeit am Kindeswohl – steht tendenziell außerhalb der Regulierung. Die fachlichen und kooperativen Prozesse finden fallbezogen an den Schnittstellen der Institutionen statt. Die notwendige Pflege dieser Schnittstellen wird insgesamt als zeitintensiv beschrieben. Auch institutionalisierte Kooperationsprozesse wie der Austausch an Informationstreffen oder die Arbeit an »runden Tischen« müssen aufwändig »bewirtschaftet« werden. Die oftmals wenig institutionalisierten, zwischen einzelnen Fachkräften interinstitutionell aufgebauten und somit personenabhängigen Kooperationen sind außerdem instabil.

Entsprechend ihrer Zugehörigkeit zum natürlich sozialisierenden oder zum Schutz und Recht gewährenden Bereich leisten die Fachkräfte ihre Arbeit am Kindeswohl in unterschiedlichen Handlungslogiken. Ein von den Hauptakteuren (Schule, Soziale Dienste und KESB/Jugendamt) geteiltes Gefährdungsverständnis fehlt:

> »Ich habe manchmal den Eindruck, die Schule hat an uns Erwartungen, die wir nicht erfüllen können: Dass wir rasch eingreifen würden. Dann basteln sie schon zwei Jahre an einer Geschichte rum, und dann, wenn es gar nicht mehr geht, dann kommt es zu uns. Und da ist relativ viel ›verkachelt‹ [Geschirr zerschlagen]. Auch zwischen ihnen und den Eltern. Ich glaube, wenn man dort früher reinkäme, und vielleicht auch interdisziplinär, dass man bessere Chancen hätte, den Kindern Unterstützung zu geben, schlussendlich.«

Öfter erscheinen Fachkräfte im Spektrum der unterschiedlichen Haltungen und Erwartungen orientierungslos. Als besonders herausfordernd erweist sich unter diesen Bedingungen der Gesamtversorgung der Umgang mit Freiwilligkeit und Zwang in der Arbeit mit den Familien.

Zusammengefasst können diese Kooperationsformate als hybrid bezeichnet werden: Sie tauchen auf, wenn Gefährdung in der Arbeit natürlich sozialisierender Institutionen ein Thema wird. Sie werden am konkreten Fall entwickelt. Sie tauchen wieder ab, wenn der Fall bearbeitet wurde und kein Neuer auftaucht. Falls sich Situationen mit reellen oder vermuteten Gefährdungen wiederholen, können sich hybride Formate verfestigen. Es können sich dann stärker strukturierte Kooperationen zwischen einzelnen Institutionen entwickeln.

In dieser labilen Strukturierung der Versorgung ist zudem ein gewisses Steuerungsvakuum feststellbar. Dieses kommt zum Ausdruck, wenn Fachkräfte unterschiedlicher Institutionen Situationen ungleich einschätzen und sich in der Folge bezüglich Zielen und passender Unterstützung uneinig sind. Deutlich besteht ein Vakuum, wenn in eskalierenden Fällen zwischen KESB, abklärendem Dienst und Schule selbst zu den Eckdaten eines Fallverlaufs die Informationen nicht fließen und sich das interinstitutionelle Kooperationsgeschehen konfliktiv zuspitzt (▶ Kap. 5.4).

Es wird verschiedentlich angestrebt, dieses Steuerungsvakuum im Bereich der natürlich sozialisierenden Institutionen zu überwinden. In Kapitel 5.2 wird das Beispiel des Familiensupports Bern West vorgestellt (▶ Kap. 5.2). Die Institution erbringt primär sozialpädagogische Leistungen an Familien und macht sich gezielt zu einem Teil des Kooperationsnetzwerks an den Schnittstellen der natürlich sozialisierenden Institutionen (Schule, Jugendarbeit, Beratungsstellen) und den Lebenswelten der Familien. Darauf abgestützt verfolgt der Familiensupport die Zielsetzung, Familien mit den Ressourcen im Stadtteil zu verknüpfen. Indem die Klientel – Kinder, Jugendliche und Elternteile – durchs Netzwerk der Institutionen gelotst werden, kann das Steuerungsvakuum weitgehend reduziert werden. Es gibt weitere Projekte und Initiativen, um mittels ausgeschilderten Zusammenarbeitsgefäßen und Instrumenten die interinstitutionelle Kooperation stärker zu strukturieren.[15]

---

15 Vgl. die Ausführungen zum Projekt *Flexible Jugend- und Familienhilfe im Sozialraum Bern Ost* in der Fußnote 3 auf S. 62 oder – als Beispiel eines Instruments zur Förderung der Kooperation – die Broschüre *Früherkennung von Kindeswohlgefährdung in den Volks-*

Die Akteure des natürlich sozialisierenden Bereichs arbeiten oft in anspruchsvolle Situationen, in denen es gilt, Elternteile und Kinder für Interventionen zu gewinnen. Gleichzeitig bieten manchmal die hybride Struktur der Kooperationsformate und die Offenheit der Prozesse zu wenig Halt. In solchen Situationen bietet es sich an, die KESB zu involvieren – eine Gefährdung zu melden oder bloß damit zu drohen. Dies wiederum widerspricht der Funktion und der Haltung der KESB, die als »subsidiäre« Instanz definiert ist und erst zum Einsatz kommen soll, wenn die Familie und die spezialisierten Institutionen des natürlich sozialisierenden Bereichs drohende Gefährdungen nicht bearbeiten und abwenden können.

Gegenüber dieser durch hybride Formate und ein Steuerungsvakuum geprägten Versorgung erscheint das Modell St. Wendel konsistenter. Den Kern des institutionellen Kooperationssettings in einem Versorgungsgebiet bildet das Sozialraumteam, das ein breites Spektrum von Angeboten für die Familien abdeckt – zum einen niedrigschwellig zugängliche Erstberatungen und zum anderen die gesetzlich definierten Hilfen zur Erziehung. Ein entscheidender Punkt ist, dass Fachkräfte des Sozialraumteams auch in den Feldern Schulsozialarbeit und Quartierarbeit wenig formalisiert in Kontakt mit Kindern und Elternteilen stehen. Die Fachkräfte kennen die Ressourcen und Defizite der Familien. Im Rahmen von Projekten und Gruppenangeboten in Schulen und Nachbarschaften stellen sie die Kontakte zu den Familien her. Gleichzeitig beteiligen sie sich auch strukturiert am Schutzauftrag bei Kindeswohlgefährdung. Sie tauschen sich wöchentlich zu den sozialraum- und fallbezogenen Entwicklungen aus. Regelmäßig nimmt daran auch die für den Sozialraum zuständige Fachperson des Jugendamts teil.

Die Fachkräfte des Sozialraumteams sind in Nachbarschaften, Quartieren, Schulen, in der Beratung und im Setting der Familienbegleitung tätig und durchdringen die sonst oft bestehenden Grenzen zwischen diesen Lebensräumen und der Institutionen. Administrativ stehen die Angebote unter dem Dach eines Trägers. Alles in allem sind die Handlungslogiken von Prävention, Bildung, Anleitung, Beratung und Schutz stärker miteinander verknüpft. Das St. Wendeler Modell verfolgt das Anliegen, durch die Verknüpfung der Schule mit den präventiven Angeboten der Jugendhilfe Gefährdungen zu reduzieren. Aufgrund der Zahlen zu den Gefährdungsmeldungen scheint dies zu gelingen. Die Anzahl der Meldungen aus der Schule ist geringer als in den Schweizer Versorgungsräumen (▶ Kap. 12.2).

Gleichzeitig weist auch das Modell St. Wendel Grenzen auf: So liegen wichtige Institutionen, die ebenso Unterstützung an Kinder, Jugendliche und Familien leisten, außerhalb der Reichweite des Modells. So etwa die Schulsozialarbeit ab der 5. Klasse, die Schulpsychologischen Dienste und die Gesundheitsversorgung, insbesondere die ambulante Psychiatrie. Das heißt, auch die St. Wendeler Sozialraumteams stehen vor der Aufgabe, die Kooperationsformate mit Institutionen, die anderen Handlungslogiken folgen, zu gestalten.

---

schulen des Kantons Bern. Leitfaden für die Schule (Direktion für Inneres und Justiz des Kantons Bern, Kantonales Jugendamt, 2020).

In den Schweizer Versorgungsräume kristallisiert sich im Vergleich mit dem in St. Wendel umgesetzten Modell ein weiterer Punkt heraus: Zeichnet sich eine Gefährdung ab oder wurde eine Gefährdung gemeldet, wird tendenziell für jeden Fall einzeln ein Kooperationssetting der beteiligten institutionellen Akteure errichtet. Je nachdem, ob sich Fachkräfte bereits kennen und sich in der Kooperation auch Routinen eingespielt haben, braucht es dazu mehr oder weniger viel Kommunikationsaufwand.

In beiden Modellen ist außerdem die Instanz zur Gewährung von Schutz und Recht stark präsent. In der Schweiz wird die KESB von den Sozialen Diensten und der Schule gerne als Ordnung stiftende Instanz involviert. Dagegen wünschte die KESB primär eine Bearbeitung durch die vorgelagerten Dienste – außer in ersichtlichen und akuten Gefährdungslagen. Ein Teil der Sozialen Dienste, Schulen und Beratungsstellen praktiziert für die Abwägung von Gefährdungen einen Austausch mit der KESB. In solchen informellen Austauschprozessen beeinflusst die KESB die Prozesse im natürlich sozialisierenden Bereich. Wenn sie eine Schule anmahnt, sich stärker mit den Erziehungsthemen von Familien auseinanderzusetzen, übernimmt die KESB eine aktive Rolle in der Steuerung des Systems, bevor eine Familie auf Ebene KESB ein Fall ist. Dahinter steht der Bedarf, Gefährdungssituationen interinstitutionell und interdisziplinär zu erörtern und nicht notwendige Meldungen zu vermeiden. Dieses Anliegen kann im Modell St. Wendel strukturiert gepflegt werden. In beiden Modellen wird die Unterstützung zur natürlichen Förderung der Kinder von der Unterstützung zur Gewährung von Schutz und Recht nicht vollständig voneinander getrennt.

6 Lebenswelt der Familien

6.1 Familien unter Druck

Die bisherigen Ausführungen befassten sich mit der Arbeit am Kindeswohl als gemeinsame Aufgabe der Familien und der Institutionen. Es folgte ein Einblick in die Prozesse und Muster des Handelns der Fachkräfte sowie in die Zusammenhänge zwischen Versorgung und Fallgeschehen, bevor die Versorgung umfassend thematisiert wurde. In diesem Kapitel stehen nun die Kinder und Jugendlichen sowie die Eltern bzw. die Erziehungsberechtigten im Mittelpunkt. Denn zu einem großen Teil entfaltet sich das Kindeswohl im alltäglichen Lebensvollzug der Familien. In der Studie MehrNetzWert wurden 25 Fallstudien zehn- bis 16-jähriger Kinder und Jugendlicher sowie elf Fallstudien von Elternteilen erhoben und analysiert. Diese Kinder und Elternteile waren durch die Kinderschutzbehörden zur Teilnahme an der Studie angefragt worden. Das heißt zum Zeitpunkt des Interviews war ihre Situation durch den Kinderschutzverlauf geprägt. Zuvor war eine Gefährdung gemeldet worden. Die Familien stehen unter Druck.

Die Lebenslagen und die Varianten der Lebensführung von Familien bilden in der heutigen Gesellschaft viel beachtete Sphären des gesellschaftlichen Lebens. Die Sozialwissenschaften befassen sich umfassend und systematisch mit Themen wie Lebensbedingungen der Familien, Familienmodellen oder Entwicklung und Bildung der Heranwachsenden. Fakten und Themen, die in den Diskursen dieser Disziplinen erforscht und beschrieben werden, prägen in unterschiedlichen Variationen auch die in der vorliegenden Studie untersuchten Fallstudien von Kindern, Jugendlichen und Elternteilen. Dieser hohe bestehende Wissensstand erlaubt es, die Ausführungen dieses Abschnitts auf die Aspekte zu begrenzen, welche die Lebenslage der Untersuchungsgruppe spezifisch prägen (▶ Abb. 6.1). Die spezifisch defizitären Lebenslagen der hier untersuchten Familien entwickeln sich oft über Jahre. Der erste folgende Abschnitt zum Thema Familienbiografie gibt einen Einblick, wie sich in Familien Gefährdungslagen entwickeln können. Typischerweise sind diese Prozesse durch vier Faktoren, die fallspezifisch unterschiedlich zusammenwirken, geprägt, nämlich durch materielle Armut, durch Krankheiten, durch Konflikte sowie durch begrenzte Erziehungskompetenzen der Erwachsenen. Im Zusammenspiel dieser Faktoren kann sich eine Negativspirale von Ereignissen entwickeln, sodass schließlich das Wohl der Kinder stark gefährdet ist. Generell ist das Kindeswohl mit der alltäglichen Praxis der Familie eng verwoben. In den untersuchten Fallverläufen lassen sich zwei typische Familienlagen unterscheiden: Die eine wird unten als vulnerable, die andere als prekäre Familiensituation beschrieben. Hier wird auch die materielle Armut thematisiert. Der nächste Abschnitt ist dem Handeln der Kinder – ihrem Agieren bzw. ihrem Leiden – gewidmet, bevor im letzten Abschnitt des Kapitels nochmals auf den Begriff Kindeswohl eingegangen wird.

6.2 Familienbiografie

Die Platzierung des 13-jährigen T und seiner zwei jüngeren Geschwister bei der Pflegefamilie liegt erst wenige Wochen zurück. Die Unterbringung der drei Kinder wurde notwendig, da für sie in ihrem Zuhause weder die Sorge und Versorgung noch eine Tagesstruktur gewährleistet waren. Seit dem Verlust der Arbeitsstelle leidet der Vater unter einer psychischen Beeinträchtigung. Die Mutter ist alkoholkrank. Die Elternteile leben getrennt und nahmen die Erziehungspflichten separat wahr. Während der letzten Monate hatte sich im familialen Leben eine Negativspirale entwickelt: Im Zusammenspiel der Krankheiten, materieller Existenzängste sowie heftiger Konflikte geriet der Familienalltag völlig durcheinander. Chaotische Zustände und Verwahrlosungstendenzen wirkten sich auch auf die Schulleistungen von T aus. Er berichtet auch über schwere, vor ihm ausgetragene Konflikte der Eltern. Zur Platzierung der Kinder kam es, als der neue Partner der Mutter in das Familiensystem hineinwirkte und wegen Drohungen die Integrität der Kinder nicht mehr gesichert war.

Im Fall T greift die Behörde zur einschneidenden Maßnahme einer auf wenige Wochen, später verlängerten Fremdplatzierung der Kinder. Der Terminologie der vorliegenden Studie folgend, beginnt mit der Gefährdungsabklärung und dem behördlichen Eingriff der Kinderschutzverlauf. Kinderschutzverläufe weisen eine Vorgeschichte auf. Oft wurde während dieser Phase bereits während mehr oder weniger langer Zeit, teils mit professioneller Unterstützung und unterschiedlich intensiv am Kindeswohl gearbeitet. Die Familie von T ist etliche Jahre mit Institutionen des Gesundheits- und Sozialwesens verknüpft. Insbesondere in Zusammenhang mit der Suchtbehandlung der Mutter ist die ganze Familie in einen therapeutischen Prozess mit Erfolgen und Rückschlägen involviert gewesen. Die Sozialhilfe stützt phasenweise die materielle Existenz der Familie. Auch die Schule spielt eine Rolle: Die Schulleistungen von T brachen in Zusammenhang mit den familiären Turbulenzen plötzlich ein, was die Behörde darin bestärkte, einzugreifen. Grundsätzlich geht der Junge jedoch gerne zur Schule. Das soziale Gefüge seiner Peers und der Lehrkräfte bildet für ihn einen sicheren Hafen. Trotz eines langen Schulwegs kann er glücklicherweise vom vorübergehenden neuen Wohnort aus am gewohnten Ort zu Schule gehen.

Diese und weitere Aspekte der biopsychosozialen und ökonomisch-materiellen Familiengeschichte werden hier mit dem Begriff Familienbiografie bezeichnet.

Im funktionierenden familialen Alltag bilden Familienkonstellationen wenig problematische Rahmenbedingungen. Doch wenn familiale Prozesse eskalieren, kann es bedeutungsvoll werden, wie Familienmitglieder verwandtschaftlich und rechtlich zueinanderstehen. Unter Umständen wird es erheblich, ob zwei leibliche Elternteile präsent sind oder nur eines oder Stiefelternteile. Wie die Elternteile rechtlich und beziehungsmäßig zueinander und zu den Kindern stehen, erhält plötzlich mehr Gewicht. Ähnliches gilt für die Geschwister, für die Anzahl, und ob es leibliche Geschwister oder Stiefgeschwister sind. Im Laufe konfliktbelasteter Zuspitzungen in Familienbiografien und in Kinderschutzverläufen werden öfter auch bisher tabuisierte Sachverhalte in Familienkonstellationen an die Oberfläche geschwemmt. Bisher unter Verschluss gehaltene Geheimnisse wie eine nicht leibliche Elternschaft belasten das Geschehen dann zusätzlich.

Familienbiografien erhalten eine Prägung durch gesellschaftliche Bedingungen. Gleichzeitig sind es die Familienmitglieder, die ihren Alltag gestalten. Dabei ist das Handeln von Elternteilen und Kindern abhängig von deren bio-psychosozialen und materiellen Ressourcen. T ist selbst ein ressourcenstarkes Kind: Er ordnet die Geschehnisse ein, ist empathisch und bringt Gefühle zum Ausdruck. Er übernimmt Verantwortung für die jüngeren Geschwister, ist in Kontakt mit Peers und dadurch außerfamiliär sozial verwurzelt. Seine schulischen Schwierigkeiten waren nur vorübergehend. Er ist sprachbegabt und verfügt damit über ein besonderes Talent. Eklatant hingegen sind die Ressourcenschwächen der Eltern, die – zumindest vorübergehend – in ein Unvermögen, die Sorgepflichten wahrzunehmen mündeten.

In der Einführung zum Kapitel wurden Armut, Krankheit, begrenzte Erziehungskompetenzen und Konflikte als vier zusammenwirkende Faktoren bezeichnet, die Situationen mit Kindeswohlgefährdungen konstitutiv prägen. Wie formen diese Faktoren und damit zusammenhängende existenzielle Prozesse den Alltag der Familie T?

Die Sorge- und Erziehungskompetenzen der Mutter sind aufgrund ihrer Suchterkrankung und des Co-Alkoholismus des neuen Partners stark reduziert. Aus der Sicht des Kindes liegt hier sogar die hauptsächliche Ursache der Probleme. Eine Krankheit schränkt auch das erzieherische Wirken des Vaters ein. Im Fall T ist auch ein Muster des Zusammenspiels von materieller Not und Kindeswohlgefährdung erkennbar. Die Perspektive, nicht für die Familie sorgen zu können, belastet den Vater, verstärkt seine psychische Beeinträchtigung und schränkt ihn ein, Erziehungsaufgaben wahrzunehmen. Sowie die Familie T beziehen viele der in den Fallstudien untersuchten Familien Gelder der staatlichen Fürsorge. Insbesondere in den Fallstudien aus der Großstadt Essen sind die Zusammenhänge zwischen einer prekären Erwerbssituation der Eltern, materieller Entbehrung, psychischen Belastungen und begrenzten Erziehungskompetenzen stark präsent.

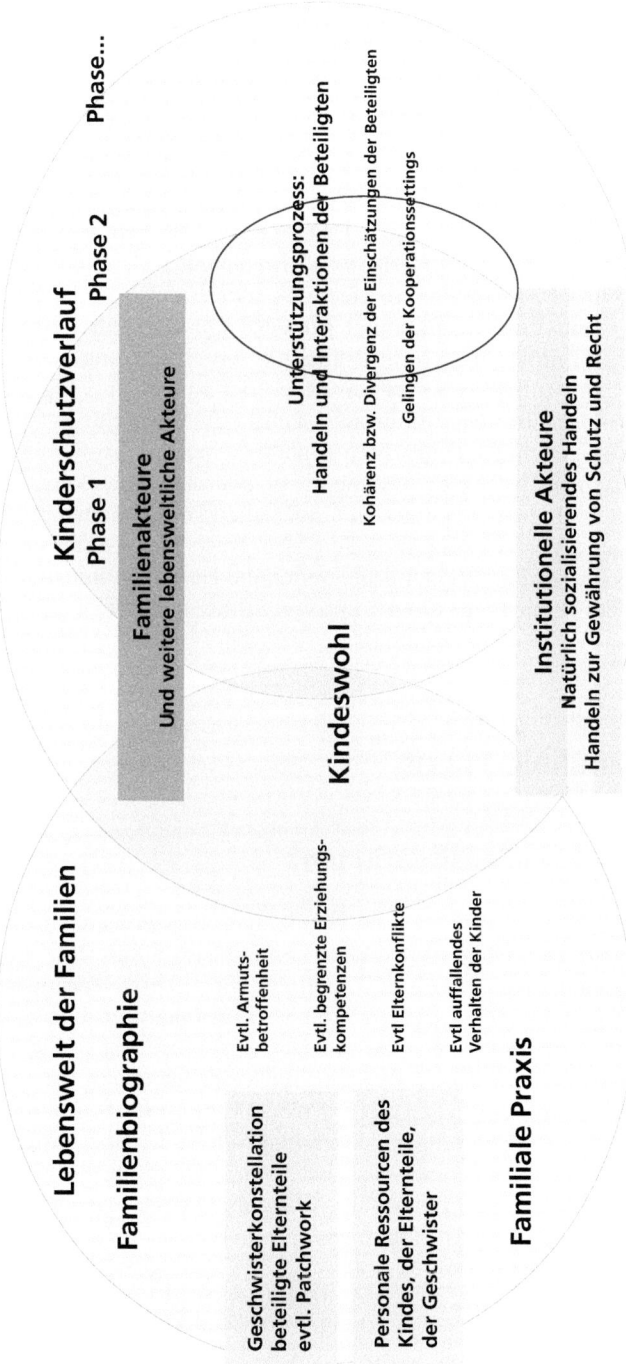

Abb. 6.1: Arbeit am Kindeswohl: Familien in Interaktion mit Institutionen nach Gefährdungsmeldung

Ein starker Treiber negativer Entwicklungen des Kindeswohl sind Elternkonflikte. In der Geschichte von T. führten die manifesten Familienkonflikte zur Eskalation. Lange Zeit konnte das Funktionieren seiner Familie mit Leistungen des Gesundheitswesens und der Sozialhilfe erhalten werden. Erst als sich der 13-jährige Sohn zwischen die suchtmittelabhängige Mutter und deren neuen Partner stellte und bedroht wurde, erforderte die Gefährdungssituation einen behördlichen Eingriff in die Familie.

Anhand der genannten Faktoren lässt sich der familienbiografische Kontext der untersuchten Kinderschutzverläufe beschreiben. Das Beispiel von T zeigt, wie die vier existenziellen Familienprozesse ineinander spielen. Insbesondere die begrenzte Sorge- und Erziehungskompetenzen der Eltern, die materielle Armut und die familialen Konflikte führen im Fallbeispiel zur Zuspitzung der Entwicklung. Oft sind es dann auffällige Verhaltensweisen der Kinder und Jugendlichen, die auf Kindeswohlgefährdungen hinweisen. Lehrkräfte übernehmen hier die Funktion des Seismografen. Sie beobachten Auffälligkeiten wie häufiges Kranksein, einen nicht nachvollziehbaren Leistungsabfall oder sichtbare Vernachlässigung.[1] Insbesondere bei Jugendlichen in den Großstädten kommen Suchtmittelkonsum, Prostitution und Von-zuhause-Ausreißen dazu. Nach einer Gefährdungsmeldung, in einer sich steigernden Problemlage, treffen die Familienmitglieder auf die Professionellen des Bereichs zur Gewährung von Schutz und Recht.

6.3 Familiale Praxis

Vulnerable Familiensituationen[2]

Im Lebensvollzug der Familien können vulnerable und prekäre Situationen differenziert werden. Der Alltag vulnerabler Familien wird durch ein Zusammenspiel mehrerer Problematiken bestimmt. Die Eltern können von verschiedenen Defiziten, die sich in individuell unterschiedlichen Ausprägungen überlagern, betroffen sein: Im Vordergrund steht die mehrfach erwähnte, materielle Armut: Eine Arbeitslosigkeit, teils in Zusammenhang mit einer fehlenden Berufsausbildung, und damit verknüpft ein Leben am Existenzminimum. Dazu kommen öfter gesundheitliche Beeinträchtigungen. Und schließlich ist die Überforderung auch in den Familienkonstellationen angelegt: Nach einer Trennung ist nur noch ein Elternteil – in der Regel die Mutter – im Alltag der Familie präsent oder die Eltern tragen Konflikte aus, die das Zusammenleben belasten.

---

1 Vgl. die Ausführungen zu der Früherkennungsfunktion der Schule im Beitrag von Regina Jenzer (▶ Kap. 11.2).
2 Das Offene Kodieren der Daten zur Thematik der Familiensituationen wurde im Rahmen der Studie MehrNetzWert von Simone Küng bearbeitet und hier in die Gesamtdarstellung der Ergebnisse aufgenommen (▶ Kap. Einführung).

Parallel dazu sind auf Seite des Kindes Merkmale erkennbar, welche die Eltern besonders herausfordern. Es wird ein Bild beschrieben, das von Kennzeichnungen wie ADHS, Entwicklungsverzögerungen und schulischen Defiziten geprägt ist. Diese Konstellationen auf Seite Eltern und Kind können sich gegenseitig verstärken und führen zu einer manchmal latenten, manchmal ausbrechenden Überforderungsdynamik in der Familie, da es den Eltern zeitweise nicht gelingt, die Herausforderungen zu bewältigen.

Kinder und Jugendliche mit einer ADHS-Zuschreibung beschreiben typischerweise, wie sie in ihrem Alltag schlecht mit Kritik, Beleidigungen oder Frustrationen umgehen können. Beleidigungen gegen sich oder Geschwister führen zu aggressivem Verhalten von Streiten, Toben während Wutanfällen, bis hin zu Ausrasten und Dreinschlagen. Frustrationen im Alltag und wiederkehrende Streitereien werden als belastende Ereignisse, die hilflos machen und nicht selbst bewältigt werden können, beschrieben.

Stehen psychische Beeinträchtigungen im Vordergrund, erleben die Kinder und Jugendlichen vor allem in der Schule eine Überforderung, die über die Jahre zuzunehmen scheint. Diese kann sich bspw. in einem Verweigern, die Hausaufgaben zu erledigen, zeigen oder auch in einer Empfindung, dass die Lehrkräfte nicht unterstützend seien.

Gleichzeitig hat die Familie in all den schwierigen Umständen eine hohe Bedeutung. Die Kinder erleben die Familie als Stütze in Schwierigkeiten. Man steht sich gegenseitig bei. In einigen Fällen sind die Bindungen sehr stark. Man steht fast bedingungslos zueinander, unterstützt sich gegenseitig und kann sich aufeinander verlassen. Teilweise übernehmen die Kinder und Jugendlichen alltägliche Aufgaben der Erwachsenen und wirken dadurch kompensierend: Aktivitäten wie das Hüten jüngerer Geschwister oder das Kochen von Mahlzeiten werden teils als Familienereignisse und Freizeitbeschäftigungen dargestellt, teils soll damit auch die Mutter entlastet werden. So werden nicht nur alltägliche Notwendigkeiten ausgeführt; teils werden auch familiale Funktionen ersetzt, etwa, wenn sich ein Jugendlicher gegenüber den jüngeren Geschwistern in der Vaterrolle bewegt.

Trotz der erschwerten Umstände sind die Beziehungen zwischen Kindern und den im Alltag anwesenden Elternteilen stabil und tragfähig. Gerade wenn Kinder älter werden, schwächen sich die Elternbeziehungen typischerweise ab oder werden ambivalent. Die nunmehr jugendlichen Kinder erkennen Schwächen der Eltern – bspw. Gewaltanwendungen oder eine Alkoholerkrankung – und versuchen sich zu distanzieren.

In einem mehrfach problematischen Familiengefüge mit einem vulnerablen Charakter wechseln sich Phasen mit mehr oder weniger starken Überforderungen ab. Mehrheitlich leben die Kinder bzw. Jugendlichen zuhause. In der Folge einer negativen Zuspitzung kann es auch dazu kommen, dass Kinder stationär untergebracht werden. Dabei bleibt der Kontakt zur Familie aufrechterhalten, indem die Kinder an den Wochenenden, evtl. an weiteren einzelnen Wochentagen und während den Ferien in der Familie leben. Bedeutsam ist in diesen Fallverläufen das Geschehen in der Schule. Der Schulalltag bildet für Kinder aus vulnerablen Familien einen herausfordernden Kontext. Ein unangemessenes Verhalten oder eine Verweigerungshaltung gegenüber Ansprüchen von Lehrkräften können seitens der Schule Reaktionen auslösen, die das Familiensystem aus dem Gleichgewicht bringen, denn die Eltern sind dann oft nicht in der Lage, unterstützend zu wirken. Wie an anderer Stelle dargestellt wird, löst dies seitens der Schule öfter Abklärungen und Unterstützungsprozesse aus (▶ Kap. 12).

In den in der Studie MehrNetzWert untersuchten vulnerablen Familien war es zu einer Gefährdungsmeldung gekommen. Doch bereits zuvor standen diese Familien oftmals mit verschiedenen Institutionen des Sozial- und Gesundheitswesens in Kontakt. Die Hilfen, bspw. eine Familienbegleitung, die Unterstützung durch die Sozialhilfe oder auch Therapien laufen über lange Zeit. Die Fallverläufe vulnerabler Familien verlaufen typischerweise als langzeitig adjuvante Verläufe (▶ Abb. 7.1). Ein Kennzeichen dieser Verläufe ist auch, dass sie über weite Teile mit professionellen Hilfen, die freiwillig, ohne behördliches Eingreifen und Zwang bearbeitet werden können bzw. bearbeitet werden könnten.

Prekäre Familiensituationen

Einige Kinder und Jugendliche berichten über Phasen, während derer sie unter fast durchgehender, starker Vernachlässigung litten. Eine Negativspirale, in der sich mehrere oder alle der vier Faktoren Armut, Krankheit, Konflikte und begrenzte Erziehungskompetenz wechselseitig verstärken, führt zur Prekarität. So sind die Missstände auf sich oftmals überlagernde Belastungen im Familiensystem wie die psychische Erkrankung oder der Suchtmittelmissbrauch eines Elternteils sowie die bereits in vulnerablen Familiensituationen ausgemachten Elternkonflikte zurückzuführen. Typischerweise versuchen die Mütter, das Familienleben aufrechtzuerhalten. Ein oftmals durch Krankheit bedingtes Unvermögen lässt sie jedoch scheitern; die Väter sind zumeist nur am Rande an der Erziehungsarbeit beteiligt.

In den untersuchten Fallverläufen, in denen sich prekäre Familiensituationen entwickelten, hat jeweils die Behörde eingegriffen, um den akuten Kindeswohlgefährdungen ein Ende zu setzen. Dabei sind zwei Varianten zu unterscheiden:

Im einen Fall liegt die prekäre Familienphase länger zurück. Zu ihrem Schutz wurden die Kinder und Jugendlichen in einer stationären Einrichtung oder in einer Pflegefamilie untergebracht. Sie berichten aus einer zeitlichen Distanz über die damaligen Vorfälle. Doch auch für sie ist ihr Verhältnis zu Elternteilen, Geschwister und anderen Familienmitgliedern permanent herausfordernd. Zu Beginn einer Unterbringung geht es um die Frage, ob und wann eine Rückkehr in die Familie möglich wäre. Mit der Zeit steht die Frage im Vordergrund, wie viele und wie lange Kontakte in der Familie realisierbar und vom Kind oder Jugendlichen auch gewollt sind.

Im anderen Fall sind die prekären Familienverhältnisse Teil des aktuellen Geschehens. Die Kinder berichten, wie sich die Problemlage teils über Jahre entwickelte. In etlichen Fällen erleiden sie wiederkehrend Gewaltanwendungen durch einen Elternteil. Gleichzeitig ist der andere Elternteil zu schwach, um das Kind zu schützen und in seinem Interesse zu handeln. Teils ist er selbst der Gewalt ausgesetzt. Die psychischen und physischen Gewalterfahrungen lösen bei den

Kindern Angst aus und werden als starke Bedrohung empfunden, der man willkürlich ausgesetzt ist und sich nicht entziehen kann. Das permanente und starke Unvermögen der Eltern schlägt sich auf die Alltagsgestaltung nieder. Ein Teil der weiblichen Jugendlichen berichtet, sie hätten sich bereits früh um die Geschwister kümmern und sie betreuen müssen. Diese Verantwortungsübernahme und das Einnehmen einer Mutterrolle empfanden sie als Last. Eine Jugendliche sagt:

> »Ich wollte das nicht. Ich musste für meinen Bruder [der unter einer Autismusstörung leidet] Mutter und Schwester sein [...]. Wer zu lange zu anderen schauen muss, geht daran kaputt«.

Eine andere Familie steht unter starkem ökonomischem Druck. Um das Überleben des eigenen Gewerbebetriebs zu sichern, setzt der Vater die drei jugendlichen Kinder als Arbeitskräfte ein, was er auch mit Schlägen durchsetzt. Hin und her gerissen zwischen dem Regime des Vaters und den Präsenzanforderungen der Schule spitzt sich die Belastung der Kinder soweit zu, dass einer der Jugendlichen die Behörde alarmiert – die Familie sozusagen verrät.

Familienarmut

Nahezu alle der in MehrNetzWert befragten 25 Kinder und Jugendlichen sowie elf Elternteile erleben materielle Entbehrungen bis hin zu Armut. Ihr Alltag ist geprägt von finanziellen Engpässen und sie kennen nichts Anderes. Die Eltern bzw. die Elternteile verfügen nicht über die Möglichkeit, einer regelmäßigen Arbeit nachzugehen. Denn sie sind alleinerziehend, arbeitslos, im Tieflohnsegment tätig oder durch eine Krankheit beeinträchtigt. Die Familien sind oft von der Sozialhilfe abhängig, leben am Existenzminimum und haben Mühe, kontinuierlich rechtzeitig die Rechnungen zu begleichen und keine weiteren Schulden zu machen. Die Mutter zweier Kinder beschreibt die alltäglichen materiellen Entbehrungen:

> »Ich sage, wenn man auf dem Sozialdienst ist und schon alles hat Einrichtungen etc., dann ist das nicht so schlimm. Aber wenn man [...] noch nichts hat und aufbauen muss, da fehlen so viele Sachen wie z. B. Kleiderhaken für die Kinder, dass sie die Jacken aufhängen können. Es sind so kleine Sachen, die einen dann nerven. Weil man kommt nach Hause, die Kinder werfen alles auf den Boden. [...] Und das sind einfach alles so Sachen, wo ich jeweils sage: ›Ah, das ist einfach mühsam, wenn man auf dem Sozialdienst sitzt‹. Man muss sich immer das Geld einteilen und schauen. Eben und dann ist dieser Monat wieder der Geburtstag des Sohns, also wieder einen Kindergeburtstag machen. Er will sein Geburtstagsgeschenk, die Familie kommt auch noch vorbei. Das ist schon wieder einmal viel Geld, das ich einplanen muss, plus die

> Rechnungen. Und dann denke ich: ›Ja gut diesen Monat reicht es nicht für solche Sachen‹. (lacht) Im nächsten Monat kommt wieder irgendetwas basteln für Weihnachten. Ja, es ist immer schwierig.«

Wie die Kinder die Armut erleben, unterscheidet sich je nach Alter. Jüngere Kinder gewichten materielle Werte und Wünsche teils noch weniger hoch, da das freie Spiel mit Freundinnen und Freunden eine altersadäquate Freizeitbeschäftigung darstellt. Für ältere Kinder und Jugendliche hingegen ist es in der Regel ein großes Problem, wenn für den Kauf eines Handys oder das Abonnement fürs Fitnesszentrum kein Geld da ist. Der Armut und der Einschränkungen sind sich eher ältere Kinder bewusst.

Die Kinder und Jugendlichen spielen die Bedeutung von materiellen Werten und Wünschen in den Interviews herunter und zeigen ein gewisses Verständnis für die finanziellen Schwierigkeiten der Familie. Teils kennen sie die Gründe der schlechten finanziellen Lage der Eltern und können sie einordnen. Entsprechend zeigen sie sich zurückhaltend mit Forderungen nach Anschaffungen oder Freizeittätigkeiten. Sie haben Strategien entwickelt, mit Armut umzugehen, indem sie früh gelernt haben, »*keine großen Wünsche zu haben*« oder sich in Geduld zu üben, bis das Geld reicht, um elektronische Geräte anzuschaffen. Das Herunterspielen der Bedeutung von Geld zeigt sich jedoch dann in ambivalenter Weise, wenn Kinder aus Rücksicht auf die Eltern ihre Wünsche zurückstellen. Sie verzichten, weil sie es schlecht ertragen, dass die Eltern leiden, wenn sie Wünsche nicht erfüllen können. So leidet etwa ein zwölfjähriges Mädchen darunter, zu erleben, dass ihr Vater für sie am Wochenende Geld ausgibt, das ihm dann unter der Woche fehlt.

Die finanziellen Engpässe und unerfüllten Wünsche werden teilweise durch Verwandte und Bekannte kompensiert. So wirken etwa Großeltern oder Stiefelternteile ausgleichend und helfen bei der Verwirklichung von Wünschen. Dies ermöglicht öfter gegen außen dem Stigma der Armut entgegenzuwirken und auch dazu zu gehören (▶ Kap. 10). Eine erhöhte Bedeutung materieller Werte kommt bei etlichen Kindern und Jugendlichen in den Zukunftsvorstellungen, nach denen in den Interviews jeweils gefragt wurde, zum Ausdruck. So sprechen sie davon als Erwachsene selbst einmal so viel Geld verdienen zu wollen, dass sie in einer schönen Wohnung leben können und Geld zu haben, um sich über die Grundbedürfnisse hinaus ein Auto oder Ferien leisten zu können.

6.4 Das Erleben und Handeln der Kinder und Jugendlichen

Personale Ressourcen der Kinder und Jugendlichen[3]

Die Kinder, mit denen sich die Studie MehrNetzWert befasst, waren zum Zeitpunkt des Interviews in ein Kinderschutzverfahren involviert. Ein Teil dieser zehn- bis 16-jährigen Heranwachsenden agierte im Verlauf der Geschehnisse stark mitgestaltend. Ob die Familie eine vulnerable oder eine prekäre Phase durchging, war nicht die entscheidende Bedingung hierfür. Vielmehr verfügt dieser Teil der Kinder und Jugendlichen dank personaler Ressourcen über eine gewisse Widerstandsfähigkeit. Ihre kognitiven Fähigkeiten erlauben es ihnen, die Situation in der Familie und bspw. in der Schule zu reflektieren und sich mit Problemlösungen auseinanderzusetzen. Wie im vorne beschriebenen Fall des 13-jährigen Jungen T, bilden soziale Kompetenzen und Erfahrungen mit vertrauensvollen Beziehungen Grundlagen für das Weiterpflegen stützender Kontakte, etwa zu Peers und erwachsenen Vertrauenspersonen. Eine Basis ihrer relativen Resistenz ist auch ein guter physischer und psychischer Gesundheitszustand. Trotz der Belastungen im familiären Umfeld entwickeln sich widerstandsfähige Kinder und Jugendliche weitgehend normal. Wenn es zu problematischem Verhalten kommt, ist dieses episodenhaft. Die Maßnahmen sind entweder auf elterliche Defizite wie Sucht oder psychische Problematiken oder auf familiäre Konflikte zurückzuführen. Oft sind sie in der Lage, Maßnahmen und Hilfen produktiv zu nutzen; oft sind sie gut in die Schule integriert. Das Kinder- und Jugendhilfesystem stellt für sie eine kompensierende Unterstützung dar und ermöglicht ihnen eine weitgehend normale Entwicklung trotz familiären Belastungen.

Ein anderer Teil der Kinder und Jugendlichen ist als verletzlich zu bezeichnen. Sie sind langfristig von Ressourcenschwächen betroffen, die oft auf eine ADHS-Symptomatik, eine psychische Beeinträchtigung, Entwicklungsverzögerungen – allenfalls Entwicklungsstörungen – oder eine gemischte Symptomatik zurück zu führen sind. In der Gesellschaft – insbesondere in der Schule – fallen diese Kinder und Jugendlichen wegen andauernden problematischen Verhaltensweisen wie Aggressivität, sozialer Rückzug, Schulabwesenheit, Suchtproblematik, Selbstverletzungen und allenfalls Kleinkriminalität auf. Sie verfügen über wenig ausgereifte konstruktive Bewältigungsmöglichkeiten. Mit ihren Verhaltensweisen ecken verletzliche Kinder und Jugendliche außerhalb ihres lebensweltlichen Umfelds an. Insbesondere die Schule, in der etliche dieser Kinder zum ersten Mal umfassend der gesellschaftlichen Realität ausgesetzt sind, wird auf diese Kinder aufmerksam. Wie an anderen Stellen dargestellt, versuchen die Lehrkräfte die be-

---

3 Das Offene Kodieren der Daten zu den Themen Ressourcen, Verhalten und Kooperation der Kinder wurde im Rahmen der Studie MehrNetzWert von Rahel Müller de Menezes bearbeitet und hier in die Gesamtdarstellung der Ergebnisse aufgenommen (▶ Kap. Einführung).

sondern Bedürfnisse zu erfassen und in Kooperation mit den Eltern und mit zur Verfügung stehenden Mitteln und Hilfen zu bearbeiten.

Verhalten und Kooperation der Kinder

Werden die im Kontext einer Kindeswohlgefährdung stattfindenden Geschehnisse als Capabilities-Prozesse betrachtet, sind in den Handlungen und im Verhalten der Kinder drei Muster erkennbar. Ein Teil der Kinder und Jugendlichen lässt sich in die Unterstützungsprozesse – in die Interaktionen mit Fachkräften – involvieren und einbinden. Ein anderer Teil widersetzt sich der Unterstützung und schließlich bewegt sich ein Teil der Kinder und Jugendlichen in einem Muster, das hier mit Erdulden bezeichnet wird. Die Ausprägung des Verhaltens steht in Zusammenhang mit drei hauptsächlich bestimmenden Faktoren: mit der Ressourcenausstattung der Kinder, mit ihrer Familiensituation sowie mit der Unterstützung, die Fachkräfte leistet. Diese Einflüsse bewirken oftmals eine dynamische Entwicklung des Verhaltens der Kinder: Oft leisten sie zu Beginn der Kooperation mit Fachkräften Widerstand, der sich mit der Zeit auflösen kann (▶ Kap. 7.2, vgl. insbesondere den Abschnitt zur kurzzeitig invasiven Dynamik).

Ein Teil der Kinder und Jugendlichen steht in regelmäßigem Austausch mit den Fachpersonen und hält sich an vereinbarte Regeln. Eine responsive Kooperation in diesem Sinne gelingt erst dann, wenn die Kinder und Jugendlichen die Unterstützung als notwendig, sinnvoll und mehrheitlich hilfreich erleben. Die Folge davon ist eine Situationsberuhigung; nach krisenhaften und turbulenten Phasen tritt dann eine Stabilisierung ein. Teil dieses Musters der Einbindung sind produktive Interaktionen, die sich zwischen den Kindern bzw. Jugendlichen und den Fachpersonen entwickeln. Die Kinder öffnen sich mehr und mehr gegenüber den Fachpersonen, die sie im Alltag begleiten und beraten: Insbesondere werden auch emotionale Belastungen Thema in den Gesprächen. Die Kinder lassen sich eventuell auch in (zusätzliche) therapeutische Angebote vermitteln. Folge davon ist, dass sie schrittweise lernen konstruktiv mit Belastungen umzugehen, wodurch Belastungen reduziert werden können.

Auch pflegt ein Teil der Kinder und Jugendlichen Beziehungen mit Peers und/oder Erwachsenen aus ihrem privaten Umfeld. Gemeinsame Aktivitäten tragen zu Erholung, Ablenkung und Aufheiterung bei. In Gesprächen können Belastungen thematisiert werden. Teils können in Beziehungen zu erwachsenen Schlüsselpersonen elterliche Defizite ausgeglichen werden. Der soziale Rückhalt trägt zur Stabilisierung der Situation bei (▶ Kap. 10).

Kinder und Jugendliche leisten Widerstand, wenn Unterstützungsleistungen nicht ihren Vorstellungen und Bedürfnissen entsprechen. Typischerweise haben sich im Vorfeld die familiären Verhältnisse zugespitzt – bspw. sind Elternkonflikte eskaliert und/oder Verhaltensauffälligkeiten waren aus der Perspektive der Schule nicht mehr tragbar. Gleichzeitig vermögen die Kinder/Jugendlichen die Geschehnisse nicht einzuordnen; die Situation löst diffuse starke Emotionen aus, sodass sie nicht in der Lage sind, die von den Erwachsenen definierte Maßnahme zu verstehen und als sinnvoll einzustufen. Ein Teil begehrt mit auffälligem Verhalten auf, um diese inneren Spannungen abzubauen. Dazu gehören problematische Verhaltensweisen wie Gewalt, Aggressivität, Schulschwänzen, Kleinkriminalität sowie Entweichen. Auch selbstschädigende Verhaltensweisen wie Selbstverletzungen sowie das Andeuten von Suizidgedanken weisen auf die innere Not von Kindern und Jugendlichen hin. Werden diese Verflechtungen von den Professionellen wahrgenommen, kommt das Versorgungsnetzwerk in Bewegung. Eine Überprüfung der Situation und allenfalls eine Anpassung der Maßnahmen können folgen.

Schließlich bewegt sich ein Teil der Kinder und Jugendlichen phasenweise in einem Muster des Erduldens. Sie kooperieren nur soweit nötig, dass keine stärker einschneidenden Maßnahmen ergriffen werden oder die bestehenden Maßnahmen aufgehoben werden. Möglicherweise übernehmen sie dabei die Perspektive ihrer Eltern (▶ Kap. 9.3). Familien im Muster des Erduldens sehen und erleben die laufende Unterstützung oder Maßnahme primär als Kontrolle und ungerechtfertigte Einmischung. Folge davon ist insbesondere bei ambulanten Hilfen eine Stagnation, das heißt, dass mit der Unterstützung die erwünschten Veränderungen nicht oder nur teilweise erreicht werden.

Unabhängig von den musterhaft beschriebenen Situationen – Sich-Einbinden-Lassen, Widerstand-Leisten und Erdulden – berichten die untersuchten Kinder und Jugendlichen vom Bedürfnis und von Formen des Rückzugs aus dem sozialen Alltag. Ein Teil der Kinder und Jugendlichen zieht sich aufgrund der erlebten Belastungen zurück. Zum Beispiel werden sie im Kontext Schule schweigsam, weil sie nicht über Belastungen sprechen wollen. Dafür erhalten Ersatzwelten einen hohen Stellenwert: Für einige Kinder sind Tiere und Plüschtiere wichtig. Bei ihnen erleben sie Nähe, ein Sich-verstanden-Fühlen und Trost. Um sich zuhause von Belastungen abzulenken, beschäftigen sich andere stark mit Ersatzwelten, die über Games und Videos vermittelt werden. Für eine beschränkte Zeit rücken die Belastungen in ihrem Alltag etwas in den Hintergrund, bestehen jedoch fort, wenn keine anderen Bewältigungsformen gefunden werden. In der Studie sind auch Fälle Jugendlicher, die ein Suchtverhalten als Gamer bzw. als Drogenkonsumierende entwickelt haben, dokumentiert.

Elternbeziehung

Die in MehrNetzWert untersuchten Kinder sind zehn- bis 16-jährig. Entsprechend breit ist das Spektrum der Kind-Eltern-Beziehungen. Während Zehnjährige in ihrem Lebensvollzug noch stark an Mutter und Vater bzw. an die Erziehungsberechtigten gebunden sind, hat bei den älteren untersuchten Kindern der Prozess der Ablösung vom »Elternhaus« begonnen. In den Familien mit Gefährdungsereignissen stehen die Kinder in der Elternbeziehung vor zusätzlichen, teils immensen Herausforderungen:

In einer häufigen, typischen Konstellation ist das erziehungsberechtigte, anwesende Elternteil nicht in der Lage, die Erziehungsaufgaben umfänglich wahrzunehmen, sodass die Gefährdungslage entstanden war und die jeweiligen Maßnahmen oder Hilfestellungen in Gang gebracht wurden. Dies kann Situationen betreffen, in denen eine Gefährdung aufgrund von Elternkonflikten oder einem gewalttätigen Elternteil besteht oder in denen das anwesende Elternteil wegen einer gesundheitlichen, oft psychischen Beeinträchtigung die Erziehungsaufgaben nicht voll übernehmen kann. Dennoch berichten Kinder und Jugendliche von weitgehend intakten und unterstützenden Beziehungen zum anwesenden Elternteil. Die Kinder bzw. Jugendlichen kennen die Gründe der Maßnahmen und können dafür Verständnis aufbringen. Da eine intakte Beziehung besteht, wünschen die Kinder und Jugendlichen, soweit möglich, beim Elternteil zu wohnen. Sie lassen sich auf die Unterstützung ein, wenn sie deren Notwendigkeit verstehen.

Anders ist es, wenn die Kinder die Maßnahmen ablehnen. Teils stehen sie diesbezüglich in Widerspruch mit dem Elternteil und erleben dann Enttäuschung und Stress. Teils nehmen die Kinder in Einklang mit Elternteilen eine ablehnende Haltung ein. Eltern und Kind verbünden sich dann oftmals gegenüber dem Hilfesystem. Es kommt zu Phasen, während derer gemeinsam Widerstand geleistet wird, oder zu Phasen, während derer auf Basis einer Scheinfreiwilligkeit Maßnahmen gemeinsam erduldet werden (▶ Kap. 9.3).

Bei Gefährdungen aufgrund von massiven Eltern-Kind-Konflikten, Gewalt oder emotionaler Vernachlässigung ist die Eltern-Kind-Beziehung stark belastet. Teils befürworten dann die Kinder einen stationären Aufenthalt und wünschen vorübergehend oder dauerhaft keine Rückkehr zum Elternteil. Kontakte zum Elternteil können weiterhin bestehen oder aber zeitweilig oder dauerhaft abgebrochen werden. Neben einer räumlichen Distanzierung kann auch eine emotionale Distanzierung stattfinden, sodass auch die Intensität der emotionalen Bindung abnimmt, bis hin zu einer Gleichgültigkeit des Kindes. Je nach Ausgangslage werden mit der Distanzierung ein Schutz vor Gewalt und Vernachlässigung oder eine Reduktion von Konflikten und erneuter Enttäuschungen erreicht.

Die Kinder und Jugendlichen in Kinderschutzverfahren stehen in ihren Elternbeziehungen vor großen Herausforderungen. Grundsätzlich ist der Satz »Eltern bleiben Eltern« auch aus ihrer Perspektive gültig und bedeutsam. Sie wünschen sich in der Regel eine Normalisierung der Beziehung zu den Elternteilen. Einige wünschten sich, dass sich Elternteile aufgrund der Hilfen und Eingriffe positiv verändern, sich bspw. wieder um sie kümmern würden. Andere Kinder stehen vor schier unüberwindbaren Hürden: Ein Jugendlicher hat mehrmals versucht, mit seinem Vater in Kontakt zu treten. Dieser lehnt dies jedoch mit der Begründung ab, es sei unklar, ob er der leibliche Vater sei. Diese ungeklärte Vaterschaft belastet den Jugendlichen stark, was auf seiner Seite zu einschneidenden Handlungen wie einem Ausbildungsabbruch führt. Ein anderer Jugendlicher fand im Patchwork von Mutter, Stiefvater, leiblicher jüngerer Geschwister und Stiefgeschwister seinen Platz nicht. Die Familie lehnte ihn ab; er lebte mehr und mehr auf der Straße und es folgte eine fünfjährige Karriere in Institutionen mit mehreren Aufenthaltsabbrüchen. In beiden Fallverläufen bildet die manifeste Ablehnung durch Elternteile einen Faktor, der zur Entwicklung der Gefährdungskarriere entscheidend beigetragen hat.

6.5 Kindeswohl: Handeln und Outcome

Gleich zu Beginn dieser Darstellung wurde das Kindeswohl an einem Grundbedarf und an Bedürfnissen der Kinder gemessen. Beispielsweise sollen die körperliche Unversehrtheit, regelmäßige Nahrung, liebevolle Beziehungen oder altersgerechte kognitive Erfahrungen gewährleistet sein (▶ Kap. 1.1). Diese outcomeorientierte Sicht wurde in den voranstehenden Kapiteln erweitert: Das Kindeswohl wurde stärker als Teil und als Konsequenz der interaktiven Handlungsprozesse, die sich im lebensweltlichen Umfeld der Familien sowie im Austausch mit institutionellen Akteuren abspielen, konzeptualisiert. In dieser prozessualen Logik wird in den Familien und in ihrem lebensweltlichen Umfeld das Kindeswohl aufgebaut und gepflegt. Ebenso gestalten die natürlich sozialisierenden Institutionen – vorab die Schule – diesen Prozess. Aus dieser Perspektive bedeutet Kindeswohl zum einen die interaktive Teilhabe des Kindes in der Familie und zum anderen die Integration des Kindes in die Gesellschaft.

Die Eltern bzw. die Erziehungsberechtigten sind im prozessualen Geschehen rund um das Kindeswohl die Hauptakteure. Sie genießen unter dem Primat Familie in der Gestaltung des Kindeswohls eine starke Autonomie, bspw. entscheiden sie auch über eine allfällige Fremdbetreuung der Kinder im Vorschulalter. Die Obhut liegt bei den Eltern, es sei denn das Kindeswohl werde offensichtlich verletzt. Entsprechend ist die jeweilige familiale Praxis ein entscheidender Faktor zur Gewährung des Kindeswohls. Wie die Ausführungen dieses Kapitels zeigen, bewegt sich die Arbeit am Kindeswohl von Erziehungsberechtigten in einem breiten Spektrum von Tätigkeiten: Von Aufbauen und Fördern über Erhalten zu Vernachlässigen und Erodieren-Lassen bis hin zu Beschädigen und Zerstören. Auch die Familiensituationen bewegen sich in einem breiten Spektrum: Von aufbauend und fördernd über gewährleistend zu vulnerabel, prekär und unvermögend, auch zerstörerisch-gewaltsam und teils abschottend. Wie den voranstehenden Seiten dargestellt, werden diese Situationen durch sozioökonomische Bedingungen stark beeinflusst.

Welches ist der Auftrag der institutionellen Akteure in den interaktiven Prozessen mit den Familien zur Gewährung des Kindeswohls? In einer anderen empirischen Arbeit zu Jugendlichen und jungen Erwachsenen wurde das Konzept des Capability-Prozesses entwickelt (Haller, 2017). Capabilities können direkt als Indikatoren für das Kindeswohl betrachtet werden – etwa in der Version von Martha Nussbaum, die mit Capabilities existenzielle Bereiche wie jenen der körperlichen Gesundheit oder der sozialen Zugehörigkeit bezeichnet (Nussbaum, 2010). Nun sind Capabilities weder Eigenschaften des Individuums noch sind sie ein rein gesellschaftliches Gut. Sie konstituieren sich vielmehr in einem wechselseitigen Prozess zwischen Individuum und Gesellschaft. An dieser Schnittstelle eröffnet sich ein Capabilities-Raum mit Potenzialen für das Kindeswohl. In diesem Raum sind für zehn- bis 16-jährigen Kinder und Jugendliche die Möglichkeiten – auch Spielräume – entscheidend, einen Plan oder Entwurf zur Gestaltung der nahen und ferneren Zukunft zu finden. In Anlehnung an einen Grundgedanken von Amartya Sen geht es um Gestaltungsmöglichkeiten für ein Alltagsleben, welches das Kind selbst wertschätzt (Sen 2010, S. 258ff). Damit verknüpft sind Chancen, ein Leben nach passenden Vorstellungen gestalten zu können. Die Kinder der Studie MehrNetzWert stehen öfter vor tiefgehenden Umstellungen – bspw., wenn sich Familienkonstellationen verändern. Sie stehen im Jugendalter auch bezüglich der Berufswahl an einem entscheidenden Punkt. An solchen Schlüsselstellen ihres Lebenslaufs ist es entscheidend, welche Chancen ihnen die Gesellschaft – vertreten durch Institutionen wie die Schule oder die Kinderschutzbehörde – bietet. Je nach Passung der Chancen wird das Kindeswohl gestärkt. Die konkrete Arbeit von Fachkräften spielt hier eine entscheidende Rolle (Haller, 2017, S. 316ff).

Zusammengefasst lässt sich das Kindeswohl an Outcome-Indikatoren festmachen. Von Bedeutung sind ebenfalls Prozessindikatoren wie die gedeihliche Teilhabe des Kindes in seiner Lebenswelt, das heißt an einem Familienleben und in Gruppen Gleichaltriger sowie die Teilhabe an Prozessen in natürlich sozialisierenden Institutionen. Hier sind für Zehn- bis 16-Jährige insbesondere die Schule und Freizeiteinrichtungen bedeutungsvoll.

7 Kinderschutzverläufe

Die vorliegende Studie fokussiert die Arbeit am Kindeswohl. Elternteile bzw. Erziehungsberechtigte sorgen für ihre Kinder; Institutionen der Bereiche Gesundheit, Bildung, Soziales und Justiz tragen mit ausdifferenzierten Leistungen zum Wohl der Heranwachsenden bei. Dieser Fluss der von Familien und Institutionen erbrachten Arbeit am Kindeswohl wird unterbrochen, wenn in den Familienbiografien Gefährdungsereignisse oder Gefährdungsvermutungen auftauchen. Von einem Kinderschutzverlauf zu sprechen, ist angezeigt, wenn die zuständigen Behörden bzw. Fachkräfte einbezogen sind und eine Kindeswohlgefährdung abklären oder feststellen. Je nach Situation bieten die institutionellen Akteure Hilfen an oder treffen weitere Abklärungen und leiten Maßnahmen ein. In der vergleichenden Perspektive Schweiz – Deutschland hat sich gezeigt, dass es unterschiedliche Praxen der Vorbeugung, Feststellung und der Abwendung von Gefährdungen gibt. Entsprechend unterschiedlich sind die Übergänge in eine Kinderschutzverlaufsphase in den Familienbiografien individuell lokalisiert.

Auf der Basis der Fallstudien zu Kindern, Jugendlichen und Elternteilen werden hier zwei Grundausrichtungen der Kinderschutzverläufe unterschieden: In einer adjuvanten Dynamik herrscht ein vorwiegendes Einvernehmen der beteiligten Kinder, Jugendlichen, Elternteile, Fachkräfte und Behörden über die Art und Ziele der Hilfen und allfälliger Maßnahmen. In einer invasiven Dynamik ist dies grundlegend anders: Mehr oder weniger stark widersetzen sich die Familien dem Handeln der Professionellen.

Im Folgenden werden die beiden Grundausrichtungen »adjuvant« und »invasiv« beschrieben. Die in früheren Kapiteln dargestellten Konzepte – z.B. das Primat Elternschaft als handlungsleitender Grundwert auf Seite der Eltern, die Dynamik von Freiwilligkeit und Zwang sowie das Konzept der Responsivität – bilden dabei wichtige Grundlagen. Bereits im Voraus stellt sich die Frage, ob die Terminologie »adjuvant« und »invasiv« gerechtfertigt ist. Die beiden Begriffe weisen darauf hin, dass – sobald es offiziell um die Abwendung einer Kindeswohlgefährdung geht – die Institutionen stark bestimmende Akteure sind. Sie arbeiten stützend adjuvant. Zum anderen greifen sie auch invasiv ein.

7.1 Adjuvante Dynamik

Adjuvant bezeichnet eine Phase des Kinderschutzverlaufs, während der kooperative Muster der Interaktion zwischen den Kindern, den Elternteilen und den Akteuren des Unterstützungsnetzwerks überwiegen. Im Geschehen ist eine gewisse Stabilität aufgebaut, sodass die Interaktionen grundsätzlich vorhersehbar verlaufen. Insbesondere in der Aufbauphase ist die Interaktion oft noch fragil. Die adjuvanten Phasen dauern unterschiedlich lang – von wenigen Monaten bis hin zu mehreren Jahren. Da sich eine adjuvante Dynamik durch ein Zusammenwirken der Familien und der Fachkräfte auszeichnet, spielt Responsivität eine wichtige Rolle.

Von der Art und Dichte der Hilfen aus betrachtet, sind in den Daten zwei Varianten adjuvanter Dynamiken erkennbar, die adjuvant umfassende und die adjuvant partielle. Im ersten Fall sind die Hilfen auf mehrere existenzielle Lebensbereiche der Familien gerichtet, im anderen Fall geht es um punktuell auf einige wenige Lebensbereiche bezogene Leistungen der Professionellen.

Beide Varianten können sich in einem ambulanten Setting, das heißt in der Haushaltung und in der Lebenswelt von Familien abspielen. Die Merkmale des adjuvant umfassenden Verlaufs sind auch gegeben, wenn Kinder längere Zeit außerhalb der Familie in Institutionen untergebracht sind. Die Unterstützung ist dann umfassend, doch zusätzlich werden Teile der Lebenswelt ersetzt. Diese Verlaufsphase wird als adjuvant umfassende und ersetzende Phasen bezeichnet (▶ Abb. 7.1).

Die adjuvant umfassende Dynamik

Frau A lebt mit ihrem fünfjährigen Sohn und der neunjährigen Tochter zusammen. Sie habe eine Lebensphase hinter sich, in der alles aus dem Ruder gelaufen sei. Sie ist von den Vätern der beiden Kinder wieder geschieden; sie berichtet von Suchtverhalten des ersten Partners und Gewaltanwendung des zweiten Partners gegenüber dem Kind aus erster Ehe. Wegen offenen Streitereien mit dem ersten Partner habe sie Arbeit und Wohnung verloren. Da die Väter die Familie nicht genügend alimentieren, leben die Mutter und die zwei Kinder am Existenzminimum mit Zuschüssen der Sozialhilfe. Das Familienleben ist nach wie vor unruhig: Frau A berichtet von Streitereien zwischen den Kindern sowie zwischen der Tochter und ihr selbst. Außerdem würden ihre eigenen Eltern ihr vor den Kindern »in den Rücken fallen«.

An einem früheren Wohnort fiel die Familie im öffentlichen Raum auf. Nach einer Gefährdungsmeldung aus der Nachbarschaft und Abklärungen der dortigen KESB wurden ein Obhutsentzug und die Fremdplatzierung der Kinder erwogen. Frau A kämpfte gegen dieses (invasive) Vorgehen mit einem gerichtlichen Rekursverfahren. Nach dem Umzug installierte die Behörde die Unterstützungen neu. Im aktuellen Unterstützungs- und Kooperationssetting hat die sozialpädagogische Familienbegleiterin zur Mutter und zu den Kindern eine vertrauensvolle Beziehung aufgebaut. Frau A beschreibt diese Fachperson als gut erreichbar und offen für Lebensfragen und Herausforderungen des Alltags.

Frau A berichtet von psychischen Symptomen, die ihr Handeln im Alltag zeitweise beeinträchtigen würden. Ihre Sorgetätigkeiten für die Kinder sind Schwankungen ausgesetzt, die von anderen Akteuren aufgefangen werden müssen. Dies ist nur im vergleichsweise flexiblen Kooperationssetting, an dem die Familienbegleiterin, die Schule der Kinder und ambulant therapeutische Einrichtungen beteiligt sind, möglich. Insbesondere an der Schnittstelle zwischen Familie und Schule übernimmt die Familienbegleiterin eine unverzichtbare Vermittlungsfunktion. Zurzeit findet im Dreimonatsrhythmus ein Gespräch der Mutter, der Familienbegleiterin und des eingesetzten Beistands statt. Zurzeit sind alle Seiten mit dem Erreichten zufrieden. Frau A betont, die Lösung sei gemeinsam entwickelt worden.

Nachdem eine allfällige akute Gefährdungslage überwunden werden konnte, sind eine Familienbegleiterin, Lehrkräfte und Therapeutinnen der Kinder sowie Fachkräfte der Sozialhilfe in den adjuvanten Prozess involviert. Der von der KESB eingesetzte Beistand wirkt koordinierend im Hintergrund.

Frau A sind die beiden Kinder sehr wichtig:

> »Meine Kinder kommen sicher nicht weg von mir. Sie sind mein Alles. [...] Wenn ich sie nicht mehr habe, dann habe ich alles verloren.«

Frau A lässt sich darauf ein, mit Fachkräften die Situation ihrer Familie anzuschauen. Sie weiß vor dem Hintergrund von Erfahrungen der letzten Jahre, dass sie auf Unterstützung angewiesen ist.

Die Familie steht in einem adjuvant umfassenden Unterstützungsprozess. Voraussetzung dafür ist eine von den Beteiligten gemeinsam getragene Zukunftsvorstellung. Die Fachkräfte akzeptieren den Willen der Mutter für ihre Kinder sorgen zu können. Auch im Alltagsleben sind von Fachkräften und der Familie gemeinsam geteilte Vorstellungen wichtig. Frau A und die Familienbegleiterin entwickeln bspw. Szenarien dafür, wie mit den belastenden Streitereien zwischen den zwei Kindern umgegangen werden kann. Es wird ein Gespräch mit dem Therapeuten des Jungen vorbereitet oder zwischen Mutter, Kindern und Lehrkräften vermittelt, wenn Differenzen oder Missverständnisse entstanden sind. Die stundenweise im Alltag präsente Fachperson initiiert und begleitet Lernprozesse und ist eine Sparringpartnerin, wenn es um das Lösen alltäglicher Herausforderungen geht.

> »Ja die [Familienbegleiterin] kommt einfach einmal pro Woche zu mir nach Hause. Und dann besprechen wir so ein wenig. Und sie spricht ein wenig mit der Tochter, spricht ein wenig mit dem Sohn. Es ist noch recht so – wie man

> kann sagen – kollegial untereinander. Und dann kann ich sie Sachen fragen, die wichtig sind, oder Sachen, die anstehen mit der Schule. […] Und dort hilft sie mir schon, wo sie kann. Als ich einmal sagte: ›Ja das Problem ist: Möbel kaufen geht mit dem Geld; aber der Transport und alles das kostet auch noch. Also geht es nicht.‹ Da hat sie gesagt: ›Ja Frau A. Kein Problem. Ich organisiere ein Auto und dann gehen wir zusammen die Möbel holen.‹ Und das ist schon sehr sehr nett.«

Die Familienbegleitung bildet den Angelpunkt der an die dreiköpfige Familie geleisteten Unterstützung. Sie leitet an, berät, vermittelt und koordiniert. Frau A sieht diese Unterstützung als notwendig. Dank der Hilfen kann Frau A ihren Kindern ein Zuhause bieten und soweit wie möglich für sie sorgen. In passenden Formaten – von Gesprächen am Küchentisch über Elterngespräche und Therapiesitzungen bis zur Standortbestimmung auf dem Amt – gelingt es, den Alltag der Familie zu strukturieren, sodass die Kinder gefördert werden und die früheren Konflikte und Verwahrlosungstendenzen überwunden werden können. Nach Aussagen von Frau A erfolgen die Hilfen auf Augenhöhe. Die Interaktionen sind von gegenseitiger Wertschätzung geprägt; sie sind in hohem Maße responsiv. Langfristig möchte Frau A ein »normales« Familienleben ohne Unterstützung und Abhängigkeiten von Institutionen aufbauen.

Der Fall der Familie A repräsentiert einige typische Elemente der adjuvant umfassenden Dynamik. Ein verzweigtes Kooperationssetting ist eingerichtet, bestehend aus der Familie, den Fachkräften der Familienbegleitung, der Schule und Tagesschule, der Kinderschutzbehörde, verschiedener Therapierichtungen und der Sozialhilfe. Die Unterstützung ist auf die Alltagsherausforderungen ausgerichtet und fokussiert gleichzeitig darauf, dass die Mutter die Sorge für die Kinder ausbauen kann. Das austarierte Unterstützungssetting gewährleistet, wenn nötig, die Entlastung der psychisch labilen Mutter. Der materielle Grundbedarf ist gedeckt, was es der Mutter erleichtert auf die Erziehungsaufgaben zu fokussieren. Insgesamt ist eine gewisse Konsolidierung erreicht; doch erfordert es die psychische Labilität der Mutter, dass das Geschehen aufmerksam begleitet wird und auf plötzliche Schwankungen des Gesundheitszustandes der hauptsächlichen Erziehungsperson reagiert werden kann. Adjuvante, verzweigte Unterstützungssettings zeichnen sich dadurch aus, dass sie durch die verantwortlichen Fachkräfte laufend beobachtet und angepasst werden müssen.

Die adjuvant umfassende und ersetzende Dynamik

In einem Teil der Kinderschutzverläufe ist die Unterstützung nicht nur umfassend, sie ist auch ersetzend: Aus fallspezifischen Gründen werden die Kinder von den Elternteilen getrennt und in Einrichtungen untergebracht. Der Alltag in der Institution ergänzt dann die alltägliche Lebenswelt der Familie, in welcher das Kind in der Regel weiterhin die Wochenenden verbringt. In wenigen Fällen ersetzt der institutionelle Kontext die Familie phasenweise vollständig.

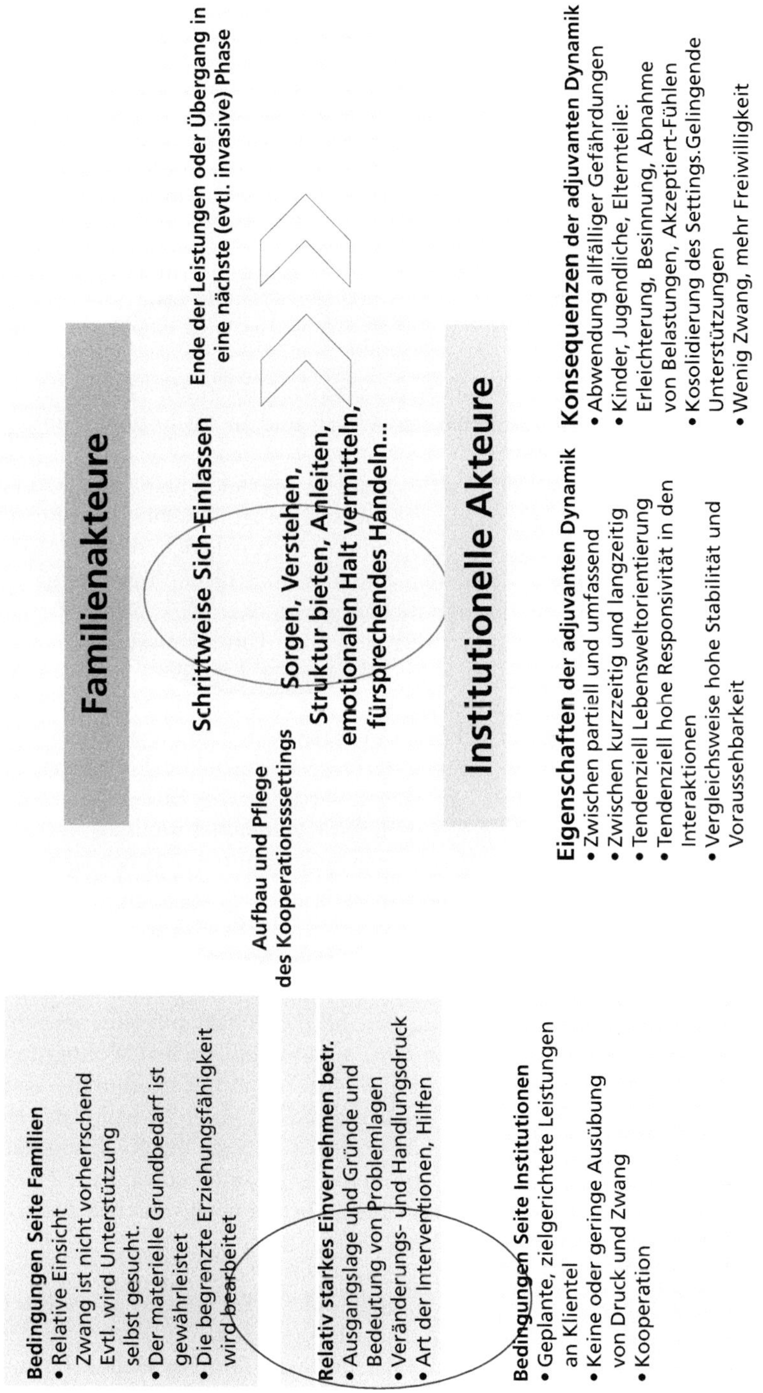

7 Kinderschutzverläufe

Familienakteure

Schrittweise Sich-Einlassen

Sorgen, Verstehen, Struktur bieten, Anleiten, emotionalen Halt vermitteln, fürsprechendes Handeln...

Ende der Leistungen oder Übergang in eine nächste (evtl. invasive) Phase

Aufbau und Pflege des Kooperationssettings

Institutionelle Akteure

Eigenschaften der adjuvanten Dynamik
- Zwischen partiell und umfassend
- Zwischen kurzzeitig und langzeitig
- Tendenziell Lebensweltorientierung
- Tendenziell hohe Responsivität in den Interaktionen
- Vergleichsweise hohe Stabilität und Voraussehbarkeit

Konsequenzen der adjuvanten Dynamik
- Abwendung allfälliger Gefährdungen
- Kinder, Jugendliche, Elternteile: Erleichterung, Besinnung, Abnahme von Belastungen, Akzeptiert-Fühlen
- Kosolidierung des Settings.Gelingende Unterstützungen
- Wenig Zwang, mehr Freiwilligkeit

Bedingungen Seite Familien
- Relative Einsicht Zwang ist nicht vorherrschend Evtl. wird Unterstützung selbst gesucht.
- Der materielle Grundbedarf ist gewährleistet
- Die begrenzte Erziehungsfähigkeit wird bearbeitet

Relativ starkes Einvernehmen betr.
- Ausgangslage und Gründe und Bedeutung von Problemlagen
- Veränderungs- und Handlungsdruck
- Art der Interventionen, Hilfen

Bedingungen Seite Institutionen
- Geplante, zielgerichtete Leistungen an Klientel
- Keine oder geringe Ausübung von Druck und Zwang
- Kooperation

Abb. 7.1: Kinderschutzverläufe: Adjuvante Dynamik

Die Trennungen von der Familie erfolgen, wenn hohe langfristige Gefährdungsrisiken festgestellt werden. Dies sind bspw.:

- Eine stark reduzierte Sorge- und Erziehungsfähigkeit der Elternteile, die auch nicht durch Verwandte und ambulante Hilfen ersetzt wird
- Keine oder wenig altersgerechte Förderung durch die Eltern bei gleichzeitig schädigender, z. B. gewalttätiger oder symbiotischer Bindung
- Ein Nicht-mehr-Kümmern um Kinder, das in eine chronische Vernachlässigung mündet
- Wiederholte Delinquenz Jugendlicher, die auch die Integration der Jugendlichen stark in Frage stellt

Dokumentiert sind auch Situationen, in denen insbesondere Kinder im Jugendalter den Kontakt zu Elternteilen verweigern und in Institutionen untergebracht werden.

Die adjuvant ersetzende Verlaufsphase ist besonders stark durch förderliches, sozialpädagogisches Unterstützungshandeln geprägt. Obschon die Kinder oftmals unter der Trennung von der Familie und den Peers leiden, überwiegen aus ihrer Perspektive die Vorteile der neuen Situation und in der Tendenz teilen sie die zwischen ihnen und den Fachkräften ausgehandelten Zukunftsperspektiven. Das Spektrum eines solchen Commitments ist breit: Unter Umständen haben sich Jugendliche von sich aus bei Fachkräften gemeldet, um dem Elternhaus zu entfliehen. Unter solchen Umständen schätzen sie es, wenn sie angehört werden und mit ihnen rasch eine Perspektive bearbeitet wird. Unter anderen Umständen wehren sich Kinder und Jugendliche vorerst gegen die Fremdunterbringung. Erst nach einer konfliktiven – invasiven – Phase gelingt es, ein Commitment, das vom Kind und den Fachkräften geteilt wird, zu entwickeln.

Die adjuvant ersetzenden Verlaufsphasen sind unterschiedlich lang. Einen kurzen Verlauf beschreibt das folgende Beispiel:

> Die Konflikte zwischen dem Jugendlichen S und seiner Mutter haben sich über Monate zugespitzt. Nach einem schweren handgreiflichen Konflikt reißt der 16-Jährige von zuhause aus. Als ihn die Polizei aufgreift, weigert er sich, zuhause zu leben, und wird in einer sozialpädagogischen Wohngruppe untergebracht. Während diesem zwei Monate dauernden, adjuvant ersetzenden Aufenthalt werden der Plan, wieder mit der Mutter zu wohnen, verhandelt, ausgearbeitet und die Umsetzung vorbereitet. Nach der Rückkehr zur Mutter werden das Zusammenleben von Sohn und Mutter sowie das Entwerfen der Bildungs- und Zukunftspläne des Jugendlichen noch von einem Sozialarbeiter und von einem Therapeuten begleitet.

Zusammengefasst durchläuft der Junge eine kurze invasive Zeitspanne, als er von der Polizei aufgegriffen wird. Das adjuvant ersetzende Setting in der Wohngruppe ist ebenfalls von kurzer Dauer und wird mit der Heimkehr zur Mutter von einer partiell adjuvanten Phase abgelöst (siehe unten).

In anderen Fällen prägt das adjuvant ersetzende Setting die Kinderschutzverläufe über Jahre. Ein 15-jähriger Jugendlicher verbrachte die ersten zwölf Lebensjahre in einem Kinder- und Jugendheim. Seine Eltern und die weitere Familie konnten die Sorge für ihn ausschließlich an Wochenenden und während Ferienwochen gewährleisten.

Wie an anderer Stelle dokumentiert, werden in der Praxis einiger untersuchter Versorgungsräume die Grenzen zwischen stationärer und ambulanter Unterstützung mehr und mehr aufgelöst. Dies ist in einem flexiblen Kooperationssetting möglich: Kinder und Jugendliche wohnen bei einem Elternteil; parallel dazu haben sie Zugang zu einer nahe gelegenen sozialpädagogischen Einrichtung, wo sie betreut und angeleitet werden und – entsprechend der Erziehungsfähigkeit der Eltern – auch Abende und Nächte verbringen können.[1]

Die adjuvant partielle Dynamik

Wie zuvor dargestellt, durchläuft der Jugendliche S eine zweimonatige adjuvant umfassende und ersetzende Phase, bevor der Verlauf einen adjuvant partiellen Charakter annimmt. Das heißt: Die Gefährdungsrisiken sind weitgehend überwunden und kontrollierbar; das Geschehen hat sich beruhigt. Diese Einschätzung wird von den Beteiligten weitgehend geteilt. Ein Einvernehmen zwischen Kindern bzw. Jugendlichen, Elternteilen, Fachkräften und Behörden besteht auch im Hinblick auf die zukünftig förderlichen Hilfen, sodass diese gezielt beginnen können.

Die adjuvant partielle Verlaufsphase ist typischerweise in zwei Situationen anzutreffen:

In Familien mit Kindern bis etwa zwölf Jahren wird zur gezielten Stützung eine Familienbegleitung eingesetzt. Die sozialpädagogische Fachkraft ist im Alltag der Familie stundenweise präsent; sie berät und begleitet primär die Elternteile. Falls angezeigt, werden die Kinder zur Förderung mit Angeboten des natürlich sozialisierenden Bereichs vernetzt. Allenfalls werden sie gezielt schulisch und therapeutisch gefördert.

Das zweite typische Setting wird – wie im Fall des 16-jährigen S – für Jugendliche aufgebaut. Nach einer Phase mit Gefährdungsereignissen leben sie wieder in der Familie. Die dem Alter entsprechende Ablösung von der Familie ist in Gang. Die bzw. der Jugendliche wird in diesen Prozessen – z. B. der Berufswahl oder dem Umgang mit größeren Freiheiten – durch eine Fachkraft der Sozialen Arbeit oder Therapie beraten und begleitet.

Im adjuvanten Setting besteht im Idealfall ein kohärenter, von den Akteuren gemeinsam getragener Zukunftsentwurf. Davon abweichend sind Settings, wo nur ein Teil der Familienmitglieder eine Maßnahme als zielführend betrachtet. Beispielsweise wird in einer Dreierfamilie – Mutter und zwei schulpflichtige Söh-

---

1 Zwischen ambulant und stationär flexibel angelegte Hilfen setzen bspw. die freien Träger in den Sozialräumen des Bezirks St. Wendel oder auch der Familiensupport Bern West um (▶ Kap. 5.2 und ▶ Kap. 5.3).

ne – die Familienhilfe nur von der Mutter und dem einen Sohn akzeptiert. Der ältere Sohn steht in einem latenten Konflikt mit der Familienhelferin. Trotz dieses teilweisen Einverständnisses, das die Kohärenz des Unterstützungssettings beeinträchtigt, hat sich die Lage der Familie in einer adjuvant partiellen Dynamik beruhigt.

Am Übergang zu Unterstützungsprozessen außerhalb des Kinderschutzes

In einer adjuvant partiellen Dynamik stehen die Familien nur noch mit Fachkräften des natürlich sozialisierenden Bereichs in regelmäßigem Kontakt. Die Instanzen zur Gewährung von Schutz und Recht stehen im Hintergrund. In dieser Phase unterscheiden sich die Kinderschutzverläufe äußerlich gesehen kaum von den Karrieren von Kindern und Jugendlichen, die ohne eine Gefährdungsthematik in Beratungen, Therapien und weiteren fördernden Angeboten unterstützt werden. Solange jedoch die Hilfen in der Folge einer Gefährdungssituation beansprucht werden, definieren die Familien den Leistungsbezug noch nicht als vollständig freiwillig.

7.2 Invasive Dynamik

In einer invasiven Phase wird das Wertedilemma von Freiwilligkeit und Zwang stark bestimmend: Um eine Kindeswohlgefährdung abzuwenden, greifen die institutionellen Akteure in die familiale Sphäre ein, obschon bekannt ist, dass die Fachkräfte im weiteren Verlauf wieder mit den Familienakteuren kooperieren werden. Die invasive Intervention beinhaltet ein starkes Zwangselement, oft einen Obhutsentzug von unterschiedlicher Dauer gegen den Willen der Erziehungsberechtigten, oft auch gegen den Willen des Kindes. Was hier als invasive Verlaufsphase bezeichnet wird, durchdringt den Alltag, die zentralen Lebensbereiche der Kinder und Elternteile. Nebstdem, dass in einem Teil der Kinderschutzverläufe, wie im vorgestellte Fall S, nur während kurzer Dauer eine invasive Dynamik herrscht, sind andere Verläufe über Monate und Jahre invasiv geprägt. Im Folgenden werden die langzeitig invasive und die kurzzeitig invasive differenziert (▶ Abb. 7.2).

Die langzeitig invasive Dynamik

Zwang und Widerstand bilden die bestimmenden Elemente dieser Dynamik während mehrerer Monate oder sogar Jahre. Ein konfliktives Muster dominiert, auch wenn in der Abfolge der Interaktionen zwischen familialen und institutionellen Akteuren durchaus Momente oder Zeitspannen, während derer sich das Geschehen beruhigt, auftreten – etwa, wenn die eine Seite der anderen ein Zugeständnis macht.

Bereits seit einigen Jahren durchläuft die Familie F. eine Kinderschutzkarriere. Mutter M, die 15-jährige Tochter A und die 16-jährige Tochter B sowie eine Großmutter bilden den Kern der Familie. Die beiden Kinder wurden in Italien geboren und leben seit elf Jahren in der Schweiz. Mit ihrem Vater stehen sie nicht in Kontakt.

Seit vier Monaten sind die beiden Mädchen in derselben Einrichtung untergebracht. Auf je unterschiedliche Art haben sie begonnen, das Leben in der Einrichtung zu schätzen. Zwar schmerzte die Jüngere der Verlust des Alltagsumfelds mit ihrem Freund und ihren Freundinnen sehr, doch fand sie im Heim rasch Anschluss und ist froh, dass der Stress nachgelassen hat und sie nicht zuletzt dank der therapeutisch ausgerichteten Angebote zu mehr Ruhe kommen kann. Aus Sicht der Älteren bedeutete der Heimeintritt eine Verbesserung. Sie war zuvor bereits dreieinhalb Jahre lang in zwei anderen Einrichtungen untergebracht. In der aktuellen Institution fühlt sie sich von den Fachkräften ernst genommen. Man geht soweit möglich auf ihre Bedürfnisse ein, z. B. betreffend der Zimmereinrichtung, und bespricht mit ihr intensiv die Fragen rund um ihre Berufsausbildung und zukünftige Wohnmöglichkeiten. Beide Mädchen praktizieren Selbstverletzungen auf der Haut; beide fallen durch aufbrausendes, teils aggressives Verhalten auf und gehen auch heftig aufeinander los.

Wenn die Mutter und die Töchter Hintergründe der aktuellen Situation schildern, fällt immer wieder das Stichwort Mobbing. Ab dem zwölften Lebensjahr sind beide Mädchen Mobbingopfer. Sie gehen öfter tageweise nicht zur Schule. Die Situation spitzt sich zu. Es folgen Gefährdungsmeldungen der Schule. Die Mädchen werden phasenweise in stationären Einrichtungen untergebracht.

Die Mutter nimmt stark eine Opferhaltung ein und sagt: »Wieso müssen eigentlich Kinder, die gemobbt werden, in ein Heim, und nicht die, die mobben [...], aber das ist jetzt halt das System.« Die Mutter leidet darunter, dass die Töchter unter der Woche nicht bei ihr leben dürfen. Sie macht sich Sorgen, denn auch sie weiß von den Selbstgefährdungshandlungen beider Töchter. Außerdem würden die Institutionen ihre Kinder kaputt machen. Dass die ältere Tochter Diebstähle beging und andere gewalttätig traktierte, führt sie auf die schlechten Einflüsse des Heimlebens zurück. Mutter M steht aktuell in starkem Widerstand gegen die Institutionen. Eine sozialpädagogische Familienbegleitung oder ein Elterncoaching lehnt sie ab. Versuche damit scheiterten bereits vor Jahren. Sie sagt: »Ich habe meinen Weg und ich kenne meine Töchter und ich weiß, wie ich [mit allem] umgehen muss. Da muss nicht jemand von außen kommen …«.

Obschon die jüngere Tochter A seit dem Eintritt in die therapeutische Einrichtung ein strukturierteres und ruhigeres Leben führen kann, empfindet sie hohe Belastungen und sieht zwischendurch ihre aktuelle Situation als ausweglos. Sie ist hin- und hergerissen. Tochter B steht biografisch am Punkt, wo sie sich von der Familie ablösen möchte. Sie will die schwierigen letzten Jahre hinter sich lassen und orientiert sich am Plan, bald selbständiger wohnen zu können, eine Berufsausbildung zu beginnen und über mehr eigenes Geld zu verfügen. Der Traum der Mutter wäre, beide Töchter wieder zuhause zu haben. Sie sieht jedoch, dass es dem natürlichen Lauf der Dinge entspricht, wenn die Ältere in die Selbständigkeit zieht. Für A, die jüngere Tochter, will sie jedoch kämpfen. Sie erwähnt den Plan, sich mit dem Kind ins Ausland abzusetzen, obschon A dort fremdsprachig wäre.

Während längerer Zeit entwickelten sich Konflikte mit Peers und Erwachsenen und die damit verbundenen emotionalen Belastungen der Mädchen. Die Lehrkräfte orteten Lern- und Entwicklungsrückstände. Die Schule und ihre Fachstellen für Beratung und Therapie waren mehr und mehr überfordert. Im Verlauf der Zeit bilden sich auch Symptome wie das selbstverletzende Handeln und Hinweise auf eine Suizidgefährdung heraus. Bevor das ältere Mädchen stationär untergebracht wurde, blieben die Geschwister tageweise der Schule fern und versteckten sich vor der Mutter und den Peers.

Solche Phasen, während derer sich Konflikte und schulische Schwierigkeiten trotz erhöhtem Einsatz der natürlich sozialisierenden Institutionen entwickeln und chronifizieren und in Gefährdungsmeldungen bei der Kinderschutzbehörde münden, bilden typischerweise Voraussetzungen invasiver Eingriffe.

Eine invasive Dynamik zeichnet sich durch stark divergierende Einschätzungen, welche die Familien einerseits und die Institutionen und Fachkräfte andererseits vornehmen, aus. Im Fall der Familie F sind diese Differenzen andauernd. Die Mutter sieht ihre Familie als Opfer des Systems, das vollständig falsch agieren würde. Sie begreift die stationäre Unterbringung der Töchter als Strafe: Die Opfer müssten in ein Heim, während dem die Täter ungestraft blieben. Die Kleinkriminalität deutet sie als eine Folge der schlechten Einflüsse von Mitbewohnern des Heims; die Selbstverletzungen sind Verzweiflungstaten aufgrund der Trennung von der Mutter. Zusammengefasst orientiert sich die Mutter an einem Bild der intakten Kleinfamilie, die von den Institutionen zerstört wurde.

Gleichzeitig steht für die Mutter das Primat Familie im Vordergrund. Die zwei Mädchen sind ihr Ein-und-Alles. In Zusammenhang mit der Zukunft der jüngeren Tochter A sagt sie:

> »Für mich ist halt wichtig, dass ich sie haben kann, dass sie einfach die Liebe der Mutter hat und sieht, dass ich hier bin, weil ich bin gerne da [mit ihr], sonst hätte ich sie nicht geboren.«

Das Primat der Elternschaft der Mutter steht in Widerspruch zu einer gesunden Entwicklung der Kinder und zu gesellschaftlichen Normen. Die daraus resultierenden Konflikte halten im Fall der Familie F die invasive Dynamik am Kochen.

In stark dynamischen invasiven Phasen gibt es kaum übereinstimmende Einschätzungen zwischen Elternteilen, Kindern und Institutionen. Die Gründe und die Bedeutung von Auffälligkeiten oder Symptomen der Kinder werden unterschiedlich geortet. Es besteht Uneinigkeit in Fragen des Veränderungs- und Handlungsdrucks, das heißt auch in den grundsätzlichen Fragen, ob etwas unternommen werden muss. Und schließlich klaffen die Meinungen über die Art von Interventionen und Maßnahmen auseinander.

In der Familie F übernehmen die Töchter teils die Deutungen der Mutter. Teils beginnen sie aber auch den Zweck der Interventionen zu erkennen und zu schätzen und stehen in der Folge in einem belastenden Spannungsverhältnis zwischen der Mutter und den Fachkräften. Oft stehen die Kinder in der invasiven Dynamik zwischen den Fronten und erleben dadurch hohe emotionale und kognitive Belastungen. Wenn Kinder emotional stark hin und her gerissen sind, ist es erschwert, Hilfen aufzubauen. Es braucht Zeit eine neue Normalität im Alltag zu entwickeln und allfällige pädagogische und therapeutische Hilfen zu installieren.

In invasiven Kinderschutzphasen sind Elternteile oftmals, wie im Fall von M, nur schwach in die lokale Gesellschaft integriert. Auch die materiellen Spielräume sind typischerweise begrenzt. Im Fallbeispiel bezieht die Familie Sozialhilfe; M ist zurzeit im Rahmen eines Arbeitsintegrationsprogramms erwerbstätig. Die alleinerziehende Mutter kann ihren Töchtern nicht gleich viel bieten wie andere Eltern. Auch intellektuell, bspw. beim Erledigen von Hausaufgaben, kann sie die Kinder weniger unterstützen.

Die kurzzeitig invasive Dynamik

Eine kurzzeitig invasive Periode wird durch einen behördlichen Eingriff ausgelöst. Zumindest für einen Teil der beteiligten Familienakteure beinhaltet die Intervention ein starkes Zwangselement. Doch zugleich versuchen die Fachkräfte, ihr eingreifendes Handeln zu erklären und, damit eine Basis für eine von Behörden, Fachkräften, Elternteilen und Kindern gemeinsam getragene Zukunftsaussichten zu schaffen. Gelingt dies, prägt die invasive Dynamik den Alltag der Familie nur während kurzer Zeit. Der Weg für kooperative Interaktionen wird geebnet; oft folgen adjuvante Sequenzen. Mit Blick auf die hier untersuchte Zielgruppe der Kinder zwischen zehn und 16 Jahren sind in der kurzzeitig invasiven Dynamik zwei hauptsächliche Muster erkennbar:

Die Kinder, bis etwa zwölf Jahre, sind noch stark Entwicklungen ausgeliefert, die durch die begrenzte Erziehungsfähigkeit von Elternteilen bedingt sind. Entsprechend kommt es zu Meldungen durch Institutionen wie die Schule oder allenfalls durch Personen wie Nachbarn, die in die Lebenswelt der Familie involviert sind. Der behördliche Eingriff löst das kurzzeitig invasive Geschehen aus. Dieses wird durch eine Phase mit adjuvanten Hilfen abgelöst. Je nach Situation folgt im weiteren Verlauf eine adjuvant partielle oder umfassende Phase. Erfolgt die Unterstützung in Form einer stationären oder teilstationären Unterbringung, kommt die institutionell ersetzende Dimension dazu.

Jugendliche ab etwa 13 Jahren nehmen die Geschicke tendenziell selbst in die Hand. Bei Vernachlässigung oder in Konflikten mit Elternteilen werden sie ak-

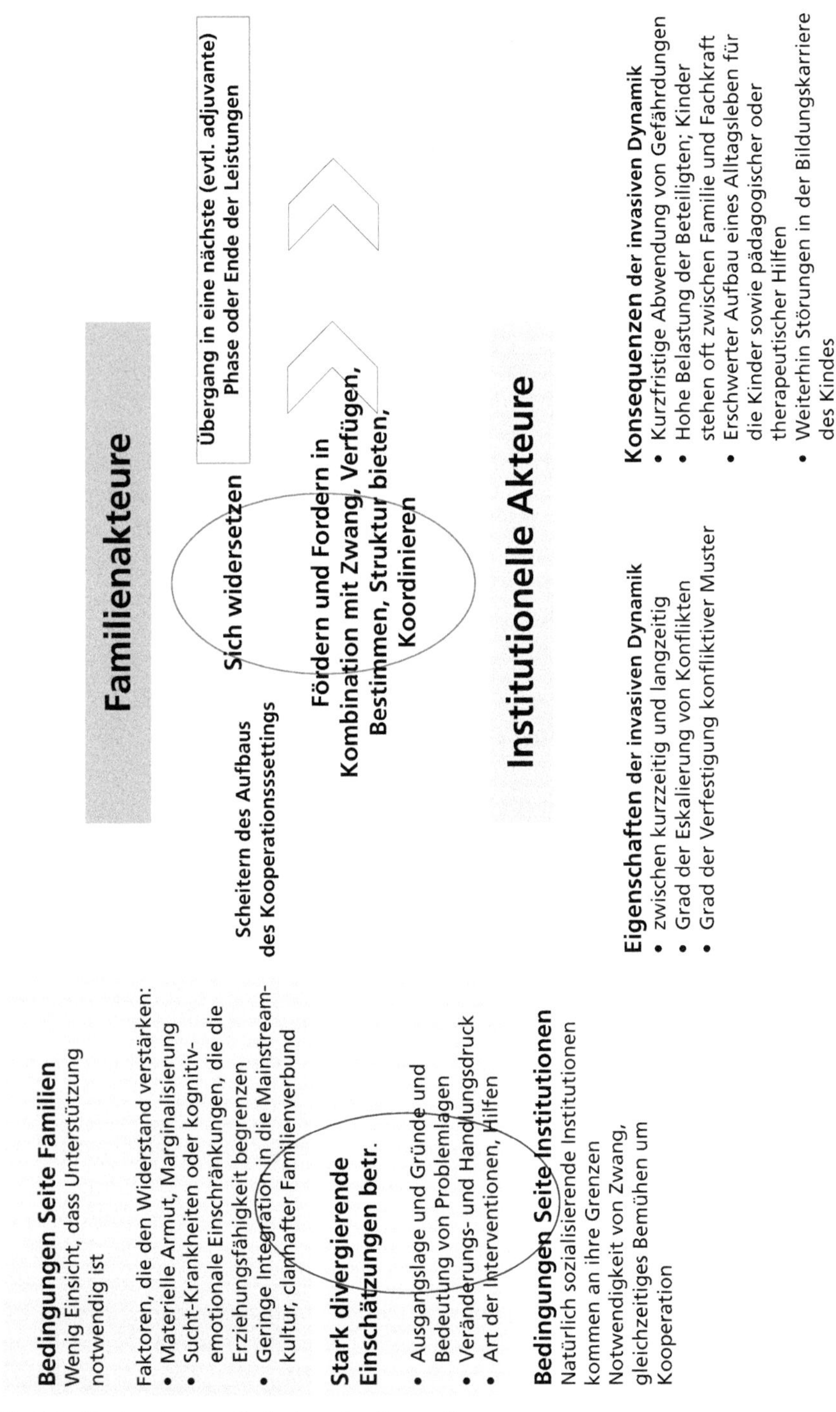

Teil I Kindeswohl – Soziale Arbeit, Schule und Justiz in Kooperation

Familienakteure

Sich widersetzen

Übergang in eine nächste (evtl. adjuvante) Phase oder Ende der Leistungen

Fördern und Fordern in Kombination mit Zwang, Verfügen, Bestimmen, Struktur bieten, Koordinieren

Scheitern des Aufbaus des Kooperationssettings

Institutionelle Akteure

Bedingungen Seite Familien
Wenig Einsicht, dass Unterstützung notwendig ist

Faktoren, die den Widerstand verstärken:
- Materielle Armut, Marginalisierung
- Sucht-Krankheiten oder kognitiv-emotionale Einschränkungen, die die Erziehungsfähigkeit begrenzen
- Geringe Integration in die Mainstreamkultur, clanhafter Familienverbund

Stark divergierende Einschätzungen betr.
- Ausgangslage und Gründe und Bedeutung von Problemlagen
- Veränderungs- und Handlungsdruck
- Art der Interventionen, Hilfen

Bedingungen Seite Institutionen
Natürlich sozialisierende Institutionen kommen an ihre Grenzen
Notwendigkeit von Zwang, gleichzeitiges Bemühen um Kooperation

Eigenschaften der invasiven Dynamik
- zwischen kurzzeitig und langzeitig
- Grad der Eskalierung von Konflikten
- Grad der Verfestigung konfliktiver Muster

Konsequenzen der invasiven Dynamik
- Kurzfristige Abwendung von Gefährdungen
- Hohe Belastung der Beteiligten; Kinder stehen oft zwischen Familie und Fachkraft
- Erschwerter Aufbau eines Alltagslebens für die Kinder sowie pädagogischer oder therapeutischer Hilfen
- Weiterhin Störungen in der Bildungskarriere des Kindes

Abb. 7.2: Kinderschutzverläufe: Invasive Dynamik

tiv. Teils fallen sie durch ihr Verhalten auf, teils laufen sie von zuhause weg oder melden sich selbst bei den Kinderschutzbehörden, was die Gefährdungsabklärung und die kurze invasive Verlaufsphase auslösen kann. Je nach Voraussetzungen der Jugendlichen genügt es, nun mehr oder weniger partiell adjuvant die Familie zu begleiten. In Beratung und allenfalls Therapie geht es dann typischerweise darum, auf die ersten Schritte der Ablösung von der Familie und auf den Berufswahlprozess zu fokussieren.

7.3 Kinderschutz als Episode

Gerade die zuletzt genannten Fälle der Jugendlichen verweisen darauf, dass Kinderschutz oftmals nur eher kurze Episoden in Familienbiografien betrifft, nämlich dann, wenn ein Schlüsselereignis den Familienalltag so verändert, dass eine Kindeswohlgefährdung abgeklärt wird, was zum Beginn des Kinderschutzverlaufs führen kann.

> Die vierköpfige Familie A, Vater, Mutter und ihre heute 13- und elfjährigen Söhne, lebten bis vor zweieinhalb Jahren im umgebauten Bauernhaus am Rande eines Dorfes in ländlicher Umgebung. Ein schwerer Elternkonflikt führte zur Auflösung dieser Konstellation. Die Mutter zog mit den zwei Jungen in eine Wohnung im Dorfkern; der Vater blieb im angestammten Haus. Bald zogen seine neue Partnerin und deren zwei jugendliche Söhne zu ihm. Die beiden Jungen litten stark unter den Ereignissen und gerieten oft in Streitereien. Nach Gewaltausbrüchen des Vaters gegenüber der Mutter griff die Kinderschutzbehörde ein. Besuchsrechte und finanzielle Pflichten des Vaters wurden geregelt. Eine Familienbegleiterin leistet Unterstützung in Form eines Coachings der Mutter.

Die Familie erlebt einen einschneidenden Bruch in ihrer Familienbiografie. In der Lebenswelt der zwei Jungen verändert sich einiges: Sie erleben ihre Familie nicht mehr zu viert. Sie leben zu dritt mit der Mutter und wenn sie an Wochenenden beim Vater in der alten Wohnumgebung weilen, treffen sie auf dessen neue Partnerin und deren Söhne. Die kognitiv-emotionalen Reaktionen der zwei Knaben auf die belastenden Ereignisse sind unterschiedlich: Der heute 13-Jährige kommt in den neuen Verhältnissen recht gut zurecht. Er orientiert sich teils bereits nach außen. Da der Wohnort nur kleinräumig gewechselt hat, kann er die für ihn wertvollen Kontakte zu Peers weiter pflegen. Er hegt auch Zukunftspläne: Er arbeitet darauf hin, in der Schule ein höheres Niveau besuchen zu können. Sein jüngerer Bruder kommt mit den Ereignissen weniger gut zurecht: Sein Aufwachsen in der Lebenswelt mit zwei sorgenden Elternteilen in einem sozialen Umfeld und einer Wohnumgebung, in der er sich kindlich spielerisch bewegen konnte, wurde jäh unterbrochen. Er verfügt, altersbedingt nur in geringem

Ausmaß über kognitive Potenziale und ein soziales Netz von Peers, die ihn bei der Einordnung und Bewältigung der Herausforderungen stützen könnten.

Bemerkenswert ist die Rolle der Schule. Beide Jungen waren schon immer gut integrierte Schüler. Während der Krise zuhause können sie ihr bisheriges Leistungsniveau nicht behalten und fallen durch verändertes Verhalten auf. Der Schule gelingt es in diesem Falle gut, mit ihren Mitteln, nämlich Gesprächen der Klassenlehrkraft und punktueller Betreuung durch den Heilpädagogen, die Jungen zu begleiten und in deren Alltag weiterhin eine stützende Rolle zu spielen.

Nach dem Bruch in der Familienbiografie sind die Mutter und die zwei Söhne auf den Schutz der Behörden und begleitende Hilfen angewiesen. Die Schule verstärkt ihren Einsatz für die Kinder. Eine Normalisierung im Sinne einer eigenständigen Bewältigung der Erziehungsaufgaben und des Familienlebens ist absehbar.

7.4 Kinderschutz als Langzeitgeschehen

Wie dargelegt, kann sich das Kinderschutzgeschehen sowohl in einer adjuvanten als auch in einer invasiven Dynamik in langzeitigen Verläufen entwickeln. Ob adjuvante Hilfen gelingen, hängt zusammengefasst davon ab, ob eine von der Familie und den Institutionen gemeinsam getragene Sicht auf Ziele und Maßnahmen entwickelt werden kann. Im Langzeitverlauf müssen diese gemeinsamen Perspektiven zudem periodisch überprüft sowie allenfalls neu verhandelt, ausgearbeitet und festgelegt werden. Die adjuvante Dynamik ist öfter fragil und kann in eine invasive Dynamik zurückpendeln.

Langzeitig adjuvante Verläufe mit kurzen invasiven Phasen

> Der bald 16-jährigen R stammt aus einer großen Familie. In seinem Zuhause leben er und zwei jüngere Halbgeschwister zusammen mit der Mutter. Er erzählt ebenso von drei älteren, erwachsenen Geschwistern, die nicht mehr zuhause leben. Seine Familie ist ihm sehr wichtig. Er würde für sie »durch dick und dünn gehen«. Sein Vater verweigert den Kontakt mit ihm.
>
> R durchlief in der öffentlichen Schule eine Förderkarriere. Er berichtet, er wäre oft überfordert gewesen, einer der »Schlechtesten« in der Klasse und daher oft frustriert. Die Lehrer hätten seine Person abgelehnt. Er konnte dann in einer privaten Institution eine Kleinklasse besuchen. Das Umfeld bezeichnet ihn als emotional-explosiv innerhalb der Familie und auch außerhalb, insbesondere, wenn jemand Schlechtes über seine Familie sage. Vor gut drei Jahren spitzten sich die Konflikte zwischen R, der Mutter und den Halbgeschwistern zu. In der Folge lebte R drei Jahre lang in einer Wohngruppe der Institution, in der er bereits die Schule besuchte und später eine Anlehre begann. Die Wo-

chenenden und die Ferien verbrachte er immer zuhause. Nach schweren Regelverstößen in der Institution lebt R seit einigen Wochen wieder vollständig zuhause. Zurzeit ist es fraglich, ob dies auf längere Zeit möglich ist.

Im Laufe der Jahre wurde und wird die Familie umfassend unterstützt:

- R und teilweise auch seine Geschwister nutzten besondere Förderangebote der Schule sowie Beratungen und Therapien des schulpsychologischen Dienstes.
- R besuchte mehrere Jahre lang die erwähnte, private Sonderschule und wird während dreier Jahre stationär sozialpädagogisch betreut.
- Die KESB trifft Abklärungen, steuert und koordiniert das Geschehen langzeitig.
- Die Familie, insbesondere die Mutter, wird periodisch durch eine Familienbegleiterin unterstützt.
- Die Sozialhilfe leistet finanzielle Beiträge.

Das Kinderschutzgeschehen in der Familie von R nimmt insgesamt einen adjuvanten Verlauf. Denn es gelingt immer wieder, dass die Mutter, die KESB und die beteiligten Institutionen einvernehmliche Lösungen finden. Die Mutter ist in ihrer Rolle sehr engagiert, will ihre Kinder fördern und weiß gleichzeitig, dass sie hierzu auf Unterstützung angewiesen ist. Sie ist eine informierte Klientin. Mit ihr lassen sich Lösungen erarbeiten. Zurzeit ist die Familienbegleiterin die Schlüsselperson, die eine akzeptierende, partnerschaftliche Beziehung zur Familie pflegt. Differenzen mit der Mutter, die invasive Dynamiken auslösen könnten, werden so überwunden.

Anders sieht es für R aus. Er scheint in den Alltagsprozessen des komplexen Familiensystems um seine Position kämpfen zu müssen. Er lässt durchblicken, dass ihn zeitweise das Abgelehnt-Werden durch seinen Vater stark quält. In seinen Erzählungen und jenen der Mutter ist erkennbar, dass sein Verhalten maßgeblich zu den familiären Konflikten und zur Überforderung der Mutter beiträgt. Während der Zeitspanne der stationären Unterbringung des Jugendlichen R an den Wochentagen besteht ein passendes adjuvantes Setting für das Zusammenleben der Familie. Doch in einer entscheidenden Phase durchkreuzt R nach drei Jahren die vorgesehenen Pläne und lässt mit unpassendem Verhalten das erst begonnene Lehrverhältnis platzen. Hintergrund ist sein Wunsch, bei der Familie zu sein – nie mehr in einem »Heim« leben zu müssen. In seinen Aussagen sind große Ängste von der Familie verstoßen zu werden erkennbar. Als die Interviews in der Familie geführt wurden, war die adjuvante Dynamik fragil: Um mögliche Gefährdungen des Kindeswohls abzuklären, hat die Kinderschutzbehörde eine umfassende Abklärung der Familienverhältnisse verfügt. Die Präsenz von Fachkräften zur Beurteilung des Familienlebens belastet die Mutter. R fürchtet sich vor einer erneuten Trennung von der Familie.

Die Geschichte von R und seiner Familie macht deutlich, dass sich das Wesen der Dynamik von Langzeitverläufen laufend wandeln kann. Ein adjuvanter, einvernehmlicher Prozess kann sich invasiv verändern, wenn die gemeinsamen Perspektiven von Familien und Institutionen bröckeln oder zerbrechen. Dabei spielt Responsivität eine wichtige Rolle: Im Beispiel tritt die invasive Dynamik dann in den Vordergrund, wenn die Situation und insbesondere die Gefühlslage und die Argumente von R zu wenig einbezogen werden. Seine Ängste werden zu wenig berücksichtigt. Auch das Raumelement ist relevant: Der institutionelle Rahmen der stationären Einrichtung ermöglicht zwar die schulische und soziale Förderung des Jungen. Die teilweise Trennung von seiner familialen Lebenswelt erträgt er jedoch schlecht. Im zuletzt mit ihm geführten Interview sagt er:

> »Der Sozialdienst sagt, oder – ich weiß nicht mehr genau, wer das sagt – entweder gehe ich in ein Heim, oder die zwei kleinen [Halbgeschwister] gehen in ein Heim […]. Wenn sie die Kleinen wegnehmen, bricht für meine Mutter eine Welt zusammen, und das möchte ich ihr gerne ersparen. Darum habe ich gesagt so ›Ja dann gehe ich halt‹. Weil, ja, ich bin es mir ja gewohnt, in einem Heim zu sein. Und ja klar möchte ich gerne wieder zuhause sein, möchte ich zuhause bleiben. Aber was will ich anderes?«

Nicht-responsive, tendenziell invasive Langzeitverläufe

Im Fall von R und seiner Familie erbringen die Institutionen während Jahren umfassende Hilfen. Abgesehen von Phasen, während denen die Ausrichtung der Unterstützung neu ausgehandelt wird und die Zwangsdimension eine Rolle spielt, erreichen die Fachkräfte die Familie, können Gefährdungen abwenden und die Familienmitglieder in einer adjuvanten Dynamik sozialpädagogisch begleiten. In der Studie MehrNetzWert sind mehrere Fallverläufe dokumentiert, während derer über lange Zeit keine produktive Kooperation der Fachkräfte mit der Familie aufgebaut werden kann. Elternteile und/oder Kinder und Jugendliche lehnen den Einsatz von Fachkräften und Behörden aus verschiedenen Gründen ab. Eine in diesem Sinne langzeitig invasive Dynamik ist im Kinderschutzverlauf des 15-jährigen D erkennbar.

> Der Junge wendet sich bereits im Alter von zehn Jahren selbst an das Jugendamt, weil er nach körperlichen und verbalen Auseinandersetzungen nicht mehr zuhause mit der Mutter, dem Stiefvater und vier Stiefgeschwistern leben will. Ein Jahr später sucht D erneut Hilfe und bittet um Inobhutnahme gemäß dem deutschen Kinder- und Jugendhilfegesetz.
> In den Folgejahren kommt es wiederkehrend zu Eskalationen in der Familie und kurzzeitigen Unterbringungen von D in verschiedenen stationären Einrichtungen, die entweder seitens der Einrichtung wegen gewalttätiger Übergriffe, Regelverstößen, und Schulverweigerung oder durch D selbst beendet werden. Die Mutter lehnt eine Rückkehr des Jungen in ihren Haushalt ab. D darf sich zwar tagsüber zuhause aufhalten; die Nächte verbringt er bei Verwandten,

Freunden und auf der Straße. Er gerät in Konflikt mit der Schule, da er eine Lehrerin angreift. Zuletzt hat er kaum noch Freunde, bei denen er übernachten kann, gilt seitens des Jugendamts als in keine Heimeinrichtung vermittelbar und muss wegen Fehlzeiten auf die Förderschule wechseln. Fachkräfte halten fest, D habe in der Familie eine Außenseiterrolle, da er einen anderen Vater hat. Die Kinder würden nicht gleichwertig behandelt. Es herrschen beengende Wohnverhältnisse und eine finanzielle Notlage. Zum leiblichen Vater hat D keinen Kontakt.

Während des über fünf Jahre dokumentierten Kinderschutzverlaufs kann das Unterstützungssystem D lange Zeit nicht erreichen. Zwischen dessen zehnten und 14. Lebensjahr gelingt es nicht, den Jungen passend anzusprechen und mit ihm Perspektiven zu entwickeln. Das Kind, später der Jugendliche empfindet die Hilfen als zwangsvoll, invasiv.

Seit einem Jahr steht D nun in Kontakt mit einer Institution, die Straßenbetreuung und intensiv betreutes Wohnen anbietet. In ihrer Arbeit mit Jugendlichen, die durch alle Maschen gefallen sind, praktiziert die Institution konsequent akzeptierende, in diesem Sinne anwaltschaftliche Unterstützungsarbeit. Der Glaube an die Fähigkeiten und Stärken der Jugendlichen sowie eine konsequente Freiwilligkeit und damit eine hohe Akzeptanz der Jugendlichen prägen die Haltung und das Handeln der Fachkräfte. Im Fall von D entsteht aus den losen Kontakten mit Fachkräften ein Kooperationssetting, das ein Entwickeln von Perspektiven ermöglicht: Seit wenigen Wochen lebt D in einer eigenen Wohnung, eng begleitet von einer Betreuerin. Die Suche und nun das Einrichten der Wohnung sowie der Aufbau einer Tagesstruktur sind wichtige Felder, in denen D Schritte eines strukturierten Alltags vollzieht.

Das Interview mit D findet in seiner neuen Wohnung im Beisein seiner Betreuerin statt. Er gibt im Gespräch verbal wenig Einblick in seine Deutung des bisherigen Lebens. Aus der Beobachtung der Gesprächssituation ergeben sich Anzeichen, dass D beginnt, in seinem neuen Alltag Fuß zu fassen. Er ist eher über gemeinsames Tun als über Reden erreichbar. Er schätzt an der Betreuerin, dass sie kommt, wenn er sie anfragt; dass sie immer hilft, wenn er sie braucht, bspw., um zum Einkaufen zu fahren oder Gebrauchtmöbel zu organisieren, und ihm nicht vorschreibt, was er zu tun hat. Die Betreuerin ihrerseits akzeptiert, dass D nicht gerne redet, und fragt auch nicht mehr nach. Sie ist für ihn gut erreichbar und bietet sich an, um über die Perspektiventwicklung zu sprechen, etwa wenn es zum Schuljahreswechsel darum geht zu schauen, was D weitermachen will. Das Ergebnis ist ein Maß an Vertrauen, welches es laut der Betreuerin ermöglicht, dass sich D nicht mehr völlig zurückzieht. Er kann wieder Ziele formulieren, z.B., dass er nun einen Schulabschluss und anschließend eine Berufsausbildung zum Maler machen möchte. Er steht mit der Betreuungsperson in einem gewissen Vertrauensverhältnis – eventuell eine Erfahrung, die er, seit er aus der Familie verstoßen worden war und auch weitere vertraute Personen verloren hatte, nicht mehr kannte. In den Alltag von D ist eine gewisse Stabilität eingekehrt, auf die der Junge auch stolz ist. Er kann sich und der Betreuerin beweisen, wie pünktlich, verlässlich, selbständig und leistungsfähig er ist.

Das Beispiel zeigt zum einen eine lange Kinderschutzphase, während der es nicht gelingt, ein Kind in einen Hilfeprozess einzubinden. D ist während mehrerer Jahre, die für seine persönliche Entwicklung wichtig wären, von der Familie und der Schule abgehängt, das heißt, kaum in Erziehungs- und Bildungsprozesse eingebunden. Eindrücklich ist zum anderen, wie es möglich wird, mit D responsiv in Kontakt zu treten, nämlich erst durch ein konsequentes Sich-Einlassen der Betreuerin – durch akzeptierende, vorerst vollständig nicht fordernde Interaktionen. Diese Tragfähigkeit der akzeptierenden Hilfeform ist noch fragil; sie wird sich noch bewähren müssen, wenn die Anforderungen an D, bspw. seitens Schule und Lehrbetrieb weiter steigen.

Langzeitig adjuvante Verläufe im flexiblen Setting

Im Kapitel zu den Versorgungsmodellen wurde das im Landkreis St. Wendel umgesetzte Kooperationssetting, das flexible Hilfen fördert, vorgestellt (▶ Kap. 5.3). Ein flexibles Setting weist für das Gelingen der Hilfen in langzeitig adjuvanten, umfassenden Verläufen verschiedene Stärken auf. Erstens leisten die Fachkräfte die Hilfen möglichst lebensweltnah, gebunden an den Alltag der Familien. Daraus entstehen tendenziell responsive Interaktionen. Familienmitglieder werden zweitens nur soweit unbedingt nötig von der familialen Lebenswelt getrennt. Weiter erfolgt die Unterstützung möglichst früh, bevor negative Entwicklungen eskalieren, sodass Eingriff und Zwang möglichst vermieden werden können. Dadurch sinkt die Wahrscheinlichkeit, dass eine adjuvante Dynamik in eine invasive Richtung umschlägt.

Ein flexibles Setting stabilisiert die adjuvante Unterstützung: Im St. Wendeler Modell können die Professionellen eine Familie nahtlos durch verschiedene Phasen hindurch begleiten. Dies fördert auch die Responsivität und entsprechend eine Akzeptanz gegenüber allfälliger temporärer Eingriffe. Da das Sozialraumteam stets nahe der Familie und ihrer Lebenswelt dran ist, kann es die Hilfen intensivieren, wenn es in einem Unterstützungsverlauf zunehmende Gefährdungsrisiken wahrnimmt. Es kann tendenziell zum passenden Zeitpunkt reagieren. Eine Familienbegleiterin berichtet:

> »[Bei allen Familien] kann ich bei der Zielformulierung hinschreiben ›Stabilisierung‹. Denn das sind immer Fähnchen im Wind. Aus verschiedenen Gründen sind sie im Lebensfluss so ins Trudeln geraten. Wo man dann halt nochmals hinschauen muss, wie kriegt man das wenigsten so hin, dass sie nicht immer zu stark gegen die Wand fahren und eine ganz schlimme Macke haben, sondern sich vielleicht einfach nur einige Schürfungen holen.«

Die Fachperson berichtet von jenen Elternteilen mit begrenzten Erziehungskompetenzen, die im Alltag mit Kindern regelmäßig überfordert sind – von Elternteilen mit wenig Selbstbewusstsein und einem unsicheren Zukunftsentwurf, die Schwierigkeiten hätten, konsequent an der Erziehung dran zu bleiben (▶ Kap. 6.3).

Die Familienbegleitung wirkt flankierend: Sie intensiviert ihre Einsätze, wenn sich die erzieherischen Kapazitäten aufgrund von Erkrankungen der Elternteile oder anderen kritischen Ereignissen in den Familien reduzieren.

Im Datenmaterial ist die Entwicklung einer Familie, deren Lage sich phasenweise prekär zuspitzt, dokumentiert. Beziehungsprobleme in der Patchwork-Familie, eine schwere Erkrankung der Mutter und die Frühgeburt eines weiteren Kindes führen in eine Phase vollständiger Überforderung, die in eine Situation mündet, in welcher der Vater öffentlich bedrohlich ausrastet. Trotz der akuten, schwerwiegenden Zuspitzung gelingt es, mit nur kurzen, trennenden Unterbringungen die Entwicklung in eine positive Richtung zu lenken. Nach der akuten Phase wird die Familie weiter unterstützt, teils mit angepassten, auch therapeutischen Leistungen. Die Familienbegleiterin sagt dazu:

> »Das Ganze ist jetzt nochmals auf einem Level, der okay ist. Also die wissen beide, dass das [das Eingreifen] wichtig und richtig war, und stehen auch dahinter [...]. Und mit denen jetzt weiter zu machen, das ist schon auch ein Geschenk, dass sie das wollen [...]. Weil ich denke, also noch tiefere Täler kann man wahrscheinlich nicht zusammen durchschreiten.«

Am Fallbeispiel zeigen sich die Vorteile des Versorgungsmodells für langzeitig begleitete Familien:

Die Familienbegleiterin – die Arbeiterin an der Front – ist eingebettet in das Sozialraumteam, wo sie sich fallbezogen austauschen kann und fachkundige Unterstützung erhält. Hier ist auch der regelmäßige Informationsfluss zum verantwortlichen Jugendamt gewährleistet (▶ Kap. 5.3). Mit diesem Rückhalt können die Familienbegleiterinnen unter den akut gewordenen Gefährdungsrisiken dranbleiben. Sie sind nicht mehr ausschließlich sozialpädagogisch – im natürlich sozialisierenden Modus – tätig. Ihre Arbeit umfasst zeitweise auch das Gewähren von Schutz und Recht. Dass beides aus einer Hand erfolgt, erhöht die Akzeptanz und damit auch die Wirkung. Wiederum spielen die zeitlichen und versorgungsräumlichen Dimensionen eine Rolle: Die professionellen Akteure (das Sozialraumteam) kennen die Familie bereits aus dem Kontext Schule; die älteren Kinder hatten früher an sozialpädagogischen Gruppen teilgenommen.

7.5　Fazit zur Verlaufsperspektive

Die hier entwickelte Typologie der Kinderschutzverläufe stellt zwei Grunddynamiken des Verlaufsgeschehens in den Vordergrund: In einer adjuvanten Dynamik können sich die Familie und die Institutionen über Ziele und Inhalte von Hilfen und Maßnahmen weitgehend einigen. Dieses Einvernehmen bildet eine

Grundlage konstruktiver Unterstützungsprozesse. Die invasive Dynamik ist hingegen durch Konflikte geprägt. Die Familie sieht im Wirken der Institutionen und Behörden primär einen Eingriff in ihre lebensweltliche Sphäre. Während einer invasiven Verlaufsphase verweigern Elternteile die Kooperation; Jugendliche widersetzen sich dem Handeln der Fachkräfte.

Die Typologie beinhaltet weitere Differenzierungen. Zusätzliche – gängige – Kriterien sind erstens die Dauer des Kinderschutzverlaufs und zweitens die Intensität der Leistungen, die Institutionen erbringen. So werden Langzeitverläufe von (kürzeren) Episoden unterschieden. Entlang dem Kriterium der Intensität werden umfassende von partiellen Kinderschutzverläufen abgegrenzt.

Die Responsivität ermöglicht als zentrales Merkmal eine weitere Differenzierung: Responsive Interaktionen beinhalten Kommunikationsmuster, die von gegenseitigem Zuhören, von Verständnis der Fachleute für die Situation der Klientel sowie von abgestimmtem Handeln im Sinne von Sorgen und Sich-Öffnen geprägt sind. Insbesondere in langzeitigen adjuvanten Verläufen ermöglicht eine hohe Responsivität die Entfaltung positiver Wirkungen der Interventionen und Maßnahmen.

Einen weiteren in der Typisierung berücksichtigten Aspekt bildet das zu Beginn dieser Ergebnisdarstellung beschriebene Kriterium der Handlungskontexte, das heißt der sozialen Bedeutungsräume, in denen die Interaktionen zwischen Familien und Fachkräften stattfinden (▶ Kap. 2.1). Bedeutungsvoll ist es, die Lebenswelt der Familie als Handlungskontext von jenem der Institutionen abzugrenzen. Wie dargestellt, macht es einen großen Unterschied, ob Unterstützungsleistungen im lebensweltlichen Kontext. z. B. als Familienbegleitung, angesiedelt sind oder ob sie in einem institutionellen Kontext, etwa im Format einer stationären Unterbringung, erfolgen. Ebenso ist es ausschlaggebend, wie nah dran die Fachkräfte an der Lebenswirklichkeit der Familien sind und ob sie ihr Handeln situativ-schützend und eingreifend oder präventiv-lebensweltlich und längerfristig begleitend verstehen.

Auf Basis der Ergebnisse von MehrNetzWert kann gefolgert werden: Es ist wirkungsvoll und nachhaltig, Unterstützung in einer möglichst zwangsfreien Dynamik zu leisten und sich dabei an der natürlich sozialisierenden Handlungslogik zu orientieren. Wenn möglich sind invasive Dynamiken zu vermeiden. Verlaufen Unterstützungsprozesse in einer invasiven Dynamik, bedeutet es »Knochenarbeit«, diese in eine adjuvante Richtung umzusteuern.

8 Schlussbetrachtung und Empfehlungen

Arbeit am Kindeswohl als übergeordnete Kategorie

In der Schweiz erlebte der Kindes- und Erwachsenenschutz seit 2013 mit der neu geschaffenen Kindes- und Erwachsenenschutzbehörde (KESB) einen Erneuerungsschub. Die Instanz, die Kindeswohlgefährdungen einschätzt und über Maßnahmen entscheidet, wurde professionalisiert. Im Kontext dieses Neubeginns setzte die Forschung MehrNetzWert das Ziel, Grundlagenwissen zur sich weiter entwickelnden Unterstützungspraxis im Kinderschutz zu generieren und Empfehlungen zur Optimierung der Hilfen zu formulieren. Die Forschenden fokussierten dabei vorerst auf die Ereignisse und Themen rund um den Zeitpunkt der Gefährdungsmeldung. Im Laufe der ersten Analysen zeigte sich, dass diese Ausrichtung ungelegen ist. Sie beinhaltet eine einseitige Orientierung an den unmittelbaren krisenhaften Ereignissen und Defiziten in Familien, was aus mehreren Gründen eine verkürzte Sicht bedeutet:

Erstens sind die Gefährdungen der untersuchten zehn- bis 16-jährigen Kinder oftmals langzeitig in den Familienbiografien angelegt, wie im Kapitel Kinderschutzverläufe ersichtlich wurde (▶ Kap. 7). Tatsachen wie begrenzte Erziehungskompetenzen von Elternteilen, Krankheiten oder die Folgen von Armut führen über die Jahre zu Vulnerabilität oder gar Prekarität in Familien, die dann in Gefährdungssituationen münden. Zwar gibt es Kindeswohlgefährdungen, die wie plötzliche Episoden in den Familienbiografien auftauchen, doch in der Mehrheit der Fälle bildet die Gefährdungssymptomatik eine Art Kulminationspunkt herausfordernder Entwicklungen über Jahre. Dies beinhaltet auch, dass die Familien bereits längere Zeit mit Institutionen und Fachkräften, die Beratung und Therapie anbieten, in Kontakt standen. Oftmals hat somit auch die Handlungsgemeinschaft der Familienakteure und der professionellen Akteure zum Zeitpunkt der Gefährdungsmeldung bereits eine längere Geschichte.

Zweitens zeigen die Daten von MehrNetzWert, dass in der Realität der Fallverläufe die unterschiedlichen Ausprägungen des professionellen Handelns miteinander verknüpft sind. Selbst wenn in einer akuten Gefährdungssituation ein Kind von einem Elternteil getrennt werden muss, und ein Eingreifen im Vordergrund steht, ist sofort auch das sorgende Handeln der Professionellen gegenüber den Kindern gefragt. In der professionellen Arbeit am Kindeswohl sind Rollenteilungen und Spezialisierungen der Institutionen und Fachkräfte notwendig, doch spielt in den meisten Interaktionen mit den Familien das gesamte Repertoire im Spektrum von Sorgen über Fördern, Fordern und Bilden bis hin zu Schützen und Eingreifen eine Rolle (▶ Kap. 2.2).

Es braucht demnach eine umfassende Sicht auf die Versorgungssysteme. Was in Familien geschieht, wenn Kinder gefährdet sind, kann nicht von der Familienbiografie abgetrennt betrachtet werden. Ebenso müssen die unterschiedlichen Leistungen der Professionellen, die differenziert zwischen Sorge und Schutz angelegt sind, ein integrales Ganzes bilden. Das Forschungsteam erkannte während seiner Arbeit, dass der ursprüngliche Fokus der Studie MehrNetzWert auf die Phase der Gefährdungsereignisse zu kurz griff. Erst eine umfassendere Fokussierung auf die Arbeit am Kindeswohl wird dem Gegenstand gerecht. Diese übergeordnete Begrifflichkeit wird bspw. auch der Arbeit, welche die Schule zur Früherkennung von Gefährdungen leistet, gerecht.

Eine integrale Arbeit am Kindeswohl ist durch Segmentierungen in der Versorgungslandschaft erschwert. Diese haben sich entlang der Grenzen der Verwaltungszweige Soziales, Bildung und Justiz sowie entlang der Typisierung der zwei institutionellen Handlungslogiken, der natürlich sozialisierenden Logik und der Schutz und Recht gewährenden Logik herausgebildet. Um diese Segmentierungen zu überwinden, besteht die Notwendigkeit, Leitlinien für die Arbeit am Kindeswohl zu entwickeln, die im Versorgungsraum interinstitutionell abgestützt umgesetzt werden. Dies führt zur ersten Empfehlung:

> (1) Im Versorgungsraum ist mit einer von den wichtigen Institutionen gemeinsam getragenen Konzeption der Arbeit am Kindeswohl zu arbeiten. Diese »Policy« bringt zum Ausdruck, dass die Leistungen der Bereiche Schule/Bildung, Soziales, Gesundheit und Justiz als zusammenhängendes Leistungspaket verstanden werden. Sie macht weiter Aussagen zum im Versorgungsraum geteilten Gefährdungsverständnis, zu den fachlichen Standards und zu den Grundzügen der Kooperationsformate.

Die 33 Expertinnen und Experten, welche zu den provisorischen Studienergebnissen Stellung bezogen, unterstützen diese Forderung in sehr hohem Ausmaß. Die Zustimmungswerte der Befragten aus dem Bereich Schule sind besonders hoch. Die Schule scheint die ihr zufallende Rolle in der Früherkennung wahrnehmen zu wollen.[1]

Für die praktische Erarbeitung einer Versorgungspolicy sind die Voraussetzungen in Deutschland und in der Schweiz unterschiedlich: In Deutschland ist mit dem Jugendhilfeausschuss eine Instanz beauftragt, die Leitlinien der örtlichen Jugendhilfepolitik im Rahmen der gesetzlichen Vorgaben zu bestimmen.[2] In der Schweiz fehlt auf der Ebene der Bezirke ein Gefäß, das sich umfassend mit der strategischen Analyse, Weiterentwicklung und Steuerung der Kinder-, Jugend- und Familienhilfe befasst.

---

1 Zur Einbettung der Expertinnen- und Expertenbefragung in die Studie MehrNetzWert vgl. die Einführung (▶ Kap. Einführung).
2 Art. 71 (Jugendhilfeausschuss, Landesjugendhilfeausschuss), SGB VIII (Sozialgesetzbuch, Achtes Buch, Kinder- und Jugendhilfe).

Perspektive der Familien

Familie wurde als grundmenschliche Daseinsform bezeichnet. Eltern betrachten das Kinder-Erziehen als eine natürliche Aufgabe, der sie sich grundsätzlich gewachsen fühlen. Sie wollen ihr Projekt Familie in der Regel autonom umsetzen (▶ Kap. 1.2). Ein unfreiwilliger Eingriff in die Familiensphäre trifft ihren Lebensnerv. Der Anspruch auf eine hohe Handlungsautonomie ist Erziehungsberechtigten in ihrer Rolle auch gesetzlich zugesichert. Diese prioritäre Rolle wurde hier mit dem Begriff Primat Familie zusammengefasst. In der von Institutionen geleisteten (mit-)erzieherischen und therapeutischen Arbeit am Kindeswohl sind die Entwürfe und der Wille der Elternteile und Kinder handlungsleitend. Den Kindern und Jugendlichen ist am besten gedient, wenn zwischen ihnen selbst, ihren Eltern und den Institutionen ein gemeinsam geteilter Entwurf der Zukunft entwickelt wird. Die Professionellen wissen dies: Sie sollten im Interesse des Kindes möglichst mit den Eltern kooperieren. In der Sprache von MehrNetzWert bedeutet dies, wenn immer möglich die Unterstützung in einer adjuvanten Dynamik zu leisten (▶ Kap. 7.1). Wenn Familien Hilfen wie Information, Begleitung, Ausbildung, Beratung und Behandlung freiwillig nutzen, bildet der zugrunde liegende freie Wille – die Zwanglosigkeit – eine wesentliche Gelingensbedingung der Hilfen (▶ Kap. 2.4). In der Tendenz akzeptieren Familien Unterstützung von außen, die ihr eigenes Handeln und die dahinterstehenden Auffassungen und Überzeugungen subsidiär anerkennend ergänzt. Hier liegen die Chancen früher Hilfen: Es geht evtl. vorerst um die Bearbeitung kleinerer Herausforderungen, die bspw. mit Informationsgesprächen oder kurzen Beratungssequenzen bearbeitet werden. Darauf aufbauend können, falls notwendig, eine intensivere Unterstützung in einem stärker intervenierenden Format aufgebaut werden. Als Empfehlung formuliert:

> (2) Kinder, Jugendliche und Elternteile sollen einen leichten Zugang zu den Unterstützungsangeboten finden. Dies wird zum einen mit der Präsenz von Fachkräften nahe an den Lebenswelten der Kinder, Jugendlichen und Elternteilen erreicht (bspw. Präsenz der Beratung im Quartierzentrum, Präsenz der Schulsozialarbeit auf dem Pausenplatz/Schulhof). Zum anderen soll im Versorgungsraum ein niedrigschwelliges Informations- und Kurzberatungsangebot ausgeschildert werden – ein Ort, wo Familienakteure ein- und ausgehen, ohne ein Fall oder ein kategorisierter Leistungsbezüger der Kinder- und Jugendhilfe zu sein.

Die Ergebnisse der Forschung MehrNetzWert bestätigen positive Wirkungen eines niedrigschwelligen, unkomplizierten und zunächst unverbindlichen Zugangs zu den Leistungen der Kinder- und Jugendhilfe. Insbesondere können damit die Früherkennung und die Vermeidung von Gefährdungen gefördert werden. Das Angebot Familiensupport Bern West und das Modell St. Wendel weisen diesbezüglich offensichtliche Stärken auf (▶ Kap. 5.2, ▶ Kap. 5.3).

Im Kapitel zu den Kinderschutzverläufen wurde die adjuvante Dynamik beschrieben (▶ Kap. 7.1). In adjuvanten Verlaufsphasen basiert die Unterstützung der Familien auf einer überwiegend gemeinsam geteilten Vorstellung der Gründe, warum die Hilfen angezeigt sind und welche Ziele damit erreicht werden sollen. Oft geht es darum, mit Unterstützungsleistungen eine begrenzte Erziehungsfähigkeit des präsenten Elternteils zu ergänzen. Der Inhalt und der Umfang adjuvanter Hilfen bewegen sich zwischen umfassend und partiell; ihre Dauer zwischen kurz- und langzeitig. Solche Hilfen können auch umfassend und langzeitig geleistet werden, wenn die Gewährung des Kindeswohls beobachtet werden muss. In langzeitig adjuvanten Unterstützungsverläufen kann zwischen Fachkräften und Familien eine solide Basis aufgebaut werden. Wenn dennoch aufgrund einer familialen Krise die Risiken einer Kindeswohlgefährdung zunehmen, muss in solchen Verläufen weniger rasch auf Zwang – auf das Instrument der Gefährdungsmeldung – zurückgegriffen werden. Voraussetzung ist, dass Fachkräften, die in einem breiten Rollenverständnis im Spektrum von Beraten/Befähigen bis hin zu Beurteilen/Eingreifen handeln können, eingesetzt sind, und von den Institutionen gezielt in diesen Rollen positioniert werden. Am Primat Familie orientierte, nachhaltige Unterstützung erfordert flexible Hilfen:

> (3) Der Inhalt und der Umfang von Leistungen sollen, je nach Erfordernissen seitens der Leistungsempfangenden, auf der Zeitachse flexibel zugemessen und gestaltet werden können. Flexible Hilfen erfordern Fachkräfte mit einem breiten professionellen Repertoire. Sie müssen sich in den Interaktionen mit Familien in unterschiedlichen Rollen im Spektrum von Beraten/Befähigen bis hin zu Beurteilen/Eingreifen bewegen können.

In den Empfehlungen 2 und 3 werden zentrale Eigenschaften der Unterstützung an Kinder und Familien benannt, nämlich die Lebensweltorientierung und die niedrigschwellige Erreichbarkeit von Hilfen sowie die flexible, am Bedarf orientierte Ausgestaltung und Menge der Hilfen. In der Befragung der Expertinnen und Experten erreichen diese Postulate eine sehr hohe Zustimmung. Gleichzeitig weisen die Befragten darauf hin, dass es herausfordernd ist, den Familien und der Bevölkerung die Ziele, Angebote, Verfahren und Prozesse verständlich nahe zu bringen. Die Zielgruppe der Kinder-, Jugend- und Familienhilfe ist selbst heterogen. Beispielsweise ist der Informationsstand über das Bildungs- und Sozialwesen unterschiedlich. Dazu kommen Herausforderungen der sprachlichen und kulturellen Übersetzung, etwa in der Kommunikation mit Familien, die erst vor kurzem zugewandert sind. Die befragten Expertinnen und Experten betonen die Notwendigkeit, in die Kommunikation mit den Familien zu investieren. Nebst der inhaltlichen Policy für die Arbeit am Kindeswohl entspricht auch eine Informations-Policy einer Notwendigkeit. Die Öffentlichkeit soll insbesondere die Zugänge zu niedrigschwelliger Information und Beratung kennen.

Auch in der Kommunikation zwischen den Professionellen und den Kindern bestehen Herausforderungen. Kinder in bestehenden oder sich anbahnenden Gefährdungssituationen sind in der Regel von den Erziehungsberechtigten abhängig. Oft ist es wichtig, dass betroffenen Kindern in der Kommunikation mit Professionellen auch Kanäle offenstehen, die nicht von den Erziehungsberechtigten kontrolliert werden. In Zusammenhang mit den thematisierten Gefährdungssituationen berichteten mehrere Kinder über Situationen, in denen sie den Zugang zu Hilfen nicht fanden. Teils hätten sie keine Möglichkeiten gesehen Fachpersonen anzusprechen; teils hätten die Angesprochenen nicht weiterführend auf ihre Anfrage oder auch Hilferufe reagiert. In diesem Zusammenhang sind auch präventive Angebote, welche auf die Stärkung der Kinder – bspw. eine Stärkung der Fähigkeit, das eigene Erleben einzuschätzen bedeutungsvoll.

(4) Fachkräfte, die für Kinder niedrigschwellig ansprechbar sind, nehmen im Gefährdungsmanagement eine zentrale Früherkennungsfunktion ein. Die Bewusstheit von Fachkräften des natürlich sozialisierenden Bereichs für diese Funktion soll kontinuierlich »aufgefrischt« und gestärkt werden. Dies betrifft bspw. Lehrkräfte sowie Professionelle der Schulsozialarbeit, der Kinder- und Jugendarbeit und in Kindertagesstätten. Auch präventive Bildungsangebote und Projekte, die sich direkt an die Kinder ab dem Schulalter richten, erfüllen in der Früherkennung eine wichtige Funktion.

Institutionen

Parallel zu gesellschaftlichen und wirtschaftlichen Entwicklungen wachsen die Ansprüche an die Sozialisation und die Bildung der Heranwachsenden. Entsprechend entwickeln die Institutionen der Bereiche Bildung, Soziales und Justiz ihre Leistungen zum Wohl der Kinder. Trotz einer gemeinsamen Orientierung am Wert der Sorge, haben sich während der letzten Jahrzehnte die Institutionen und Berufe der drei Bereiche weitgehend unabhängig voneinander entwickelt. Sozusagen historisch begründet leisten die Institutionen und Fachkräfte bislang ihre Arbeit für Kinder, Jugendliche und Familien primär innerhalb der Grenzen ihres Tätigkeitsbereichs. Die Fachkräfte sind unterschiedlich beruflich sozialisiert. Zudem sind sie durch unterschiedliche betriebliche Kulturen geprägt, bspw. durch jene von Bildungsinstitutionen oder jene von Verwaltungen. Auch die Lebensform Familie steht in einer ständigen Entwicklung. Familien nehmen weiterhin zentral die Erziehungsfunktion wahr. Dieses Primat Familie scheint sich vor dem Hintergrund des gesellschaftlichen Trends der Individualisierung noch zu verstärken: Familien treten unikal selbstbewusst auf und stellen auf spezifische Bedürfnisse abgestimmte Ansprüche an Leistungen zum Wohl ihrer Kinder. So findet die Arbeit am Kindeswohl im Umfeld zweier Trends statt: eines Wachstums und einer Ausdifferenzierung der Institutionen sowie einer Individualisierung der Lebensform Familie.

In den untersuchten Schweizer Versorgungsräumen berichten die befragten Führungs- und Fachkräfte öfter, man ziehe in der interinstitutionellen Fallbearbeitung nicht am selben Strick. Eher wundere man sich über den Ansatz anderer Fachpersonen. Die beteiligten Fachkräfte würden die Lebenslagen – die Ressourcen und die Defizite – von Kindern und Familien uneinheitlich beurteilen und entsprechend unkoordiniert handeln: Die Sozialarbeiterin will den Fall des Jugendlichen »sauber« abklären; der Lehrer pocht auf Maßnahmen, die der Lehrstellensuche des 14-Jährigen dienen; für die Familienbegleiterin steht die Förderung der Erziehungsfähigkeit der Mutter im Vordergrund. Zwar hat ein Leistungsbesteller mit der Leistungserbringung verknüpfte Zielvorstellungen formuliert. Doch es fehlen gemeinsame fachliche Standards und ein gemeinsames Kooperationsverständnis. Es ist zwar viel Wissen zum Netzwerk der Institutionen per se aufgearbeitet – die Fachkräfte kennen die spezialisierten Partnerinstitutionen. Doch in der Fallarbeit können sie sich oft nicht auf eingespielte Formate der interinstitutionellen Kooperation abstützen. In diesem Zusammenhang wurde von personenabhängig strukturierten Kooperationsformaten ohne Beständigkeit gesprochen (▶ Kap. 3.5). Der ungenügende gemeinsame Blick auf das Unterstützungsgeschehen prägt das Handeln der Institutionen des natürlich sozialisierenden Bereichs. Die Koordination der Unterstützungsleistungen ist nicht gewährleistet; es besteht ein Steuerungsvakuum (▶ Kap. 5.2).

Im Vergleich dreier Versorgungsräume wurden in den Analysen von MehrNetzWert die Dimensionen einer gezielten, transdisziplinären Kooperation in der Arbeit am Kindeswohl herausgearbeitet:

- Die Bereiche Soziale Arbeit, Bildung und Justiz orientieren sich an gemeinsamen fachlichen Standards; dies insbesondere im Gefährdungsmanagement.
- Die Institutionen der drei Bereiche definieren die Eckwerte der Verfahren und Angebote sowie der Rollen beteiligter Fachkräfte. Die Zielgruppen der Kinder, Jugendlichen und Erziehungsberechtigten sind darüber in geeigneten Formen informiert.
- Für die Kooperation mit den Familien und für die interinstitutionelle Kooperation sind passende Formate erarbeitet. Die Kooperationsformate werden reflektiert und weiterentwickelt.
- Verwaltungsprozesse, insbesondere die finanzielle Abgeltung, bilden das Fundament für fachliche Qualität sowie wirkungsvolle Angebote und zweckdienliche Kooperationsprozesse.

Die Ergebnisse von MehrNetzWert zeigen gleichzeitig, dass sich die transdisziplinäre Kooperation lohnt – insbesondere wenn die Früherkennung familialer Lebenslagen mit Gefährdungsrisiken gelingt.

Auch die Expertinnen und Experten, die sich mit den Zwischenergebnissen der Studie MehrNetzWert auseinandersetzten, wurden nach der Bedeutung der transdisziplinären Kooperation der Schule, der Kinderschutzbehörde und den leistungserbringenden Diensten gefragt. Auf einer programmatischen Ebene wurde das Anliegen gezielt aufgebauter Kooperationssettings sehr hoch gewertet. Ein Teil der Befragten formuliert zudem, wo eine mögliche Schwäche einer stark koordinierten Strukturierung bestehen könnte: Durch eine verbindlichere institutionelle Kooperation könnte gegenüber Kindern und Familien eine die Bereiche Schule, Soziale Arbeit und Justiz übergreifende Allianz der Institutionen aufgebaut werden. Ein in diesem Sinne allwissendes und auch disziplinierendes

System würde dem Primat Familie widersprechen. Um dies zu verhindern, müssten grundsätzlich die Logiken der Akteure erkennbar bleiben (Bilden durch die Schule, Gewähren von Schutz und Recht durch die Kinderschutzbehörde usw.).

In der Forschung MehrNetzWert zeigt sich, dass in der Arbeit am Kindeswohl die Formate und Settings der transdisziplinären Kooperation das Geschehen in den Fallverläufen stark beeinflussen. In den Analysen haben sich idealtypisch zwei Kooperationsmodelle herauskristallisiert:

- Das erste Modell ist durch die Drei-Rollen-Logik geprägt. Kinder, Jugendliche und Elternteile sind Leistungsbeziehende. Leistungserbringende wie abklärende Dienste oder Familienbegleitende arbeiten im Auftrag von Leistungsbestellenden wie der Kinderschutzbehörde. Die nebeneinander beauftragten, leistungserbringenden Institutionen arbeiten fallweise – an den Schnittstellen ihrer Tätigkeiten – zusammen. Die Koordination der Arbeit – die Schnittstellenbewirtschaftung – ist zeitaufwändig. Das Modell erfüllt aus einer Verwaltungsperspektive hoch bewertete Kriterien wie die Unabhängigkeit der Rollenträger und fassbare, beschriebene Leistungen. Doch in der Tendenz verhindert das Nebeneinander-Wirken der Fachinstitutionen auf den Bedarf abgestimmte Leistungserbringung. Kooperation bleibt eine laufend neu auszuhandelnde Aufgabe; in vielen Fallverläufen entsteht dabei ein Steuerungsvakuum. An diesem Punkt sind die Institutionen des natürlich sozialisierenden Bereichs öfter überfordert und tendieren dazu, mittels einer Gefährdungsmeldung die KESB als ordnungshütende Instanz zu involvieren. Der Fallverlauf kann vorschnell eskalieren. Das Modell dominiert das Geschehen in den zwei Schweizer Versorgungsräumen.
- Im zweiten Modell besteht ein von den Leistungserbringern kooperativ gestaltetes Versorgungssystem. Auf eine Region oder einen Stadtteil bezogen orientieren sich Fachkräfte an interinstitutionell verbindlich festgelegten Verfahren, Zusammenarbeitsformaten und fachlichen Standards. Im breit abgehandelten Modell St. Wendel verfolgen die Fachkräfte der Sozialen Arbeit, der Schule und des Jugendamts gemeinsame fachliche Standards und ein einheitliches Kooperationsverständnis. Besondere Stärken zeigt das Modell, wenn die Perspektive Versorgung mit der Perspektive Fallverlauf verknüpft wird. Es gelingt oftmals, Familien mit Gefährdungsrisiken in einem ambulanten Setting zu begleiten. Das kontinuierliche Gefährdungsmanagement, abgestützt auf ein gemeinsames Gefährdungsverständnis der Fachkräfte, bildet auch in diffizilen Verläufen mit Gefährdungsrisiken die Grundlage dafür, den Familien so viel Verantwortung wie möglich zu belassen.

Wie könnten in Modell 1 die Vorzüge von Modell 2 umgesetzt werden? Gefragt sind Kooperationsformate, mit denen es gelingt, Bedarf früh zu erfassen (siehe Empfehlung 2 und 4) und passgenaue Hilfen zu leisten – möglichst in einem freiwilligen Setting (siehe Empfehlung 3).

Entscheidendes findet in der Schule statt. Die Prozesse von der Gefährdungsvermutung, über entsprechenden Klärungen und von der Schule geleisteten Hilfestellungen an die Kinder und Familien, bis hin zum Einbezug externer Fachstellen und zu einer Gefährdungsmeldung bilden ein diffiziles, anspruchsvolles Aufgabengebiet. Für jede Schule müsste gelten:

> (5) Schulen setzen intern ein Gefährdungsmanagement mit definierten Prozessen und Rollen der beteiligten Professionellen um. Die Früherkennungsaufgaben der Schulen werden im Netzwerk der Institutionen anerkannt. Die Schulsozialarbeit wirkt im Gefährdungsmanagement als Brückenbauerin zwischen Familien, Schule und den weiteren Institutionen. Sie bewegt sich gezielt und reflektiert in den unterschiedlichen Rollen im Spektrum von Beraten/Befähigen bis hin zu Beurteilen/Eingreifen.

Dieser Empfehlung wird in der Befragung der 33 Expertinnen und Experten in hohem Maße zugestimmt. Differenzierend wird darauf hingewiesen, dass das interne Gefährdungsmanagement der Schulen gut auf jenes der Sozialen Dienste und der Kinderschutzbehörde abgestimmt sein soll. In dieser Abstimmung soll auf die Klärung der Rollen und die sorgfältige Kommunikation geachtet werden.

In der Erbringung lebensweltnaher Leistungen an Kinder, Jugendliche und Elternteile sind weitere natürlich sozialisierende Institutionen herausgefordert. Das Beispiel des Familiensupports Bern West zeigt, dass bereits ein einzelner Anbieter sozialpädagogischer Leistungen im Stadtteil ein wirkungsvolles kooperatives Netzwerk aufbauen kann. Die Institution lotst die Kinder, Jugendlichen und Familien durch das Geflecht lebensweltlicher und institutioneller Ressourcen und Angebote (▶ Kap. 5.2). Auch auf Ebene der Gemeinde ist es lohnend, die Kooperationssettings weiter zu entwickeln. Das Beispiel der drei Gemeinden im Osten der Stadt Bern zeigt, dass die Entwicklung der interinstitutionellen Kooperation die Früherkennung, die Erbringung flexibler Hilfen und die Vermeidung von Gefährdungsmeldungen fördern kann.

Die Ergebnisse von MehrNetzWert zeigen das Potenzial von Weiterentwicklungen in Kooperationsnetzwerken. Auch wenn keine umfassend strukturierte Kooperation im Sinne des Modells St. Wendel installiert werden kann, bestehen Gestaltungsspielräume.

> (6) Es lohnt sich, das in einem Teil der untersuchten Fallverläufe angetroffene Steuerungsvakuum durch koordiniert kooperatives Handeln der Hauptakteure Sozialdienste, Schule und Kinderschutzbehörde zu überwinden. Gewichtige Akteure des natürlich sozialisierenden Bereichs wie Sozialdienste und große Anbieter sozialpädagogischer Leistungen können die Entwicklung von Kooperationsformaten und -Settings initiieren und umsetzen. In die Entwicklungsprozesse müssen die örtlichen Begebenheiten mit einbezogen werden – bspw. die bereits in der Kinder-, Jugend- und Familienhilfe tätigen Akteure, die bislang im Stil der losen Schnittstellenbewirtschaftung kooperierten. Generell bewährt es sich zu prüfen in welcher Form Elemente der Sozialraumorientierung im spezifischen Kontext genutzt werden können.

Literatur

Deutscher Bundestag, Wissenschaftliche Dienste. (2017). *Kindeswohlgefährdung und Sanktionen im Rahmen der Grundsicherung für Arbeitsuchende.* Abgerufen unter https://www.bundestag.de/resource/blob/514128/b094654376dfbd28b5fb8e0ed6b02886/wd-6-027-17-pdf-data.pdf.

Direktion für Inneres und Justiz des Kantons Bern, Kantonales Jugendamt. (2020). *Früherkennung von Kindeswohlgefährdung in den Volksschulen des Kantons Bern. Leitfaden für die Schule.* Abgerufen unter https://www.jgk.be.ch/jgk/de/index/kindes_erwachsenenschutz/kinder_jugendhilfe/umfassender_kindesschutz/frueherkennung_vonkindeswohlgefaehrdung/frueherkennung-im-schulbereich-6-16-jahre-.html.

Haller, Dieter. (2005). *Illegaler Substanzkonsum, Abhängigkeit und Therapie im gesellschaftlichen Kontext: Das Beispiel Methadon. Fakten und Grundlagen zur Weiterentwicklung der Suchtbehandlung.* Dissertation, Soziologisches Institut der Universität Zürich.

Haller, Dieter. (2017). Capabilities-Prozesse als Schlüsselkonzept für die Soziale Arbeit. *Neue Praxis, Zeitschrift für Sozialarbeit, Sozialpädagogik und Sozialpolitik,* 47 (4). S. 305–324.

Haller, Dieter & Läser, Jodok. (2021). Evaluation des Projekts Flexible Jugend- und Familienhilfe im Sozialraum Bern Ost. Schlussbericht. Bern: Berner Fachhochschule (Typoskript).

Hauri Andrea & Zingaro Marco. (2020). *Kindeswohlgefährdung erkennen und angemessen handeln. Leitfaden für Fachpersonen aus dem Sozialbereich.* Bern: Stiftung Kinderschutz Schweiz.

Hinte, Wolfgang. (2007). Das Fachkonzept »Sozialraumorientierung«. Herausforderungen an professionelles Handeln und hilfreiche Bedingungen in öffentlichen Institutionen. In Haller, Dieter, Hinte, Wolfgang & Kummer, Bernhard (Hrsg.), *Jenseits von Tradition und Postmoderne. Sozialraumorientierung in der Schweiz, Österreich und Deutschland.* Weinheim und München: Juventa Verlag, S. 98–115.

Lüttringhaus, Maria & Streich, Angelika. (2007): Kindesschutz in der Jugendhilfe, Wie man Auflagen und Aufträge richtig formuliert. *Blätter der Wohlfahrtspflege, Deutsche Zeitschrift für Soziale Arbeit,* 154 (Juli/August). S. 145–150.

Noack, Michael. (2015). *Kompendium Sozialraumorientierung. Geschichte, theoretische Grundlagen, Methoden und kritische Positionen.* Weinheim und Basel: Beltz Juventa.

Otto, H.-U., Scherr, A. & Ziegler, H. (2010). Wieviel und welche Normativität benötigt die Soziale Arbeit? *Neue Praxis, Zeitschrift für Sozialarbeit, Sozialpädagogik und Sozialpolitik,* 40 (2). S. 137–163.

Nussbaum, Martha. C. (2010). *Die Grenzen der Gerechtigkeit: Behinderung, Nationalität und Spezieszugehörigkeit.* Frankfurt a. M.: Suhrkamp.

Sen, Amartya. (2010). *Die Idee der Gerechtigkeit.* München: Verlag C.H. Beck.

Schweizerisches Zivilgesetzbuch vom 10. Dezember 1907 (Stand am 1. Januar 2021). Abgerufen unter https://www.fedlex.admin.ch/eli/cc/24/233_245_233/de.

Teil II Vertiefungen

9 Das Erleben und Handeln betroffener Elternteile – Zur Bedeutung der Beziehungsgestaltung zwischen Professionellen und Elternteilen

Birgit Kalter

Was Eltern konkret im Verlauf einer Maßnahme zur Abwendung von Gefährdungen für ihr Kind tun und wie sie im Zusammentreffen mit Fachkräften agieren, ist unterschiedlich. Ihr Tun steht im Zusammenhang mit den Eigenarten eines komplexen Bedingungsgefüges und erhält dadurch seinen je individuellen Aufdruck. Vom Einzelfall abstrahiert lässt sich das Handeln der Eltern dennoch entlang von Unterschieden typisieren. Auf Basis der mit Elternteilen geführten Interviews werden mit Widersetzen, Dulden, Instrumentalisieren und Kooperieren vier Typen des Elternhandelns sichtbar.

Sie zeigen grundlegende Prägungen, denen das Handeln der Eltern unterliegt, und eröffnen in Bezug auf konkrete, durchaus Mischformen aufweisende Einzelfälle die Möglichkeit des Vergleichs, um Erkenntnisse über Einzelfälle in der Praxis zu bereichern (▶ Kap. Einführung).

Wie also erleben Elternteile das Geschehen zur Abwendung einer Gefährdung des Wohls ihres Kindes? Was kennzeichnet konkret ihre Situation? Und wie bringen sich Eltern in das Geschehen ein?

Frau A. ist (zum Zeitpunkt des Interviews) seit einem dreiviertel Jahr als Mutter von einer Maßnahme zur Abwendung einer Kindeswohlgefährdung betroffen. Im Interview schildert Frau A., dass ihr Alltag und das Zusammenleben mit der elfjährigen Tochter L. zunehmend schwieriger geworden waren. Immer häufiger kam es zu Streitereien zwischen Mutter und Tochter, bis die Situation letztlich eskalierte, sie ihre Tochter geschlagen habe, was eine Inobhutnahme der Tochter durch das Jugendamt zur Folge hatte. Seitdem lebt die Tochter in einer Heimeinrichtung. Nach anfänglicher Kontaktsperre besucht Frau A. ihre Tochter mittlerweile regelmäßig in der Einrichtung und steht mit den Fachkräften im Austausch. Auch wenn Frau A. nicht alle Ansichten der Fachkräfte teilt, nutzt sie die Gesprächsangebote der Fachkräfte, um ihre Situation und die Beziehung zur Tochter zu thematisieren. Sie resümiert: »Durch die Spannung war ich überlastet, bin wieder krank geworden und war viel mit mir selber beschäftigt. Und damit ist L. dann nicht mehr klargekommen.«

Heute steht Frau A. hinter der Maßnahme und – »auch wenn es schwer ist« – hinter der Vereinbarung, dass die Tochter vorerst in der Einrichtung verbleibt. Sie sieht den räumlichen Abstand zwischen Mutter und Tochter sowohl mit Entlastung der Tochter von der Sorge um die Mutter ebenso verbunden wie mit Vorteilen für die schulische Entwicklung der Tochter.

Mit ihren Schilderungen gewährt Frau A. Einblick in ihren Alltag und in jenes Geschehen, das zum behördlichen Eingreifen führte. Sie deutet ihre eigene Auseinandersetzung mit den Geschehnissen sowie die Auseinandersetzung mit Fachkräften an und schildert Ergebnisse dieser Auseinandersetzungen ebenso wie Veränderungen in Bezug auf die Mutter-Tochter-Beziehung. Damit spricht Frau A. unterschiedliche Erfahrungsbereiche an, die miteinander und sich wechselseitig beeinflussend verknüpft sind:

- Der alltägliche Lebensvollzug, der sozusagen jene längerfristigen Kontextbedingungen der Familie bildet, die das Kinderschutzgeschehen rahmen
- Die Zuspitzung der Situation als das der Maßnahme zugrundeliegende Auslösungsgeschehen
- Die Elternteil-Fachkräfte-Interaktion bzw. das Zusammenwirken von Familie und Fachkräften
- Die kognitiv-emotionale Auseinandersetzung des Elternteils mit den Geschehnissen
- Die Konsequenzen im Sinne von Veränderungen, die in Zusammenhang mit dem Zusammenwirken von Elternteil/Familie und Fachkräften stehen

Im Folgenden werden (1) diese Erfahrungsfelder aufgegriffen und die darin jeweils relevanten Kategorien und deren Spannweiten an Eigenschaften aufgezeigt. Daran anschließend werden (2) die widersetzenden, duldenden, instrumentalisierenden und kooperierenden Typen des Elternhandelns charakterisiert und (3) die – mit den Typen des Elternhandelns korrespondierenden – Muster an Kontext- und Interaktionsbedingungen und Ergebnissen dargelegt. Abschließend werden (4) Konsequenzen und Hinweise für die Praxis im Sinne eines Ausblicks thematisiert.

9.1 Fünf Erfahrungsfelder des Kinderschutzgeschehens

In der Perspektive der Elternteile ist das Wohl des Kindes eingebettet in das Alltagsgeschehen und in den alltäglichen Lebensvollzug der Familie. Explizit zum Thema wird das Kindeswohl allerdings erst im Zuge von Geschehnissen, die Ausgangspunkt für behördliche Einmischung bzw. für Einmischung von Fachkräften in den Alltag der Familie bilden. Als Prozess gesehen, bleibt das Thema Kindeswohl ab dann virulent sowohl im Alltagsleben als auch in der kognitiv-emotionalen Auseinandersetzung des Elternteils mit dem Zusammenwirken mit Fachkräften und mit die familiären Beziehungen und den Alltag beeinflussenden Konsequenzen (▶ Abb. 9.1).

Der alltägliche Lebensvollzug

Abb. 9.1 zeigt (links im Bild) die von Elternteilen vorrangig thematisierten, das eigene Handeln formende Bedingungen. Vom Elternteil beschrieben wird die alltägliche Praxis der Familie, die auch als Familienalltag oder Familienkultur bezeichnet werden kann. Prägende Kennzeichen der Alltagspraxis von Familien sind die Familienkonstellation sowie die personalen, auch gesundheitlichen Ressourcen der Familienakteure. Als ebenso prägend thematisiert werden die Bedingungen der materiellen Versorgungssituation der Familie, ihre Möglichkeiten der sozialen Teilhabe und Vorerfahrungen vor allem mit Institutionen und Behörden. Die prägenden Kennzeichen der Alltagspraxis insgesamt bilden den Kontext für das vom Elternteil erlebte Maß an Belastung und seine subjektive Problem- und Bedarfsdefinition.

> Für die alleinerziehende Frau A. ist das Zusammenleben mit der Tochter zentrales Element ihres Lebens. Auf Transferleistungen angewiesen leben Mutter und Tochter in beengten Wohnverhältnissen. Zugunsten ihrer Tochter verzichtet Frau A. auf ein eigenes, Rückzug erlaubendes Zimmer. Sie schläft in der Wohnstube, die gleichzeitig zentraler Raum des Zusammenlebens ist: Hier wird gemeinsame Zeit verbracht, ferngesehen, gekuschelt. Frau A. kann sich »keine großen Sprünge leisten«, sucht aber das Beste aus der Situation zu machen und der Tochter ein gutes Leben zu ermöglichen. Den Verselbstständigungsbestrebungen der Tochter und den Beschwerden über deren Verhalten von Seiten der Schule sieht sich Frau A. angesichts eigener gesundheitlicher Beeinträchtigungen immer weniger gewachsen und immer mehr überfordert.

Das interviewte Elternteil ist Teil einer *Familiensituation* mit eigener *Konstellation* (Anzahl der Personen, der Kinder und deren Alter, vollständig oder unvollständig zusammenlebend etc.). Es ist Teil einer Familienbiografie von unterschiedlicher Dauer und mit mehr oder weniger Konstanz bzw. Brüchen bspw. durch Trennung oder Scheidung. Das Elternteil, die Eltern selbst verfügen über eine persönliche Ausstattung an Ressourcen/Defiziten in Bezug auf Ausbildung, Erwerbssituation, Gesundheit, Leistungsfähigkeit, welche Einfluss nimmt auf die materielle Ausstattung der Familie und damit auch auf die materielle Versorgungssituation des Kindes/der Kinder. Die *materielle Versorgungssituation* eröffnet der Familie mehr oder weniger eingeschränkte Möglichkeiten bspw. in Bezug auf Wohnraumausstattung, Auswahl der Wohnlage und Teilhabe am sozialen Leben. Kurz gesagt: Die Versorgungssituation der Familie unterliegt einer (gesicherten vs. prekären) persönlichen und materiellen *Ausstattung,* welche die Stabilität und Absicherung des Alltags sowie der Wahlmöglichkeiten der Familie und der einzelnen Familienmitglieder beeinflusst. Einen zentralen Stellenwert nimmt dabei die *Gesundheit der Familienmitglieder* ein: Dauer und Intensität gesundheitlicher Beeinträchtigungen einzelner Familienmitglieder berühren teils die materielle Ausstattung. Sie nehmen Einfluss auf die subjektiven Belastungen des Elternteils ebenso wie auf das Alltagsgeschehen der Familie.

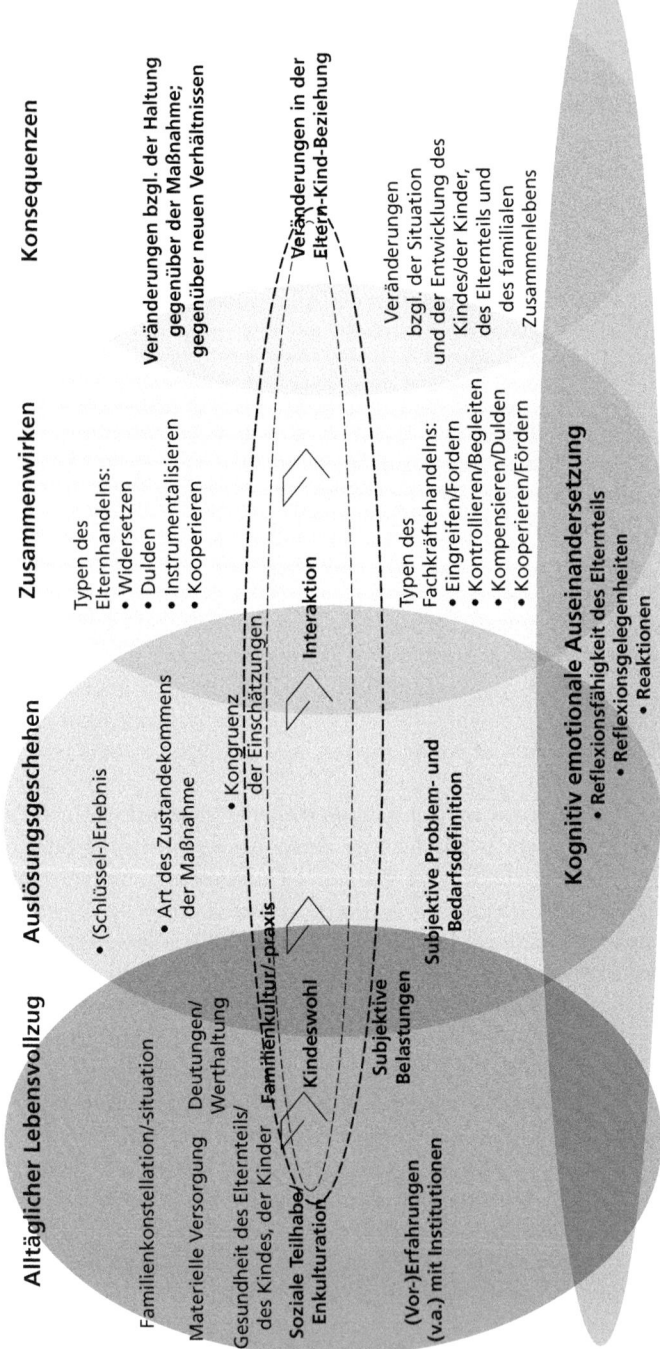

Abb. 9.1: Felder des Kinderschutzgeschehens aus Perspektive von Elternteilen

Tages- und Wochenstrukturierungen, familiäre Rituale und gemeinsame Unternehmungen bilden Merkmale einer *familieneigenen Praxis*, in die das Elternteil eingebunden ist. Wie deutlich sich bspw. gemeinsame Mahlzeiten, abendliche Einschlaf-Rituale und/oder gemeinsame Wochenendunternehmungen im Alltagsgeschehen der Familie niederschlagen, welches Maß an Verlässlichkeit sie bieten, welche Bedeutung ihnen von Seiten der Familienmitglieder beigemessen wird und wie kongruent die diesbezüglichen Bedeutungsbeimessungen der einzelnen Familienmitglieder sind, formen die Eigenart der *familialen Praxis, der familieneigenen Kultur*.

Eingebettet ist die Familienpraxis in Wertvorstellungen des Elternteils. »Dass Eltern das Leben in ihrer Familie hoch gewichten und entlang ihrer eigenen Entwürfe gestalten wollen, bildet einen transkulturell anzutreffenden, sozusagen anthropologisch konstanten Wert.« (▶ Kap. 1.2). Welchen Stellenwert Elternhoheit und familiärer Zusammenhalt für das Elternteil einnehmen, was an familiärer Praxis, an Strukturiertheit, Ritualisierung, Gemeinsamen wieweit gewollt ist, steht eng in Verbindung mit dem elterneigenen Entwurf davon, inwieweit dem Elternteil Familie als Wert per se wichtig ist und/oder wie bewusst, wie umfassend und tiefgehend Elternethos und Elternrolle definiert werden. Die Elternrolle, das Eltern-Sein wird von Elternteilen – mehr oder weniger deckungsgleich mit Vorstellungen und Werten der Mehrheitsgesellschaft – teils beschränkt auf »gute Versorgung« und teils darüberhinausgehend assoziiert mit der Eröffnung guter Entwicklungschancen für das Kind. Die Elternrolle selbst kann mehr oder weniger klar bzw. diffus, konstant oder labil zum Tragen kommen. Entsprechend überformen die Vorstellungen von Elternrolle gleichsam die elterneigenen Erziehungsintentionen. Sie unterscheiden sich vor allem darin, ob sie auf Entwicklung des Kindes intendieren oder primär auf Anpassung und Wohlverhalten gerichtet sind. Merkmale elterlicher Erziehung, wie bspw. konstruktiv vs. restriktiv; klar, konstant, begleitend vs. diffus, situativ eingreifend, stehen in Verbindung mit Eigenschaften wie bspw. liebevoll vs. lieblos; nah vs. distanziert; zugewandt vs. abgewandt; verständnisvoll vs. vorwurfsvoll; selbstlos vs. instrumentalisierend; einstehend vs. unsolidarisch, welche die Haltung des Elternteils zum Kind charakterisieren.

Ob und inwieweit die bisherige Biografie des Elternteils (im Sinne der *Enkulturation*) zur Verinnerlichung der Kultur und zur Deckungsgleichheit mit Vorstellungen und Werten der Mehrheitsgesellschaft beigetragen hat, nimmt Einfluss darauf, inwieweit die Familienmitglieder Anteil am sozialen Leben nehmen und soziale Kontakte pflegen. Ausschlaggebend für das Maß *sozialer Teilhabe* und dafür, ob das Elternteil sich eher isoliert oder eher als aktiven, sozial wirksamen Part erlebt, ist zunächst, ob es überhaupt Zugang zu Gemeinschaft – bspw. zu Religionsgemeinschaften, Vereinen und Arbeitswelt/-kollegen – hat. Des Weiteren spielt eine Rolle, ob das Elternteil in solche und weitere Gemeinschaften wie Peergroups, Freundeskreise, Nachbarschaften aktiv eingebunden ist. Maßgeblich für das Situationserleben des Elternteils ist, ob und in welche Gemeinschaften es eingebunden ist und welche Merkmale die Eingebundenheit bzw. der Kontakt in Bezug auf Dauer, Verlässlichkeit, Regelmäßigkeit aufweisen. Maßgeblich für die Situation der Familie ist, ob Umfang und Art der Eingebundenheit eher neue Möglichkeiten eröffnen oder eher zur Bestätigung und Stagnation gewohnter Abläufe beitragen bspw. indem sie den Zugang zu Aktivitäten der Mehrheitsgesellschaft erleichtern oder ihn erschweren.

> Dass L. mit gesundheitlichen Beeinträchtigungen zur Welt gekommen ist, schildert Frau A. als von Beginn an prägend für das Zusammenleben: »Ich hab [...] mir immer Sorgen gemacht und war damit sehr allein. Ich hatte ja keinen, mit dem ich sprechen konnte. Das wünsche ich keinen Eltern, so allein, so machtlos, so ohnmächtig davorzustehen.«[1]

Im Sinne situationsprägender Erfahrungen werden von Elternteilen frühere Beziehungen in Bezug auf Kontinuität, Verlässlichkeit und in Bezug auf deren emotionalen Gehalt (bspw. als liebevoll, akzeptierend vs. missachtend, unterdrückend, demütigend) thematisiert. Gleichsam prägend schildern Elternteile die Qualität früherer Familienphasen (mit oder ohne mehr oder weniger stützende, verlässliche soziale Netze, Partnerschaft, Verwandte, Freundeskreise). Daneben – und vor allem den Umgang mit der Maßnahme prägend – schildern Elternteile die (im Sinne von zugänglich, zugewandt, hilfreich) eher positiven oder eher negativen *Vorerfahrungen* (im Sinne von unzugänglich, abgewandt, zusätzlich belastend) *mit Institutionen, Behörden Fachkräften.*

Einschneidende Vorerfahrungen, alltägliche Belastungen und/oder sogenannte Schlüsselereignisse, zu denen aus Sicht der Elternteile in der Regel auch behördliche Eingriffe zählen, beeinflussen das emotionale Gleichgewicht und bedrohen kurzfristige (z. B. Vorstellungen der Alltagsgestaltung, eines friedvollen Zusammenlebens) ebenso wie langfristige Lebensentwürfe (z. B. durch Trennung infrage gestellte Vorstellungen von Familie und Partnerschaft). Für das Elternteil bilden solche Bedrohungen *subjektive Belastungen*, die als »Druck« oder »Stress« umschrieben werden und ihren Ausdruck in Trauer, Wut, Resignation finden.

Seitens der Eltern werden »Druck«/«Stress« zurückgeführt auf

- äußere Bedingungen wie bspw. Erkrankungen des Kindes, beengte Wohnverhältnisse
- eigene, innerpsychische Konflikte wie bspw. im Fall von Frau A., den eigenen Ansprüchen in Bezug auf Versorgung und Erziehung des Kindes aufgrund eigener gesundheitlicher Beeinträchtigung oder Überlastung nicht genügen zu können
- innerfamiliäre Konflikte, Auseinandersetzungen, divergierende Interessen und hiermit verbundene Konsequenzen wie bspw. Übergriffe, Trennung/Scheidung
- Anforderungen/Aufforderungen/Einmischungen von außen wie bspw. von Seiten der Schule oder des Jugendamts, für einen regelmäßigen Schulbesuch des Kindes zu sorgen.

---

[1] Die Familiensituation von Frau A und der Tochter L ist über Jahre hinweg vulnerabel (▶ Kap. 6.3).

Belastungen betreffen somit vor allem Diskrepanzen: zwischen eigenem Wollen und Können, in der Realisierung eigener Vorstellungen und Werte, in der Kommunikation mit anderen. Sie berühren unterschiedliche Erfahrungsbereiche (wie Versorgungssituation, familiäres Zusammenleben, Haltung zum Kind) und tangieren diese in unterschiedlicher Tiefe.

Generell gilt, dass sich das Belastungserleben des Elternteils unter sozialer Isoliertheit und mangelnden Gelegenheiten des Austauschs verstärkt. Zudem beeinflussen Vorerfahrungen mit Institutionen/Behörden das Belastungserleben: Positive Erfahrungen mit Institutionen, Behörden und Fachkräften bringen Eltern vor allem damit in Verbindung,

- zu wissen, an wen sie sich im Bedarfsfall – mit möglichst geringem Aufwand und ohne Negativfolgen befürchten zu müssen – wenden können/müssen;
- sich und ihr Anliegen verstanden zu erleben;
- zeitnah und unbürokratisch effektive Unterstützung zu erhalten und
- diese Unterstützung ggf. erneut aufgreifen zu können.

Dies ist insbesondere dort gegeben, wo Eltern und Kinder verlässliche Ansprechpartner in »ihrer Lebenswelt«, also innerhalb niedrigschwelliger Angebote wie bspw. Familienzentren und/oder in Regeleinrichtungen wie KiTa und Schule haben, die ihnen ggf. auch in Krisensituationen »zur Seite stehen« und den Weg zu weiterführenden Einrichtungen und Leistungen bahnen und begleiten.

Das Auslösungsgeschehen

Im Erleben der Elternteile gibt es einen mehr oder weniger klar umrissenen Zeitraum, in dem sich eine – mehr oder weniger bewusste – Auseinandersetzung mit dem Wohl des Kindes und dem Alltagsgeschehen der Familie in den Vordergrund drängt.

Angeschoben wird diese Auseinandersetzung entweder, weil das Verhalten des Kindes und/oder Störungen im familiären Zusammenleben oder aber Aufforderungen und Eingriffe von außen (bspw. seitens der Nachbarn, der Schule, des Jugendamtes) dies erfordern.

> Für Frau A. hat zur Zuspitzung der Situation beigetragen, dass L. in ihrer Schule »gemobbt« wurde: »Wie oft habe ich mit den Lehrern gesprochen. Wie oft kam L. verdreckt, verhauen nach Hause und es wurde einfach nichts gemacht. Und dann irgendwann kam der Anruf von der Schule: L. wäre total ausgeflippt, hätte Sachen geschmissen. Sie sei unbeschulbar, hieß es.«

Als *Schlüsselerlebnis* werden akut auftretende gesundheitliche Beeinträchtigungen der eigenen Person, der des Kindes oder des Partners bzw. der Partnerin ebenso thematisiert wie eskalierende, teils gewalttätige/übergriffige innerfamiliäre Konflikte. Neben Trennungserlebnissen (vom Kind, vom Partner) und dem Erleben von Scheitern des Kindes und/oder der eigenen Person werden vor allem Einmischungen von außen wie Beschwerden, Kontrollen, Bewertungen, Meldungen von Seiten der Nachbarn, der Schule sowie Eingriffe der Polizei, des Jugendamts, der Gerichte geschildert, die ebenfalls (mehr oder weniger) einschneidende Ereignisse bilden.

Das, was zu einer Zuspitzung der Situation geführt hat, steht aus Sicht des Elternteils somit in Verbindung mit Schlüsselerlebnissen, die von Eltern entweder – als personales oder innerfamiliäres Geschehen – im Vorfeld oder mit Beginn der Maßnahme – als Einmischung oder Eingreifen von außen – zeitlich verortet werden.

Entsprechend dieser zeitlichen Verortung beziehen sich die Erklärungen des Elternteils zur Zuspitzung entweder auf eine mehr oder weniger tiefgreifende Überforderung mit der persönlichen und/oder familiären Situation und/oder der Erziehung und Versorgung des Kindes/der Kinder oder die Ereignisse, die zur Zuspitzung führten, werden als von außen zugefügtes Unrecht, als Schuld anderer erlebt.

»Das wurde immer mehr«, sagt Frau A., »die Streitereien mit der Tochter. Sie hat geschrien, so lange provoziert, bis ich es irgendwann nicht mehr haben konnte.« Unter Tränen schildert Frau A., ihre Tochter dann geschlagen zu haben. »Danach ist sie zur Polizei gelaufen. [...] Es gab dann einen Anruf, dass L. in der Obhut des Jugendamtes und in einem Heim ist.«

Für den Verlauf des Kinderschutzgeschehens spielt eine Rolle, ob die Maßnahme vom Elternteil selbst gesucht oder von außen, von anderen Personen oder Institutionen initiiert wurde. Abhängig von der *Art des Zustandekommens* wird diese seitens des Elternteils bspw. als notwendig, gerechtfertigt oder als ungerechtfertigt, überzogen bewertet.

»Am Anfang«, so berichtet Frau A., war die Heimunterbringung der Tochter »für uns beide schwer. Es gab eine Kontaktsperre vom Heim.« Ihre Tochter, sagt sie, habe sich das ganz anders vorgestellt. »Dass wir ein bisschen Abstand kriegen, wir uns wieder annähern, sie dann ihre Sachen packen und nach Hause kommen kann. Ich sage: ›Nee so läuft das nicht, so läuft das nicht.‹ Ja, ich möchte [die Tochter] an den Wochenenden hier haben, aber die Erzieher sagen, das wäre noch zu früh.«

Für Elternteile steht die Intensität an Handlungsdruck in Zusammenhang ihrer *subjektiven Problem- und Bedarfsdefinition* und resultiert aus dem, was sie selbst als Schlüsselereignis für die Zuspitzung der Situation erleben. Entsprechend sehen Elternteile Handlungsbedarf entweder bezogen auf die Abwendung oder Befriedung der Einmischung von außen oder in Bezug auf eine Veränderung ihrer Situation, festgemacht an der persönlichen Überforderung, am Verhalten des Kindes oder Partners bzw. der Partnerin und des familiären Zusammenlebens. Einen wesentlichen Einfluss auf den Verlauf des Kinderschutzgeschehens nimmt, ob und inwieweit die elterneigenen Einschätzungen sich mit denen anderer Personen – Familienmitgliedern ebenso wie Fachkräften – decken bzw. voneinander abweichen. Ergebnisrelevant ist insbesondere das Maß an *Kongruenz der Einschätzungen* bezogen auf den Veränderungs- und Handlungsbedarf im Zusammenwirken von Elternteil und Fachkräften.

Das Zusammenwirken

Kennzeichnend für Maßnahmen zur Abwendung von Kindeswohlgefährdungen ist, dass sie ein Aufeinandertreffen von Familienakteuren (Kindern, Jugendlichen, Elternteilen) mit Fachkräften von Institutionen beinhalten, die mit dem Schutz von Kindern und der Bereitstellung förderlicher Bedingungen für Familien und Kindern befasst sind. Während der Maßnahme interagieren die beiden Akteursgruppen und bilden eine Handlungsgemeinschaft, die den Verlauf der Dinge stark bestimmt (▶ Kap. 4.1). Neben anderen Faktoren (wie bspw. den Eigenarten der Strukturen, Ausstattung und Arbeitsweisen im Versorgungsraum) bildet die Situation der Familie den Kontext des Zusammenwirkens: Die Prägungen früherer Beziehungserfahrungen des Elternteils, die Qualität früherer Familienphasen sowie die eher positiven oder eher negativen Vorerfahrungen mit Behörden/Institutionen stellen ebenso Prozessbedingungen dar, wie die Erklärungen des Elternteils zur Zuspitzung der Situation auf Basis elterneigener Wertvorstellungen. Gleichermaßen maßgeblich für den Verlauf sind die subjektiven Belastungen des Elternteils, die Art des Zustandekommens der Maßnahme und die fortlaufenden kognitiv-emotionalen Auseinandersetzungen des Elternteils.

Nicht alle Elternteile, deren Kinder sich in einer Maßnahme zur Gefährdungsabwendung befinden, bringen sich aktiv in das Geschehen ein. Teils artikulieren sie damit ihren Widerstand gegen den behördlichen Eingriff. Teils erleben sie sich – bspw. als von der Familie getrennt/in neuer Partnerschaft lebend – einer maßnahmenbezogenen Handlungsgemeinschaft nicht zugehörig bzw. nicht angesprochen: Als »inaktive Elternteile« bleiben sie in den Interaktionen weitestgehend außen vor, obwohl sie für den Prozess oft eine bedeutsame Rolle haben, bspw. im Sinne virulenter ungeklärter innerfamiliärer Beziehungen und Konflikte.

Das Handeln der ins Zusammenwirken eingebundenen Elternteile zeigt hingegen bestimmte Eigenschaften. Sie betreffen sowohl die Akzeptanz gegenüber den Einschätzungen und Expertisen der Fachkräfte, den Umgang mit getroffenen Vereinbarungen als auch die Art und die Reichweite der elterneigenen Aktivitäten, die innerhalb des Maßnahmengeschehens entwickelt werden. Entlang diesbezüglicher Unterschiede manifestieren Typen des Elternhandelns, die sich mit Widersetzen, Dulden, Instrumentalisieren und Kooperieren überschreiben lassen.

Den Typen des Elternhandelns stehen Typen des Fachkräftehandelns gegenüber:

- Eingreifen/Fordern: Dem behördlichen, seitens der Fachkräfte zum Schutz des Kindes realisierten Eingreifen in das Familiengeschehen folgt ein Fachkräfte-

handeln, das vorrangig darauf gerichtet ist, das Handeln des Elternteils bspw. im Umgang mit dem Kind in Bezug auf die Einhaltung von Absprachen z. B. zur Versorgung des Kindes zu kontrollieren und die Einhaltung von Absprachen einzufordern.
- Kontrollieren/Begleiten: Neben Kontrollaspekten beinhaltet das Handeln der Fachkräfte eine unterstützende und entlastende Begleitung des Elternteils zur Alltagsbewältigung, gerichtet bspw. auf die Organisation des Haushalts, Behördengänge, Maßnahmen zur Gesundheitsförderung.
- Kompensieren/Dulden: Das Handeln der Fachkräfte ist darauf gerichtet, nicht gelingende Bereiche elterlicher Verantwortung durch institutionelle Leistungen der Versorgung und Erziehung des Kindes auszugleichen, in der Regel durch Fremdplatzierung des Kindes, ohne auf Änderung des Verhaltens der Eltern zu drängen.
- Kooperieren/Fördern: Das auf Kooperation mit dem Elternteil gerichtete Handeln der Fachkräfte orientiert sich an ausgehandelter Problem- und Bedarfsdefinition als Grundlage zur Erarbeitung und Realisierung abgestimmter Aktivitäten, die der Förderung und Gestaltung einer neuen, Entwicklungschancen eröffnenden Situationsbasis für Kind und Elternteil dienen.

Je nach Intention des Fachkräftehandelns wird es auf Seiten der Eltern/-teile vorrangig entweder als invasiv oder als adjuvant erlebt (▶ Kap. 7.1 und ▶ Kap. 7.2).

- Invasiv erlebt wird das Handeln der Fachkräfte insbesondere dann, wenn es vor allem mit Kontrolle in Verbindung gebracht wird: Eltern erleben ihre Lebensführung, ihr Handeln, ihren Umgang mit dem Kind seitens der Fachkräfte beobachtet, bewertet und herabgesetzt. Sie sehen sich Androhungen von Konsequenzen, der Einforderung von Elternleistungen und/oder der Einhaltung von Forderungen und Absprachen ausgesetzt und reagieren darauf mit Ablehnung, Rechtfertigungen und Schuldzuweisungen.
- Als adjuvant wird das Agieren der Fachkräfte in zweifacher Hinsicht erlebt:
  Als Unterstützung wird das Fachkräftehandeln dort erlebt, wo der Beistand – den Vorstellungen des Elternteils folgend – tatkräftige Alltagshilfe bietet bspw. in Form der Erreichbarkeit, der Erinnerung an Termine, der Erledigung von Einkäufen, des »Zupackens« im Haushalt. Hier wird den Fachkräften von Seiten des Elternteils Wertschätzung entgegengebracht, obwohl in der Kooperation ein hierarchisches Gefälle überwiegt.
  Als adjuvant im Sinne der Ermöglichung wird das Fachkräftehandeln dort gesehen, wo Elternteile sich in der Maßnahme selbst aktiv erleben: Sie sehen sich aktiv an der Erkundung von Möglichkeiten, an der Aushandlung, Abstimmung und Entscheidung von Vorgehensweisen beteiligt, erleben sich und ihre Aktivitäten wertgeschätzt und sehen sich in der Kooperation als Partner von Fachkräften, die sie ebenso wie deren Handlungsweisen schätzen.

Die Interaktion von Elternteil und Fachkräften erhält – sozusagen im Aufeinandertreffen eines bestimmten Typs des Elternhandelns und eines bestimmten Typs des Fachkräftehandelns – letztlich auch spezifische formale Eigenschaften (regelmäßig vs. unregelmäßig; systematisch vs. unsystematisch; strukturiert vs. unstrukturiert) und spezifische Prägungen (zugewandt vs. abgewandt; konfliktarm vs. konfliktreich; auf Augenhöhe vs. hierarchisch anordnend etc.).

Kognitiv-emotionale Auseinandersetzung

Das, was Elternteile subjektiv belastet und als »Druck«/»Stress« erlebt wird, resultiert vor allem aus Diskrepanzen zwischen dem eigenen Wollen und Können, im Realisierungsgrad eigener Vorstellungen und Werte ebenso wie in der Kommunikation mit anderen. Sie berühren unterschiedliche Erfahrungsbereiche (wie Versorgungssituation, familiäres Zusammenleben, Haltung zum Kind) und tangieren diese in unterschiedlicher Tiefe.

Für die kognitiv-emotionale Auseinandersetzung mit solchen Diskrepanzen bzw. für den Wiederaufbau des emotionalen Gleichgewichts greift das Elternteil auf seine allgemeinen, grundlegenden Fähigkeiten zurück, »Krisen im Lebenszyklus unter Rückgriff auf persönliche und sozial vermittelte Ressourcen zu meistern und als Anlass für Entwicklung zu nutzen« (Welter-Enderlin et al., 2006, S. 16). Die eigene *Reflexionsfähigkeit* wird von Elternteilen umso eingeschränkter erlebt, je höher sie die Belastungen empfinden. Wie hoch bzw. niedrig die eigene Belastung vom Elternteil gesehen wird, steht mit der Intensität (im Sinne der Alltagsbeeinflussung), mit dem Kumulationsgrad (eindimensional vs. multifaktoriell) und der Dauer (kurz- vs. langanhaltend) der »Stressoren« in Verbindung.

Mit Blick auf den Wiederaufbau des emotionalen Gleichgewichts ist zentral, ob und inwieweit das Elternteil *Gelegenheiten zum reflektierenden Austausch* mit Personen (in der Familie, im Freundeskreis, mit Fachkräften) hat: Die Fähigkeiten und Möglichkeiten zur Ausschöpfung eigener Ressourcen werden von Elternteilen umso eingeschränkter gesehen, je höher sie die Belastung und je weniger sie sich in soziale Kontexte eingebunden erleben.

Gleichwohl werden objektiv durchaus vergleichbare Belastungen von Eltern subjektiv in unterschiedlicher Tiefe als Druck/Stress erlebt und verarbeitet: Elternteile erleben Belastungen umso höher, je deutlicher sie nach Auflösung drängen. Dabei können langanhaltende, multifaktoriell kumulierende Belastungen von Elternteilen im Sinne von Gewöhnungseffekten als »Normalzustand« erlebt werden, ohne nach Auflösung zu drängen.

Kurz gesagt: Die subjektive Deutung der Situation, das damit verknüpfte Maß an »Druck«/»Stress« und die diesbezüglichen Reaktionen des Elternteils unterliegen sowohl der individuellen Reflexionsfähigkeit als auch den sozial gegebenen Reflexionsgelegenheiten. Sie unterliegen gleichsam und den sich wechselwirkend entweder befördernden oder hemmenden Reflexionsfähigkeiten und -gelegenheiten.

Wie Elternteile das Maßnahmengeschehen und insbesondere Diskrepanzen zwischen eigenem Wollen und Können, in der Realisierung eigener Vorstellungen und Werte und in der Kommunikation mit Fachkräften erleben und verarbeiten, erfolgt unter fortgesetzter kognitiv-emotionaler Auseinandersetzung. Die Auseinandersetzungen münden bspw. in Wut, Trauer, Resignation oder Hoffnung, Zufriedenheit und Glück und haben *Reaktionen* wie Annehmen oder Leugnen zur Folge. Im Handeln der Elternteile finden die Ergebnisse der Auseinandersetzungen ihren Ausdruck in widersetzenden, duldenden, instrumentalisierenden und kooperierenden Handlungsweisen. Ergebnisse fortgesetzter Auseinandersetzung münden in Verfestigung, Hinterfragung und/oder – einer den Maßnahmenzielen mehr oder weniger zuträglichen – Veränderung des eigenen Handelns.

Konsequenzen

Die sich im Prozess des Zusammenwirkens von Eltern und Fachkräften niederschlagenden Handlungs- und Interaktionsstrategien sind mit Konsequenzen verbunden. Sie tangieren – zum einen – das Zusammenwirken von Elternteil und Fachkräften in Bezug auf die Akzeptanz des Elternteils gegenüber der Maßnahme und den sich daraus ergebenden neuen/veränderten Verhältnissen (wie bspw. einer vorübergehenden Fremdunterbringung des Kindes).

Zum anderen betreffen sie die Eltern-Kind-Beziehung ebenso wie die Situation, die Perspektiven und Entwicklungschancen des Elternteils, des betroffenen Kindes und der Familie insgesamt. Diesbezügliche Veränderungen gegenüber der Ausgangssituation schlagen sich – einerseits abhängig von Dauer des Prozesses, aber vor allem abhängig von den Eigenschaften des Zusammenwirkens von Elternteil und Fachkräften – in unterschiedlicher Tiefe nieder.

Das heißt, für das Gelingen des Prozesses ist nicht ausschließlicher Maßstab, ob und inwieweit Gefahren für das Kindeswohl abgewendet sind bzw. weiterhin bestehen. Gelingende Kinderschutzmaßnahmen lassen sich auch damit in Verbindung bringen, inwieweit für das Kind, für das Elternteil und für die Familie eine neue/veränderte Situationsbasis geschaffen ist, die

- mit einer klaren Perspektive verbunden ist,
- positive Entwicklungschancen eröffnet,
- die Wahrscheinlichkeit erneuter akuter Gefahren für das Kind und das familiäre Zusammenleben reduziert.

Solche (Zwischen-)Ergebnisse bilden gleichsam Gegenstand fortgesetzter Auseinandersetzung, zum einen in der Interaktion von Fachkräften und Elternteil, zum anderen sind sie dem Elternteil selbst mehr oder weniger Anlass kognitiv-emotionaler Beschäftigung.

> Zu Beginn der Maßnahme stand für Frau A. die Trauer über die Ereignisse beinahe lähmend im Vordergrund. Mittlerweile sieht sie die Fremdunterbringung sowohl für die Tochter als auch für ihre Beziehung zur Tochter mit Vorteilen verbunden. Sie renoviert die Wohnung und freut sich darauf, die Tochter an den Wochenenden nach Hause holen und mit ihr gemeinsame Zeit verbringen zu können. Beide, Mutter und Tochter, stehen hinter der Vereinbarung, dass die Tochter »noch zwei Jahre, zweieinhalb Jahre im Heim blei-

ben« wird. »Der Abstand tut uns beiden gut« und L. fühlt sich in der neuen Schule wohl und hat Freunde gefunden.

9.2 Vier Typen des Elternhandelns

Die Art und Weise, wie Elternteile der Maßnahme begegnen und mit welchen Aktionen und Aktivitäten sie sich in das Geschehen einbringen, beeinflussen den Verlauf ebenso wie die Ergebnisse. Unterschiede manifestieren sich als a) Widersetzen, b) Dulden, c) Instrumentalisieren und d) Kooperieren zu Typen des Elternhandelns. Diese vier Typen unterscheiden sich insbesondere entlang des elterneigenen Umgangs mit Einschätzungen/Expertisen der Fachkräfte, mit maßnahmenbezogenen Absprachen und Vereinbarungen sowie in Bezug auf elterneigene Aktivitäten, die angesichts der Maßnahme entfaltet werden.

Handlungstyp »Widersetzen«

Den Handlungstyp des Widersetzens kennzeichnet eine überwiegende bis vollständige Ablehnung der Maßnahme, die als zusätzliche, überflüssige Belastung in einer eh schon schwierigen Gesamtsituation des Lebens der Betroffen gesehen wird. Das sich widersetzende Handeln des Elternteils ist mit folgenden Eigenschaften verbunden:

Abwehr gegenüber den Einschätzungen/Expertisen der Fachkräfte

Das Elternteil zweifelt die Expertisen der Fachkräfte offen an. Es stellt die diesbezügliche Kompetenz der Fachkräfte in Frage und widerspricht den Einschätzungen und Empfehlungen der Fachkräfte, argumentiert anhaltend dagegen. Es wehrt Einschätzungen und Empfehlungen der Fachkräfte als Einmischung in die Elternhoheit ab und verteidigt – unter Betonung seiner Elternrechte – nachhaltig die eigenen Sicht- und Handlungsweisen.

Unterwandern von Vereinbarungen

Das Elternteil hält Termine wiederholt nicht oder verspätet ein und begründet dies vor allem mit Zeitmangel/Überlastung angesichts aktuell anderer, eigener notwendiger Anforderungen. Es ignoriert Absprachen, die in Bezug auf Änderungen des eigenen Erziehungs- und Versorgungsverhaltens gegenüber dem Kind getroffen werden, und hält bewusst am gewohnten Erziehungs- und Versorgungsverhalten fest. Es hält sich nicht an vereinbarte Besuchskontakte, Wochenendregelungen, dehnt die Zeiten der Besuchskontakte/Wochenendregelungen im eigenen Sinne aus.

Abwendende/entziehende Aktivitäten

Aktivitäten des Elternteils richten sich – unter Berufung auf die Nicht-Notwendigkeit oder Überzogenheit der Maßnahme – vor allem darauf, das gewohnte Leben fortzusetzen und in Bezug auf die Maßnahme selbst weitgehend inaktiv zu bleiben. Teils entziehen sie sich aktiv der Maßnahme und dem Zugriff und Einfluss der Fachkräfte bspw. durch Wohnortwechsel. Ihre Aktivitäten sind darauf gerichtet, weiterreichende Eingriffe abzuwenden: Sie beugen sich – wenn überhaupt – vordergründig den Vorgaben der Fachkräfte und suchen gleichzeitig innerhalb und außerhalb der Familie nach Verbündeten im Widerstand gegen Fachkräfte: Das Elternteil versucht, das Kind, andere Familienmitglieder, teils einzelne Fachkräfte und teils Gerichte vom eigenen Standpunkt, von der Nicht-Notwendigkeit einzelner Absprachen oder der Maßnahme insgesamt zu überzeugen, es bindet Verwandte und Freunde in den Widerstand ein und sucht, diese zu Fürsprechern in eigener Sache gegenüber den (anderen) Fachkräften zu machen.

Handlungstyp »Dulden«

Der Handlungstyp des Duldens ist vor allem dadurch gekennzeichnet, lediglich halbherzig hinter der Maßnahme zu stehen. Die Einmischung von außen wird »ertragen«, zum einen um weiterführende Konsequenzen (z. B. noch mehr Einmischung/Belastung bspw. durch gerichtliche Auseinandersetzung, Herausnahme des Kindes; Sorgerechtsentzug) abzuwenden; zum anderen, um bei den Fachkräften Verständnis für die eigene Situation und eigene Belastung sowie Entlastung einzuwerben. Eltern reagieren mit:

Relativierung der Einschätzungen und Expertisen der Fachkräfte

Eltern teilen Einzelaspekte der Expertise der Fachkräfte bspw. in Bezug auf ihre eigene Belastung, auf die Notwendigkeit eines regelmäßigen Schulbesuchs des Kindes, auf die Notwendigkeit zur Regelung von Behördenangelegenheiten. Sie wehren andere, insbesondere die Funktionalität/Tragfähigkeit des familiären Zusammenlebens, infrage stellende Aspekte der Fachkräfteexpertise ab und führen die Kritik der Fachkräfte an ihren Handlungsweisen auf ein Verkennen ihrer Belastungen, auf Unkenntnis und Unverständnis ihrer Lebenslage und/oder mangelnde Anerkennung ihrer eigenen Leistungen zurück. Sie suchen, die Fachkräfteexpertise zu entkräften, manchmal auch die Fachkräfte vom Funktionieren des Zusammenlebens zu überzeugen, und argumentieren mit dem, was funktioniert (Kind ist gut versorgt, wird regelmäßig bekocht, hat alles, was es braucht, ist sauber gekleidet). Sie wehren sich gegen Einschätzungen, die in der Konsequenz mit (zusätzlich belastenden) Anforderungen an die eigene Person verbunden sind bzw. Verhaltensänderungen implizieren und verbinden das diesbezügliche Insistieren der Fachkräfte mit institutioneller Macht, der sie sich ausgeliefert sehen. Sie betonen insbesondere ihre eigene Erschöpfung und Ohnmacht und gehen offenen Auseinandersetzungen mit Fachkräften aus dem Weg. Sie beugen sich der Fachkräfteexpertise ohne wirkliche Überzeugung soweit wie nötig, um Auseinandersetzungen, Konflikte, zusätzliche Belastungen und tiefergreifende institutionelle Eingriffe ins Familienleben zu vermeiden.

Beiseiteschieben von Vereinbarungen

Elternteile »vergessen« Termine oder halten Termine verspätet ein und führen zur Entschuldigung kurzfristige Erkrankungen/notwendige Arztbesuche auf. Sie »vergessen« Absprachen in Bezug auf Änderungen der Alltagsgestaltung und des eigenen Erziehungsverhaltens und sehen sich zur Einhaltung der Absprachen nicht in der Lage bzw. überfordert. Sie erdulden den mit Terminen verbundenen Aufwand und die mit Vereinbarungen und Absprachen verbundenen Konfrontationen teils, um Konsequenzen abzuwenden, teils als Kontext gewollter Gelegenheiten, über die eigene Situation zu sprechen, Verständnis zu erfahren und praktische Unterstützung zu erhalten.

Begrenzte, umleitende maßnahmenbezogenen Aktivitäten

Aktivitäten der Elternteile dieses Handlungstyps richten vor allem darauf, Entlastung der eigenen Person zu erhalten und mit der Maßnahme verbundene zusätzliche Belastungen/Anforderungen von sich fernzuhalten. Sie suchen aktiv den Kontakt zu den Fachkräften, wenn sie in Behördenangelegenheiten Hilfestellung (z. B. bei Antragstellungen) oder Unterstützung (z. B. bei Terminen mit dem Jobcenter) brauchen. Sie dulden/begrüßen es, dass sich die Fachkräfte um die Suche nach Freizeitmöglichkeiten oder um eine geeignete Beschulung für das Kind kümmern. Sie schätzen jene Gespräche/Gesprächsanteile mit Fachkräften, die mit Verständnis der eigenen Person und gegenüber den eigenen Belastungen verbunden sind. Sie verdeutlichen, angesichts eigener Belastungen, eigener gesundheitlicher Beeinträchtigungen, solchen (Alltags-)Anforderungen nicht gewachsen zu sein, die über das bisher geleistete Maß hinausgehen. Sie bleiben inaktiv in Bezug auf situationsverändernde Eigenleistungen und werben bei den Fachkräften anhaltend und wiederkehrend um »Aufschub«, für mehr Zeit und mehr Spielräume bei der Umsetzung abgesprochener Alltagsveränderungen und Veränderungen des Erziehungsverhalten.

Handlungstyp »Instrumentalisieren«

Elternteile dieses Handlungstyps sehen die Maßnahme als notwendige Voraussetzung der Verwirklichung eigener Vorstellungen und Ziele, denen das Verhalten des Kindes entgegensteht. Sie agieren mit:

Forderungen an Einschätzungen und Expertisen der Fachkräfte

Elternteile vertreten ein klares Eigeninteresse (z. B. zur Ruhe zu kommen; das Familienleben mit neuem Partner neu zu ordnen; das Verhalten des Kindes zu disziplinieren). Sie stellen ihre dem Eigeninteresse folgende Sichtweise den Einschätzungen/Expertisen der Fachkräfte voran und begrüßen solche Fachkräfte-Einschätzungen, die ihre Sichtweisen untermauern. Sie bleiben unnachgiebig/wenig kompromissbereit gegenüber Expertenmeinungen, die dem Eigeninteresse widersprechen bzw. diesem nicht oder nicht ausreichend zuträglich sind, und greifen teils darauf zurück, Expertisen einzelner Fachkräfte gegeneinander auszuspielen.

Begrenzen von Vereinbarungen im eigenen Sinn

Elternteile argumentieren mit »bereits alles schon ergebnislos versucht« gegen Vereinbarungen, die Änderungen des eigenen Erziehungsverhaltens, der eigenen Lebensführung implizieren. Sie akzeptieren das Kind/die Kinder betreffende Vereinbarungen, die dem Eigeninteresse entsprechen und auf Aktivitäten anderer zielen.

Dem Eigeninteresse folgende maßnahmenbezogene Aktivitäten

Elternteile suchen aktiv den Kontakt zu »verbündeten« Fachkräften/Experten, die ihr Anliegen unterstützen. Sie suchen/fordern den Kontakt und praktische Unterstützung im Bedarfsfall ein. Sie konzentrieren sich auf Aktivitäten zur Realisierung eigener Vorstellungen und Interessen und »pendeln« im Umgang mit Fachkräften und Behörden situativ – abhängig vom Deckungsgrad des Fachkräftehandelns mit eigenen Interessen – zwischen kooperierenden, duldenden und sich-widersetzenden Handlungsweisen.

Handlungstyp »Kooperieren«

Für Eltern dieses Handlungstyps steht im Vordergrund, sich aus einer schwierigen Situation/Lebensphase zu lösen und für das familiale Zusammenleben eine neue, tragfähige Situationsbasis zu schaffen. Sie agieren mit:

Aushandlung von Einschätzungen/Expertisen

Die Elternteile bringen den Fachkräften Vertrauen entgegen. Sie suchen das Gespräch mit Fachkräften, hören ihnen zu und stehen den Expertisen der Fachkräfte offen gegenüber. Sie sehen sich als Experte der eigenen Situation ernstgenommen und bringen ihre eigenen, auch kontroversen, Sichtweisen ein. Sie setzen sich auch mit schmerzhaften, die bisherige Lebensführung und Handlungsweisen infrage stellenden Einschätzungen der Fachkräfte auseinander. Sie sind kompromissbereit, daran interessiert, einen »gemeinsamen Nenner« auszuhandeln, und erleben Vorschläge und Tipps der Experten zur Situationsveränderung als unterstützendend.

Achten von Vereinbarungen

Elternteile beteiligen sich aktiv an der Aushandlung von Vereinbarungen und Zielen; bringen eigene Vorschläge ein. Sie begrüßen Vereinbarungen als etwas Gemeinsames und Sicherheit Gebendes: Sie halten Vereinbarungen selbst ein und verfolgen deren Einhaltung durch andere. Sie bringen ihre Erfahrungen mit der Umsetzung des Vereinbarten – Erfolge ebenso wie Rückschläge – in die Reflexion und Modifikation von Zielen und Vereinbarungen ein.

Verfolgung und Initiierung maßnahmenbezogener Aktivitäten

Eltern greifen Vorschläge und Tipps der Experten auf, suchen diese alltagsintegriert auszuprobieren/umzusetzen. Sie bringen sich in die auf das Kind bezogenen Maßnahmen ein, beteiligen sich bspw. aktiv – verlässlich und regelmäßig – an Aktivitäten des Heims/der Wohngruppe. Sie erkunden selbst zielführende Möglichkeiten (z. B. sozialräumliche Freizeit- und Bildungsangebote fürs Kind und für die eigene Person) und suchen, diese zu realisieren.

9.3 Handlungsmuster im Maßnahmengeschehen

Jeder der vier beschriebenen Handlungstypen steht in Verbindung mit elterneigenen Wertvorstellungen und einer darauf basierenden familialen Praxis. Gleichsam ist die Prägung des Elternhandelns eingebettet in einen längerfristigen, die Familie betreffenden Kontext an materiellen wie sozialen Bedingungen. Ereignisse, die das Zustandekommen der Maßnahme ausgelöst haben und Reaktionen, die aus den elterneigenen Auseinandersetzungen mit den Ereignissen resultieren, fließen in das Maßnahmengeschehen ebenso ein wie Reaktionen auf aktuelle Situationsveränderungen, die sich mit der Maßnahme in Verbindung bringen lassen.

Handlungstyp übergreifend offenbaren sich sowohl Parallelen als auch Unterschiede in den fünf Erfahrungsfeldern des Kinderschutzgeschehens. Parallelen betreffen insbesondere die längerfristigen Kontextbedingungen der Familie: In allen – in Schutzmaßnahmen eingebundenen Familien – sind (typunspezifisch) im Vorfeld Phasen hoher/irregulärer Belastungen mit Auswirkungen auf den alltäglichen Lebensvollzug gegeben: Überfordernde, konfliktive Familienkonstellationen, Trennungen/Scheidungen, Ein-Elternkonstellationen und/oder konfliktive neuformierte Familienkonstellationen spielen dabei ebenso eine Rolle, wie Phasen fragiler Gesundheit, fragiler materieller Versorgung und fragiler sozialer Teilhabe.

Unterschiede zeigen sich hingegen in Bezug auf Dauer und Intensität irregulärer Belastung sowie in Bezug auf deren Verarbeitung und das daraus resultierende subjektive Belastungsempfinden auf Seiten des Elternteils. Die Art der Verarbeitung und des subjektiven Belastungsempfindens wiederum unterliegt in nicht unerheblichem Maß dem Maß sozialer Teilhabe und den Vorerfahrungen mit Institutionen/Behörden. Darüber hinaus betreffen die Unterschiede alle weiteren Erfahrungsfelder des Kinderschutzes. Handlungstypspezifisch zeigt sich entsprechend ein bestimmtes Muster von – den Prozess der Kinderschutzmaßnahme prägenden – Eigenschaften, in deren Mittelpunkt die Interaktion von Elternteil und Fachkräften steht.

Muster des Handlungstyps Widersetzen

Im *Kontext* des widersetzenden Elternhandelns repräsentieren hohe – multifaktoriell kumulierende und auf Dauer gestellte – Belastungen für das Elternteil subjektiv einen hochgradig anstrengenden Alltag, der sich eher am Rande der Gesellschaft, kaum in soziale Strukturen eingebunden vollzieht.

Mit niedriger Enkulturation und einem vorrangig auf Versorgung gerichteten Familienbild verbinden sich eine eher begrenzte Sorge für das Kind, begrenzte Erziehungskompetenz und eine begrenzte elterliche Verantwortungsübernahme. Gleichsam resultieren diesbezügliche Begrenzungen aus hohen faktischen Belastungen und reduzierter sozialer Eingebundenheit. Beides – Begrenzungen und Belastungen – werden vom Elternteil als normal erlebt, negiert. In eigener Sicht hat das Elternteil seinen Alltag gut im Griff und kommt seiner Elternrolle trotz hoher und anhaltender Belastungen angemessen nach. Reaktion auf die innerpsychische Auseinandersetzung mit dem (fremdinitiierten) Zustandekommen der Maßnahme ist, diese als ungerechtfertigte behördliche Einmischung, als massiven Eingriff in das familiäre Geschehen und als Missachtung/Verkennung eigener Leistungen seitens der Behörden/der Fachkräfte zu erleben.

Im *Miteinander von Elternteil und Fachkräften* werden demnach nicht nur die Gründe für das Zustandekommen der Maßnahme unterschiedlich gesehen. Ebenso deutlich divergieren die Vorstellungen in Bezug auf den, auf das Wohl des Kindes/der Familie gerichtete, Handlungs- und Veränderungsbedarf.

Dem – auf fachliche Expertise gestützten – eingreifenden, Veränderungen von Verhältnissen und Verhalten forderndem und kontrollierendem Handeln der Fachkräfte, steht ein sich widersetzendes und entziehendes Handeln des Elternteils gegenüber. Im Zusammenwirken etabliert sich eine überwiegend brüchig instabile, Hierarchie geprägte und konflikthafte Eltern-Fachkräfte-Interaktion, in der es auf beiden Seiten an Bereitschaft mangelt, auf Kommunikationssignale des Gegenübers einzugehen.

Beispiel Frau B.

Weder den Polizeieinsatz aufgrund von Vandalismus noch die Gefährdungsmeldung von Seiten der Schule, die zur Inobhutnahme/Heimunterbringung des Sohnes führten, sieht Frau B. gerechtfertigt. Beides führt sie auf falschen Umgang und auf diskriminierende Vorurteile zurück. Sie beugt sich der Maßnahme dennoch, um zu vermeiden, dass ihr der Sohn »weggenommen« wird. Um ihre Interessen zu wahren, berichtet sie, müsse sie überall kämpfen und sich zur Wehr setzen gegen Vermieter, Jobcenter, Arbeitgeber, Behörden, Richter, Geldeintreiber und nun auch noch gegen das Jugendamt und gegen die Fachkräfte der Heimeinrichtung. Sie bleibt auf der Hut: »Also, ich hab mit Jugendamt bis jetzt schlechte Erfahrung gemacht. Andere Eltern oder Zeitungen, die berichten, dass da vieles verkehrt rumläuft. Von vielen Eltern werden die Kinder abgenommen, also ausländische Kinder.«

Frau B. widerspricht der Kritik an ihren Erziehungsmethoden und wehrt Vorschläge ab: »Jetzt rede ich«, habe ich gesagt, »Jetzt hören Sie zu! [...] Was Sie letztes Mal gemacht haben und gesagt haben, das ist alles falsch.«

Sie schafft es nicht den Sohn zur verabredeten Zeit zurück ins Heim zu bringen und besteht – unter Hinzuziehung von Verwandten als Unterstützung – auf einer Ausdehnung der Wochenendbeurlaubung: »Ne, ich sag mal so, wenn die jetzt nicht drauf eingehen, dass mein Kind Freitag, Samstag, Sonntag – jedes Wochenende nach Hause darf... Darauf werde ich bestehen. Wenn nicht, dann bin ich [...] dann gibt's wieder Ärger.«

Die aus dem Miteinander resultierenden *Konsequenzen* lassen sich am ehesten mit Verhärtung, Verstärkung der Haltung und der Situation des Elternteils und des Kindes beschreiben: Dass durch die Maßnahme gewohnte innerfamiliäre Abläufe gestört und durchbrochen sind, wird vom Elternteil ebenso als zusätzliche Belastung erlebt, wie die mit der Maßnahme verbundenen Forderungen der Fachkräfte. Weder die Maßnahme noch die veränderten Verhältnisse werden vom Elternteil akzeptiert. Das Elternteil hält an gewohnten Verhaltensweisen fest. Seine Haltung zum Kind und sein bisheriges Erziehungsverhalten bleiben ebenso unverändert, wie die innerfamiliären Abläufe. Damit verstärken und verhärten sich sowohl die entwicklungshemmende familiäre Praxis als auch die isolierenden Bedingungen und die Instrumentalisierung des Kindes zur Stabilisierung des elterneigenen emotionalen Gleichgewichts. Angesichts der erhöhten – mit zusätzlichem »Druck/Stress« durch Fachkräfte in Verbindung gebrachten – subjektiven Belastung des Elternteils rücken Elternteil und Kind näher zusammen: Das Kind solidarisiert sich verstärkt mit dem Elternteil im Agieren gegen die Maßnahme und gegen die Fachkräfte. Für das Kind verstärken sich das Hin- und Hergerissen-Sein zwischen Elternteil und Fachkräften und seine Entwicklungschancen reduzierendes Verhalten.

Unter unklarer Perspektive bleiben die mit der Maßnahme gegebenen Möglichkeiten seitens des Elternteils ungenutzt. Auf Seiten des Kindes bleiben neue/neuartige Entwicklungschancen durch Loyalitätskonflikte überlagert, beeinträchtigt und unausgeschöpft.

Muster des Handlungstyps Dulden

Kontext des duldenden Elternhandelns bilden vor allem innerfamiliäre Konflikte und/oder Konflikte mit Personen/Institutionen außerhalb der Familie. In Verbindung mit Phasen materieller Probleme, gesundheitlicher Beeinträchtigungen und marginaler sozialer Teilhabe bilden sie jene hohen subjektiven Belastungen, denen sich das Elternteil ausgeliefert erlebt. Im alltäglichen Lebensvollzug vorherrschend ist eine vor allem konfliktvermeidende Familienpraxis, eingebettet in eine einseitig auf Versorgung gerichtete und am Primat Familie ausgerichtete Wertorientierung.

Beispiel Frau C.

Angehörige und das Jugendamt haben dafür gesorgt, dass Frau C. und ihre Söhne befreit sind aus jahrelanger Unterdrückung und von gewalttätigen Übergriffen des Ehemanns und Vaters. Frau C. ist mit ihrer aktuellen, befriedeten und nun grundgesicherten Situation zufrieden und sieht für sich und ihre Söhne keinen Bedarf an kontinuierlicher Unterstützung. Sie duldet die Maßnahme dennoch, um belastende Konflikte mit Fachkräften und weiterreichende Konsequenzen im Sinne gerichtlicher Auseinandersetzungen zu vermeiden und bleibt weitgehend passiv. In Situationen zusätzlich belastender Alltagsanforderungen (z. B. Regelung von Behördenangelegenheiten, Regelungen zur ordnungsgemäßen Beschulung, Organisation des KiTa-Platzes) greift sie gerne auf die tatkräftige Unterstützung von Angehörigen und Fachkräften zurück. Gespräche mit Fachkräften nutzt sie vor allem, um zu verdeutlichen, dass »so, wie es ist, alles in Ordnung ist« und zusätzliche Anforderungen diese Ordnung gefährden.
»Ja«, sagt sie, »Schule und Arbeit, ohne Kriminalität und so. Sonst, ja, brauche ich gar nichts. Nur Ruhe und ja, manchmal vielleicht Urlaub mit meinen Kindern, wenn das geht.«

Das familiäre Zusammenleben unterliegt einer begrenzten und konfliktvermeidenden Sorge und Erziehung und ist vor allem darauf gerichtet, eine vordergründig befriedete Situation beizubehalten, bzw. diese nicht zu gefährden: Außenanforderungen (bspw. Termine beim Amt; Schulbesuch) werden überwiegend als Störung erlebt und gemieden. So bleibt der Alltag auf Aufrechterhaltung einer wenig förderlichen, eher einengenden Ordnung gerichtet: Es fehlen Tages- und Wochenstrukturierungen, verlässliche, wiederkehrende familiäre Rituale, gemeinsame Unternehmungen und eine strukturierte Freizeitgestaltung. Die Haltung des Elternteils zum Kind schwankt zwischen zugewandt und abgewandt. Sie repräsentiert vor allem eine, der eigenen Entlastung (Ruhe und Ordnung) dienliche, Instrumentalisierung des Kindes und folgt unklaren und diffusen auf Anpassung, Wohl- und Legalverhalten gerichteten Erziehungsvorstellungen.
Der Kontakt zu Behörden/Institutionen wird aufgrund negativer Erfahrungen gemieden.

Auslösend für das fremdinitiierte Zustandekommen der Maßnahme ist ein – mit eskalierenden, teils innerfamiliär gewalttätigen Konflikten und akuten Versorgungslücken einhergehendes, das Zusammenleben und das Wohl des Kindes akut bedrohendes – Geschehen, welches zeitnah durch institutionelle und/oder familiäre Unterstützung abgewendet ist. Ausgangspunkt der elterneigenen kognitiv-emotionalen Auseinandersetzung bildet demnach eine – nach Eskalation – bereits weitgehend befriedete und abgesicherte Situation: Das Elternteil erlebt sich und das Kind/die Kinder von akuter Bedrohung befreit und eingebunden in einen, subjektiv gut funktionierenden Alltag. Bisherige Erfahrungen mit Behörden und Institutionen sind entsprechend teils positiv, teils negativ besetzt.

Von außen bzw. im Zuge der Maßnahme an das Elternteil herangetragene Forderungen bezüglich der Versorgung des Kindes und die Gestaltung des Alltags- und Erziehungsgeschehens werden als unnötig, überzogen erlebt und auf Verkennung oder Fehlinterpretation der Situation zurückgeführt. Anforderungen werden vom Elternteil angesichts der eigenen Vulnerabilität mit Blick auf das Funktionieren des Alltags als erschwerend und kontraproduktiv erlebt. Es reagiert mit Negierung gegebener Probleme, mit Betonung der eigenen, subjektiven Belastung und mit Verteidigung des eigenen, eher passiven Verhaltens.

Im Zusammenwirken von Elternteil und Fachkräften bestehen – nach Abwendung der akuten Bedrohung und Befriedung der Alltagssituation – unterschiedliche Auffassungen: Dem Elternteil geht es um (fortgesetzte) persönliche Entlastung im Alltagsgeschehen. Für die Fachkräfte richtet sich der Handlungs- und Veränderungsbedarf auf Gestaltung und Absicherung eines für das Kind/die Kinder förderlichen Alltagsgeschehens, verbunden mit diesbezüglicher elterlicher Verantwortungsübernahme.

Elternteil und Fachkräfte eint zwar das Anliegen, eine erneute Eskalation zu vermeiden. Für das Elternteil steht dabei jedoch die Vermeidung von Negativkonsequenzen und der Erhalt des Status Quo handlungsleitend im Vordergrund: Es relativiert oder begründet die Fachkräfteexpertise mit eigener Belastung und Vulnerabilität und agiert passiv duldend, mit ausweichenden, beiseiteschiebenden Tätigkeiten und/oder mit einem Verantwortung abgebenden Aufgreifen alltags- und erziehungsentlastender Unterstützung.

Das begleitend kontrollierende Fachkräftehandeln konzentriert sich auf Deeskalation »im Schongang«: Das Verhalten des Elternteils und Kindes aufgreifend, werden die Einforderungen von Verhaltensänderungen eingebunden in Situationsentlastung und -befriedung sowie in entlastende, unterstützende Tätigkeiten.

Bestehen bleibt eine von Hierarchie geprägte und konfliktvermeidende Eltern-Fachkräfte-Interaktion: Das Machtgefälle zugunsten der Autorität auf Seiten der Fachkräfte wird von Elternteil und Fachkräften gleichermaßen gebilligt; Ebenfalls wird es von beiden Seiten vermieden, die auseinanderdriftenden Einschätzungen bezüglich des Handlungs- und Veränderungsbedarfs und möglicher Interventionen anzusprechen und anzugehen.

Konsequenz ist eine weitreichende Stagnation der Situation sowohl der Familie als auch bezogen auf das Maßnahmengeschehen vor dem Hintergrund einer weiterhin diffusen, fragilen Perspektive: Auf Seiten des Elternteils stagniert die konfliktvermeidende Haltung gegenüber den Fachkräften ebenso wie im Alltagsgeschehen und etabliert sich als konfliktvermeidende bzw. -ausweichende familiale Praxis unter sozial isolierten Bedingungen. Beibehalten bleibt die elterliche Instrumentalisierung des Kindes zur Stabilisierung des eigenen emotionalen Gleichgewichts. Gleichsam bestehen die hohe Loyalität und Solidarität des Kindes mit dem vulnerablen Elternteil fort und führen zu einer Verantwortungsverschiebung, die den Möglichkeiten des Kindes zur Inanspruchnahme und Ausschöpfung von persönlicher Entwicklung und sozialer Integration befördernden Angeboten entgegensteht.

Muster des Handlungstyps Instrumentalisieren

Kontext des instrumentalisierenden Elternhandelns bildet eine – durch Neuordnung familiärer Verhältnisse, neuer Partnerschaft etc. – weitgehend befriedete und gesicherte Alltags- und Versorgungssituation. Problematische, hoch belastende und überfordernde Phasen familiären Zusammenlebens sind durch Trennung/Scheidung überwunden oder durch Neuformierung der Familienkonstellation aktualisiert. Das am Wert Familie und gesicherter Versorgung orientierte Alltagsgeschehen unterliegt teils der Neuformierung der Familienkonstellation, in der das Kind seinen Platz noch nicht gefunden hat bzw. eine randständige Position erhält.

Innerhalb der neugeordneten familiären Verhältnisse ist der Familienalltag durch äußere Anforderungen, durch bspw. Arbeit und durch das Gemeinsame, etwa durch gemeinsame Unternehmungen der Erwachsenen rhythmisiert. Die Erziehungsintention des Elternteils richtet sich auf Wohlverhalten, Legalverhalten und Anpassung des Kindes insbesondere an die neuen Verhältnisse. Das Elternteil begegnet dem Kind distanziert, vorwurfsvoll fordernd und disziplinierend.

Das (Fehl-)Verhalten des Kindes bzw. seine mangelnde Anpassung an die neuen Verhältnisse, seine mangelnde Einfügung werden als Grund für zunehmende innerfamiliäre Konflikte für die Zuspitzung/Eskalation der Situation und für das Zustandekommen der Maßnahme gesehen.

Beispiel Frau M.

Nach früher Scheidung vom Kindsvater, Sorgerechtsstreitigkeiten, dauerhaften gesundheitlichen Beeinträchtigungen und Fremdunterbringung ihrer Kinder hat sich Frau M. mit ihrem zweiten Ehemann ein »neues Leben« aufgebaut. Nach einiger Zeit hat sie dem Drängen ihres Sohnes A. nachgegeben und ihn »zu sich geholt«. Ihre Erwartungen, dass A. sich in die neue Situation einfügt, sich vom leiblichen Vater fernhält, sich dankbar zeigt und im Verhalten unauffällig und legal bleibt, hat A. nicht erfüllt.

»Ehm, also« sagt sie, »es gab diese Momente, wo ich gesagt hab: Nee, also jetzt reicht's, also jetzt hat er den Bogen zu hoch gespannt. Wo das Jugendamt dann noch versucht hat, mit mir zu reden, wo ich gesagt hab: Da gibt's nix mehr zu reden. Also entweder, oder. Entweder holen sie ihn jetzt, oder ich bring ihn weg. Wo sie dann nachher aber eingesehen haben, okay Frau M., Sie haben da doch recht.

Also seitdem [...] geht es mir eigentlich wieder viel besser. Ich weiß auch eigentlich jetzt, A. ist in guten Händen. Aber dass sie diese Maßnahmen auch so machen, wie ich sie gerne hätte, da stehen noch einige Faktoren offen, wo ich sage, da sind noch Lücken für A., die müssten geschlossen werden.«

Der Umgang des Elternteils mit Institutionen/Behörden und die Selbstinitiierung der Maßnahme stützen sich auf teils positive, teils negative Erfahrungen. Vom Elternteil wird die Maßnahme als notwendige zu erbringende Dienstleistung aufgefasst, die zum Zweck der Verhaltensänderung und/oder Disziplinierung des Kindes initiiert und in Anspruch genommen wird. Problemursachen werden vom Elternteil (auf das Kind) umgedeutet, und die Lösungssuche an Fachkräfte delegiert. Das Elternteil sieht die Maßnahme als notwendige und sinnvolle Voraussetzung zur Verwirklichung der eigenen – vor allem mit der Neuformierung der Familienkonstellation verbundenen – Vorstellungen und Ziele.

Elternteil und Fachkräfte stellen das Kind bzw. das (Wohl-)Verhalten des Kindes, nicht das familiäre Zusammenleben ins Zentrum ihres Zusammenwirkens. Dementsprechend kann sich die Zusammenarbeit auf – diesen Part betreffende – kongruente Einschätzungen bezüglich des Handlungs- und Veränderungsbedarfs und potenzieller Interventionen stützen.

Das instrumentalisierende Handeln des Elternteils geht von eigener Expertise aus, die der Zusammenarbeit mit Fachkräften und der Aushandlung von Vereinbarungen vorangestellt wird. Aktivitäten des Elternteils folgen dem Eigeninteresse und richten sich – in Verantwortung abgebender/verlagernder Weise – auf die Einforderung und Ausschöpfung institutioneller Möglichkeiten.

Die Fachkräfte akzeptieren Teile der Expertise des Elternteils und greifen das Anliegen des Elternteils – ihrer eigenen, weitergehenden Expertise zum Wohl des Kindes folgend – auf. Sie setzen am Verhalten des Kindes an, zielen auf Verhaltensänderung beim Kind (nicht beim Elternteil) und folgen damit einer insgesamt kompensierenden, duldenden Herangehensweise: Mit ihren, auf das Kind gerichteten, Familie ersetzenden und Erziehungs- und Versorgungsdefizite ausgleichenden Aktivitäten, dulden sie gleichzeitig die Neuformierung der Familie unter Ausgrenzung des (betroffenen) Kindes.

Die eher unsystematische, situative Eltern-Fachkräfte-Interaktion fußt auf einer von beiden Seiten akzeptierten Beschränkung, wird von einseitigen Interessen geleitet und geprägt von einseitigen, seitens des Elternteils gestellten Forderungen und Anordnungen. Ein in Teilen auf Augenhöhe realisiertes Agieren bleibt – abhängig von der Akzeptanz der Fachkräfte gegenüber den Vorstellungen und Zielen des Elternteils – instabil.

Folge ist, dass die Akzeptanz des Elternteils beschränkt bleibt auf die das Kind betreffenden Maßnahmen und neuen Verhältnisse, die das Elternteil mit der Realisierung einer gewollten (notwendigen) Disziplinierung des Kindes ebenso verbindet wie mit persönlichen neuen Möglichkeiten und neuen Möglichkeiten und Perspektiven für die (Rest-)Familie.

Konsequenzen liegen in einer Verstetigung, allenfalls einer Intensivierung der Verhältnisse bzw. der neugeordneten Familienkonstellation unter Ausgrenzung des Kindes. Neben der Verfolgung des elterlichen Eigeninteresses verstetigen bzw. intensivieren sich auch die Bedingungen für das Kind: Für das betroffene Kind bleibt die Beziehung zu den Eltern oder zum Elternteil weitgehend und in verstörender Weise ungeklärt. In der Regel greift es (teils) nach einer Phase der Beruhigung/Befriedung auf gewohntes, auch das veränderte Setting irritierendes und durcheinanderbringendes Verhalten zurück und bleibt unzugänglich für eine Ausschöpfung neuer Möglichkeiten.

Muster des Handlungstyps Kooperieren

Kontext des kooperierenden Elternhandelns bilden Ereignisse, die seitens des Elternteils als Erschütterung und/oder Infragestellung des bisherigen Zusammenlebens der Familie wahrgenommen werden. Sie werden mit Konflikten/Partnerschaftskonflikten, mit Verlust des Partners, Auseinanderbrechen der Partnerschaft, Trennung/Scheidung ebenso in Verbindung gebracht wie mit (reaktiven) Phasen hoher subjektiver Belastung, instabiler Gesundheit, prekärer materieller Versorgung, reaktivem Fehlverhalten des Kindes und/oder behördlichen Eingriffen.

Im Vordergrund innerpsychischer Auseinandersetzung steht für das Elternteil das Eingeständnis, mit den Eltern-Kind-Konflikten, dem Verhalten des Kindes, dem eigenen Erziehungsunvermögen und den damit verbundenen persönlichen Belastungen alleine nicht mehr fertig zu werden. Grund für die Selbstinitiierung der Maßnahme bilden dieses Eingeständnis und die Absicht, sich den Problemen stellen, sie aktiv – und unter Hinzuziehung von Fachkräften – angehen zu wollen.

Beispiel Frau E.

Frau E. sieht sich nach der Scheidung von ihrem Mann mit einer Situation konfrontiert, die sie zunehmend überfordert. Sich steigernde Mutter-Sohn-Konflikte angesichts anwachsender problematischer Verhaltensweisen des Sohnes veranlassen sie, sich Unterstützung zu suchen und eine Fremdunterbringung des Sohnes zu initiieren. Kontinuierlich arbeitet Frau E. gemeinsam mit den Fachkräften unter Beteiligung ihres Sohnes auf ein ebenso friedvolles wie für den Sohn förderliches Miteinander von Mutter und Sohn hin.

»Also wirklich«, berichtet Frau E., »nach der Trennung war B. sehr aggressiv und dann habe ich gesagt, bevor noch etwas Anderes als Möbel zertrümmern und Fensterscheiben einschlagen passiert, mache ich diesen Schritt. [...] Also die Fachleute haben wirklich gesehen, jetzt ist es notwendig, und sie haben mich ja von der ersten Minute an unterstützt und wirklich ernst genommen: ›Ja, die Situation ist jetzt so und jetzt machen wir das Beste daraus‹. Also, es war anstrengend, es war richtig anstrengend, aber ähm ja, wir haben es soweit gepackt. Gut, es hat zwischendurch sicher Wochenenden gegeben, wo ich gedacht habe, jetzt wird alles wieder so wie vorher. Aber dann haben wir das wieder besprochen mit Bezugsperson und mit dem S. zusammen und äh ja, dann haben wir das irgendwie analysiert. Also, wie in der Partnerschaft, würde man sagen. Wir gehen zusammen, denselben Weg. Ja, es ist ein Miteinander und nicht ein Nebeneinander.«

Im Zusammenwirken handeln sowohl Elternteil als auch Fachkräfte kooperierend, gestützt auf konvergente Einschätzungen bezüglich des Veränderungs- und Handlungsbedarfs und potenzieller Interventionen: Im Sinne der Wiederherstellung eines förderlichen familialen Miteinanders steht dem kooperierend-aufgreifenden Handeln des Elternteils ein kooperierend-förderndes Fachkräftehandeln gegenüber. In der gemeinsamen Arbeit beteiligt sich das Elternteil aktiv an der Aushandlung einer handlungsleitenden Expertise und an maßnahmenspezifischen Absprachen. Es verfolgt diese Absprachen und Vereinbarungen aktiv. Es greift institutionelle, soziale und sozialräumliche Möglichkeiten im Sinne zielgerichteter Aktivitäten auf. Die Fachkräfte stellen ihrem Handeln die ausgehandelten Expertisen und Zielen im Sinne der Stärkung einer förderlichen Eltern-Kind-Beziehung voran. Sie konzentrieren sich auf unterstützende, Selbsttätigkeit anregende Tätigkeiten zur Förderung von Elternteil und Kind, deren Miteinander und deren soziale Teilhabe.

Konsequenzen dieser geregelten, responsiven Eltern-Fachkräfte-Interaktion »auf Augenhöhe« sind Stabilisierung und Erweiterung

- der Akzeptanz von Elternteil und Kind gegenüber den Fachkräften, der Maßnahme und den neuen Verhältnissen,
- der Befriedung der Eltern-Kind-Beziehung und der familiären Situation,
- der Entwicklung und Ausschöpfung neuer und neuartiger Perspektiven, Möglichkeiten und Chancen des Elternteils, des Kindes und des familialen Miteinanders.

Veränderungen im Maßnahmenverlauf

Im Verlauf von Maßnahmen bleiben die zu Beginn gegebenen Prägungen des Elternhandelns teils über Monate konstant im Vordergrund oder unterschwellig virulent erhalten. Anderenteils zeigt sich, dass sich das Erleben und Handeln vom Elternteil im Verlauf der Maßnahme durchaus wandeln und dabei Mischformen durchlaufen können. Vom Einzelfall abstrahiert ergeben sich daher Verlaufsmuster, die mit mehr oder weniger verändertem Elternhandeln und -erleben *und* mit mehr oder weniger deutlichen Veränderungen in zentralen Bereichen der Familiensituation *und* der Eltern-Fachkräfte-Interaktion einhergehen. Voneinander abgrenzen lassen sich entsprechend Verläufe, bei denen die Prägung des Elternhandelns unter fortgesetzter kognitiv-emotionaler Auseinandersetzung entweder gleichbleibend ist bzw. sich im Verlauf verhärtend stabilisiert oder sich zunehmend in Richtung eines kooperierenden Handelns wandelt. Für eine, sich in Richtung kooperierenden Handelns wandelte Maßnahme steht das bereits eingangs aufgeführte Beispiel von Frau A.:

Beispiel Frau A.

Im Verlauf der Auseinandersetzung mit Fachkräften zeigt Frau A. sowohl duldende, sich widersetzende als auch kooperierende Handlungsweisen: Zunächst duldet sie die Heimunterbringung und beugt sich der anfänglichen Kontaktsperre, um eine gerichtliche Auseinandersetzung zu verhindern. Sie verteidigt ihre Einschätzungen und ihr Erziehungsverhalten gegenüber den Fachkräften teils konfrontativ widerständlich (»... wir frühstücken im Bett, wir klönen, kuscheln den ganzen Tag, egal, ob da was liegt oder ob da was liegt.«). Dabei erlebt sie sich durchaus ernst genommen und verstanden und begegnet der Maßnahme und den Einschätzungen der Fachkräfte zunehmend akzeptierend. Sie erlebt die Trennung von der Tochter als Entzerrung, Entlastung einer hochbelasteten Situation und erfährt eine Befriedung der Mutter-Kind-Beziehung unter veränderte Vorzeichen. Sie sieht gleichzeitig eine Parteilichkeit der Fachkräfte für das Kind, die dem Kind zugutekommt: Frau A. sieht ihre Tochter von der Sorge um die Mutter entlastet und freut sich über die positive schulische Entwicklung der Tochter.

In der systematischen, strukturierten Zusammenarbeit von Mutter und Fachkräften vollzieht sich eine wechselseitige Öffnung für die Positionen und Sichtweisen des Gegenübers, die sich auf die gemeinsame Zielsetzung und auf das geteilte Anliegen im Sinne einer förderlichen Entwicklung des Kindes zu handeln stützt. Mit wachsender gegenseitiger Akzeptanz und wachsendem wechselseitigen Verständnis wächst gleichzeitig das Vertrauen von Frau A. in das Handeln der Fachkräfte: Divergierende Einschätzungen/Auffassungen können angesprochen und schmerzhafte Erfahrungen mit Blick auf eine für beide Seiten akzeptable Vorgehensweise reflektiert werden.

Bei alldem stützt sich Frau A. auf die Aussicht, die Tochter zunächst an den Wochenenden nach Hause holen zu können. Sie akzeptiert die für sie schmerzliche Aussage der Fachkräfte, dies sei derzeit noch zu früh, weil sie deren Sinn hinsichtlich der Stabilisierung der Mutter-Tochter-Beziehung/des Miteinanders teilt. Konsequenzen sind, dass sowohl die Mutter als auch die Tochter aus einer Negativspirale des Miteinanders befreit sind und eine veränderte Situationsbasis gegeben ist, die für Mutter und Tochter und für das Gemeinsame mit neuen Entwicklungsmöglichkeiten verbunden ist.

In welcher Weise sich ein Elternteil in das Maßnahmengeschehen einbringt wird deutlich davon beeinflusst, wie es das Handeln der Fachkräfte erlebt. Daneben gilt, dass sich das Erleben und Handeln von Elternteilen im Verlauf der Maßnahme von einem zunächst sich widersetzenden, duldenden oder instrumentalisierenden hin zu einem kooperierenden verändern kann. Das heißt (anders formuliert): Das Erleben und Handeln von Elternteilen lässt sich im Zuge des Handelns der Fachkräfte in die eine oder andere Richtung bestärken.

Ein kooperatives Miteinander ist – so zeigen die Verläufe – nicht zwingend daran gebunden, dass der Maßnahme von Beginn an eine gemeinsame, deckungsgleiche Deutung der familiären Situation seitens der Akteure vorangestellt ist. Allerdings wird ein kooperatives Miteinander insbesondere dort befördert, wo ein gemeinsamer Nenner gesucht und gefunden wird, der sich (jenseits von Belehrungen und Bekehrungen) auf die Gestaltung eines Erlebens- und Erfahrungsrahmens konzentriert, welcher den Eltern *und* dem Kind Entwicklungsmöglichkeiten eröffnet.

Bemerkenswert ist, dass ein kooperierendes Elternhandeln weder zwangsläufig an eine Selbstinitiierung der Maßnahme durch das Elternteil noch zwangsläufig an ein niedriges subjektive Belastungserleben gekoppelt ist: Auch bei kooperierendem Handlungsmuster sind zu Beginn der Maßnahme teils hohe langanhaltende, multifaktoriell kumulierende Belastungen sowie externe/invasive Maßnahmen-Initiierungen gegeben. Generell gilt, dass sich das subjektive Belastungserleben der Elternteile unter sozialer Isoliertheit und mangelnden Gelegenheiten des Austauschs verstärkt. Zudem gilt durchweg, dass die Art der Vorerfahrungen mit Institutionen/Behörden Einfluss auf die Prägung des Elternhandelns nimmt: Negative Vorerfahrungen begünstigen ein sich widersetzendes; positive Vorerfahrungen ein kooperierendes Elternhandeln.

9.4 Zusammenfassung und Ausblick

Vom Einzelfall abstrahiert lässt sich das Handeln von Eltern, die in Kinderschutzmaßnahmen eingebunden sind entlang von Unterschieden als Widersetzen, Dulden, Instrumentalisieren und Kooperieren typisieren. In Verbindung mit elterneigenen Wertvorstellungen, mit längerfristigen, die Lebenswirklichkeit der Familie prägenden Kontextbedingungen, mit bestimmten Eigenschaften der Situationszuspitzung und des Zusammenwirkens mit Fachkräften lassen sich die vier Handlungstypen jeweils zu einem Muster verdichten, welches auch typische Konsequenzen für den Verlauf und für die Ergebnisse der Maßnahme zeigt.

- »Widersetzen« beinhaltet eine ablehnende, misstrauende, unterwandernde Haltung des Elternteils gegenüber der Maßnahme und den eingreifend fordernden Handlungen der Fachkräfte, die sich im Verlauf ebenso *verhärtet*/verstärkt wie die latenten Gefährdungen des Kindes unter Beibehaltung von gewohnten – positiver Entwicklung entgegenstehenden – Handlungsweisen und Einstellungen des Elternteils.
- »Dulden« ist verbunden mit Akzeptanz des Elternteils gegenüber einer von akuten Gefahren und Versorgungsmängeln befreiten, weitgehend befriedeten Situation, nicht aber gegenüber den weitergehenden Anforderungen bzw. weiterreichender von den begleitend kontrollierenden Fachkräften an sie herangetragenen Forderungen zur elterlicher Verantwortungsübernahme. Folge ist eine stagnierende/erstarrte Situation des familiären Miteinanders mit fragiler Perspektive.
- Beim »Instrumentalisieren« richtet sich die Akzeptanz des Elternteils auf jene Aspekte der Maßnahme und des kompensierend duldenden Fachkräftehan-

delns, die auf eine Verhaltensänderung des Kindes zielen und der Realisierung elterneigener Interessen zuträglich sind. Hierunter verstetigen sich neue/neuartige Möglichkeiten und Perspektiven für die Familie, bei denen das betroffene Kind allerdings außen vor/ausgeschlossen bleibt.

Für das betroffene Kind/die betroffenen Kinder zeigen sich folgende Auswirkungen:

- Verbunden mit zusätzlichen Konflikten und Auseinandersetzungen gerät das Kind beim Muster des widersetzenden Elternhandelns zwischen die sich verhärtenden Fronten von Elternteil und Fachkräften.
- Im Kontext des duldenden Elternhandelns markieren eine hohe Loyalität und Solidarität mit dem Elternteil das Verhalten der involvierten Kinder. Sie stellen sich schützend und altersunangemessen Verantwortung übernehmend vor den vulnerablen Elternteil und versuchen teils, Konflikte und Eskalationen vermeidend »still zu halten«.
- Im Muster des Instrumentalisierens verstetigt sich – auch unter veränderten Bedingungen wie bspw. einer Fremdunterbringung – angesichts ungeklärter Eltern-Kind-Beziehung und unklarer Zukunftsperspektive des Kindes sein störendes, irritierendes Verhalten.

Hingegen haben Kinderschutzmaßnahmen, wenn sie sich auf ein kooperierendes Zusammenwirken von Eltern und Fachkräften stützen, auch in Zwangskontexten das Potenzial nicht nur dringende Gefahren für das Wohl des Kindes abzuwenden, sondern zudem zu neuen und tragfähigen Entwicklungschancen und Perspektiven für den jungen Menschen und seine Familie beizutragen.
Diesbezüglich bedeutsam sind folgende Befunde:

Erstens begünstigen positive Vorerfahrungen der Eltern mit Institutionen, Behörden und Fachkräften ebenso wie eine tragfähige soziale Einbindung von Eltern das Zustandekommen eines kooperierenden Miteinanders mit Fachkräften in Kinderschutzgeschehen. Positive Erfahrungen bringen Eltern vor allem damit in Verbindung,

- zu wissen, an wen sie sich im Bedarfsfall – mit möglichst geringem Aufwand und ohne Negativfolgen befürchten zu müssen – wenden können/müssen;
- sich und ihr Anliegen verstanden zu erleben;
- zeitnah und unbürokratisch effektive Unterstützung zu erhalten und
- diese Unterstützung ggf. erneut aufgreifen zu können.

Dies ist insbesondere dort gegeben, wo Eltern und Kinder verlässliche Ansprechpartner in »ihrer Lebenswelt«, also innerhalb niedrigschwelliger Angebote wie bspw. Familienzentren und/oder in Regeleinrichtungen wie KiTa und Schule haben, die ihnen ggf. auch in Krisensituationen »zur Seite stehen« und den Weg zu weiterführenden Einrichtungen und Leistungen bahnen und begleiten.

Zweitens besteht – zum einen – eine Wechselwirkung zwischen anhaltend widersetzendem, duldendem und instrumentalisierendem Elternhandeln und einer abschmelzenden Tendenz der Intensität und Verlässlichkeit der Zusammenarbeit von Fachkräften und Eltern im Verlauf von Kinderschutzmaßnahmen. Infolge trägt der Rückzug der Fachkräfte aus der Auseinandersetzung mit Eltern dazu bei, dass eine wirkungsvolle Zusammenarbeit mit Eltern nicht zustande kommt und sich entwicklungshemmende Irritationen der Betroffenen verstetigen. Zum anderen besteht ein Zusammenhang zwischen einer auf Kontinuität, Verlässlichkeit, Transparenz und Rollenklarheit ausgerichteten Zusammenarbeit mit Elternteilen und der Überwindung von sich widersetzendem, duldendem und instrumentalisierendem Elternhandeln.

Drittens kann sich somit das Erleben und Handeln von Elternteilen im Verlauf von Kinderschutzmaßnahme entlang der hiermit in Verbindung stehenden Erfahrungen durchaus von einem zunächst sich widersetzenden, duldenden oder instrumentalisierenden Handlungsmuster hin zu einem kooperierenden wandeln. Anders formuliert: Das Erleben und Handeln von Elternteilen in Kinderschutzmaßnahmen lässt sich im Zuge des Handelns der Fachkräfte in die eine oder andere Richtung bestärken: Eine auf Defizite und Misslingendes gerichtete Aufmerksamkeit sowie von Machtanwendung geprägtes, vorrangig mit Fachkräfteexpertisen begründetes, auf Verhaltens- und Verhältnisänderungen drängendes Fachkräftehandeln befördern widersetzendes, duldendes und instrumentalisierendes Elternhandeln; Auf Ressourcen und Gelingendes gerichtetes, einfühlend verstehendes, aushandelndes, einbeziehendes Fachkräftehandeln befördert hingegen auch in Zwangskontexten Kooperation und Partizipation. Sich selbst und die eigene Situation verstanden erleben sich Eltern dort,

- wo Fachkräfte ihr Bemühen um Verständnis nicht nur auf einzelne Merkmale des Handelns und der Situation des Elternteils richten, sondern auch deren Zusammenhänge und Wechselwirkungen berücksichtigten, und
- wo Fachkräfte die Erkundung von Merkmalen, Zusammenhängen und Wechselwirkungen der Elternsituation nicht vorrangig zur Einschätzung des Schweregrads des Misslingenden, sondern insbesondere nutzen, um persönliche Stärken und materielle und soziale und sozialräumliche Möglichkeiten der Familienmitglieder aufzuspüren.

Ein solcher »ressourcenorientierter Blick« auf Seiten der Fachkräfte würdigt und vervollständigt nicht nur das Verständnis gegenüber der Elternperson, der Familie, ihrer Situation und ihrer (bisherigen) Leistungen. Er eröffnet gleichsam Anknüpfungspunkte zur Verbesserung der Situation, die für das Elternteil nachvollziehbar, akzeptabel und selbsttätig leistbar sind.

Für eine Praxis gelingender Kinderschutzmaßnahmen lassen sich demnach mit Blick auf das Zusammenwirken von Eltern und Fachkräften folgende Ziele als maßgeblich ableiten:

- Eltern stehen niedrigschwellig erreichbare, unkompliziert-lebensweltnahe Unterstützungsangebote im Vorfeld von Schutzmaßnahmen zur Verfügung.

- In der Interaktion mit nicht kooperativen Eltern wird seitens der Fachkräfte auf das Überwinden der für das Kind schädlichen Muster Widersetzen, Dulden, Instrumentalisieren hingearbeitet
- Die fallführende Fachkraft bleibt auch bei Eltern dran, die anhaltend das Muster Widersetzen, Dulden oder Instrumentalisieren pflegen.

Literatur

Welter-Enderlin, Rosmarie & Hildenbrand, Bruno (Hrsg.). (2006). *Resilienz – Gedeihen trotz widriger Umstände*. Heidelberg: Carl Auer Verlag.

10 Das Erleben des Kindes im Kontakt mit nicht-professionellen Akteuren im Gefährdungskontext

Julia Schatzschneider

»Wohlbefinden ist etwas Soziales. Das komplizierte Gewebe der Beziehungen eines Kindes zu Familien und Freunden ist das Entscheidende. Kein Kind ist eine Insel« (McEwan 2015, S. 22).

»Die eindeutige Benennung der staatlichen und professionellen Verantwortung für den Schutz von Kindern hat Konsequenzen für die Verantwortlichkeit, die Berechtigung und Bereitschaft von Gemeinschaften, subsidiär Hilfe zu leisten. Diese werden einerseits latent abgewertet, weil ihre Kinderschutzfunktion aus Sicht des Systems nicht kalkulierbar ist, andererseits werden sie aber auch aus ihren genuinen Verantwortlichkeiten entlassen, weil das Feld durch Expertinnen und Experten besetzt wird« (Früchtel 2018, S. 157).

Entlang der der Analyse zugrunde liegenden Interviewaussagen von 18 Jugendlichen, die sich zum Zeitpunkt der Erhebung in einer ambulanten, teilstationären oder stationären Maßnahme befinden, der eine Gefährdungsmeldung vorausgegangen ist, sind neben ihren Eltern, Müttern oder Vätern und Geschwistern sowie den in den Unterstützungsprozess involvierten Fachkräften weitere Personengruppen für sie bedeutsam. Für diesen Teil der Bearbeitung wurden daher alle von den betroffenen Kindern und Jugendlichen benannten Akteure, die keinen offiziellen pädagogischen Auftrag haben und nicht biologische oder Pflegeeltern sind, sowie alle genannten Kinder und Jugendlichen, die nicht Geschwister sind, einbezogen. Dabei kann es sich um weitere Familienangehörige, Erwachsene aus dem Umfeld, aber auch um Mitbewohnerinnen und Mitbewohner im Rahmen stationärer Unterbringung sowie um Peergroups oder Einzelpersonen wie die beste Freundin oder den besten Freund handeln.

Hinsichtlich der Entstehungsgeschichte lässt sich aus den Interviews ableiten, dass der überwiegende Teil der Beziehungen mit den Erwachsenen innerhalb des lebensweltlichen Bereichs entstanden ist – meist innerhalb der Familie, manchmal kommen die Bezugspersonen jedoch auch aus der Nachbarschaft oder aus dem Institutionen-Netzwerk. Auf der Ebene der Gleichaltrigen sind die relevanten Beziehungen unter anderem im Kontext der natürlich sozialisierenden Institutionen oder in stationären Settings gewachsen (▶ Kap. 2). Alle befragten Kinder und Jugendlichen benennen nicht-professionelle Beziehungsressourcen, allerdings stellen sich diese in unterschiedlicher Ausgestaltung, mit unterschiedlicher Komplexität und differierender Intensität dar.

Das positive Beziehungserleben lässt sich in sieben Muster unterteilen. Einige der Kinder unterhalten Beziehungen auf vielen dieser identifizierten Ebenen, haben gleichermaßen erwachsene wie gleichaltrige Bezugspersonen, andere können nur auf einige oder wenige Ressourcen zurückgreifen.

Ein systematisch-aktiver Einbezug der von den Kindern und Jugendlichen benannten erwachsenen Bezugspersonen durch das professionelle Unterstützungssystem ist entlang der Interviews bis auf einen Fall nicht ersichtlich, gleichwohl ist das nicht-professionelle Beziehungsgeschehen der Kinder in Teilen positiv oder negativ vom Hilfeprozess berührt, kann dadurch erst entstanden oder aber aufgelöst oder unterbrochen worden sein.

10.1 Erwachsene nicht-professionelle Akteure

Primärbedürfnisse/Grundbedingungen umfassend erfüllende Fürsorgebeziehungen[1]

In Einzelfällen erfahren die betroffenen Kinder und Jugendlichen durch andere Familienmitglieder eine umfassende (sozial-emotionale wie materiell-funktionale) Unterstützung in außerelterlichen Beziehungen, sodass diesen zumindest temporär ein die Elternbeziehung ersetzender Charakter zugesprochen werden kann.

In den hier betrachteten Fällen handelt es sich bei diesen Akteuren jeweils um die Großeltern der Kinder, durch die die Kinder Fürsorge erfahren. Sie haben bei ihnen (teilweise) ihren Wohnort, das gemeinsame Geschehen umfasst den gesamten Alltag und nicht nur einzelne Aktivitäten wie gemeinsame Ausflüge. In einem Fall sind die Großeltern in den Unterstützungsprozess offiziell eingebunden, jedes zweite Wochenende lebt das Kind dort. In beiden Fällen sind die Mutter bzw. Eltern einverstanden mit diesem Setting.

Primärbedürfnisse (Grundbedingungen) ergänzend erfüllende Fürsorgebeziehungen

Auch hier handelt es sich um für die Kinder und Jugendlichen außerordentlich bedeutsame erwachsene Bezugspersonen. Von großer Wichtigkeit ist bspw. die neue Freundin des Vaters, eine Tante oder eine Großmutter, was sich etwa im folgenden Zitat zeigt:

> »Aber ich bin viel, ich bin sehr viel beim Grosi, weil ich dort meine Ruhe habe (ein Auflachen). Und das brauche ich einfach.«

---

1 Die Gerechtigkeitsphilosophin Martha Nussbaum hat sogenannte Grundbedingungen genannt, die in den Sozialwissenschaften seitdem breit rezipiert werden (Nussbaum, 2010).

Die unten beschriebenen Handlungen, die sich in diesen Beziehungen vollziehen, sind insbesondere hinsichtlich der emotionalen Bedeutung nahezu deckungsgleich mit denen, die die Jugendlichen in den umfassend erfüllenden Beziehungen erfahren. Allerdings wohnen die Kinder und Jugendlichen nicht regulär mit diesen Bezugspersonen zusammen (wenngleich sie deren Wohnungen punktuell als Fluchtort aufsuchen), die Tragweite der Beziehungen erscheint geringer, die gemeinsamen Handlungen sind weniger umfassend oder die gemeinsam verbrachte Zeit ist kürzer.

Erfahren die Kinder/Jugendlichen Beziehungen in einer dieser beiden Formen, benennen sie diese als Teil ihrer primären Bezugspersonen, sie werden bei der Frage nach wichtigen Menschen als erste oder wichtigste Ansprechpartner oder aber in einem Atemzug mit den Eltern und den sie betreuenden Fachkräften genannt.

Punktuell unterstützende Fürsorge-Beziehungen

Nicht alle Kinder/Jugendlichen erleben ein intensiv-umsorgendes Beziehungsgeschehen, wie in den beiden ersten Beziehungsmustern geschildert. Dennoch haben viele punktuelle Fürsorge durch Erwachsene erfahren. Während sich in den ersten beiden Fällen der Kreis der Akteure zumeist aus Familienmitgliedern zusammensetzt, entstehen diese Kontakte auch innerhalb eines erweiterten Erwachsenenkreises.

Wirksam werden diese Beziehungen in unterschiedlichen Zusammenhängen. Sie sind sowohl in Notsituationen relevant – zwei Jugendliche haben in Momenten, in denen sie die Situation in ihrem Zuhause nicht mehr ausgehalten haben, dieses verlassen und jeweils Zuflucht bei ihrer Gotte (Pate/Patin) gesucht –, als auch im Kontext der beruflichen Entwicklung, wenn etwa Reflexionsmöglichkeiten mit dem Ausbilder bestehen und dieser sich Zeit für die Betroffenen nimmt. Und sie können als Auslöser für die Initiierung eines Hilfeprozesses fungieren.

Diese punktuell fürsorglichen Momente bedeuten für die Jugendlichen, außerhalb der Kernfamilie gesehen und beachtet zu werden, und hier ihnen zuträgliche Beziehungserlebnisse mit ihnen zugewandten Erwachsenen zu machen.

Diese punktuell unterstützenden Momente geschehen zufällig, ergeben sich aus den Beziehungen, die die Kinder/Jugendlichen zu Gleichaltrigen pflegen (bspw. die Eltern der Freundinnen und Freunde) oder geschehen im Rahmen des Unterstützungssettings wie etwa bei einem Jugendlichen, der durch nichtpädagogische involvierte Erwachsene wie dem Koch der Institution für ihn bereichernde Erfahrungen macht.

Funktional-materiell unterstützende Fürsorge-Beziehungen

Während sich die drei oben beschriebenen Beziehungsmuster durch eine variierende, aber grundsätzlich starke emotionale Bedeutung für die Kinder/Jugendlichen ausweisen, verfügen einige von ihnen zudem über mehr oder weniger dauerhafte Beziehungen, die eine funktional-materielle Unterstützung und damit eine Erweiterung ihres Handlungsspielraums bedeuten. So kann bspw. eine geschilderte Großelternbeziehung keinerlei emotionale Bedeutung haben, jedoch auf materieller Ebene Sicherheit vermitteln, wenn sie für die Kinder und Jugendlichen eine finanzielle Ressource bedeutet. Auch kann der Alltag durch Fahrdienste erleichtert oder eine Wohnungsrenovierung erst mit Hilfe eines Bekannten ermöglicht werden. In den Fällen der funktional-materiell unterstützenden Beziehungen erstrecken sich die Tätigkeiten dann nur noch auf diese ihren Alltag bereichernde Aspekte. Flankierende emotional bedeutsame Facetten werden von den Kindern und Jugendlichen hinsichtlich dieser Personen nicht beschrieben.

Lebensweltliche Anker in Kinderschutzverläufen

Mit Blick auf diese lebensweltlichen Ressourcen, die sich für die Kinder und Jugendlichen in diesen vier unterschiedlichen Beziehungsmustern ergeben, lässt sich als erstes Fazit festhalten: Auch wenn die Kinder die Grundtätigkeiten dieser Handlungskontexte »Erziehen, Fördern und Fordern« durch ihre Eltern nur in Teilen oder auch gar nicht erleben, werden diese Aspekte durch die Bezugspersonen dieser Kategorie überwiegend erfüllt oder Lücken kompensiert. Die in der Elternbeziehung gelebte familiale Kultur wird durch die Beziehungen zu diesen weiteren erwachsenen Bezugspersonen (positiv) kontrastiert oder zumindest erweitert. Deutlich wird das exemplarisch an der Antwort eines Kindes auf die Frage nach den wichtigsten Personen:

> »Ähm schon meine Großeltern, weil ich mehrheitlich bei ihnen aufgewachsen bin. Also eigentlich wirklich der größte Teil von meiner Kindheit war ich bei ihnen. Und sie haben mir auch ein wenig gezeigt, wie eigentlich ein Familienleben ist.«

Kongruenz bezüglich der Deutungen und Werte des Kindes besteht im Falle der umfassend erfüllenden Fürsorgebeziehungen eher mit denen der Großeltern, diese werden durch sie maßgeblich mitgeprägt.

Während die Beziehung zu den Eltern sich in Teilen bis hin zu Hilflosigkeit und Erdulden erstreckt, ist das Gestaltungsfeld im Kontext dieser Beziehungen wesentlich größer bzw. weiter gesteckt. Auch wenn die Beziehungen nicht auf Augenhöhe gelebt werden, sondern von Fürsorglichkeit gegenüber dem Kind geprägt sind, ist die Handlungsmacht der Betroffenen größer – eben jenes Gestaltungsfeld kann freiwillig betreten oder auch verlassen werden.

Im Rahmen des Forschungsprojekts wurde ein Interview mit drei Brüdern geführt, die nach jahrelanger massiver Gewalterfahrung durch den Vater zuerst mit ihrer Mutter in einem Frauenhaus untergekommen sind und zum Zeitpunkt des Interviews gemeinsam mit ihr bei Onkel und Tante leben. Zu den weiteren nicht-professionellen Akteuren zählt ebenfalls eine Großmutter, die in der neuen Nachbarschaft lebt und die für das Beziehungserleben einer der Brüder bedeutsam erscheint. Der vormals von Gewalt und Unberechenbarkeit geprägte familiale Alltag vollzieht sich im Zusammenleben mit den anderen Familienmitgliedern (nicht-professionellen Akteuren) nun in einem stark veränderten Setting. An die Stelle von Willkür-Erleben durch den gewalttätigen Vater ist eine größere Regelmäßigkeit und Vorhersehbarkeit getreten: »Aber hier ist jetzt immer gute Laune. Jetzt kann ich auch ruhig nach Hause kommen. Früher [am früheren Wohnort] hatte ich Angst, nach Hause zu kommen. Ich hatte nie gute Laune, auch wenn irgendwo Party war, meine Kollegen draußen am Lachen. Ich konnte irgendwie nie so, ich war immer am überlegen, was zu Hause jetzt gerade passiert.«

So erfahren die Geschwister im Zusammenleben mit Onkel, Tante und Mutter z. B. regelmäßige Mahlzeiten, gemeinsame Gespräche, zusammen fernsehen. Familie, die unverändert hohen Stellenwert hat, kann hier in einem gewaltfreien Kontext gelebt werden. Als zusätzliche Ruhe vermittelnde lebensweltliche Insel kann zumindest für einen der Beteiligten die Großmutter gelten, gekennzeichnet durch Verlässlichkeit suggerierende Konstanz. Ihre Wohnung bedeutet Rückzugsort und Gegenpol zum quirligen Zusammenleben in der neuen Wohnung. Der Kontakt mit ihr oder auch dem Onkel kann anders als im Umgang mit dem Vater als Gestaltungsfeld verstanden werden, in dem sie sich als selbstwirksam erleben können. Die Tiefe von Werten, Deutungen und Handlungsmustern, die in der Kernfamilie erfahren wurden, werden jedoch trotz dieses neu geschaffenen Lebensumfelds deutlich. Die Kongruenz mit jenen des Vaters wird sichtbar, wenn die Jugendlichen in Zusammenhängen mit Gleichaltrigen zu Gewalttätern werden.

Handlungen

Die Handlungen dieser Bezugspersonen haben eine überwiegend umsorgende, häufig beruhigende und strukturvermittelnde Funktion. Die Jugendlichen beschreiben hier insbesondere das generelle Da-Sein (auch im Sinne von Erreichbarkeit) der Großeltern. Eine Jugendliche: »*Sie ist mir wichtig, weil ich einfach zu ihr kann*«. Aber auch ihr Verstehen und ihr Zuhören sind für sie wertvoll.

Die Tätigkeiten sind gekennzeichnet von den Eigenschaften, dass diese Zuwendungen nicht an Bedingungen (im Sinne eines besonderen Verhaltens der Kinder) geknüpft sind. Sie sind umfassend und haben grundsätzlich Geltung, wie bspw. eine 16-jährige Jugendliche bezüglich ihrer Tante beschreibt: »*Die ist immer für mich da, obwohl ich viel Scheiße mache*«. Weiter sind sie vertrauensvoll (z. B. wird dem Zuhören der Großmutter der Vorzug vor dem des Freundes gegeben, da das Gesagte dort bewahrt wird), insbesondere aber sind sie anders als im Elternhaus stabil und auf Dauer angelegt, vereinzelt spielen sie bei der Zukunftsplanung eine Rolle. Diese Handlungen sind nicht reziprok, die Kinder sind an dieser Stelle die Sorge und Zuwendung empfangenden Personen.
Die Bezugspersonen erfüllen bei den intensiveren Ausprägungen zudem erzieherische Aufgaben, so werden Regeln aufgestellt und Werte vermittelt (z. B. Sparsamkeit im Umgang mit Geld).

Die Handlungen sind beim ersetzenden Beziehungsgeschehen entsprechend umfangreich und decken das alltägliche Leben ab. Neben der oben beschriebenen umsorgenden nicht-reziproken Komponente beinhaltet es auch Elemente der gemeinsamen Freizeitgestaltung, bspw. werden Ausflüge gemacht, wird gemeinsam eingekauft, Gartenarbeit verrichtet oder zusammen gegessen.

Schlussendlich bedeuten die Handlungen der Erwachsenen sowohl in der ersetzenden als auch in der kompensatorischen Ausprägung in einigen Fällen auch eine Erweiterung von Chancen und Möglichkeiten auf materieller Ebene. Die Bezugspersonen erfüllen Wünsche, unterstützen finanziell oder helfen bspw. bei der Organisation von Möbeln. Die Mobilität wird in einigen Fällen gesteigert, der Sozialraum erweitert sich, weil bspw. die Großeltern Fahrdienste übernehmen.

Die *Handlungsbereiche* der Beziehungen zu erwachsenen nicht-professionellen Bezugspersonen können im Fall der befragten Kinder und Jugendlichen demnach weitreichend sein:

sorgen	beraten
ermöglichen	ausstatten
verstehen	Werte vermitteln
stabilisieren	erziehen
erleichtern	Freizeit/Alltag gestalten
vermitteln	erweitern
zuhören	planen

Die *Eigenschaften* dieser Handlungen in den ersten beiden Beziehungsformen lassen sich wie folgt zusammenfassen:

kontinuierlich	dauerhaft
bedingungsfrei	stabil
vertrauensvoll	umfassend
verlässlich	

Davon unterscheiden sich die Eigenschaften der punktuellen wie funktionell-materiell unterstützenden Beziehungen, die sich durch Unregelmäßigkeit auszeichnen und sowohl inner- als auch außerfamiliär entstanden sind.

Die hochgradig intensiven Beziehungen zeichnen sich durch umfassendes situationsübergreifendes Beisammensein aus, finden alltäglich statt, kommen sowohl in der Freizeitgestaltung zum Tragen als auch als Hilfe in Notsituationen. Die Begegnungen erfolgen regelmäßig und anders als bei den ergänzenden Fürsorgebeziehungen nicht nur zu von den Kindern/Jugendlichen selbst ausgewählten Zeiten.

Einige der ergänzenden Beziehungen kommen insbesondere, anteilig auch nur in Notsituationen zum Tragen. Beispielsweise haben zwei Kinder jeweils bei ihren Verwandten spontan und in Not Zuflucht gefunden.

Als *Ergebnis* lässt sich festhalten, dass das Geschehen zwischen den Kindern/Jugendlichen und ihren erwachsenen Bezugspersonen eine kontrastierende Erfahrung zu der instabilen Situation in ihrem ursprünglichen Zuhause darstellt. Vor dem Hintergrund, dass die Betroffenen dies durch ihre Eltern teilweise nur eingeschränkt erfahren, können sie dennoch in einem familiären Setting fürsorgliche Beziehungen erleben. In der Ursprungsfamilie teils temporär, teils grundsätzlich nicht erfüllte Bedürfnisse wie die Vermittlung von Geborgenheit und Sicherheit können hier gestillt und Familie erlebt werden.

Dadurch, dass sich für die Kinder durch diese Beziehungen Ausweich- und Kompensationsmöglichkeiten vom Elternhaus ergeben, kann dieser Kontakt wiederum mittelbar mit Hilfe dieser Akteure stabilisiert werden, etwa, wenn die neue Freundin des Vaters zwischen Kindern und der Mutter vermittelt oder die Jugendlichen in schwierigen Situationen in ihrem eigentlichen Zuhause räumlich ausweichen können, weil sie bei ihren Großeltern unterkommen:

> »Also ich habe es eigentlich sehr gern, wenn alles schön gepflegt ist oder so. Aber bei uns zu Hause kann man das manchmal nicht so umsetzen. Also wir sind, wir haben schon eine schöne Wohnung und so. Aber ich weiß nicht, manchmal fühle ich mich einfach nicht so wohl. Aber ich habe meine Familie trotzdem noch gern. Aber ich schlafe auch zu Hause während der Woche, also es graust mich nicht, aber manchmal habe ich das Bedürfnis, einfach nicht zu Hause zu schlafen.«

Aufgrund dessen, dass die emotional bedeutsamen Handlungen nicht reziprok sind – der sorgende Gedanke scheint hier in der Regel von den Erwachsenen bezogen auf die Kinder auszugehen – wird deutlich, dass die Kinder/Jugendlichen anders als teilweise in ihren Elternhäusern in ihrer Rolle als Kind wahrgenommen werden.

10.2 Beziehungsmuster auf der Ebene der Gleichaltrigen

Neben den positiven Beziehungserfahrungen der betroffenen Kinder und Jugendlichen, die diese mit erwachsenen nicht-professionellen Bezugspersonen machen, haben diejenigen, die sie mit Gleichaltrigen erleben, ebenfalls hohe Relevanz und Stützfunktion für ihr alltägliches Erleben, für die Identitätsentwicklung, die Freizeitgestaltung, auch und besonders in belastenden Situationen. Dieses Geschehen lässt sich in drei voneinander abweichende Beziehungsmuster unterteilen, die sich teilweise in selbstgewählten außerinstitutionellen Settings, teilweise im Rahmen von Schule oder Heimeinrichtungen entwickeln. Manche der Kinder erleben dabei alle drei, andere nur zwei oder eines. Intensität, Tiefe und Funktion des Geschehens variieren entlang der Äußerungen.

Dyadisch-exklusive Peerbeziehungen (bester Freund/beste Freundin)

Neben dem in Wohngruppen oder Cliquen organisierten Gruppengeschehen berichten viele der Kinder über eine beste Freundin bzw. einen besten Freund. Diese in der Regel gleichgeschlechtlichen Freundschaften haben ebenfalls einen hohen Stellenwert für die Befragten, variieren jedoch in ihrer Intensität. Teilweise haben diese Freundschaften ersetzenden oder kompensierenden Charakter, wenn die Jugendlichen auf der Erwachsenenebene keine tragfähigen Beziehungen erleben, und bilden eine rare Konstante in ihrem Beziehungsnetz – als »*einen, der mich seit drei Jahren begleitet und das ist mein bester Kollege. Alle anderen kamen und gingen wieder*«. Die Freundinnen und Freunde werden dann als die wichtigsten Personen benannt oder aber als Familienmitglieder empfunden.

Bei den diesbezüglichen Handlungen handelt es sich vereinzelt um etwas, was ihnen von ihrem besten Freund/ihrer besten Freundin zugetragen wird oder das sie durch sie erfahren, sind also eher passiv – sie werden dann beschützt (z. B. vor den Angriffen anderer Jugendlicher), begleitet oder gelenkt. In aller Regel handelt es sich jedoch um reziprokes Handeln, das auf Augenhöhe stattfindet – man lacht miteinander, ist füreinander da oder steht jeweils für den anderen ein. Hierin unterscheiden diese Beziehungen sich deutlich von den zu den oben beschriebenen Erwachsenen. In diesen Interaktionen steht weniger das »miteinander-etwas-Tun« im Vordergrund (im Sinne von miteinander Fußball spielen oder ausgehen) als die emotionale Verbundenheit, die die Betroffenen beschreiben:

> »Bei denen [bezieht sich auf Partnerin und besten Freund, die wichtigsten Personen für ihn] bin ich eigentlich sehr entspannt, bei denen bin ich sehr ruhig und fühle mich auch ein Stück weit einfach sicher. Vielleicht kennst du das Gefühl, wenn du einfach so weißt, das ist eine Person, die entspricht mir sehr gut, das passt sehr gut zu mir, oder das ergänzt mich auch.«

Die Freundschaft ist in unterschiedlichen Situationen relevant, manche suchen ihren Freund oder ihre Freundin auf, wenn sie sich nach belastenden Momenten beruhigen oder anderen etwas anvertrauen wollen. Die Beziehung kann dann einen entlastenden Fluchtpunkt bieten:

> »Ich hab mich halt so allein gefühlt und ausgeschlossen. Das war dann ziemlich traurig und deswegen bin ich halt immer weggelaufen und zu meiner besten Freundin gegangen.«

Gleichzeitig erleben sie in diesem dyadischen Geschehen mitunter Leichtigkeit miteinander, hier entspannen sie, vor allem aber lachen sie miteinander, sind albern oder blödeln.

In besonderem Maße sind diese Beziehungen (ähnlich der intensiven Fürsorgebeziehungen zu Erwachsenen) getragen von Akzeptanz und gegenseitigem Verstehen. Häufig können sich gerade die älteren Jugendlichen mit ihrem Gegenüber identifizieren und empfinden große Ähnlichkeit mit ihm oder ihr. Verstehen funktioniert dann mitunter wortlos.

Einige der jüngeren Kinder beschreiben ebenfalls, einen Freund oder eine Freundin zu haben, auch hier sind die Handlungen geteilt, weisen jedoch hauptsächlich einen spielerischen Charakter auf. Man verabredet sich zum Sport oder zum Eis essen.

Aus Sicht der Jugendlichen sind diese Beziehungen auf Dauer angelegt und stabil. Sie kennzeichnen sich vereinzelt über Erreichbarkeit:

»Wenn er merkt, dass es mir schlecht geht, egal ob ich noch schreibe oder so, er ruft mich eigentlich immer sofort an, sagt, ich soll erzählen, er stellt keine Fragen«.

Die von ihnen benannten relevanten Eigenschaften sind absolut und ausnahmslos – man kann über »alles« reden, sie gelten »immer« und sind verhaltens- und situationsunabhängig:

»Ihm kann ich auch ganz klar sagen, was ich von ihm halte, und er ist nicht sauer, wenn ich einmal hundesauer auf ihn bin. Ich kann ihm das an den Kopf schmeißen und ihn beleidigen. Er grinst nur doof und umarmt mich dann.«

Die gemeinsamen *Handlungsbereiche* erstrecken sich demnach über folgende Felder:

planen	sich beruhigen
verstehen und verstanden werden	sich miteinander identifizieren
sich verteidigen	zuhören
sich ergänzen	sich entsprechen
vertrauen	trösten
aufmuntern	akzeptieren
spielen	diskutieren
angenommen werden	miteinander lachen
beschützen	begleiten
lenken	

Als die *Eigenschaften* dieser dyadischen exklusiven Beziehungen lassen sich zusammenfassen als:

absolut	stabil
langfristig	begründet
ausnahmslos	freiwillig

Die Exklusivität dieser Beziehungen ergibt sich, da die Jugendlichen ihre besten Freunde und Freundinnen teils als »die einzigen« beschreiben, die sie verstehen, zu ihnen stehen, auch wenn alle anderen dies aus ihrer Sicht nicht tun. Vereinzelt entsteht ein »Wir gegen den Rest der Welt«-Gefühl.

Diese aus entwicklungspsychologischer Sicht bedeutsamen Beziehungen können dann einen problematischen Charakter annehmen, wenn die Identifikation miteinander bzw. ihre Verbundenheit durch selbstschädigendes Verhalten geschieht, bspw. durch Ritzen, was aus subjektiver Sicht jedoch ein verbindendes, Beziehung schaffendes Element darstellt.

Einfluss auf diese Beziehungen hat der professionelle Unterstützungsprozess in dem Moment, in dem er mit einer räumlich weit entfernten oder stationären Unterbringung verbunden ist – wahlweise wachsen die Freundschaften in diesem Kontext erst oder aber sie bedeuten mindestens eine räumliche Trennung.

Die Kinder/Jugendlichen erleben sich hier in einer exklusiven verlässlichen Zweierbeziehung (häufig noch vor der ersten Partnerschaft), in dessen Rahmen sie sie selbst sein können und dabei Zugehörigkeit in einem paarähnlichen Kontext erfahren, in dem sie sich wechselseitig annehmen und verstehen.

10.3 Außerinstitutionelle cliquenförmige Peerbeziehungen

Neben den exklusiven Zweier-Freundschaften nimmt das Peergroup-Geschehen bei vielen der befragten Kinder und Jugendlichen eine wichtige Rolle ein, wenngleich die beschriebenen Beziehungen auch hier in ihrer Intensität variieren.

Dabei lassen sich drei unterschiedliche Beziehungsmuster (sozial-emotional bedeutsames Peergeschehen; informell-ausgleichendes Peergeschehen; aktivitätsbasierend-spielerisches Peergeschehen) ausmachen, die jedoch nicht immer trennscharf verlaufen, sondern sich bei Einzelnen vermischen.

Alle hierunter gefassten Beziehungen sind auf freiwilliger Ebene entstanden und werden außerhalb professioneller Institutionen (nicht im Rahmen offener Kinder- und Jugendhilfe) gelebt. Einfluss darauf hat der Unterstützungsprozess nur dann, wenn er mit einer räumlichen Veränderung verbunden ist. Dann jedoch bedeutet dies einen drastischen Einbruch in das Beziehungserleben, insbesondere, wenn im Rahmen der Unterbringung zusätzlich die medialen Kontaktmöglichkeiten eingeschränkt sind.

In Teilen besteht ein Peergeschehen, das eine *sozial-emotional bedeutsame Komponente* aufweist und stark wertebasiert ist. Im Vordergrund steht hier, füreinander zu sorgen und einzustehen oder auch sich zu verteidigen. Diese Beziehungen kommen insbesondere in als schwierig erlebten Situationen zum Tragen, etwa wenn die Jugendlichen Trost suchen. Ein Jugendlicher beschreibt exemplarisch:

> »Die Kollegen, die ich jetzt habe, die sind hinter mir, die stehen hinter mir, egal was ist. Also die sind, wenn es wirklich um etwas geht, die stehen hinter mir. Wenn es wirklich jemand ist, der hinter mir steht, das ist wirklich ein guter Kollege. Und wenn irgendjemand sagt, eben wenn es mir schlecht geht, ›Ja kommt schon wieder gut‹ und so, und nachher geht er, das ist für mich kein Kollege. Der muss wirklich dabei sein und muss wirklich schauen, dass es einen besser geht, und muss dich ablenken können. Und das sind einfach wirklich die Kollegen, die ich suche.«

Neben diesen wertbasierten Anteilen besteht ein *informell-ausgleichendes Peergeschehen*, dass entlang ihrer Ausführungen nur einen niedrigen Konkretisierungsgrad aufweist und sich in Verschwiegenheit und Unbestimmtheit manifestiert, die etwa in der Aussage »*Wir [...] sind nachher einfach ein wenig irgendwo*« zum Ausdruck kommt. Die Tätigkeiten lassen sich unter Draußen sein und in besonderem Maße unter Abhängen subsumieren. Insbesondere die Schweizer Jugendlichen verhandeln dieses Geschehen wörtlich unter »*mit Kollegen abmachen*«.

Dieses gemeinschaftliche Sein zeichnet sich durch Absichtslosigkeit bzw. Planlosigkeit und Unregelmäßigkeit aus. Es findet an wechselnden Orten, hauptsächlich aber draußen statt, wodurch ein Bild des Vagabundierens entsteht. Die Jugendlichen müssen sich dafür nicht konkret verabreden. Berichten sie darüber, benutzen sie Begriffe, die die oben genannte Unbestimmtheit unterstreichen, man trifft sich »*einfach irgendwo*«, »*manchmal*«, »*irgendwann*« oder macht »*ein wenig*«.

Da viele der Jugendlichen nicht zuletzt durch die Unterstützungssettings, vor allem durch Ausbildungsmaßnahmen und durch die Organisation des alltäglichen Lebens in den Wohngruppen einen stark strukturierten und reglementierten Alltag leben, wirkt dieses Peergeschehen als selbst gewählter entlastender – ausgleichender – Kontrast dazu. Dies wird dadurch verstärkt, dass es grundsätzlich außerhalb von Jugendhilfe-Institutionen und ohne Erwachsenenbezug stattfindet. Die Schweizer Jugendlichen nutzen dafür die lokale Infrastruktur als Treffpunkte (die Stadt, das Freibad, die Reithalle), die älteren Essener Jugendlichen benennen mit einer Ausnahme (nutzt den Sozialraum und trifft sich auf einem wohnortnahen Platz oder an der Bushaltestelle) keine bestimmten Orte dafür.

Neben dem subjektiv bereichernden Aspekt, den diese Beziehungen für die Jugendlichen darstellen, ereignen sich in dieser für Erwachsene nicht zugänglichen Zusammensetzung jedoch vereinzelt kriminelle oder illegale Handlungen (Alkoholkonsum, Vandalismus).

Das *aktivitätsbasierend-spielerische Geschehen* findet vor allem zwischen den jüngeren Kindern statt. Es weicht sowohl in der emotionalen Bedeutung (diese beschreiben die jeweiligen Kinder zumindest nicht) als auch hinsichtlich des Grads der Unbestimmtheit, der das Teenager-spezifische Cliquengeschehen ausmacht, von den anderen beiden Beziehungsformen ab. Es handelt sich um spielerische, häufig auch sportliche gemeinsame Aktivitäten, die nach der Schule, freiwillig und außerinstitutionell (in der Regel im Sozialraum) stattfinden, die mitunter noch einen kindlichen oder abenteuerlichen Charakter haben.

In allen drei ›Spielarten‹ sind die Handlungen (ähnlich wie bei den besten Freundinnen) geteilt, reziprok und finden auf Augenhöhe statt, so geht es z. B. um ›*miteinander* lachen‹, ›*füreinander* einstehen‹.

Folgende *Handlungsbereiche* sind charakteristisch für diese Beziehungen:

integrieren	draußen sein
gamen	spielen
Sport treiben	trösten
vertrauen	beruhigen
zuhören	verstehen (wortlos)
sich erkennen	schützen
sorgen	vagabundieren
Alkohol konsumieren	sich politisch engagieren
miteinander lachen	blödeln und albern sein

Eigenschaften sind:
unregelmäßig   geteilt
absichtsvoll im Ganzen, aber absichtslos im Konkreten   überwiegend reziprok

Interindividuelle Unterschiede bestehen darin, ob das Peergeschehen für die Jugendlichen eine »Ausgleichswelt« mit überwiegend entspannender Funktion zu ihrem Alltag bietet und in der sie ihre Freizeit verbringen oder ob sie diese Settings als Fluchtpunkt von belastenden Situationen nutzen bzw. ihre Unterstützung in Notsituationen benötigen, wenn in der Welt der Erwachsenen verlässliche Bezugspersonen fehlen). Es besteht daher ein je unterschiedlicher Stellenwert des Peergeschehens im Kontext von Familie, Partnerschaft oder dem besten Freund bzw. der besten Freundin.

10.4 Institutionalisierte Peerbeziehungen (Wohngruppe)

Diese Beziehungen unterscheiden sich von den oben beschriebenen insbesondere dadurch, dass sie nicht frei gewählt, sondern im Rahmen des Unterstützungssettings zustande gekommen sind und sich in ihrer Zusammensetzung dem Einfluss der betroffenen Jugendlichen entziehen. Grundsätzlich lässt sich daher sagen, dass die Gestaltbarkeit des Kinderschutzverlaufs hinsichtlich des Zusammenlebens in der Wohngruppe durch institutionelle Vorgaben (die positiv oder negativ erlebt werden können) stark eingeschränkt ist. Ob die dort erlebten Beziehungen daher als Unterstützung, Belastung oder beide Aspekte empfunden werden, ist individuell verschieden. Diese Einschränkung wird deutlich, wenn die betroffenen Jugendlichen ihr aktuelles lebensweltliches Gefüge in belastenden Situationen (im Heim) eher erdulden als sich z. B. zu widersetzen.

Das Beziehungsgeschehen im Heimalltag lässt sich vor dem Hintergrund des interindividuellen Erlebens der Kinder ebenfalls in unterschiedliche Muster unterteilen.

Familienähnliches fürsorgliches Beziehungsgeschehen

Entlang der Beschreibungen wird deutlich, dass in einigen Fällen, in denen die betroffenen Jugendlichen stationär untergebracht wurden, ein familienersetzendes Setting besteht, das das gesamte Alltagsleben umfasst und in dem die Kinder und Jugendlichen in Abhängigkeit von der vorgefundenen Altersspanne familienähnliche Rollen wie die des großen Bruders (schützend) oder der kleinen Schwester (annehmend) einnehmen:

> »Hier ist es wirklich ziemlich gut. Hier gibt es auch Zeiten und so und hier kann ich mich halt besser orientieren und ich hab halt hier mehr Freunde und sozusagen eine große Familie, wo sich alle um jemanden kümmern oder so. Das finde ich halt ziemlich gut, weil ich hab eine Freundin äh nicht so meine Freundin, aber meine Nachbarin hier ist 18 Jahre alt. Die kümmert sich auch um mich und holt mir auch ständig Kleidung oder so, weil ich fühl mich halt sozusagen so, als wenn die C. meine Schwester wäre.«

In Teilen erleben die Kinder hier (teilweise erstmalig in ihrer Hilfekarriere) also eine große Geborgenheit in einer verlässlichen Gemeinschaft, der sie sich zugehörig fühlen. Die Bedeutsamkeit der Wohngruppe ist dementsprechend hoch, Mitglieder werden zu den wichtigsten Bezugspersonen gezählt. Zwar wird im Alltag auch gestritten, im Vordergrund steht jedoch das Erleben von (Ersatz-)Familie. Hervorgehoben wird in diesem Setting das Gesehen- und Umsorgt-Werden, insbesondere die jüngeren Kinder genießen diese Beziehungen und nehmen die Sorge um ihre Person gerne an.

Vereinzelt liegt in diesen Wohnsituationen ein hohes Entwicklungspotenzial für die Kinder und Jugendlichen, wenn sie, bspw. vor dem Hintergrund, der/die Älteste zu sein, ihr Verhalten reflektieren und feststellen, dass Jüngere ihr Verhalten beobachten und ggf. nachahmen. Im Falle jüngerer befragter Kinder wiederum leisten wiederum ältere Mitbewohnerinnen und Mitbewohner Hilfestellung in als schwierig erlebten Situationen und haben beruhigenden Einfluss.

Konfliktiv-belastendes Beziehungsgeschehen

Während einige der Kinder ein Orientierung gebendes familiäres Setting in den stationären Einrichtungen erleben, bedeutet die Unterbringung im Einzelfall eine Situation, die die persönliche Belastung noch verstärkt. Einerseits ist die Unterbringung eine große Unterstützung für die Betroffene, andererseits wird dadurch eine hohe Bedeutsamkeit des Settings generiert, Streitigkeiten und gravierende Vorfälle wie das Ritzen einer Mitbewohnerin scheinen dann als Bedrohung für ebenjenes Setting erlebt zu werden. Das Zusammenleben ist situativ mit zusätzlichem Stress und einem hohen Anspruch verbunden, Verantwortung für die Situation zu übernehmen und diese zu beruhigen. Zusätzlich präsent sind vorherige Mobbingsituationen in anderen stationären Einrichtungen.

Distanzierend-Abgrenzendes Beziehungsgeschehen

In anderen Fällen zeigt sich bei den betroffenen Jugendlichen ein großes Abgrenzungsbedürfnis von den anderen Bewohnerinnen und Bewohnern, die ihnen teilweise deutlich belasteter oder »verrückter« erscheinen, als sie selbst sich sehen. Die teils psychisch-labile Situation der anderen (Ausrasten) bedeutet dann eine zusätzliche Belastung:

> »Wir haben hier Mädchen, die jetzt ausrasten. Und dass halt dann sozusagen auch wir bestraft werden, weil dann müssen wir nämlich aufs Zimmer, bis diejenige Person meint, dass sie wieder runterkommt. Und dann dauert das auch noch, bis wir wieder runter dürfen. Und dann werden vielleicht deswegen Aktionen gestrichen oder so. Also sozusagen, dass es hier irgendwie schon Kollateralstrafen gibt.«

Arrangierend-akzeptierendes Beziehungsgeschehen

Einige der fremd untergebrachten Jugendlichen schildern ein arrangierend-akzeptierendes Beziehungsgeschehen mit ihren Mitbewohnerinnen und Mitbewohnern. Zwar gibt es Streitigkeiten, z. B. aufgrund des Altersunterschieds, insgesamt beschreiben sie jedoch einen gemeinsamen »unkomplizierten« Alltag, der mit einer einzelnen Ausnahme emotional weniger bedeutsam ist als etwa bei denjenigen, die familienähnlich zusammenleben. Ein solcher Vergleich wird hier nicht gezogen. Das Zusammenleben wird hingenommen, ohne eine besondere Belastung darzustellen. Emotional bedeutsame Beziehungen werden bei den weiteren Betroffenen außerhalb des stationären Settings mit weiteren familiären Bezugspersonen gelebt.

Die Handlungen in diesen institutionell bedingten Beziehungen erstrecken sich zum einen über die des alltäglichen (Familien-)Lebens – gemeinsam kochen, essen und in wechselnden Ämtern den Haushalt organisieren oder an Gruppengesprächen teilnehmen, in denen bspw. Konflikte thematisiert werden. Verbunden sind diese mit den Eigenschaften alltagsorientiert, institutionell vorgegeben und ritualisiert. Zum anderen sehen sich die Jugendlichen auch in einer vermittelnden oder schlichtenden Rolle, in der sie Verantwortung übernehmen oder aber in einer behüteten beschützten Rolle, wenn andere WG-Kollegen für sie einstehen. So entstehen familienähnliche selbstgewählte Beziehungsmuster im institutionalisierten Heimalltag.

10.5 Fazit: Für einen ressourcensensiblen Ansatz im Kinderschutz

Während in der Fachliteratur und auch in den Formularen der Jugendämter das Fokussieren auf Ressourcen etablierter Standard sind, hat sich entlang der Interviews im Forschungsprojekt eine Diskrepanz zwischen von den Kindern empfundenen Ressourcen und der Nutzung bzw. Erwähnung dieser im Unterstützungsarrangement gezeigt. Nimmt man die Unterteilung von ergänzenden, unterstützenden und ersetzenden Hilfen vor, zeigt sich, dass sich bei radikalem Blick auf die Kinderperspektive für alle drei Bereiche Ressourcen finden, die mindestens auf den ersten Blick auch in das Unterstützungssetting Einzug halten sollten.

Dieser Umstand – die Benennung der Kinder von für sie wichtigen Ressourcen, die keinen Einfluss auf die Ausgestaltung der Hilfesettings erkennen lassen – lässt folgende Interpretationen zu:

- Aus unterschiedlichen Gründen wie Zeitmangel etc. werden diese Ressourcen, anders als konzeptionell angedacht, nicht hinreichend erfasst und gelangen so nicht in den Fokus der Fachkräfte.
- Die nicht-professionellen Akteure sind den Fachkräften durch den Kontakt mit den Betroffenen bekannt, jedoch besteht eine hohe Diskrepanz hinsichtlich der Interpretation dieser Personen als Ressource.
- Kinderschutz ist ein dergestalt Druck ausübendes Szenario, dass den Fachkräften das letzte Zutrauen in eine stärkere Verantwortungsübernahme durch Nicht-professionelle Akteure im Gefährdungsbereich als zu riskant erscheint. Dennoch empfiehlt sich in diesem Kontext weniger ein ressourcenorientierter als ein ressourcensensibler Blick. Diese lebensweltlichen Inseln mit ihrer Bedeutsamkeit für die Kinder und Jugendlichen sind schützenswert. Ob sie erhalten bleiben können, auch wenn sie in das Unterstützungssystem integriert werden, muss sensibel ausgelotet werden. Insbesondere bei den gleichaltrigen Beziehungsressourcen ist das Gefährdungspotenzial dringend zu beachten, wenn sich die gefühlte Seelenverwandtschaft z. B. im gemeinsamen selbstschädigenden Verhalten ausdrückt. Auch können sich Kinder und Jugendliche überfordert fühlen, wenn sie spüren, dass viel Verantwortung für ein fremduntergebrachtes, möglicherweise labiles oder auch traumatisiertes Kind auf ihnen lastet, wie in den Interviews geschildert. Mehr Einbezugsmöglichkeiten bestehen möglicherweise in der Gestaltung stationärer Settings. Auch hier sehen die Jugendlichen viele Ressourcen in ihren Mitbewohnerinnen und Mitbewohnern. Gleichwohl ist im Vergleich zu den anderen Beziehungsmustern der Einflussgrad hier sehr gering. So kann bspw. die als große Schwester erlebte Mitbewohnerin von heute auf morgen entlassen werden. Mitbestimmungs- und Unterstützungsmöglichkeiten für solche Szenarien, die konzeptionell geforderte Passgenauigkeit könnten gerade hier zum Tragen kommen:

»Aus Sicht des Kindes ist seine direkte Umwelt für eine gesunde Entwicklung in zweierlei Hinsicht unverzichtbar: Das Kind braucht eine Gemeinschaft über die Familie hinaus. Eine Gemeinschaft, in der es dazu gehören darf, sich zurechtfindet, in der es Aufgaben erhält, an denen es wachsen kann. [...] Und es braucht seine Umwelt als Korrektiv und Schutzfaktor – womit wir das altbekannte Dorf als nach wie vor bedeutungsvoll ins Spiel geholt haben« (Kasper 2017, S. 23f).

Literatur

Früchtel, Frank. (2018). Familienrat als Konzept im Kinderschutz. In Böwer, M., Kotthaus, J. (Hrsg.), *Praxisbuch Kinderschutz. Professionelle Herausforderungen bewältigen.* Weinheim/Basel: Beltz Juventa. S. 156–169.
Kasper, Bernd. (2017): *Kindeswohl. Eine gemeinsame Aufgabe.* Göttingen: Vandenhoeck und Ruprecht.
McEwan, Ian. (2015): *Kindeswohl.* Zürich: Diogenes.
Nussbaum, Martha. C. (2010). *Die Grenzen der Gerechtigkeit: Behinderung, Nationalität und Spezieszugehörigkeit.* Frankfurt a. M.: Suhrkamp.

11 Erkennen, Klären, Kooperieren – Gefährdungsmanagement in der Schule in der Schweiz

Regina Jenzer

11.1 Einleitung

Der primäre Auftrag der Volksschule in der Schweiz umfasst das Unterrichten sowie die Erziehung, Begleitung und Beratung in Bezug auf schulische Fragen von Kindern und Jugendlichen.[1] Zu diesem Bildungs- und Erziehungsauftrag[2] gehört die Sorge um das Wohl von Schülerinnen und Schülern. Dies beinhaltet auch das Aufmerksam-Sein hinsichtlich schädigender Lebensumstände innerhalb und außerhalb der Schule sowie allfällige, angemessene Interventionen. Damit leistet die Schule einen wesentlichen Beitrag zum Kindeswohl[3] und zur Früherkennung von Kindeswohlgefährdungen. Sie nimmt insbesondere auch im Vorfeld und während eines Kinderschutzverlaufs eine zentrale Rolle ein. Wohl kaum eine andere Institution übt ein solch breites Spektrum von Tätigkeiten rund um das Kindeswohl aus wie die Schule.

Im vorliegenden Kapitel werden die Ergebnisse vertiefender Analysen vorgelegt, die sich mit der Frage der schulinternen und schulexternen Kooperation bei Gefährdungen von Schülerinnen und Schülern befassen. Für die Studie wurden in den beiden Schweizer Versorgungsräumen insgesamt 24 leitfadengestützte Interviews, davon zwölf Einzelinterviews und zwölf Gruppeninterviews mit zwei bis drei Personen, durchgeführt.[4] Zu den interviewten Expertinnen und Experten gehören Schulleitungspersonen, Lehrkräfte, Schulsozialarbeitende, Heilpädagoginnen und Heilpädagogen, Leitungspersonen aus Sozialdiensten, Sozialarbeitende aus Sozialdiensten, Leitungs- und Fachpersonen sowie Behördenmitglieder von Kindes- und Erwachsenenschutzbehörden. Die Interviews wurden im Zeitraum von März 2016 bis Juni 2018 durchgeführt und anhand der Methode der Grounded Theory analysiert (▶ Kap. Einführung).

Im Kanton Bern, wo die Untersuchung stattfand, ist die Pflicht zum Handeln bei Kindeswohlgefährdungen im Volksschulgesetz verankert.[5] Die Schule soll nach diesen Bestimmungen hinschauen und beim Erkennen von Gefährdungen die erforderlichen Schritte einleiten. Besteht der Verdacht auf eine Kindeswohl-

---

1 Zum Berufsauftrag von Lehrpersonen vgl. Dachverband Lehrerinnen und Lehrer Schweiz, 2014, S. 9.
2 Vgl. Art. 2 des Volksschulgesetzes (VSG) des Kantons Bern vom 19.03.1992.
3 Zur Definition des Kindeswohls vgl. Hauri & Zingaro, 2020.
4 Von den insgesamt 24 Interviews wurden 17 im ländlichen Versorgungsraum und 7 im städtischen Versorgungsraum durchgeführt.
5 Vgl. Art. 29 des Volksschulgesetzes (VSG) des Kantons Bern vom 19.03.1992.

gefährdung oder wird eine solche erkannt, vernetzt die Schule mit entsprechenden Hilfsangeboten oder organisiert und begleitet Hilfen im Rahmen und nach den Möglichkeiten ihres gesetzlichen Auftrages. Kann die Schule keine Hilfen vermitteln, ist sie in der Regel aufgrund der Meldepflicht gemäß Art. 314d des Schweizerischen Zivilgesetzbuches (ZGB) verpflichtet, eine Gefährdungsmeldung an die Kindes- und Erwachsenenschutzbehörde (KESB) einzureichen, was die Eröffnung eines Kinderschutzverfahrens zu Folge hat. Für die KESB wiederum stellt die Schule während des Kinderschutzverfahrens eine wichtige Kooperationspartnerin dar.

Wie sich in der Schule der Prozess vom Erkennen von Auffälligkeiten zum erhärteten Verdacht auf eine Kindeswohlgefährdung bis zum Begleiten von Hilfen oder dem Erstatten einer allfälligen Gefährdungsmeldung entwickelt, wird im nachfolgenden Abschnitt beschrieben. Anschließend wird das Kooperationshandeln zwischen der Schule, dem Sozialdienst und der KESB beschrieben.

11.2 Schulinterne Kooperation – vom Beobachten von Auffälligkeiten bis zur Installation von Hilfen

Das Erkennen von Gefährdungen in der Schule und die weiteren damit verknüpften Prozesse werden nachfolgend als »Gefährdungsmanagement« bezeichnet. Im Rahmen der Studie wird analysiert, wie die Schule mit Gefährdungen umgeht und wie die schulinternen Akteurinnen und Akteure dabei miteinander interagieren und kooperieren. Daraus wird ein typisches Verlaufsmuster des Gefährdungsmanagements der Schule entwickelt, welches nachfolgend dargelegt wird. Dabei wird der Begriff Kooperation in einem weiten Sinne verstanden und umfasst die soziale Interaktion und die verschiedenen Formen gesellschaftlicher Zusammenarbeit zwischen Personen, Gruppen oder Institutionen (Balz & Spiess, 2009, S. 19).

Der Verlauf vom Beobachten erster Auffälligkeiten im Schulalltag bis hin zur Installation von Hilfen verläuft typischerweise in drei Phasen. Die erste Phase umfasst *das Beobachten und Erkennen von Auffälligkeiten*, die zweite Phase das *Definieren eines Gefährdungsbildes* und die dritte Phase beinhaltet *das Installieren und Durchführen von Hilfen* (▶ Abb. 11.1). Der Übergang in die jeweils nächste Phase ist meist fließend. Manchmal findet auch ein Pendeln zwischen den einzelnen Phasen statt. Weiter ist es möglich, dass nur eine oder zwei Phasen des Prozesses durchlaufen werden, bspw. dann, wenn bereits nach der zweiten Phase eine Gefährdungsmeldung erstattet wird, oder wenn bei einem Kind ohne vorherige Auffälligkeiten eine akute Kindeswohlgefährdung erkannt wird, die eine direkte Gefährdungsmeldung an die KESB erforderlich macht. Ebenfalls möglich ist, dass sich eine Situation in der ersten oder zweiten Phase dahingehend stabilisiert, dass die Kindeswohlgefährdung abgewendet werden kann, und es deshalb gar nie zu weiteren Schritten bzw. zur weiteren Phase kommt. Anhand der drei Phasen werden nachfolgend die Vorgehensweisen und Sichtweisen der verschiedenen Akteurinnen und Akteure der Schule beschrieben. Der Fokus liegt dabei auf der interinstitutionellen Kooperation.

Phase 1: Beobachten/Erkennen von Auffälligkeiten

In dieser ersten Phase nehmen Lehrpersonen im Schulalltag Auffälligkeiten wahr. Es handelt sich hierbei um Ereignisse oder Vorfälle wie häufiges Kranksein, Lügen, auffälliges Sozialverhalten, aggressive Verhaltensweisen des Kindes, delinquentes Verhalten, leichte, sichtbare Vernachlässigung (z. B. mangelnde Hygiene, kaputte Kleider etc.), Absentismus, Mobbing, Leistungsabfall oder hohe Frustration beim Kind.

Diese Ereignisse werden in der Regel (noch) nicht mit einer Kindeswohlgefährdung in Verbindung gebracht. Die Lehrpersonen berichten davon, dass solche Ereignisse ihnen ein »ungutes Gefühl im Bauch« bereiten, dieses Gefühl aber nicht fassbar ist. Nicht selten bleibt die Schule über mehrere Jahre in diesem Stadium des Beobachtens und Erkennens von Auffälligkeiten. Die Lehrpersonen tauschen sich mit anderen Lehrpersonen, Speziallehrkräften (z. B. schulischen Heilpädagoginnen und -pädagogen) und teilweise auch mit der Schulsozialarbeiterin oder dem Schulsozialarbeiter über die Vorkommnisse aus. Die Beteiligten arbeiten in dieser ersten Phase lose zusammen. Die Kooperation ist personenabhängig und temporär (▶ Kap. 3.5). Hat sich bspw. für eine Lehrperson die Zusammenarbeit mit einer Schulsozialarbeiterin in der Vergangenheit bewährt und pflegt sie eine gute Beziehung zu dieser Fachperson, wird zukünftig auch bereits in dieser ersten Phase der Kontakt gesucht.

Ein weiterer wichtiger Schritt ist, dass die Lehrperson das betroffene Schulkind auf die Gefährdungsereignisse anspricht, wie im nachfolgenden Zitat zum Ausdruck kommt:

> »Ich spreche immer zuerst mit dem Kind, schaue, was es für Möglichkeiten hat, etwas zu ändern. Kommt es z. B. mit nackten Füssen oder im Winter ohne Jacke, dann sage ich: ›Gut, morgen kommst du mit der Jacke, ich will dich mit Jacke sehen!‹ Und dann kommt es vielleicht am nächsten Tag wieder nicht mit Jacke und dann frage ich: ›Ja hast du dann überhaupt eine Winterjacke?‹«

Phase 2: Definieren eines Gefährdungsbildes

Häufen sich die im vorangehenden Abschnitt beschrieben Auffälligkeiten und/oder werden sie von mehreren Lehrpersonen und unter Umständen auch durch die Schulsozialarbeiterin oder den Schulsozialarbeiter beobachtet, so beginnt die

Phase *Definieren eines Gefährdungsbildes*[6]. Die Lehrpersonen, Speziallehrkräfte oder Schulleitungspersonen beschreiben, dass sich die einzelnen Auffälligkeiten mit der Zeit zu einem Mosaik oder zu einem Puzzle zusammenführen lassen. Es entsteht langsam ein Gefährdungsbild. Oft werden in dieser Phase auch eindeutige Risikofaktoren[7] oder Gefährdungsformen[8] bemerkt. Sie kommen häufig durch persönliche Gespräche mit dem betroffenen Kind ans Licht. Das Schulkind vertraut sich der Lehrperson an und erzählt von schwierigen Situationen, Zuständen oder Vorfällen im Elternhaus. Im Gegensatz zur ersten Phase wird hier in der Regel ein direkter Zusammenhang mit einer Kindeswohlgefährdung hergestellt.

Zu den von den interviewten Fachpersonen genannten Risikofaktoren gehören psychische Erkrankungen und Suchterkrankungen von Eltern. Die Gefährdungsformen umfassen häusliche Gewalt (Kinder nicht direkt von der Gewalt betroffen, »nur« Zuschauer), psychische sowie physische Gewalt (Kinder direkt von Gewalt betroffen), sexuelle Gewalt sowie erheblich gewalttätiges Verhalten durch das Kind. Letztgenanntes führt dazu, dass Lehrpersonen sowie ganze Schulklassen im ordentlichen Schulbetrieb gestört sind, wie nachfolgendes Zitat einer Lehrperson zeigt:

> »Ja, also das mit dieser Gewalt war einfach ein riesiges Thema, ich meine diese Maßnahmen, die ich ergriffen hatte, die waren seitenlang [...]. Er hatte einen separaten Garderobenplatz, er musste sich im WC umziehen für den Turnunterricht, er durfte nicht in die Turnhalle, bevor ich ihn nicht geholt hatte. In den Pausen habe ich nie das Zimmer verlassen.«

Weitere von den Fachpersonen genannte Gefährdungsformen sind eine unklare, unstabile oder konflikthafte Situation zu Hause[9], das Verunmöglichen von mul-

---

6 Dieser defizitäre Begriff wurde hier bewusst gewählt, weil er das in den Interviews beschriebene Phänomen sehr treffend beschreibt.
7 Zu diesen wissenschaftlich belegten Risikofaktoren gehören nebst den psychischen Erkrankungen und Suchterkrankungen bei den Eltern unter anderem auch fehlende soziale Unterstützung in der familiären Lebenswelt. Liegt ein solcher als wissenschaftlich belegter Risikofaktor für eine Kindeswohlgefährdung vor, so gilt die Wahrscheinlichkeit, dass eine Gefährdung eintreten wird, als erhöht (vgl. z. B. Hauri & Zingaro, 2020, S. 43 ff).
8 In der Literatur gibt es unterschiedliche Kategorisierungen von Kindeswohlgefährdungen. Hauri und Zingaro unterscheiden zwischen fünf Gefährdungsformen: Vernachlässigung, körperliche Gewalt, psychische Gewalt, Gefährdung als Folge von Erwachsenenkonflikten um das Kind, sexuelle Gewalt (Hauri & Zingaro, 2020, S. 11 ff). In der Studie haben sich nebst diesen Gefährdungsformen noch weitere Formen herauskristallisiert, wie bspw. das »Verunmöglichen von multiplen/hybriden Identitäten« oder »erhebliches gewalttätiges Verhalten durch das Kind«.
9 In der Literatur wird in diesen Zusammenhang von den Erwachsenenkonflikten um das Kind (bei Scheidungs-/Trennungssituationen) gesprochen (Hauri & Zingaro, 2020, S. 14 f). Aufgrund der Analyse der im Forschungsprojekt durchgeführten Interviewanalysen wird diese Gefährdungsform hier etwas weiter gefasst auf unklare und auch unstabile Situationen in der Familie.

11 Erkennen, Klären, Kooperieren – Gefährdungsmanagement in der Schule in der Schweiz

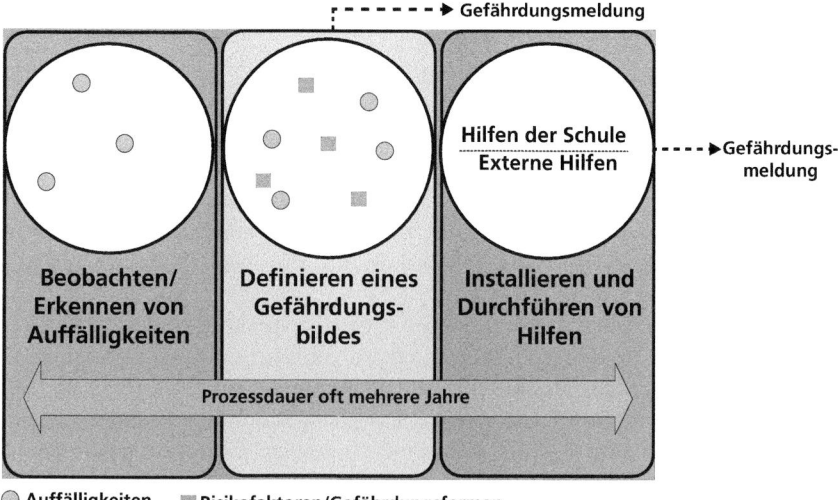

Abb. 11.1: Typisches Verlaufsmuster – vom Beobachten erster Auffälligkeiten bis zum Installieren und Durchführen von Hilfen

tiplen, hybriden Identitäten[10], die Parentifizierung, eine psychische Erkrankung beim Kind, eine Suchtproblematik beim Kind oder ein Überbehüten des Kindes sowie eine nicht äußerlich bemerkbare Vernachlässigung.[11] Die Parentifizierung wird als Rollenumkehr zwischen den sozialen Rollen der Eltern und deren Kinder verstanden[12]. Eine interviewte Heilpädagogin beschreibt dieses Phänomen am Beispiel eines Schülers, welcher zu Hause in eine Vaterrolle geschlüpft sei, der Mutter in schwierigen Lebenssituationen mit Rat und Tat beigestanden habe und damit überfordert gewesen sei.

Die Eltern oder Erziehungsberechtigten sind nicht in der Lage, diesen aufgeführten Risikofaktoren und Gefährdungsformen mit adäquaten Mitteln entgegenzuwirken und für Abhilfe zu sorgen.

In dieser zweiten Phase des *Definierens eines Gefährdungsbildes* unterscheiden sich nun die verschiedenen im Forschungsprojekt untersuchten Schulen. Je nach Kooperationsstrukturen innerhalb der Schule findet in dieser Phase ein mehr oder weniger institutionell strukturierter Austausch statt. Es werden dabei zwei unterschiedliche Stufen der Kooperation beobachtet (▶ Kap. 3.5):

---

10 Die Kategorie Verunmöglichen von multiplen/hybriden Identitäten wurde von Fachpersonen als starkes Festhalten der Kultur und der Zerrissenheit der Kinder/Jugendlichen zwischen den beiden Kulturen beschrieben.
11 Hierzu zählt bspw., wenn Eltern den Kindern notwendige therapeutische Hilfe vorenthalten (z.B. bei Krankheiten) oder eine aus professioneller Sicht notwendige Abklärung auf der Erziehungsberatungsstelle verweigern.
12 Vgl. Boszormenyi-Nagy & Spark, 1995.

Schulen mit personenabhängiger, temporärer Kooperation

In diesen Schulen findet ein formeller Austausch im Lehrpersonenteam statt. Manchmal (dies entscheidet die Lehrperson aufgrund subjektiver Kriterien) wird die Schulsozialarbeit oder/und die Schulleitung beratend zu Seite gezogen. Wie bereits in der ersten Phase des Beobachtens/Erkennens von Auffälligkeiten ist diese Kooperation im Fall eines Personalwechsels nicht mehr gewährleistet und daher nur eine Zusammenarbeit auf bestimmte Zeit. Wenn sich in der Vergangenheit ein solcher formeller Austausch bewährt hat, wiederholt und verfestigt er sich.

Bei diesen Gesprächen tauschen sich die Fachpersonen über die wahrgenommenen, gehäuften Auffälligkeiten und/oder beobachteten Gefährdungsformen sowie Risikofaktoren aus, es entsteht ein gemeinsames Bild einer Kindeswohlgefährdung. Zusammen wird das weitere Vorgehen diskutiert. Kommt man bei diesen Gesprächen zum Schluss, dass eine eindeutige Gefährdung vorliegt, so wird spätestens jetzt die Schulleitung involviert. Es finden erste Elterngespräche statt, wobei die Eltern direkt mit den Beobachtungen der Schule konfrontiert werden. Je nach Gefährdungsbild nimmt die Schulleitung an diesen Elterngesprächen teil. Ist dies der Fall, so nimmt sie bei diesen Gesprächen eine zentrale Rolle ein. Die Anwesenheit der Schulleitung kann den formellen Charakter des Elterngesprächs verstärken. Die Schulleitung hat dabei die Möglichkeit, allfällige Konsequenzen (z. B. Information an die Schulbehörde bei unkooperativem Verhalten von Eltern) aufzuzeigen, was sich gemäß interviewten Lehrkräften in einigen Fällen als wirksame Intervention herausstellt. Je nach Situation werden bei diesen Gesprächen Vereinbarungen wie bspw. Verhaltensregeln des Kindes getroffen oder auch mögliche Ziele und Maßnahmen vereinbart.

In den Interviews kommt deutlich zum Ausdruck, dass insbesondere in Schulen, die ohne standardisierte Abläufe arbeiten, die Erkennung von Kindeswohlgefährdungen eine sehr anspruchsvolle und herausfordernde Aufgabe darstellt. Eine erschwerende Bedingung ist, dass sie über kein gemeinsames Verständnis des Begriffs »Kindeswohlgefährdung« verfügen. Eine gemeinsame Sprache fehlt. Es liegen keine Kriterien vor, anhand derer eine potenzielle Gefährdungssituation beurteilt werden könnte. Da diese Thematik auch nicht an Aus- oder Weiterbildungen bearbeitet wird, fehlt das Fachwissen. Folglich beurteilen Lehrpersonen, Schulleitungspersonen und Speziallehrkräfte eine Gefährdung aufgrund eigener Erfahrungen, Werte und Normen. Die Grenze, wann eine Situation als Kindeswohlgefährdung gilt, wird für jeden Fall neu bestimmt. Diese Phase des Definierens eines Gefährdungsbildes erfolgt also nicht systematisch anhand fachlicher Kriterien oder einer bestimmten Vorgehensweise. Ist eine Schulsozialarbeit vorhanden, nimmt sie hier keine explizit tragende Rolle ein. Den Lehrpersonen steht es frei, bei der Einschätzung von Gefährdungssituationen die Schulsozialarbeit als beratende Stelle einzubeziehen. Dies wird jedoch nicht in jedem Fall vorgenommen und ist auch nicht explizit so vorgesehen. Im Forschungsprojekt interviewte Lehrpersonen und Schulleitungen, welche eine solche Beratung durch die Schulsozialarbeit in Anspruch genommen haben, beurteilten diese Fachberatung als sehr hilfreich und unterstützend.

Schulen mit institutionell strukturierter schulinterner Kooperation

Diese Schulen verfügen über Konzepte zur Früherkennung von Kindeswohlgefährdungen und zum schulischen Gefährdungsmanagement, welche sich bereits in der Praxis etabliert und bewährt haben. Die Schulsozialarbeit nimmt hier eine zentrale Rolle ein. Sie sieht sich als eigenständige Fachstelle in der Schule mit der Pflicht, bei ersten Anzeichen von Kindeswohlgefährdungen aktiv zu werden und die Aufgabe der Früherkennung von Kindeswohlgefährdungen wahrzunehmen. Hegt eine Lehrperson die Vermutung, dass eine Kindeswohlgefährdung vorliegt, so ist im Gefährdungsmanagement vorgesehen, dass sie sich an die Schulsozialarbeit wendet. Dies ist dann der Fall, wenn sich die Auffälligkeiten häufen oder sobald Risikofaktoren und/oder Gefährdungsformen bemerkt werden. Die Schulsozialarbeit nimmt anschließend in Form einer Fachberatung gemeinsam mit der Lehrperson eine Einschätzung hinsichtlich des Risikos einer Kindeswohlgefährdung vor. Das Definieren eines Gefährdungsbildes erfolgt hier systematisch mit einem explizit für den Versorgungsraum ausgearbeiteten Leitfaden. Zeigt diese Einschätzung, dass ein Gefährdungsrisiko vorliegt, wird das Gespräch mit den Eltern gesucht. Je nach Gefährdungsform (und Thema) führt die Lehrperson dieses Gespräch allein oder in Anwesenheit einer Fachperson der Schulsozialarbeit. Die Eltern werden auf die Gefährdungsmomente angesprochen und je nach Situation und Bedarf werden erste Vereinbarungen und Maßnahmen getroffen sowie die Eltern motiviert, Hilfe in Anspruch zu nehmen. Stellt sich heraus, dass ein erheblicher Hilfebedarf vorliegt und sich eine klare Kindeswohlgefährdung abzeichnet, wird in jedem Fall die Schulleitung informiert und involviert.

Die vorliegende Untersuchung hat deutlich zum Ausdruck gebracht, dass etablierte Konzepte für die Früherkennung von Kindeswohlgefährdungen sowie für das Gefährdungsmanagement für die Lehrpersonen und Schulleitungen sehr unterstützend sind. Die Schulen verfügen damit über gemeinsame Kriterien zur Beurteilung einer potenziellen Gefährdung und wissen, welche Hilfestellungen ihnen zur Verfügung stehen. Sie wissen, wie bei Erkennen einer Gefährdung zu handeln ist, insbesondere auch, wann eine Gefährdungsmeldung an die KESB erstattet werden sollte. Institutionalisierte Austauschgefäße mit der Schulsozialarbeit gewährleisten in dieser Phase das Vier-Augen-Prinzip. Die Schulsozialarbeit berät Lehrpersonen beim weiteren Vorgehen, was maßgeblich zu deren Entlastung beitragen kann.

Nebst dem Vorhandensein solcher Konzepte konnten im Forschungsprojekt weitere förderliche Faktoren für die Schulen in der Phase des Definierens eines Gefährdungsbildes eruiert werden:

- Gute Übergabe bei einem Lehrpersonenwechsel mit einer sorgfältigen Dokumentation, was in Bezug auf eine (vermutete) allfällige Kindeswohlgefährdung festgestellt und unternommen wurde. Dies wird insbesondere auch von Seiten der KESB als sehr relevant erachtet, wenn es zu einem späteren Zeitpunkt zu einer Gefährdungsmeldung kommt.

- Eine gute Beziehung zum Kind und gute Kenntnis über das Kind tragen maßgeblich dazu bei, Veränderungen rascher zu erkennen. Die Kinder vertrauen sich der Lehrperson mit Problemen an und erzählen von schwierigen Situationen zu Hause.

Zeigen sich die Eltern bei den Gesprächen mit der Schule kooperativ, findet ein Übergang in die dritte Phase, der *Installation und Durchführung von Hilfen* statt. Sind die Eltern nicht kooperativ und zeigt sich eine klare Gefährdung des Kindeswohls, erstattet die Schule in der Regel nach der zweiten Phase eine Gefährdungsmeldung an die KESB.

Phase 3: Installieren und Durchführen von Hilfen

Wenn es gelingt, mit den Eltern ein kooperatives Verhältnis zu initiieren, werden in dieser Phase Hilfen eingeleitet, organisiert und ausgewertet. Dies geschieht auf unterschiedliche Art und Weise. Je nach Kooperationsfähigkeit und -bereitschaft sowie Anliegen der Eltern werden diese auf Hilfsangebote aufmerksam gemacht, direkt mit den entsprechenden Angeboten vernetzt oder die Hilfen werden durch die Schule oder die Schulsozialarbeit organisiert. Möglich ist auch, dass Eltern im gemeinsamen Gespräch eine Hilfe vorschlagen und diese eigenständig ohne Zutun der Schule oder der Schulsozialarbeit organisieren.

Zu den Hilfen der Schule werden während dieser Phase sämtliche Angebote gezählt, welche durch die Schule oder das Schulumfeld selbst angeboten werden. Dazu gehören Aufgabenhilfe, heilpädagogische oder psychomotorische Begleitung, Stunden der individuellen Förderung, die Lernbegleitung, die Fachstelle für Unterrichtsausschluss sowie die Schulsozialarbeit. Bei externen Hilfen handelt es sich um Unterstützungsangebote oder Stellen außerhalb der Schule wie die Erziehungsberatung, der Sozialdienst, ein Wochenplatz, psychologische Betreuung/Beratung, psychiatrische Therapien, Familienbegleitung und diverse andere Beratungsstellen.

Diese dritte Phase kann, wie auch die ersten beiden Phasen, mehrere Monate bis Jahre andauern und von unterschiedlicher Intensität sein. Zeigen die installierten Hilfen und die von der Schule getroffenen Maßnahmen keine Wirkung oder sind die Eltern und/oder das Kind nicht bereit oder in der Lage, Hilfen anzunehmen, wird durch die Schule eine Gefährdungsmeldung erstattet. Wenn das Sozialverhalten von Schülerinnen und Schülern für die Lehrpersonen nicht mehr tragbar ist und für Mitschülerinnen und Mitschüler eine Gefährdung darstellen, wird unter Umständen zusätzlich ein Schulausschluss verfügt:

»Und dann ist das aber schon in den ersten zwei Wochen eskaliert und dann haben wir das einigermaßen versucht zu stabilisieren mit Maßnahmen, mit Absprachen, mit nach Hause schicken, mit Gesprächen hier, mit Familienbegleitung und es ist einfach nicht gegangen. Wir waren einfach im Problem drin, dass er einfach permanent immer irgendwie gewalttätig geworden ist ge-

> genüber den anderen Mitschülern. Das ging einfach nicht mehr, also wenn der im Werken so, also es hat einfach eine Auseinandersetzung gegeben mit einem anderen Schüler und nachher ist er völlig ausgetickt. Wenn er das im Werken gemacht hätte mit einem Hammer oder Stock oder einem Schraubenzieher, dann könnte man das schlicht nicht mehr verantworten auf die Dauer. Dann haben wir gesagt, ›so fertig jetzt!‹ und dann haben wir einen provisorischen Unterrichtsausschluss gemacht und haben eine Gefährdungsmeldung eingereicht.«

An diesem Beispiel lässt sich ein Spannungsfeld erkennen zwischen dem Sicherstellen eines ordentlichen, für das Wohlergehen aller Kinder und den Lehrpersonen einer Klasse förderlichen Schulbetriebes auf der einen Seite und dem Gerecht-Werden der Bedürfnisse des einzelnen Kindes auf der anderen Seite. In diesem Zitat wird deutlich, dass das Verfügen eines Unterrichtsausschlusses manchmal in erster Linie zum Schutz der Mitschülerinnen und Mitschüler sowie der Lehrperson angezeigt ist. Ob diese Maßnahme jedoch auch den Bedürfnissen des vom Schulausschluss betroffenen Kindes entspricht, bleibt offen.

Die Studie hat deutlich gezeigt, dass die Geschehnisse während dieser Phase für Lehrpersonen enorme zeitliche Ressourcen in Anspruch nehmen und zu einer großen psychischen Belastung führen können. Dies ist vor allem dann der Fall, wenn die Lehrperson die Verantwortung für diese Phase trägt. Sie übernimmt dabei die Aufgabe der Fallführung, indem sie Gespräche vereinbart und durchführt, mit den beteiligten externen Fachpersonen in Kontakt tritt, Hilfen organisiert, koordiniert und begleitet. Zusätzlich zum Unterrichtspensum und den dazugehörigen Aufgaben werden regelmäßige Elterngespräche geführt und runde Tische mit den involvierten Fachpersonen organisiert, wie nachfolgendes Zitat einer Lehrperson aufzeigt:

> »Es ist so weit gegangen, dass ich wöchentliche Gespräche angeboten habe, um zu schauen, wie es weitergeht und was die Eltern erreicht haben. Wir haben Ziele formuliert. Es ist mal darum gegangen aufzuzeigen, was man Zuhause könnte, was es z. B. für Regeln gibt, wann das Kind ins Bett geht, was es schauen darf […]. Das ist sehr weit gegangen […]. Und dann gab es viele runde Tische.«

Die große psychische Belastung von Lehrpersonen und damit verbunden das Gefühl des Alleingelassen-Seins wurden in der Studie vorwiegend bei Schulen beobachtet, welche nach dem Muster der personenabhängigen und temporären Kooperation arbeiten. Sie verfügen über kein etabliertes und in der Praxis bewährtes Konzept für das Gefährdungsmanagement der Schule. Die Schulleitung nimmt in dieser Phase keine bestimmte, ihr zugewiesene Rolle ein, die Schulsozialarbeit ebenfalls nicht. Es ist stark personenabhängig, inwiefern die Schulleitung und die Schulsozialarbeit in dieser Phase involviert werden und wie stark sie sich beteiligen. Übernimmt die Schulleitung viel Verantwortung und trägt sie die Rolle der Fallführung, erleben Lehrpersonen diese Phase weit weniger belastend.

Eine zusätzliche Belastung kommt bei Schulen hinzu, bei denen mit den externen Hilfen (z. B. dem abklärenden Dienst) keine Vorerfahrungen des Kooperierens bestehen. Hier entwickelt sich die Zusammenarbeit spontan im Kontext des konkreten Falls und muss von Grund auf neu definiert werden. In einem solchen Kooperationssetting fühlen sich Lehrpersonen unter Umständen nicht nur von der Schule, sondern auch von externen Stellen im Stich gelassen.

Zusätzlich zu dieser psychischen Belastung bei den Lehrkräften wurden bei Schulen folgende weitere erschwerende Bedingungen für die Phase der Installation von Hilfen genannt:

- Ungenügende Ressourcen für eine gute Ausgestaltung der Hilfen innerhalb der Schule: fehlende Aufgabenhilfeangebote in der Schule, mangelnde Ressourcen in der Tagesschule (knapp an Personal, enge Raumverhältnisse), fehlende Schulsozialarbeit
- Fehlende, ungenügende Angebote außerhalb der Schule
- Unsicherheit beim Ansprechen von Themen des Privatlebens der Familie: Schulleitungspersonen oder Lehrpersonen wissen nicht, wie weit sie bei Elterngesprächen diese Themen ansprechen dürfen und wo sich die Schule abgrenzen muss.

In denjenigen Schulen, die eine vorstrukturierte, sich etablierte Kooperation leben, ist die psychische und physische Belastung der Mitarbeitenden tiefer. Dies kann auf verschiedene Gründe zurückgeführt werden. An einer der untersuchten Schulen mit einem hohen Anteil von Kindern in Gefährdungssituationen oder bereits eröffneten Kinderschutzverfahren wissen die Lehrpersonen bereits vor Beginn der Anstellung, dass solche Situationen zu ihrem Arbeitsalltag dazu gehören werden. Sie entscheiden sich also bewusst für diese Herausforderung und fühlen sich dementsprechend vielleicht auch weniger schnell überfordert. Weiter gehört es bei diesen Lehrpersonen zum Berufsalltag, die Schulsozialarbeit beizuziehen und um Rat zu fragen. Mit ihrer neutralen Rolle hat diese einen anderen Blick auf das Kind, was als sehr hilfreich, bereichernd und vor allem auch als entlastend erlebt wird. Nebst der Schulsozialarbeit nimmt in dieser Schule auch die Schulleitung in der Phase des Installierens und Durchführens von Hilfen eine tragende Rolle ein. Die Schulleitung übernimmt stets dann die Fallführung, wenn eine erhebliche Gefährdung vorliegt. Die Koordination und Zusammenarbeit mit dem Sozialdienst und der KESB erfolgt hier in der Regel durch die Schulsozialarbeit. Diese klare Aufgaben- und Rollenteilung entlasten Lehrpersonen in ihrem Berufsalltag und geben ihnen das Gefühl, durch die Institution gut getragen und unterstützt zu sein.

Empfehlungen für das Gefährdungsmanagement innerhalb der Schule

Die Untersuchung hat gezeigt, dass das Erkennen von und das Vorgehen bei einer Kindeswohlgefährdung für die Schule sehr anspruchsvolle Aufgaben sind. Fehlen eine gemeinsame Sprache sowie gemeinsame Kriterien für das Erkennen von Gefährdungen, sind dies besonders erschwerende Umstände. Die große psychische und zeitliche Belastung bei den Lehrpersonen, insbesondere dann, wenn in der dritten Phase (Installation von Hilfen) die Fallführung und Verantwortung bei ihnen liegt, sind ungünstige Voraussetzungen für ein erfolgreiches Gefährdungsmanagement und den Schulbetrieb. Die Unsicherheit von Lehrpersonen und Schulleitungen beim Ansprechen von Kindeswohlgefährdungen erschweren eine gute Kooperation mit den Eltern. Für ein erfolgreiches Gefährdungsmanagement innerhalb der Schule werden folgende Empfehlungen gemacht:

- Die Schule verfügt über ein Konzept zum Gefährdungsmanagement. Dieses klärt die Verantwortlichkeiten und Rollen und definiert gemeinsam getragene, wissenschaftlich fundierte Kriterien für das Erkennen von Kindeswohlgefährdungen. Im Rahmen von Weiterbildungen/Veranstaltungen setzen sich alle Fachpersonen der Schule gemeinsam mit diesem Gefährdungsmanagement auseinander und eignen sich dabei Fachkompetenzen zum Thema an.
- Die Schulsozialarbeit (wenn vorhanden) nimmt im Prozess der (Früh-)Erkennung von Gefährdungssituationen eine zentrale Rolle ein. Zu ihren primären Aufgaben gehört, die Lehrpersonen bei der Einschätzung des Risikos einer Kindeswohlgefährdung und einem angemessenen Handeln in Form einer Fachberatung zu unterstützen. Die Schulsozialarbeit verfügt über die notwendigen Fachkenntnisse und Kompetenzen.
- Stellt sich heraus, dass bei einem Kind eine Gefährdung vorliegt, ist die Lehrperson in der Fallführung zu entlasten. Je nach Situation übernimmt entweder die Schulleitung oder die Schulsozialarbeit die Verantwortung für die Prozessgestaltung.
- Die Schulleitung und die Lehrpersonen werden bei der Gesprächsführung mit den Eltern rund um das Thema Kindeswohlgefährdung unterstützt und gestärkt. Dies kann in Form von Weiterbildung oder auch durch die Anwesenheit der Schulsozialarbeit bei Elterngesprächen geschehen.
- Die Lehrpersonen sollen beobachtete Auffälligkeiten oder Anzeichen einer Gefährdung sorgfältig dokumentieren. Bei einem Lehrpersonenwechsel innerhalb der Schule sollen die wesentlichen Informationen weitergegeben werden.

11.3 Kooperationshandeln der Schule mit der KESB und dem Sozialdienst während der Kindeswohlabklärung

Wenn die von der Schule initiierten Hilfen zu keiner Verbesserung der Situation führen und die Hilfemöglichkeiten der Schule ausgeschöpft sind oder die Eltern und das Kind nicht bereit oder in der Lage sind, Hilfen anzunehmen, so erstattet die Schule eine Gefährdungsmeldung an die Kindes- und Erwachsenenschutzbehörde (KESB). Bei erheblichen Kindeswohlgefährdungen (z. B. bei Misshandlungen von Kindern), wenn die Schule die Verantwortung für einen entsprechenden Hilfeprozess nicht übernehmen kann, wird in der Regel direkt eine Gefährdungsmeldung[13] an die KESB erstattet. Die KESB ist gemäß Art. 314 Abs. 1 in Verbindung mit Art. 446 ZGB von Amtes wegen verpflichtet, jede Gefährdungsmeldung entgegenzunehmen und zu prüfen. Bei einer von der Schule erstatteten Gefährdungsmeldung eröffnet die KESB in der Regel ein Kinderschutzverfahren und strukturiert die Verfahrensschritte. Ist kein sofortiges Handeln aufgrund einer akuten Gefährdung angezeigt, so erteilt die KESB in den in der Studie untersuchten Versorgungsräumen dem zuständigen Sozialdienst einen Abklärungsauftrag.

Während des Abklärungsprozesses stehen die Abklärenden der Sozialdienste und die KESB in einem Austausch mit verschiedenen Institutionen, Stellen, Fachpersonen und Privatpersonen. Die Schule stellt dabei eine wichtige Kooperationspartnerin dar. Die Studie zeigt deutlich, dass die Kooperation zwischen einigen Schulen und der KESB und den Sozialdiensten erschwert ist. Die Schule auf der einen Seite und die KESB/der Sozialdienst auf der anderen Seite vertreten bezüglich verschiedener Kooperationsthemen unterschiedliche Standpunkte. Beide Seiten haben Erwartungen an das Gegenüber, die nicht oder nur schwer zu erfüllen sind. Nicht selten wird dadurch eine erfolgreiche Zusammenarbeit verhindert. Nachfolgend werden diese gegensätzlichen Positionen erläutert.[14]

Zeitfaktor: Rasche Verbesserung der Situation vs. Wirkung braucht Zeit und Kooperationsbereitschaft der Eltern

Die Schule äußert sich dahingehend, dass sie sich erst dann mit einer Gefährdungsmeldung an die KESB wendet, wenn sie ihre eigenen Hilfemöglichkeiten ausgeschöpft hat. Mit dem Schritt zur Behörde erwartet die Schule eine rasche Verbesserung der Situation, unter Umständen auch mit Ausüben von Druck und

---

13 Die Eltern werden in der Regel vor dem Erstatten einer Gefährdungsmeldung über diesen Schritt informiert.
14 Die nachfolgend geschilderten Kontroversen zeigten sich jeweils in mehreren Interviews mit Akteurinnen und Akteuren der Schule, der Sozialdienste sowie der KESB. Die Kontroversen wurden jedoch nicht in jedem Interview thematisiert. Der Einfachheit halber wird in den weiteren Ausführungen verallgemeinernd von der Schule, den Sozialdiensten und der KESB gesprochen.

dem Verfügen von zivilrechtlichen Kinderschutzmaßnahmen gegen den Willen der Eltern.

Der Sozialdienst sowie die KESB äußern sich zu dieser Situation dahingehend, dass es Zeit braucht, bis installierte Hilfen ihre Wirkung erzielen. Bevor überhaupt Hilfen installiert werden können, muss eine Vertrauensbeziehung zu den betroffenen Familien aufgebaut werden. Kooperation und Partizipation sind für einen erfolgreichen Hilfeprozess zentral. In den Interviews mit Sozialarbeitenden der Sozialdienste kommt deutlich zum Ausdruck, dass bei Kindern in Gefährdungssituationen die Eltern oftmals unter Mehrfachproblematiken leiden (z. B. finanzielle Sorgen, psychische und körperliche Erkrankungen). Selbst das Erreichen kleiner Verbesserungen der Situation des Kindes dauert in diesen belasteten Familien oftmals viele Monate. Zudem ist das von der Schule gewünschte Ausüben von Druck oft nicht zielführend, unter Umständen sogar kontraproduktiv, wie ein Mitglied einer Kinder- und Erwachsenenbehörde ausführt:

> »Man denkt immer, wir können so viel. Wir haben zwar viel Macht, aber letztlich, wenn die Klienten nicht mitmachen wollen, sind uns die Hände auch extrem gebunden, oder, weil letztlich kommen wir, wenn nichts wirkt, zu der Situation, in der wir sagen, wir machen gar nichts oder wir müssen diese Kinder aus der Familie rausnehmen. Alles andere zwischendrin, wenn die Eltern nicht einlenken, weil sie es für sich oder ihre Kinder als nicht hilfreich empfinden, dann sind wir eigentlich auf verlorenem Posten.«

Folglich wird Druck lediglich als letzte Option ausgeübt, um eine schwere Kindeswohlgefährdung abzuwenden. Zivilrechtliche Kinderschutzmaßnahmen führen in der Regel nur dann zur Verbesserung der Situation, wenn die Eltern sich kooperativ am Hilfeprozess beteiligen. Stark in die Autonomie der Eltern eingreifende behördliche Maßnahmen wie eine außerfamiliäre Platzierung werden nur bei schweren Kindeswohlgefährdungen verfügt und gehen gemäß Aussagen von KESB-Behördenmitgliedern meist auch nicht schadlos an einem Kind vorbei. Die KESB hat dabei die Aufgabe, sorgfältig abzuwägen, ob der Schaden mit oder ohne Herausnahme des Kindes aus einer Familie kleiner ist.

Informationsaustausch: Wunsch nach Informationsaustausch vs. Verpflichtung zum Datenschutz

Die Schule wünscht sich von Seiten des Sozialdienstes/der KESB Informationen zum aktuellen Stand und Verlauf des Kinderschutzverfahrens. Wie dargestellt, ist es für Lehrpersonen oftmals stark belastend, mit gefährdeten Kindern tagtäglich in Kontakt zu stehen. Für sie wäre entlastend zu erfahren, wie lange eine Abklärung dauert, was der Auftrag der Abklärung beinhaltet und insbesondere auch, ob und welche Maßnahmen und Hilfestellungen am Ende einer Abklärung installiert werden.

Der Sozialdienst und die KESB argumentieren jedoch, dass sie zum Datenschutz verpflichtet seien und dass dieser einen uneingeschränkten Informationsaustausch verhindern würde. Detaillierte Informationen dürften nur bedingt weitergegeben werden. Für die KESB und die Sozialdienste stellen sich dabei stets Fragen, die im Einzelfall geklärt werden müssen, wie bspw., wann man das Einverständnis der Eltern zur Informationsweitergabe einholen muss und in welchen Situationen dies nicht angezeigt ist.

Stellenwert der Gefährdungseinschätzung der Schule: Gefährdungsmeldung der Schule als Ausgangspunkt für behördlichen Entscheid vs. umfassende soziale Diagnose während des Verfahrens der KESB

Mit Erstatten der Gefährdungsmeldung verfasst die Schule einen ausführlichen Bericht über den bisherigen Verlauf sowie über die Schule bereits eingeleiteten Schritte. Die Schule erwartet von den abklärenden Stellen und der KESB, dass diese Dokumentationen als professioneller Bericht entsprechend gewürdigt wird und als Grundlage für das Installieren von Hilfen oder das Errichten von zivilrechtlichen Maßnahmen genutzt wird.

Mit einem Abklärungsauftrag befassen sich die abklärenden Sozialdienste in der Regel erstmals mit dem entsprechenden Kinderschutzfall. Sie erhalten von der KESB den Auftrag, eine eigenständige soziale Diagnose mit Einschätzung des Kindeswohls und unter Einbezug verschiedenster Perspektiven zu machen. Dazu gehört das Einholen von Informationen möglichst verschiedener Institutionen, Stellen und Personen. Berichte und Dokumentationen von Seiten der Schule stellen dabei eine Informationsquelle dar, dürfen aus Sicht der KESB aber nicht die Einzige sein. Ferner äußert sich ein KESB-Behördenmitglied dahingehend, dass Dokumentationen der Schule manchmal lückenhaft oder Informationen zum Kinderschutzfall teilweise mangelhaft seien.

Dauer und Intensität der Hilfe für die Familie: Erwartung einer intensiven, über einen langen Zeitraum andauernde Begleitung und Unterstützung der betroffenen Familien vs. beschränkte Ressourcen oder mangelnde Kooperation seitens der Eltern

Mit dem Schritt zur Gefährdungsmeldung erwarten die Schulen oft eine intensive Begleitung und Unterstützung der betroffenen Familien über einen langen Zeitraum.

Auf Seiten des Sozialdienstes fehlen jedoch oft zeitliche und finanzielle Ressourcen, um den Familien die gebotene Unterstützung bieten zu können. Zudem nimmt auch hier die Kooperationsfähigkeit und -bereitschaft der Eltern eine zentrale Rolle ein. Wie oben in den Zitaten bereits zum Ausdruck kam, können längerfristige Hilfen nur in Kooperation mit den Eltern wirksam sein.

Zeitpunkt der Meldung an die KESB: Frühzeitiges Melden einer Kindeswohlgefährdung vs. schwierige Erfassbarkeit von Gefährdungsanzeichen

Von Seiten der KESB/des Sozialdienstes wird erwartet, dass die Schule frühzeitig eine Gefährdungsmeldung erstattet. Befinden sich die Schülerinnen und Schüler bereits im Jugendalter oder hat sich eine Situation bereits stark zugespitzt, ist es schwierig, eine Verbesserung der Situation zu erzielen. Der Sozialdienst/die KESB ist davon überzeugt, dass sich eine Gefährdung bereits in den früheren Schuljahren abzeichnet und es bei diesen Kindern angezeigt wäre, sie und ihre Eltern frühzeitig ins Boot zu holen.

Wie dargelegt, ist das Erkennen einer Kindeswohlgefährdung für die Schule eine äußerst anspruchsvolle Aufgabe. Es beginnt oft mit einem »diffusen Gefühl im Bauch« und mit dem Beobachten erster Auffälligkeiten, die noch nicht direkt in Zusammenhang mit einer Kindeswohlgefährdung in Verbindung gebracht werden. Weil dieses diffuse Gefühl kaum fassbar ist, fällt es umso schwerer, dieses zu dokumentieren. Hinzu kommt, dass manchmal aufgrund von Lehrpersonen- oder Schulhauswechseln sowie Umzügen in andere Wohngemeinden und damit verbundenen Schulwechseln relevante Informationen verloren gehen. Lehrpersonen und Schulleitungen fühlen sich bei der Frage, welche Informationen bei Schulwechseln weitergegeben werden dürfen, sehr unsicher. Hinzu kommt, dass die Schule vor dem Erstatten einer Gefährdungsmeldung ihre eigenen Mittel zur Hilfe ausschöpfen muss. Dies alles führt in einigen Fällen dazu, dass es mehrere Jahre dauert, bis die Schule eine Meldung an die KESB macht.

Gründe und Konsequenzen der erschwerten Kooperation der Schule mit der KESB und dem Sozialdienst

Die Analyse hat gezeigt, dass diese unterschiedlichen Standpunkte mit der Folge der unbefriedigenden Zusammenarbeit unter anderem auf die unterschiedlichen Arbeitskontexte, Werte und Leitsätze der jeweiligen Institutionen zurückzuführen sind. Nachfolgend werden diese ausgeführt.

Arbeitskontexte

Während die Schule primär einen Bildungs- und Erziehungsauftrag verfolgt, hat der Sozialdienst/die KESB den Auftrag, das Kindeswohl sicherzustellen. Im Rahmen einer Kindeswohlabklärung bedeutet dies, die psychosoziale Situation des Kindes unter Einbezug der wichtigen Beteiligten systematisch zu untersuchen und ggf. entsprechende Maßnahmen einzuleiten. Der Ablauf eines Kindeswohlverfahrens orientiert sich an den gesetzlichen Vorgaben und strukturierten Abläufen. Während der Kinderschutz das Kerngeschäft des Sozialdienstes und der KESB ist, bearbeitet die Schule diese Thematik als Nebengeschäft. Auch die Professionen sind entsprechend dem Auftrag der jeweiligen Institution unterschiedlich. In der Schule arbeiten Pädagoginnen und Pädagogen, der Sozialdienst ist geprägt von der Sozialen Arbeit. Bei der KESB sind die Professionen Soziale Arbeit, Recht und Psychologie vertreten. Demzufolge ist auch das Fachwissen rund um die Thematik Kinderschutz und Kindeswohl unterschiedlich. Während in der Ausbildung und in Weiterbildungen der Sozialen Arbeit die Thematik Kinderschutz behandelt wird und Sozialarbeitende auf Sozialdiensten in der Regel Fachwissen und einen Erfahrungsschatz in Bezug auf den Kinderschutz mitbringen, ist die Schule mit dieser Thematik oft wenig vertraut. Dies ist darauf zurückzuführen, dass Kinderschutz und Gefährdungsmanagement in der Grundausbildung und Weiterbildung der Lehrkräfte bisweilen kaum ein Thema waren. Somit verfügen die Schulen über wenig Wissen und wenig Praxis darüber, was der Kinderschutz ist und wo seine Grenzen liegen.

Der Sozialdienst, die KESB sowie auch die Schule sind dem Datenschutz verpflichtet.[15] Informationen zwischen Schule und Sozialdienst/KESB dürfen nur unter bestimmten Bedingungen fließen.[16] Ferner gehört zum Arbeitsalltag auf einem Sozialdienst eine ausgesprochen hohe Fallbelastung. Hinzu kommen beschränkte finanzielle Ressourcen für das Installieren von Hilfen sowie teilweise fehlende adäquate Hilfsangebote. Aber auch die Schule hat belastende Aspekte im Arbeitskontext. Als solcher kann die psychische Belastung von Lehrpersonen mit Schülerinnen und Schülern in Gefährdungssituationen angesehen werden. Die Untersuchung hat gezeigt, dass diese oft hoch ist. Ferner sind die Ressourcen für schulinterne Hilfsangebote oft begrenzt und das Angebot an solchen Hilfen knapp.

Werte und Leitsätze

Den genannten Institutionen liegen unterschiedliche handlungsleitende Normen und Werte zu Grunde. Das Handeln der Schule ist durch ihren Bildungsauftrag grundsätzlich von einer pädagogischen Sichtweise geprägt. Das Kind steht im Zentrum des Handelns der Schule. Primäre Leitgedanken der Schule sind, den Schülerinnen und Schülern eine gute und erfolgreiche Schullaufbahn zu ermöglichen und einen ordentlichen Schulbetrieb zu führen.

Bei der KESB sowie beim Sozialdienst sind die Handlungen auf das ganze Familiensystem ausgerichtet. Obwohl auch bei der KESB und beim Sozialdienst das Kind und dessen Wohlergehen im Zentrum stehen, sind zentrale Primate, dass sie mit den Eltern in Kooperation und Partizipation kommen und Hilfe zur Selbsthilfe leisten.

---

15 Vgl. Art. 3 Datenschutzgesetz des Kantons Bern (KDSG; BSG 152.04) vom 19.02.1986
16 So sind bspw. die Schulen im Rahmen eines Kinderschutzverfahrens aufgrund der Mitwirkungspflicht gemäß Art. 448 Abs. 1 des Schweizerischen Zivilgesetzbuches (ZGB) SR210 vom 10. Dezember 1907 verpflichtet, den abklärenden Stellen wesentliche Informationen über das Kind zukommen zu lassen. Hingegen unterstehen die Abklärenden der Schweigepflicht und dürfen grundsätzlich ohne Einwilligung der Betroffenen über das Verfahren keine Auskünfte erteilen.

Folgen für die weitere Zusammenarbeit zwischen der Schule und dem Sozialdienst/der KESB

Die unter anderem durch die unterschiedlichen Arbeitskontexte, Werte und Leitsätze verursachten gegensätzlichen Standpunkte haben meist negative Auswirkungen für die weitere Zusammenarbeit zwischen der Schule und der KESB/ dem Sozialdienst. Misserfolge in der Kooperation führen dazu, dass sich die Fronten weiter verhärten und das gegenseitige Vertrauen fehlt. Die Zusammenarbeit wird teilweise auch als Machtspiel erlebt. Missverständnisse nehmen zu mit der Folge, dass man sich noch stärker von der anderen Seite abgrenzt und möglichst nichts mit dem Gegenüber zu tun haben will. Dies führt bis hin zum Unterlassen des Erstattens einer Gefährdungsmeldung.

Förderliche Faktoren für eine erfolgreiche Kooperation zwischen der Schule und der KESB/den Sozialdiensten

In der vorliegenden Untersuchung gab es auch Beispiele erfolgreicher Zusammenarbeit zwischen der Schule und dem Sozialdienst/der KESB. Obwohl die im vorangehenden Kapitel erläuterten unterschiedlichen Arbeitskontexte, Werte und Leitsätze auch dort vorhanden sind, wurden keine so prägnante gegensätzliche Standpunkte festgestellt. Die Analyse hat gezeigt, dass es bestimmte förderliche Bedingungen gibt, die das Auftreten solch gegensätzlicher Positionen verhindern oder zumindest reduzieren können. Nachfolgend werden diese ausgeführt.

Erteilen fallspezifischer Informationen

Das von der Schule geschilderte belastende Warten auf Hilfe nach Erstatten einer Gefährdungsmeldung wird gemäß Aussagen von Lehrkräften und Schulleitungspersonen erleichtert, wenn die Schule informiert ist über grundsätzliche Informationen wie die Dauer und der Ablauf eines Abklärungsprozesses.

Gegenseitiges persönliches Kennen

Das gegenseitige persönliche Kennen der Fachpersonen erleichtert es, im Berufsalltag unkompliziert und unverzüglich aufeinander zuzugehen. In den Interviews kam deutlich zum Ausdruck, dass sich Schulen, welche persönliche Kenntnis zu KESB Mitarbeitenden haben, bei Fragen umgehend an die KESB wenden und dort hilfreiche Auskunft erhalten.

Gegenseitiger Austausch über Auftrag, Rolle, Kompetenzen

Das gegenseitige Verständnis und das Vertrauen in das Gegenüber kann durch einen gemeinsamen Austausch über den Auftrag, die Rolle, Kompetenzen und Grenzen der Handlungsmöglichkeiten gestärkt werden.

Informationsfluss von der Leitung zur Basis gewährleisten

Die Interviews haben gezeigt, dass der oben genannte Austausch auf Leitungsebene (Schulleitung – KESB/Sozialdienst) nicht reicht, um eine erfolgreiche Zusammenarbeit zu gewährleisten. Es ist zentral, dass die Informationen über den Auftrag, die Rolle, die Möglichkeiten und Grenzen des jeweiligen Gegenübers von der Leitung bis zur Basis vermittelt werden. Wenn Schulleitungen die Lehrkräfte und Sozialdienstleitende ihre Mitarbeitenden kompetent informieren, wird das gegenseitige Verständnis gefördert.

Institutionalisierte Austauschgefäße

Institutionalisierte Austauschgefäßen bieten die Möglichkeit, Beispiele schwieriger Zusammenarbeit gemeinsam aufzuarbeiten. An direkten Fallbeispielen können Schnittstellen geklärt und Konsequenzen für die weitere Zusammenarbeit geklärt werden.

Empfehlungen für das Kooperationshandeln zwischen der Schule und dem Sozialdienst/der KESB

Durch die Analyse negativer sowie positiver Beispiele der Zusammenarbeit zwischen Schulen und Behörden konnten im Rahmen der Untersuchung folgende Empfehlungen für das Kooperationshandeln abgeleitet werden:

- Die Schulen sowie die Behörden haben Kenntnis über die Kontextbedingungen, die handlungsleitenden Werte und Normen sowie die Arbeitsweisen des Gegenübers. Auf Seiten der Schulen ist bspw. Wissen über die Möglichkeiten und Grenzen des Kinderschutzes vorhanden. Bei den Behörden ist bspw. das Bewusstsein über die Intensität des Erlebens von Kindern in Gefährdungssituationen durch Lehrkräfte geschärft. Diese gegenseitige Kenntnis kann bspw. im Rahmen von gemeinsamen, institutionalisierten Austauschgefäßen vermittelt werden.
- Die Zusammenarbeit zwischen Schulen und Behörden ist geklärt. Fragen zum Zeitpunkt der ersten Kontaktaufnahme (bereits vor dem Erstatten einer Gefährdungsmeldung, in Form einer anonymen Fallberatung etc.) sowie auch zur Form des Austausches werden diskutiert und geregelt.
- Der Informationsaustausch ist geklärt. Die Schulen haben Kenntnis über den Datenschutz. Die Behörden kennen die Gründe, weshalb bestimmte Informationen zum Kinderschutzfall für die Schulen wichtig sind. Von Seiten der Behörde gilt es zu klären, welche Informationen den Schulen vermittelt werden können, ohne den Datenschutz zu verletzen. Zu diesen für die Schulen wichtigen Informationen gehört bspw., dass die Schule über den Abschluss eines Kinderschutzverfahrens informiert wird und ob dabei zivilrechtliche Maßnahmen errichtet oder Interventionen der einvernehmlichen Kinder- und Jugendhilfe installiert wurden oder nicht.

- Die Schulen sind darüber aufgeklärt, inwiefern ihre bereits getätigten Informationen und Abklärungen in die vom Sozialdienst geführte Kindeswohlabklärung einfließen.
- Bei einer Gefährdungsmeldung durch die Schule treten Abklärende in jedem Fall in Kontakt mit der Schule.
- In der Vergangenheit ungünstig Verläufe bezüglich der Kooperation werden gemeinsam aufgerollt (unter Umständen mit einer neutralen Fachperson), damit die zukünftige Zusammenarbeit nicht mehr belastet ist.
- Die Schulsozialarbeit als Fachstelle der Sozialen Arbeit in der Schule mit ihrem spezifischen Fachwissen zum Kinderschutz nimmt eine zentrale Brückenfunktion zwischen der Schule und der KESB/dem Sozialdienst ein.

11.4 Zusammenfassung und Fazit

Die in diesem Kapitel vorgestellte Teilstudie untersuchte die schulinterne und schulexterne Kooperation bei Kindeswohlgefährdungen von Schülerinnen und Schülern. Die Schule nimmt bei der Erkennung von Kindeswohlgefährdungen eine zentrale Rolle ein. Gleichzeitig kam eindrücklich zum Vorschein, dass das Erkennen von und das Vorgehen bei Kindeswohlgefährdungen für die Schule eine große Herausforderung darstellt und bei Lehrpersonen zu psychischen Belastungen führen kann. Dies trifft insbesondere dann zu, wenn in der Schule eine gemeinsame Sprache zum Kinderschutz sowie gemeinsame Kriterien für das Erkennen einer Kindeswohlgefährdung fehlen und die Fallverantwortung bis zum Installieren von Hilfestellungen bei den Lehrpersonen bleibt. Eine geklärte, strukturierte schulinterne Kooperation sowie etablierte Konzepte für die (Früh-) Erkennung von Kindeswohlgefährdungen sowie für das Gefährdungsmanagement wirken unterstützend. Diese Erkenntnisse führen zur Empfehlung, dass Konzepte für das Gefährdungsmanagement in der Schule die interinstitutionellen Verantwortlichkeiten und Rollen sämtlicher Akteurinnen und Akteure klären und gemeinsam getragene, wissenschaftlich fundierte Kriterien für das Erkennen von Kindeswohlgefährdungen definieren sollen. Die Schulsozialarbeit nimmt mit ihrem spezifischen Fachwissen zum Kinderschutz im Prozess der (Früh-) Erkennung von Kindeswohlgefährdungen eine zentrale Rolle ein. Sie unterstützt die Lehrpersonen und die Schulleitung im Sinne einer Fachberatung bei der Einschätzung des Risikos einer Kindeswohlgefährdung sowie beim weiteren Vorgehen. Bestätigt sich bei dieser gemeinsamen Einschätzung des Kindeswohls bei einem Schüler oder einer Schülerin eine Gefährdung, sollen Lehrpersonen von der Fallführung entlastet werden. Die Fallverantwortung liegt in diesen Fällen bei der Schulleitung oder, je nach Situation, bei der Schulsozialarbeit.

Die Ergebnisse zeigen weiter, dass die Kooperation zwischen Schulen und der KESB/den Sozialdiensten erschwert ist. Es bestehen auf beiden Seiten unterschiedliche Standpunkte und Erwartungen an das Gegenüber, welche die Zusammenarbeit erschweren oder gar verunmöglichen. Die Analyse hat insgesamt fünf Kontroversen aufgezeigt, welche auf unterschiedliche Arbeitskontexte, Werte und Institutionen der jeweiligen Institutionen zurückgeführt werden können. Aufgrund dieser Erkenntnisse sowie in der Studie herausgearbeiteten förderlichen Aspekte für eine erfolgreiche Kooperation konnten Empfehlungen für das zukünftige Kooperationshandeln abgeleitet werden. Zentrale Empfehlungen sind das Schaffen eines gegenseitigen Verständnisses über die Kontextbedingungen (z. B. begrenzte zeitliche und finanzielle Ressourcen auf dem Sozialdienst, hohe psychische Belastung bei Lehrpersonen), handlungsleitende Normen und Werte des Gegenübers sowie eine geklärte Zusammenarbeit zwischen der Schule und dem Sozialdienst/der KESB. Diese beinhaltet die Klärung des Informationsaustausches und der Zeitpunkt der ersten Kontaktaufnahme. Die Schulsozialarbeit als Fachstelle der Sozialen Arbeit in der Schule mit spezifischem Fachwissen zum Kinderschutz soll eine zentrale Brückenfunktion zwischen der Schule und der KESB/dem Sozialdienst einnehmen. So hat sie mit ihrem Wissen über das Schulumfeld und den Schulalltag bspw. die Möglichkeit die KESB und die Sozialdienste zu sensibilisieren auf die Herausforderungen in der Schule im Umgang mit Kindern in Gefährdungssituationen. Gleichzeitig kann sie als Vertreterin der Profession der Sozialen Arbeit die Schule aufklären über die spezifischen Arbeitsweisen und -bedingungen auf einem Sozialdienst. Mit dieser vermittelnden Rolle kann sie einen wesentlichen Beitrag leisten einerseits für das gegenseitige Verständnis der verschiedenen Institutionen und andererseits für die Professionalisierung des Kinderschutzes in der Schule.

Literatur

Balz, Hans-Jürgen & Spiess, Erika. (2009). Kooperation in sozialen Organisationen. Grundlagen und Instrumente der Teamarbeit. Ein Lehrbuch. Stuttgart: Kolhammer-Verlag.
Boszormenyi-Nagy, Ivan & Spark, Geraldine. (1995). Unsichtbare Bindungen. Die Dynamik familiärer Systeme. Stuttgart: Klett-Cotta.
Dachverband Lehrerinnen und Lehrer Schweiz (2014). Der Berufsauftrag der Lehrerinnen und Lehrer. Abgerufen unter https://www.lch.ch/fileadmin/user_upload_lch/Verband/Grundlagen/Berufsauftrag_LCH.pdf.
Hauri, Andrea und Zingaro, Marco. (2020). *Kindeswohlgefährdungen erkennen und angemessen handeln* (2. Überarb. Aufl.). Bern: Kinderschutz Schweiz.

12 Versorgung und Fallgeschehen – Vergleich der Versorgungsräume aus quantitativer Sicht

Jodok Läser

Um Kinderschutzverläufe im Kontext vorherrschender Versorgungsstrukturen zu analysieren, kommen unterschiedliche forschungsmethodische Zugänge und Analyseebenen in Frage. Angesichts der Komplexität und Vielschichtigkeit des Gegenstands erschien es sinnvoll, dem qualitativ ausgerichteten Hauptstrang des Forschungsprojektes MehrNetzWert komplementär eine standardisierte Erhebung zur Seite zu stellen. Dies ermöglicht es, eine quantifizierende Perspektive auf relevante Eckdaten der Kinderschutzverläufe und Fallmerkmale einnehmen zu können und diese vergleichend auf die untersuchten Versorgungsräume anzuwenden. Zudem lassen sich die Resultate der standardisierten Erhebung dahingehend nutzen, dass sie mit den Erkenntnissen aus den qualitativ ausgerichteten Forschungsteilen abgeglichen und in Bezug gesetzt werden können. Aus dieser Bezugnahme entstehen zum einen neue Perspektiven auf der Ebene der Interpretation. Zum anderen lassen sich bereits gewonnene Erkenntnisse quantitativ untermauern. Dies geschieht nicht auf Basis hypothesentestender Verfahren. Das Gesamtbild, das aus der Verschränkung der methodischen Zugänge hervorgeht, bezieht seine Aussagekraft und Plausibilität aus dem Grad seiner Kohärenz und Geschlossenheit. In diesem Beitrag werden nun eine Auswahl von deskriptiven Resultaten beleuchtet und eine interpretative Anbindung an weitere aus dem Forschungsprojekt hervorgegangene Erkenntnisse vorgenommen.

Die standardisierten Daten beziehen sich auf die Untersuchungsjahre 2013 und 2014 und decken folgende Versorgungsräume aus der Schweiz und Deutschland ab: die Stadt Bern, den Verwaltungskreis Emmental (Schweiz) und den Landkreis St. Wendel (Deutschland).[1] Während des Untersuchungszeitraums wurde jeweils die Gesamtheit der Gefährdungsmeldungen, die sich auf zehn- bis 16-jährige Kinder und Jugendliche bezieht, erfasst. Dies ergab für Bern eine Anzahl von 172 Gefährdungsmeldungen, von denen eine Zufallsstichprobe von 40 Fällen vertieft untersucht wurde. Im Versorgungsraum Emmental wurden aus der Gesamtheit von 91 Gefährdungsmeldungen die Daten einer Stichprobe von 41 Fällen erhoben. Für den Landkreis St. Wendel konnten alle 55 gemeldeten Fälle in die standardisierte Erhebung einbezogen werden. Die erhobenen Daten der Kinderschutzverläufe und Fallmerkmale basieren auf den Falldokumentationen der zuständigen Kindes- und Erwachsenenschutzbehörde (KESB) bzw. des zuständigen Jugendamts, in die zu Forschungszwecken Einsicht genommen werden konnte.

---

[1] In der Datenerhebung ist als weiterer Versorgungsraum noch die Stadt Essen vertreten.

12.1 Bevölkerungsstruktur und institutionelle Voraussetzungen in den Versorgungsräumen

Um eine Einordnung, Kontextualisierung und Kontrastierung der Resultate vornehmen zu können, soll zunächst eine grobe Übersicht zur Sozialstruktur der untersuchten Versorgungsräume dargelegt werden.

Die Stadt Bern repräsentiert im Untersuchungsdesign einen urbanen Raum mit wirtschaftlicher und kultureller Zentrumsfunktion. Dementsprechend zeigt sich für die Stadt Bern ein im Vergleich zu ländlichen Verwaltungsbezirken des Kanton Bern hohes Lohnniveau sowie hohe Wohn- und Lebenshaltungskosten. Die Bevölkerungsgröße belief sich im Erhebungsjahr 2014 auf 131.092 mit einem Ausländeranteil von 24,2 %. Die Arbeitslosenquote der Stadt Bern betrug 2,5 %.[2]

Der Verwaltungsbezirk Emmental ist dagegen eher dörflich und rural geprägt, mit lediglich zwei Siedlungsräumen, die städtischen Charakter aufweisen. Die Bevölkerungsgröße des Emmentals betrug 96.235 (2014), wobei die Ausländerinnen und Ausländer einen Anteil von 9,1 % ausmachten, was bezogen auf den Schweizer Durchschnitt als tiefer Wert eingestuft werden kann. Auch die Arbeitslosigkeit war mit einer Quote von 2,4 % gering und lag deutlich unter dem Schweizer Durchschnitt.[3]

Der Landkreis St. Wendel liegt im Bundesland Saarland und ist, vergleichbar mit dem Emmental, von eher ländlichem Charakter. Auffallend ist die im bundesweiten Vergleich äußerst hohe Kaufkraft der Haushalte gepaart mit einer geringen Arbeitslosigkeit von 5,3 %.[4] Die Bevölkerungsgröße des Landkreises St. Wendel betrug 90.120 (2011), was in etwa jener des Emmentals entspricht. Der Ausländeranteil lag bei 2,5 % und war somit fast vier Mal geringer als im Emmental und zehn Mal geringer als in der Stadt Bern.[5]

Nicht nur hinsichtlich sozioökonomischer und sozialstruktureller Eigenschaften zeigen sich Differenzen, die bei der Analyse der drei Versorgungsräume aus vergleichender Perspektive zu berücksichtigen sind. Auch auf der Ebene institutioneller Bedingungen im Bereich des Kinderschutzes gilt es, einige grundlegende Charakteristiken hervorzuheben. Zahlreiche Resultate der standardisierten Erhebung stehen in einem engen Zusammenhang mit den spezifischen Versorgungsstrukturen, institutionellen Kooperationsformaten und Arbeitsweisen der jeweiligen Versorgungsräume. Diese stellen auch einen zentralen Bezugspunkt im Rahmen der Einordnung und Interpretation der Resultate dar (▶ Kap. 3).

Zunächst gilt es zu berücksichtigen, dass in Deutschland und in der Schweiz unterschiedliche gesetzliche und institutionelle Voraussetzungen herrschen. Während in Deutschland das Jugendamt in Abstimmung mit freien Trägern mit einem

---

2 Statistisches Jahrbuch der Stadt Bern. Berichtsjahr 2014.
3 Wirtschafts-, Energie- und Umweltdirektion des Kantons Bern. Strukturdaten Verwaltungskreis Emmental 2016.
4 Arbeitslosenanteil an den Sozialversicherungspflichtig Beschäftigten. Nicht vergleichbar mit der Arbeitslosenquote in der Schweiz.
5 Statistisches Amt Saarland. Zensus 2011 (für 2014 keine Daten verfügbar).

allgemeinen Gestaltungs- und Umsetzungsauftrag für die Jugendhilfe versehen ist, kommt der Kindes- und Erwachsenenschutzbehörde (KESB) in der Schweiz zwar die Kompetenz der Rechtsprechung zu, jedoch ist sie von der Umsetzung der Kinder- und Jugendhilfe, also der Ebene der Leistungserbringung, entkoppelt. In Bezug auf die Informationsflüsse und Gestaltungsprozesse, die sich innerhalb des institutionellen Netzwerkes vollziehen, geht dies mit einer weniger ausgeprägten Integration der KESB im Vergleich zum Jugendamt einher (▶ Kap. 5.2).

Mit Blick auf die Versorgungsstruktur und die Einbettung der institutionellen Akteure in Unterstützungsprozesse im Bereich des Kinderschutzes kann für die Stadt Bern festgehalten werden, dass sich ein eng geflochtenes Netzwerk von Institutionen entwickelt hat, das auch präventiv wirkende Angebote beinhaltet. Es steht eine niedrigschwellige Kinder-, Jugend- und Familienberatung durch das Amt für Erwachsenen- und Kinderschutz, eine flächendeckende Schulsozialarbeit sowie ein breites Angebot im Bereich der offenen Jugendarbeit zur Verfügung. Die Quartierarbeit ist etabliert, jedoch ohne dabei einen spezifischen Fokus auf Kindeswohlgefährdung zu legen. Um den Informationsfluss und die Kooperationsstrukturen innerhalb des Netzwerkes an Akteuren zu verbessern, sind verschiedene Vernetzungsprojekte im Aufbau. Institutionell sind Schule und Soziales getrennt, was für die Schweiz im Generellen gilt.

Im Emmental ist die Dichte an Angeboten und Akteuren mit Bezug zum Kinderschutz geringer. Präventionsangebote wie eine niedrigschwellige Jugend- und Familienberatung sind nur in den Zentren vorhanden. Die Quartierarbeit ist wenig ausgebaut, was jedoch vor dem Hintergrund der ländlichen Prägung nicht weiter erstaunt. Auch die Verbreitung der Schulsozialarbeit war zum Zeitpunkt der Datenerhebung noch lückenhaft, aber im Ausbau begriffen.

Als Spezifikum des St. Wendeler Versorgungsmodells kann dessen Ausrichtung am Konzept der Sozialraumorientierung gesehen werden. In den acht dezentral organisierten Sozialräumen ist die Kooperation zwischen beteiligten Akteuren institutionalisiert und fachlich abgestützt. Die Sozialraumteams sind bspw. direkt personell mit der Schule und der Quartierarbeit verknüpft. Der Netzwerkgedanke ist für das Gefährdungsmanagement und Gestaltung der Hilfs- und Unterstützungsleistungen zentral. Auch das Jugendamt ist institutionell und konzeptuell an die Angebotsstruktur angebunden. Diese ist geprägt durch präventiv ausgerichtete Angebote wie die im Sozialraumteam integrierte Schulsozialarbeit und niedrigschwellige, wohnortnahe Beratungsangebote.

12.2 Gefährdungsgeschehen

Wer meldet die Gefährdung?

Um eine Vergleichbarkeit der im Rahmen der standardisierten Erhebung analysierten Fallverläufe zu gewährleisten, sind nur Fälle berücksichtigt, bei denen eine Gefährdungsmeldung erfolgt ist. Diese bildet jeweils den chronologischen Ausgangspunkt der erhobenen Fallverlaufsdaten und markiert gleichzeitig den Eintritt in einen behördlich abgestimmten und juristisch gerahmten Bereich, dem die Aufgabe der Gewährung von Schutz und Recht zukommt. Da dieser Schritt die Kooperation zwischen Familien und beteiligten Fachpersonen erschweren kann und Unterstützungsprozesse häufig in einem Zwangskontext fortgeführt werden müssen, ist der Entscheid für eine Gefährdungsmeldung von großer Tragweite (▶ Kap. 3.6). Das Abwägen und Einschätzen einer möglichen Gefährdungssituation, das diesem Entscheid vorausgeht, ist denn auch ein zentraler Aspekt im Aufgabenfeld professioneller Fachpersonen des Sozialbereichs. Gefährdungsmeldungen können jedoch auch von anderen Akteuren ausgehen, wie Lehrpersonen, Ärztinnen und Ärzten oder Polizistinnen und Polizisten, die im Kontakt stehen mit den betroffenen Kindern bzw. ihren Familien. Insofern ist die Frage, von welchen Personen oder Akteuren eine Gefährdungsmeldung ausgeht, auch für das Verständnis des institutionellen Gefüges und der Kooperationsstrukturen beteiligter Akteure von Relevanz. Wer sieht sich in der Verantwortung diesen Schritt zu unternehmen und wie gelingt der Informationsaustausch über Gefährdungssituationen? Hinzu kommt, dass auch Personen aus dem familiären und lebensweltlichen Kontext als Urheber einer Gefährdungsmeldung in Frage kommen. Ob bspw. Personen aus der Nachbarschaft sich verantwortlich oder befugt sehen, eine Gefährdungsmeldung zu stellen, lässt sich auch als Hinweis auf die Rolle der Familie in einer Gemeinschaft lesen. Wird die Wahrung des Kindeswohls als rein private, familiäre Aufgabe gesehen, unterliegt sie einer sozialen Kontrolle oder verliert sie sich in der Anonymität? Letztlich bilden sich in der Verteilung der Urheberschaft von Gefährdungsmeldungen unterschiedliche institutionelle und gesellschaftliche Verständnisse von Verantwortung und damit einhergehend der Verantwortungsbereiche in Bezug auf den Kinderschutz ab. Dies zeigt sich am Vergleich zwischen den Versorgungsräumen.

Im Verwaltungskreis Emmental erfolgt ein Drittel der Meldungen (34 %) direkt aus dem lebensweltlichen Kontext der Familien, von Elternteilen und – in geringerem Ausmaß – auch von Verwandten und Personen aus der Nachbarschaft. Ein weiteres Drittel der Gefährdungen (34 %) wird von der Schule gemeldet. Fachkräfte der Familienberatung, der Kinder- und Jugendarbeit und des Gesundheitswesens sind zusammen in einem Sechstel der Fälle (17 %) die Urheber von Gefährdungsmeldungen. Jede zehnte Gefährdungsmeldung (10 %) erfolgt durch die Polizei.

Im Landkreis St. Wendel, der im Hinblick auf seine Sozialstruktur und ländliche Prägung mit dem Emmental vergleichbar ist, liegt der Anteil der Meldungen aus dem lebensweltlichen Kontext der Familie, Nachbarschaft und Bekannten ebenfalls bei einem Drittel (33 %). Etwa jeder zehnte Fall (9 %) wird von der Schule gemeldet. In einem ähnlichen Umfang stammen die Meldungen von der Polizei (11 %). Von den Fachkräften geht fast ein Viertel der Meldungen aus (Sozialwesen 16 %, Gesundheitswesen 7 %). Die Kategorie »Andere/Unklar« beinhaltet mehrheitlich Gefährdungen, die durch das Gesundheitsamt oder aus anonymer Quelle gemeldet wurden.

Vergleicht man die beiden ländlichen Versorgungsräume, fällt auf, dass die Meldungen aus dem lebensweltlichen Kontext mit einem Anteil von einem Drittel in beiden Gebieten bedeutend sind. Im Emmental entfallen dabei besonders viele Meldungen auf die Elternteile, was mit einer geringen Dichte an freiwilligen Beratungs- und Unterstützungsangeboten für Familien und somit einer höheren Schwelle für deren Inanspruchnahme einhergeht. Auch der geringe Anteil der Meldungen, die von den Fachkräften des Sozialwesens ausgehen, weist in diese Richtung. Des Weiteren ist auffallend, dass in St. Wendel im Vergleich zum Emmental nur wenige Meldungen durch die Schule erfolgen (9 % gegenüber 34 %). Es ist davon auszugehen, dass das Bestreben des St. Wendeler Modells, die Schule mit den präventiven Angeboten der Jugendhilfe zu verknüpfen und dadurch Gefährdungen zu reduzieren bzw. vorzeitig abzuwenden, zu diesem tiefen Anteil beiträgt. Wie noch aufgezeigt wird, widerspiegelt sich dieser tiefe Wert auch in den absoluten Zahlen der Gefährdungen.

Die Ergebnisse zum Versorgungsraum Bern zeigen ein anderes Bild als im Emmental und in St. Wendel. Nur jede zehnte Gefährdungsmeldung erfolgt direkt von Elternteilen, Verwandten oder Nachbarn (10 %). Doppelt so viele (20 %) werden von der Schule gemeldet. Die Polizei ist sogar noch etwas häufiger als die Schule Urheberin einer Meldung (23 %). Augenfällig im Vergleich zu den beiden ländlichen Versorgungsräumen Emmental und St. Wendel ist der markant höhere Anteil von Gefährdungen, die von Fachkräften des Sozial- und Gesundheitswesens gemeldet werden (43 %). Die Tatsache, dass die Stadt Bern durch das Amt für Kindes- und Erwachsenenschutz niedrigschwellig erreichbare, unentgeltliche Beratungen für Kinder, Jugendliche und Familien anbietet, trägt zum hohen Anteilswert bei. So spielt dieses Angebot häufig während der Monate, die einer Gefährdungsmeldung vorausgehen, eine wichtige Rolle.

Aus den in der Stadt Bern geführten Interviews mit Fachkräften geht hervor, dass in Beratungen von Kindern, Jugendlichen und Elternteilen, in denen vorerst psychosoziale Themen bzw. Erziehungsprobleme bearbeitet werden, öfter auch Aspekte einer Kindeswohlgefährdung auftauchen (▶ Kap. 5.2). Um aufkeimende oder plötzlich drohende Gefährdungen abzuwenden, können Fachkräfte aus der laufenden Beratung heraus mit einer Meldung an die KESB gelangen.

Im Emmental ist die Zahl der Meldungen von Professionellen aus dem Sozial- und Gesundheitsbereich nur halb so groß. Es stellt sich die Frage, ob die hohe Zahl der direkt aus dem lebensweltlichen Kontext der Familien erfolgenden Meldungen damit in Zusammenhang steht. Es scheint naheliegend, dass Elternteile, Verwandte sowie Nachbarinnen und Nachbarn direkt an die Kinderschutzbehörden gelangen, weil sie den Zugang zu vorgelagerten Stellen, die freiwillig aufgesucht werden können, nicht kennen oder weil diese Anlaufstellen räumlich zu weit entfernt sind. Die Resultate der Interviews mit Leitungspersonen des Sozialbereichs weisen in diese Richtung. Es wird darauf hingewiesen, dass im ländlichen Umfeld nur geringe Mittel für die präventive Beratung eingesetzt werden. Es fehlen sowohl Personalressourcen als auch finanzielle Mittel, um die Angebote bekannt zu machen. Außerdem stehen die Fachkräfte der kommunalen oder kirchlichen Kinder- und Jugendarbeit in der Regel außerhalb des Netzwerks, das sich mit Fragen zu Kindeswohlgefährdungen auseinandersetzt.

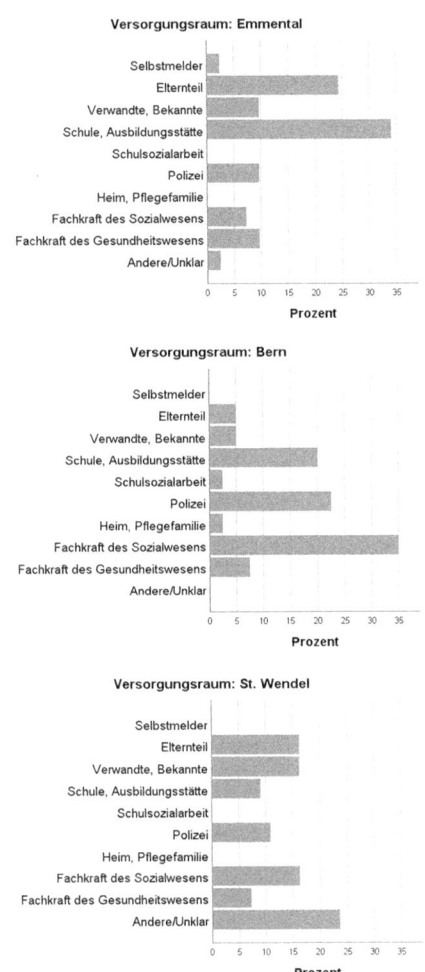

Abb. 12.1: Urheber der Gefährdungsmeldung. Emmental N:40, Bern N:40, St. Wendel N:42

Anzahl Gefährdungsmeldungen

Auf Basis der standardisierten Erhebung lässt sich zeigen, dass die drei Versorgungsräume beträchtliche Unterschiede in Bezug auf die Anzahl der Gefährdungsmeldungen im Verhältnis zur Population der Kinder aufweisen. In absoluten Zahlen wurden in der Stadt Bern während der Erhebungsjahre (2013/2014) 172 Gefährdungsmeldungen zehn- bis 16-jähriger Kinder gestellt. Im Emmental betrug die Anzahl Gefährdungsmeldungen 91 und in St. Wendel lediglich 55. Bezogen auf die Anzahl der Kinder und Jugendlichen der untersuchten Altersgruppe der Zehn- bis 16-Jährigen in den entsprechenden Versorgungsräumen ergibt dies für das Erhebungsjahr 2014 eine Meldequote pro 1.000 Kinder von[6]

- 14 in der Stadt Bern,
- 6,5 im Verwaltungskreis Emmental,
- 4,5 im Landkreis St. Wendel.

Die Anzahl der Gefährdungsmeldungen bzw. die damit verbundene Meldequote geht aus einer Vielzahl von Einflussfaktoren hervor. Unterschiede in der Bevölkerungsstruktur, der Siedlungsdichte, der Wohlfahrt und nicht zuletzt auch in kulturellen Wertesystemen bedingen die Meldequote mit. Etwas zugespitzt kann gesagt werden, dass in sozialen Brennpunkten andere Voraussetzungen für heranwachsende Kinder herrschen als in wohlhabenden Vorortsgemeinden. Es kann davon ausgegangen werden, dass sich die tieferen Meldequoten der beiden ländlichen Versorgungsräume mitunter durch unterschiedliche sozioökonomische und sozialstrukturelle Bedingungen, wie sie zu Beginn des Beitrags dargelegt wurden, erklären lassen. Hinzu kommen aber noch weitere Faktoren, wie institutionelle Rahmenbedingungen, infrastrukturelle Voraussetzungen, Arbeitsweisen und Kooperationsformate der beteiligten Akteure und die Niedrigschwelligkeit und Dichte an Unterstützungsangebote, welche die Häufigkeit von Gefährdungssituationen beeinflussen. Hierbei einzelne ursächliche Wirkungsbeziehungen auszuweisen, wäre auf Basis des angewendeten Forschungsdesigns weder beabsichtigt noch zulässig. In Abstimmung mit den qualitativen Ergebnissen lassen sich in der Kontrastierung der Versorgungsräume aber plausible Erklärungszusammenhänge aufzeigen.

Aus dem Vergleich zwischen dem Emmental und der Stadt Bern geht hervor, dass letztere eine mehr als doppelt so hohe Meldequote aufweist. Durch die Analyse der institutionellen Kooperationsformate wurde ersichtlich, dass der Versorgungsraum Bern durch eine enge Zusammenarbeit zwischen den Beratungsstel-

---

6 Die Quote wurde aus der Anzahl Zehn- bis 16-Jähriger (sieben Jahrgänge), basierend auf der ständigen Wohnbevölkerung, berechnet. Für die Stadt Bern und das Emmental verwenden wir entsprechend des Jahres der Datenerhebung die Zahlen von 2014. Für St. Wendel verwenden wir Zahlen von 2011, da uns für das Erhebungsjahr keine Zahlen vorliegen. Die Anzahl der Zehn- bis 16-Jährigen beträgt in der Stadt Bern 6.134, im Verwaltungskreis Emmental 6.953 und in St. Wendel 6.174 (Quelle: Für die Schweiz: Bundesamts für Statistik. Für Deutschland: Statistisches Amt Saarland).

len des Sozial- und Gesundheitswesens und der Kindes- und Erwachsenenschutzbehörde (KESB) geprägt ist (▶ Kap. 5.2). In einem Verlauf mit Gefährdungselementen wird vergleichsweise früh zum Instrument der Meldung gegriffen. Der hohe Anteil an Gefährdungsmeldungen durch Fachkräfte des Sozialwesens fügt sich in dieses Bild ein. Wir vermuten, dass diese institutionelle Verzahnung die Meldequote erhöht. Auch die Polizei meldet in der Stadt häufiger Gefährdungen. Dies kann als Hinweis dafür gewertet werden, dass die Familien und die natürlich sozialisierenden Netzwerke in der Stadt weniger tragfähig sind und eine Gefährdungserkennung vermehrt außerhalb dieser Netzwerke geschieht, was insgesamt auch zu einer höheren Meldequote beitragen dürfte.

Dass St. Wendel die tiefste Quote der Gefährdungsmeldungen aufweist, erstaunt nicht. Das Versorgungsmodell zielt darauf, aktiv präventiv zu arbeiten und Gefährdungsmeldungen zu vermeiden (▶ Kap. 5.2). Schulen und niedrigschwellige Beratungsstellen sind ins Unterstützungssystem der Jugendhilfe eingebunden. Wie oben belegt, greifen sie entsprechend weniger zum Instrument der Gefährdungsmeldung. Es scheint den Institutionen und Fachkräften weitergehend zu gelingen, die Unterstützung aus einer natürlich sozialisierenden Perspektive zu leisten. Die Perspektive des Schützens und Gewährens von Recht mit entsprechenden Eingriffen in die Sphäre der Familie kommt seltener zum Zug. Diese in der sozialräumlichen Arbeitsweise verankerte Handlungsprämisse steht, wie noch gezeigt wird, auch dann im Zentrum, wenn es trotz entgegenwirkender Bemühungen zu einer gemeldeten Gefährdungssituation gekommen ist.

In Abklärung involvierte Personen und Institutionen

Nach Eingang einer Gefährdungsmeldung bei der KESB bzw. dem Jugendamt wird, sofern es aufgrund der Gefährdungssituation keiner Sofortmaßnahmen bedarf, ein Abklärungsprozess eingeleitet. Dieser wird in der Schweiz auf Basis des Abklärungsauftrags der KESB von den zuständigen Sozialdiensten, im St. Wendeler Modell vom Jugendamt verantwortet. Die abklärende Stelle steht in dieser Phase im Austausch mit Personen und Institutionen, die mit den betroffenen Kindern in Verbindung stehen. Die Konsultation und Involvierung unterschiedlicher Akteure im Rahmen des Abklärungsprozesses gewährleistet ein möglichst breit abgestütztes Bild der Gefährdungssituation, das die Grundlage eines Abklärungsberichtes mit Empfehlungen bildet. Für das Verständnis der institutionellen Zusammenarbeit in den jeweiligen Versorgungsräumen ist es daher aufschlussreich, die Anteile der Involvierung von potenziell an Abklärungsprozessen beteiligten Personen und Institutionen aufzuschlüsseln.

Die beiden Schweizer Versorgungsräume Bern und Emmental zeigen hierbei ein vergleichbares Gesamtbild. Am stärksten involviert in die Abklärungsprozesse sind die Fachpersonen des Sozialwesens und die Schule. Da in beiden Versorgungsräumen Schule und Sozialwesen institutionell getrennt sind und insofern ein fallbezogener Informationsaustausch nicht institutionalisiert ist, wird die gezielte Konsultation der Schule als zentralem Bestandteil der Lebenswelt von Kindern im Rahmen der Gefährdungsabklärung fast unumgänglich. In über vier

Fünfteln der Fälle wird in beiden Versorgungsräumen die Schule beigezogen. Die Polizei hingegen spielt für den Abklärungsprozess nur eine untergeordnete Rolle. Auffällig hoch ist in beiden Regionen die Beteiligung von Fachkräften der Medizin, Psychiatrie und Psychologie. Zusammengenommen sind sie in Bern in 40 % der Fälle im Abklärungsprozess involviert, im Emmental gar in 64 % der Fälle. Gefährdungssituationen im Zusammenhang mit psychischen Problemen der Kinder und Jugendlichen sowie mit Gewalterfahrungen psychischer, körperlicher/sexueller Natur bedürfen zumeist einer ärztlichen, psychiatrischen oder psychologischen Einschätzung bzw. Abklärung. In den beiden Versorgungsräumen konnten die genannten Gefährdungssituationen in 22 % der Fälle als Hauptgefährdungsdimensionen ausgemacht werden. Die besonders hohe Beteiligung von Fachkräften der Psychiatrie und Psychologie im Emmental lässt sich dahingehend deuten, dass dort die Dichte und Anzahl weiterer Akteure (Jugend- und Quartierarbeit, Vereine, Beratungsstellen etc.), die mit der Situation der betreffenden Kinder und Familien vertraut sein könnten, gering ist und man deshalb, gerade im Zusammenhang mit psychischen Problemlagen und Adoleszenzkrisen, auf eine medizinische oder psychologische Einschätzung angewiesen ist. Dies im Unterschied zu der Stadt Bern, wo das Netzwerk an Angeboten und Anlaufstellen dichter ist. Fachpersonen des Sozialwesens und »Andere« als Sammelkategorie verschiedener Akteure, die durch das Kategorienraster nicht abgedeckt sind, weisen in Bern eine deutlich höhere Beteiligung auf.

Ein etwas anderes Bild zeigt sich in St. Wendel. Zwar sind auch in diesem Versorgungsraum, abgesehen von der Sammelkategorie »Anderes«[7], die Fachpersonen des Sozialwesens und die Schule die am häufigsten involvierten Akteure, ihr Anteil ist aber pro Fall gesehen deutlich geringer. Nur in jedem dritten Fall werden Fachpersonen des Sozialwesens konsultiert, die Schule nur in knapp einem Viertel der Fälle. Lediglich die Polizei ist häufiger vertreten als in den beiden Schweizer Versorgungsräumen. Insgesamt betrachtet lässt sich feststellen, dass in St. Wendel pro Fall weniger Akteure im Abklärungsprozess involviert sind. Während im Emmental pro Fall durchschnittlich 2,3 und in Bern 2,1 Akteure beteiligt sind, liegt der entsprechende Wert in St. Wendel bei 1,2. Ausschlaggebend für diese tiefe Quote ist die sozialräumliche Arbeitsweise, die in St. Wendel verfolgt wird. Diese ist gekennzeichnet durch eine enge Zusammenarbeit der beteiligten Institutionen und Fachkräfte. Die Trägerorganisationen koordinieren die interinstitutionelle Kooperation und verknüpfen die Akteure im gesamten Sozialraum, wozu auch das Jugendamt zu zählen ist, was letztlich einen Informationsfluss zwischen den Institutionen ermöglicht (▶ Kap. 5.2). Wenn es zu einer Gefährdungsmeldung kommt, so liegen häufig bereits Informationen zum Fall vor, sodass das Jugendamt keinen breit angelegten Abklärungsprozess in Gang setzen muss.

---

7 Am häufigsten wird hierbei das Gesundheitsamt genannt, aber auch die kommunale Arbeitsförderung oder das zuvor zuständige Jugendamt sind darin vertreten.

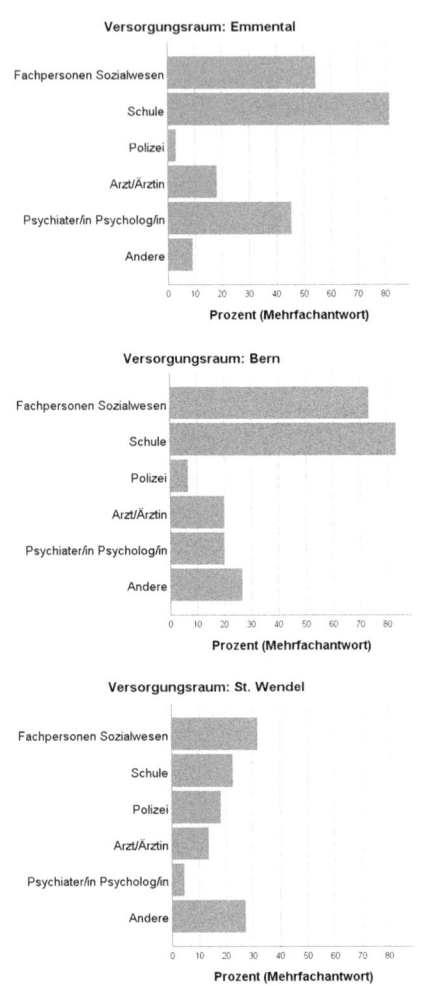

Abb. 12.2: In Abklärung involvierte Personen und Institutionen. Emmental N:33, Bern N:30, St. Wendel N:22

Empfehlungen als Resultat der Gefährdungsabklärungen

Die Empfehlungen einzuleitender Interventionen im Bereich des freiwilligen oder gesetzlichen Kinderschutzes, die aus den Gefährdungsabklärungen hervorgehen, werden im Wesentlichen in dieser Form auch umgesetzt, wobei die nachfolgende Anhörung der Familie die Ausgestaltung des anvisierten Unterstützungsprozesses mitprägt. Insofern markieren die Empfehlungen eine wichtige Weichenstellung, indem sich abzeichnet, ob sich ein Kinderschutzverlauf im Rahmen gesetzlich angeordneter Maßnahmen bewegt, freiwillige Maßnahmen genügen oder ob beides zum Tragen kommt. Auf die einzelnen Empfehlungen soll hier nicht detailliert eingegangen werden. Beachtenswert im Zusammenhang mit der Anzahl Gefährdungsmeldungen und der sozialräumlichen Arbeitsweise sind die Resultate der Empfehlungen im Versorgungsraum St. Wendel.

Hierbei zeigt sich, dass in ca. einem Drittel der Fälle empfohlen wird, keine Hilfen zu installieren, da die Abklärung ergeben hat, dass keine Kindeswohlgefährdung vorliegt. Bei einem zweiten, knappen Drittel der Fälle lautet die Empfehlung, die Familien mit neuen Hilfen zur Erziehung zu unterstützen (13 %), bestehende Hilfen zur Erziehung fortzuführen (9 %) oder allenfalls zu ergänzen (6 %). Ob Hilfen zur Erziehung beansprucht werden, können grundsätzlich die Erziehungsberechtigten entscheiden. Das letzte Drittel der Empfehlungen in St. Wendel betrifft die Weitervermittlung an infrastrukturelle Angebote (27 %) sowie die Anbindung an ärztliche Versorgungsleistungen (7 %). Die Bedeutung von sich außerhalb eines Kinderschutzverlaufes vollziehenden Leistungen bzw. Angeboten weist auf ein umfassendes sozialräumliches Verständnis hin, das auch stark auf das Potenzial und die Wirkung fallunspezifischer Angebote als Bestandteil eines sozialräumlichen Netzwerkes setzt.

Auf die Meldequote an Gefährdungen angewendet, bedeutet dies, dass in St. Wendel nicht nur Gefährdungsmeldungen sehr selten sind, sondern Kindeswohlgefährdungen als Abklärungsresultate noch viel seltener vorliegen. Denkbar wäre auch gewesen, dass die niedrige Anzahl an Gefährdungsmeldungen auf einem im Vergleich zu den beiden Schweizer Versorgungsräumen »konservativeren« Meldeverhalten basiert, also nur Fälle gemeldet werden, bei denen bereits ein hohes Gefährdungspotenzial erkennbar ist. Diese Auslegung lässt sich aufgrund der Abklärungsresultate nicht bestätigen.

12.3 Interventionen

Die Anzahl der innerhalb eines Kinderschutzverlaufes[8] erfolgten Interventionen entspricht dem oben in Bezug auf die Empfehlungen beschriebenen Sachverhalt. Im Versorgungsraum St. Wendel wurden im Anschluss an eine Gefährdungsmeldung in zwei Dritteln der Fälle keine weiteren Hilfen erbracht, die durch das Jugendamt beaufsichtigt und gesteuert werden. Das sozialräumliche Versorgungsmodell mit seiner institutionalisierten Netzwerkarbeit (unter Einbezug der Schule) und den präventiv und auf Früherkennung ausgelegten Angeboten erlaubt es, diese Fälle gewissermaßen wieder den natürlich sozialisierenden Instanzen zu überantworten, ohne dass sie sogleich unter dem Radar verschwinden. Insgesamt erfolgen in St. Wendel pro Fall nur 0,3 Interventionen. Wenn die Fälle

---

8 Als Kinderschutzverläufe werden hier Fallsequenzen im Zusammenhang mit einer Gefährdungsmeldung verstanden. Die Sequenzen können von unterschiedlicher Dauer sein und enden mit einem Fallabschluss. In den beiden Schweizer Versorgungsräumen dauert eine Sequenz durchschnittlich 44 Wochen.

ohne Interventionen (infolge nicht vorhandener Gefährdung oder wegen Weitervermittlung) abgezogen werden, erfolgt pro Fall durchschnittlich 1 Intervention.

In den beiden Schweizer Versorgungsräumen treten Fälle ohne nachfolgende Interventionen deutlich seltener auf. In Bern trifft dies auf jeden achten Fall zu, im Emmental auf jeden fünften Fall. Abzüglich der Fälle ohne Interventionen erfolgen in Bern 2,3 Interventionen, im Emmental 2,4 Interventionen pro Fall. Für die beiden Schweizer Versorgungsräume lässt sich somit feststellen, dass die zuständigen Behörden im Anschluss an eine Gefährdungsmeldung nur selten zur Einschätzung gelangen, ein Verzicht auf eine gezielte Begleitung und Fallsteuerung sei angesichts vorhandener niedrigschwelliger fallunspezifischer Angebote vertretbar und angezeigt. Im Vergleich zu St. Wendel liegt der Fokus stärker auf der Intervention und weniger auf der Prävention und Früherkennung, wobei dies hinsichtlich der Versorgungsstruktur im Speziellen auf das Emmental zutrifft.

Die erfolgten Interventionen sind jeweils gekennzeichnet durch eine Interventionsbasis, welche die Rahmung vorgibt, in der sich Unterstützungsprozesse bzw. einzelne Elemente daraus bewegen. In der Schweiz wird hierbei unterschieden zwischen freiwilligen Unterstützungsleistungen wie Beratung, Therapie, Tagesstruktur oder Familienbegleitung und den gesetzlichen Maßnahmen, die entsprechend den Artikeln des Zivilgesetzbuches von der KESB angeordnet werden. Die Kategorisierung der Interventionsbasis für St. Wendel weicht aufgrund andersartiger Gesetzesgrundlagen und institutioneller Voraussetzungen davon ab. Durch das Familiengericht angeordnete Maßnahmen kommen hier als Kategorie hinzu.

Die Resultate der standardisierten Erhebung zeigen, dass im Emmental der geringste Anteil an freiwilligen Maßnahmen vorliegt. Nur ein Drittel vollzieht sich in einem freiwilligen Kontext, sodass sich, sofern keine weiteren gesetzlichen Maßnahmen hinzukommen, eine fördernd-unterstützende, partizipative und einvernehmliche Kooperationsbasis zwischen institutionellen Akteuren bzw. Professionellen und betroffenen Familien etablieren kann, was in dieser Studie als adjuvante Dynamik bezeichnet wird. Zwei Drittel der Maßnahmen werden hingegen durch die KESB verfügt, was häufig mit mangelnder Kooperationsbereitschaft von Seiten der Familien im Zusammenhang steht. Die gesetzliche Rahmung und der Zwangscharakter der Maßnahmen erschweren eine konstruktive Kooperation zusätzlich, was eine invasive Falldynamik verursacht oder begünstigt. Im Versorgungsraum Bern liegt der Anteil an freiwilligen Maßnahmen höher. Etwas mehr als die Hälfte lässt sich einer freiwilligen Interventionsbasis zuordnen.

Ein Vergleich der Schweizer Versorgungsräume mit St. Wendel ist nur eingeschränkt möglich. Hinsichtlich des Anteils an Interventionen mit freiwilliger Basis scheint eine direkte Vergleichbarkeit aber gegeben. So lässt sich feststellen, dass eine freiwillige Interventionsbasis in fast zwei Dritteln der Fälle vorhanden ist, was einen Zwangskontext von Interventionen, insbesondere in Anbetracht der tiefen Fallzahlen in St. Wendel, zu einem äußerst seltenen Phänomen macht. Bezogen auf die 55 im Erhebungszeitraum untersuchten Fälle, was der Gesamtheit der Fälle in St. Wendel entspricht, vollzog sich nur ein Fall klar in einem Zwangskontext (gerichtliche Anordnung). In sieben weiteren Fällen wurden Hilfen zur Erziehung installiert. Diese gelten formal juristisch als freiwillig. Nach einer Gefährdungsmeldung stehen die Familien tendenziell jedoch unter Druck, solche vom Jugendamt genehmigten Hilfen zu akzeptieren.

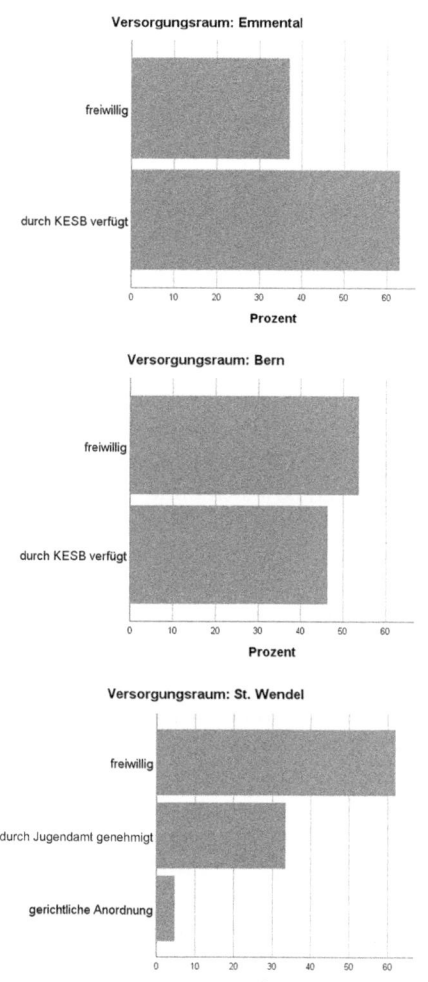

Abb. 12.3: Interventionsbasis. Emmental N:81, Bern N:82, St. Wendel N:39

12.4 Schluss

Die Integration einer standardisierten Erhebung als zusätzliche Perspektive auf den Forschungsgegenstand konnte dazu beitragen, ein vollständigeres Bild der komplexen Sachverhalte und Zusammenhänge zu zeichnen. Das Ineinandergreifen der beiden Forschungsansätze ermöglicht es, die aus den jeweiligen Perspektiven herausgearbeiteten Ergebnisse komplementär gegenüberzustellen und abzugleichen. Die quantitative Perspektive bestärkt einerseits in weiten Teilen die aus den Interviews hervorgegangenen Erkenntnisse und fügt diesen andererseits eine weitere Facette hinzu. Aus dem Vergleich der Versorgungsräume geht hervor, dass die institutionellen Rahmenbedingungen, die räumlichen und sozialstrukturellen Gegebenheiten und die darin eingebetteten institutionellen Netzwerke auf die Ausgestaltung des Kinderschutzes und der Unterstützungsprozesse auf der Fallebene einwirken. So können die unterschiedlichen gesellschaftlichen und institutionellen Gefüge nicht nur als entscheidende Faktoren im Zusammenhang mit der Urheberschaft von Gefährdungsmeldungen gesehen werden, sondern sie stehen auch in Verbindung mit deren Anzahl. Auch die unterschiedliche Beteiligung der Akteure an den Abklärungsprozessen, die sich in den Versorgungsräumen zeigt, lässt sich ohne Berücksichtigung der institutionellen Netzwerke mit ihren je eigenen Kooperationsformaten nicht fundiert verstehen. Und nicht zuletzt steht auch das Spannungsfeld zwischen Freiwilligkeit und Zwang, in dem sich ein Großteil der Kinderschutzverläufe bewegt, in direkter Verbindung mit institutionellen und strukturellen Rahmenbedingungen, innerhalb derer sich die beteiligten Akteure bewegen. Der Versorgungsraum St. Wendel mit seiner sozialräumlichen Ausrichtung nimmt bezüglich des institutionellen Netzwerks eine Sonderstellung ein. Diese Sonderstellung korrespondiert wiederum mit den Ergebnissen der standardisierten Erhebung. Zumeist weichen die Resultate von St. Wendel deutlich von jenen der beiden Schweizer Versorgungsräumen ab. Teilweise lassen sich die Abweichungen wohl auch durch länderspezifische Differenzen erklären. Gleichzeitig ist die Auswirkung der sozialräumlichen Arbeitsweise auf die Ergebnisse augenfällig. Wenn es darum geht, Gefährdungssituationen durch Prävention, Früherkennung und interinstitutionelle Kooperation zu vermeiden sowie Unterstützungsprozesse zu gestalten, die sich außerhalb eines Zwangskontextes vollziehen, so scheint dies in St. Wendel besonders gut zu gelingen. Eine differenzierte Bewertung der Gelingensbedingungen von Kinderschutzverläufen in den untersuchten Versorgungsräumen kann auf Basis der standardisierten Erhebung jedoch nicht vorgenommen werden. Um die Mechanismen differenzieren und quantifizieren zu können, die sich in der Wechselwirkung zwischen Institutionen, Professionellen und Familien innerhalb vorhandener Rahmenbedingungen vollziehen und die Qualität der Unterstützungsprozesse mit bedingen, wäre ein (quasi-)experimentelles Studiendesign nötig. Dies hätte aber den Rahmen dieses komplementär eingesetzten Studienteils gesprengt.

Literatur

Bundesamt für Statistik. (2014). *Statistik der Bevölkerung und der Haushalte (Datensatz)*. Abgerufen unter www.bfs.admin.ch.

Statistik Stadt Bern. (2017). *Statistisches Jahrbuch der Stadt Bern. Berichtsjahr 2016*. Abgerufen unter www.bern.ch/themen/stadt-recht-und-politik/bern-in-zahlen/publikationen.

Statistisches Amt Saarland. (2014). *Zensus 2011. Bevölkerung und Haushalte Landkreis St. Wendel*. Abgerufen unter www.zensus2011.de.

Wirtschafts-, Energie- und Umweltdirektion des Kantons Bern. (2018). *Strukturdaten Verwaltungskreis Emmental 2016*. Abgerufen unter www.vol.be.ch.

13 Rahmenbedingungen des Kinderschutzes in Deutschland und der Schweiz

Julia Schatzschneider

13.1 Einleitung

Wie Familien ihren Alltag gestalten und in welcher Weise Unterstützung – monetär oder durch pädagogische Arrangements – ermöglicht wird und Kinderschutz wirksam werden kann, unterliegt spezifischen Rahmenbedingungen und Pfadabhängigkeiten, den kulturellen, rechtlichen und politischen Spezifika in der Schweiz und Deutschland, vor deren Hintergrund sich die jeweilige Kinder- und Jugendhilfelandschaft entwickeln konnte:

- »Zentral für sozialpädagogisches Handeln ist, dass die individuelle Situation des Adressaten grundsätzlich in ihrer Eingebundenheit in und Abhängigkeit von gesellschaftlichen Verhältnissen, also immer im Zusammenhang mit realen und konkreten Bedingungen und Gegebenheiten der Lebenswelt zu sehen ist« (Kalter, 2011).
- »Inzwischen ist es nämlich zwischen den familialen Lebenswelten (den familialen Mikrosystemen) und den näheren und weiteren Umweltsystemen, wie z. B. Nachbarschaft, Kindergarten, Schule, Klinik, Arbeitswelt, Öffentlichkeit und Politik (den Meso- und Makrosystemen) zu einem Prozess der Individualisierung und sozialen Differenzierung gekommen, zu gegenseitiger Arbeitsteilung und Abschließung und zugleich zu einer wachsenden Abhängigkeit voneinander« (Wolff, 2013, S. 1).
- »Kinder- und Jugendhilfe repräsentiert […] immer auch die gesellschaftlich anerkannten Vorstellungen davon, wie Kinder und Jugendliche aufwachsen und erzogen werden sollten« (Böllert, 2018, S. 5)

Im Folgenden wird daher im Anschluss an eine Annäherung an den Begriff des Kindeswohls die für den Kinderschutz relevante Institutionenlandschaft skizziert, die das Kinderschutzgeschehen in Deutschland und der Schweiz bedingt.

13.2 Annäherungen an den Begriff des Kindeswohls

Kommen Kinder und Jugendliche zu Schaden, insbesondere, wenn sie bereits im Kontakt mit eigentlich für ihren Schutz zuständigen Institutionen gewesen sind, bedeutet das nach der Traumatisierung der Betroffenen auch für die beteiligten Professionellen einen »Angriff« auf ihr Selbstverständnis als helfende Professionen. Die Kinderschutzdebatte hat daher in den vergangenen Jahren große Aufmerksamkeit erfahren (vgl. Wazlawik & Wolff, 2018, S. 292). Ein Bild gelingenden Aufwachsens zu entwerfen und Kriterien für das Kindeswohl und auch seine Verletzung zu bestimmen, ist daher inhärenter Bestandteil der Fachdiskurse um Kinderschutz. Gleichwohl zeichnen sich die zentralen Begrifflichkeiten durch ihre Unbestimmtheit aus:

> »Was *Kindeswohl* konkret bedeutet und was im Detail als *Kindeswohlgefährdung* zu gelten hat, ist gesetzlich an keiner Stelle definiert. Beides sind so genannte *unbestimmte Rechtsbegriffe*. Es muss folglich in jedem Einzelfall eine eigenständige Interpretation erfolgen« (Kompetenzzentrum Kinderschutz o. J.: o.S.; vgl. auch Kasper, 2017, S. 29; Rosch & Hauri, 2016, S. 412; Wazlawick & Wolff, 2018, S. 294).

Schweizer Autorinnen und Autoren beschreiben diese Art der Begrifflichkeiten somit als »wertausfüllungsbedürftig« (Rosch & Hauri, 2016, S. 412). Deutlich wird daran, dass Fragen des Kindeswohls immer auch Fragen der Ethik berühren (vgl. ebd., S. 414). Witte hebt in diesem Zusammenhang hervor, dass im internationalen Vergleich in Deutschland die Bindung zu den Eltern und die Aufrechterhaltung dieser Beziehung besonders hoch gewichtet wird, während bspw. in England noch stärker der Schutz vor Gewalt in der Familie betont wird (vgl. Witte, 2018, S. 250). Der Erhalt des Systems Familie kann so z.B. als normatives Gerüst für den Kinderschutz etwa für Deutschland konstatiert werden. Dass die Debatte um den Begriff des Kindeswohls normativen Diskursen unterliegt, beschreiben auch andere Autorinnen und Autoren. Vertreterinnen und Vertreter der Sozialraumorientierung rücken statt des Wohls den Begriff des subjektiven Willens auch bei Kindern in den Mittelpunkt (vgl. Hinte & Treß, 2007, S. 49) Kontrastierend setzt sich Holger Ziegler im Kontext eines offensiven Kinderschutzes explizit für eine objektive Bestimmung des Kindeswohls ein (vgl. Ziegler, 2010, S. 63).

Als Kindeswohlgefährdung gilt *in Deutschland* bereits seit den 1950er Jahren eine vom Bundesgerichtshof vorgenommene Definition, auf die sich auch die Jugendämter der deutschen Versorgungsräume stützen. Das Jugendamt des Versorgungsraums Essen hält dies explizit fest: Kindeswohlgefährdung meint

> »eine gegenwärtige in einem solchen Maße vorhandene Gefahr, dass sich bei der weiteren Entwicklung eine erhebliche Schädigung mit ziemlicher Sicherheit voraussehen lässt« (BGH FamRZ., 1956, S. 350; zit. nach Stadt Essen, 2016, S. 12; vgl. auch Kasper, 2017, S. 29).

Auch *die Schweiz* unterliegt diesem unbestimmten Rechtsbegriff, die KOKES sowie Hauri und Zingaro und Rosch/Hauri beziehen sich auf die Definition von Hegnauer:

»Von einer Gefährdung des Kindeswohls ist auszugehen, sobald nach den Umständen die ernstliche Möglichkeit einer Beeinträchtigung des körperlichen, sittlichen, geistigen oder psychischen Wohls des Kindes vorauszusehen ist. Ob das Kindeswohl gefährdet ist, ist unter Abwägung der Umstände im Einzelfall zu ermitteln« (KOKES, o. J., S. 1; vgl. auch Hauri & Zingaro, 2013, S. 9; Rosch & Hauri, 2016, S. 415).

An den unbestimmten Rechtsbegriff der Kindeswohlgefährdung schließt sich die gleichsam unbestimmte Definition an, wann im Gegenzug die Sicherung des Kindeswohls gewährleistet ist. Das deutsche Kompetenzzentrum Kinderschutz bietet dafür folgende Orientierung:

»Werden die kindlichen Grundbedürfnisse ausreichend befriedigt, so können wir in der Regel davon ausgehen, dass das Kindeswohl gesichert ist. Die Voraussetzungen für ein Heranwachsen junger Menschen zu eigenverantwortlichen und gemeinschaftsfähigen Persönlichkeiten sind dann gegeben. Hinweise darauf gibt uns *das Verhalten und Erscheinungsbild* des Kindes bzw. *beobachtbare Erscheinungsformen einer gesunden Entwicklung*« [Hervorhebung der Autorenschaft] (Kompetenzzentrum Kinderschutz, o. J., o. S.).

Die Schweizer KOKES formuliert ihre auf das Kindeswohl bezogene Leitlinie etwas ausdifferenzierter:

»Es ist der Inbegriff aller begünstigenden Lebensumstände, um dem Kind zu einer guten und gesunden Entwicklung zu verhelfen. Dazu gehören elementare Dinge wie ausreichende Ernährung, wettergerechte Kleidung, ein Dach über dem Kopf, aber auch Schutz vor seelischer Gewalt sowie vor Erwachsenenkonflikten, liebevolle Zuwendung, Lob und Anerkennung, Respekt und Achtung, Verbindlichkeit in den Beziehungen und eine sichere Lebensorientierung« (KOKES, o. J., S. 1).

Die Schweizer Autorin Hauri und der Schweizer Autor Zingaro formulieren für ihren Leitfaden Kinderschutz ähnlich:

»Als allgemeine Richtlinie kann gelten: Das Kindeswohl ist gewährt, wenn ein für die Entwicklung günstiges Verhältnis besteht zwischen

- den Rechten des Kindes, dem nach fachlicher Einschätzung wohlverstandenen Bedarf und den subjektiven Bedürfnissen des Kindes einerseits
- und seinen tatsächlichen Lebensbedingungen andererseits« (Hauri & Zingaro, 2013, S. 9).

Kinderschutzexpertinnen und -experten beider Länder entwickelten diesbezüglich unterschiedliche Leitfäden, mit denen dieses Wohl in potenziellen Gefährdungsfällen vor dem Hintergrund der skizzierten Unbestimmtheit soweit wie möglich erhoben werden kann, bspw. mit dem Berner und Luzerner Abklärungsinstrument zum Kinderschutz oder im Essener Kinderschutzkonzept. Insbesondere Schweizer Autorinnen und Autoren (vgl. Rosch & Hauri, 2016, S. 414) ziehen zur Bestimmung, unter welchen Bedingungen einem Kind förderliche Entwicklungen zukommen, die von der Philosophin Martha Nussbaum formulierten Grundbedingungen heran, die Orientierung, jedoch keine allgemeine oder rechtsverbindliche Gültigkeit bietet (vgl. Rosch & Hauri, 2016, S. 414).

13.3 Deutschland

Für die deutsche Kinder- und Jugendhilfelandschaft lässt sich konstatieren, dass Entwicklungslinien und Organisationsformen der Kinder- und Jugendhilfe und damit auch die des Kinderschutzes sozialrechtlich durch das SGB VIII geprägt werden und gleichzeitig eine Beeinflussung durch sozialpolitische oder Fachdiskurse erfahren (vgl. Merchel, 2018, S. 94).

Unterschiedliche Institutionen bzw. Organisationen gestalten die Jugendhilfelandschaft und mit ihr das Kinderschutzgeschehen, die unter dem Dach eines gemeinsamen Ziels, das »Recht eines jeden jungen Menschen auf Förderung seiner Entwicklung und auf Erziehung zu einer eigenverantwortlichen und gemeinschaftsfähigen Persönlichkeit nach § 1 SGB VIII«, unterschiedliche Handlungsstrategien verfolgen (Jordan et al., 2012, S. 21).

Die Komplexität der Anforderungen an die Kinder- und Jugendhilfelandschaft in Deutschland formuliert auch Karin Böllert:

»Die Kinder- und Jugendhilfe ist die soziale Infrastruktur des Aufwachsens junger Menschen und der Unterstützung ihrer Familien, die sozialstaatlich regulierte Angebote der Betreuung, Erziehung und Bildung sowie des Schutzes, der Förderung und Beteiligung beinhaltet, mit dem Ziel der individuellen Befähigung zur Entwicklung selbstbestimmter Lebensentwürfe und gemeinwohlorientierter Lebenspraxen sowie der strukturellen Ermöglichung gesellschaftlicher Teilhabe als Ausdruck der Wahrnehmung einer öffentlichen Verantwortung für gleichberechtigte Lebenschancen und den Abbau sozialer Ungleichheiten« (Böllert, 2018, S. 4).

Dennoch lassen sich bei dem Versuch einer Skizzierung dieser Infrastruktur besondere Charakteristika beschreiben. Als herausragendes Strukturmerkmal in Deutschland gilt die Zweigliedrigkeit der Träger der öffentlichen Jugendhilfe – die inhärente Verbindung aus Jugendhilfeausschuss und Verwaltung. Ihre Gesamtverantwortung verteilt sich einerseits auf »die Infrastrukturgestaltung in der Kinder- und Jugendhilfe« (Merchel, 2018, S. 93) sowie andererseits auf die »Funktion eines Gewährleisters für die Einlösung individueller Rechtsansprüche auf Leistungen« (ebd.). Flankiert wird dies durch die Angebote der überwiegend über die Wohlfahrtsverbände organisierten freien oder der gewerblichen Träger (vgl. ebd.). Daneben besteht die gemeinsame Zuständigkeit von Bund und Ländern bezüglich der Gesetzgebung, modellhaften Förderung und Impulsgebung sowie die »zentrale Verantwortung des öffentlichen Trägers auf kommunaler Ebene« (Böllert, 2018, S. 6), die die Ausgestaltung der Kinder und Jugendhilfe bedingen.

Blickt man auf das Feld der Hilfen zur Erziehung als ein Teil der Kinder- und Jugendhilfelandschaft, so sind diese von Pluralität und Vielfalt charakterisiert. Zusammenführen lassen sie sich jedoch hinsichtlich ihrer Funktion: »ein zur Familienerziehung komplementäres kompensatorisches Sozialisationsfeld« (Krause & Peters, 2002, S. 20). Dabei wird traditionell unterteilt in

- »familienunterstützende Hilfen (z. B. Erziehungsberatung, SPFH)
- familienergänzende Hilfen (z. B. Soziale Gruppenarbeit, Tagesgruppen)
- familienersetzende Hilfen (z. B. Fremdpflegefamilien, Heimerziehung)« (ebd.).

Blickt man auf den Schutzauftrag der Jugendhilfe als den im Rahmen von MehrNetzWert gesetzten Fokus, sind in diesem Zusammenhang einige Institutionen von besonderer Relevanz, die im Folgenden beschrieben werden.

Das Jugendamt

Dem Jugendamt eigen ist, dass es als der zentrale Ankerpunkt der Kinder- und Jugendhilfe betrachtet wird, als eine von der Bevölkerung klar identifizierbare und bekannte behördliche Instanz, die kommunal anerkannt ist (vgl. Böllert, 2018, S. 7).

Als »sogenannte[r] öffentliche[r] Träger der Jugendhilfe« (Krause & Peters, 2002, S. 134) setzt er sich wie oben beschrieben zusammen aus der Verwaltung des Jugendamts und dem Jugendhilfeausschuss. Jede kreisfreie Stadt sowie jeder Landkreis muss ein Jugendamt einrichten, anhängig von länderspezifischen Regelungen können dies auch kreisangehörige Städte. Das Jugendamt unterliegt dem Gebot der partnerschaftlichen Zusammenarbeit mit den freien Trägern und soll diesen bei der Aufgabenzuteilung Vorrang einräumen. Im Blick behalten werden müssen zudem eine ausdifferenzierte Angebotspalette (Pluralität) sowie die Zusicherung des Wunsch- und Wahlrechts seiner Adressatinnen und Adressaten (vgl. ebd.).

> »Das Jugendamt bleibt jedoch letztverantwortlich dafür, dass Jugendhilfeleistungen ausreichend und qualifiziert angeboten werden (vgl. §§ 3, 4 sowie §§ 70, 71, 79 SGB VIII). Die wesentlichen Aufgaben des Jugendamts sind im Kinder- und Jugendhilfegesetz SGB VIII sowie im Bürgerlichen Gesetzbuch (BGB) und im Jugendgerichtsgesetz (JGG) geregelt« (Krause & Peters, 2002, S. 134f).

Mit Blick auf die hier untersuchten Versorgungsräume auf deutscher Seite verfügt das Saarland insgesamt über sechs Jugendämter und ein Landesjugendamt, Nordrhein-Westfalen als Bundesland des zweiten Versorgungsraums Essen über 184 Jugendämter und zwei Landesjugendämter[1] (vgl. Jordan et al., 2012, S. 302).

Der ASD

Umschrieben als Basisdienste sind allgemeine Sozialdienste in Deutschland für die Versorgung mit Hilfeleistungen, aber auch Kontrolltätigkeiten für die Bereiche Jugend-, Sozial-. und Gesundheitshilfe in einer bestimmten Region bzw. einem bestimmten Quartier tätig. Historisch gewachsen aus der Armenpflege wird ihre Organisationsform sowie die Aufgabenbereiche und Qualifizierungsanforderungen kontinuierlich diskutiert. Vor diesem Hintergrund ist eine Beschreibung einheitlicher Aufgaben oder Organisationsformen nicht möglich, diese sind je von lokalen Spezifika und Traditionen geprägt (vgl. Schrapper, 2013, S. 57ff).

---

1 Aufgaben der Landesjugendämter sind die Beratung der örtlichen Träger, die »fachliche Innovationsförderung […] sowie in der hoheitlichen Funktion der Erteilung von Betriebserlaubnissen und des Schutzes von Kindern und Jugendlichen« (Merchel, 2018, S. 95) – der sogenannten Heimaufsicht (vgl. ebd.).

Der Allgemeine Soziale Dienst hat als Teil des Jugendamts große Relevanz für die im hiesigen Forschungskontext besonders bedeutsamen erzieherischen Hilfen. Er dient Ratsuchenden oft als Ausgangspunkt und ist dabei Ansprechpartner für Kinder, Jugendliche und Eltern. Während hier jeder informellen Rat suchen kann, haben »konkreten (auch einklagbaren) Rechtsanspruch auf Hilfen zur Erziehung [...] nach dem KJHG jedoch nur Personensorgeberechtigte (in der Regel die Eltern), also nicht die Kinder und Jugendlichen« (Krause & Peters, 2002, S. 135), was regelmäßig kritisiert wird (vgl. ebd.). Unterschieden werden muss in der Arbeit des ASD zwischen Beratung, die »informell« von den Mitarbeiterinnen und Mitarbeitern geleistet wird, »durch gemeinsame Gespräche, durch das Verweisen auf andere Hilfsmöglichkeiten, aber auch durch Unterstützung im Antrags- und Formulardschungel oder durch die Hilfe bei der Organisation von Selbsthilfe« (Krause & Peters, 2002, S. 135). Obwohl wesentlicher Teil der Arbeit, wird dieser Tätigkeitsbereich weniger zur Kenntnis genommen und fließt häufig nicht in die Berechnung der Arbeitsmenge mit ein. Kommt es hingegen zur Einrichtung einer formalisierten Hilfe (zur Erziehung), wird daraus ein Fall gemäß der betreffenden Paragrafen des SGB VIII, in dessen Rahmen ein Hilfeplanverfahren nach § 36 SGB VIII durchgeführt werden muss (vgl. Krause & Peters, 2002, S. 136ff). Um Angebote entlang der Maßgabe der Bedarfsgerechtigkeit vorhalten zu können, werden die unterschiedlichen Aufgabenbereiche differenziert betrachtet: Unterteilt werden die vielfältigen Aufgabenbereiche in fallspezifische, fallübergreifende und fallunspezifische Arbeit notwendig (vgl. Böllert, 2018, S. 9):

> »Fallspezifische Aufgaben sind insbesondere alle Beratungs- und Hilfeplanungsaufgaben sowie Fallsteuerungsaufgaben, die sich unmittelbar auf den Einzelfall beziehen, einschließlich Leistungsgewährung und Kooperation mit den Leistungserbringern. Fallübergreifende Aufgaben sind demnach fallbezogene, methodische, organisatorisch-strukturelle Verknüpfungen, die die Netzwerke primärer (Familie und Freundschaften) und sekundärer Art (Einbindung in öffentlich institutionelle Netzwerke) in und mit dem Hilfeprozess einbinden. Schließlich sind fallunspezifische Aufgaben sozialräumlich orientierte Leistungen der ASD-Fachkraft, die unabhängig vom Einzelfall infrastrukturell Ressourcen und Angebote ermitteln und erschließen und somit zur Verbesserung der Lebensbedingungen sowie der sozialen Infrastruktur beitragen sollen« (Böllert, 2018, S. 9).

An den ASD werden also einerseits einzelfallorientierte Ansprüche gestellt – bspw. in Form einer umfassenden Hilfe für die Familie zum Erhalt des Kindeswohls, als Ansprechpartner für Erwachsene sowie als Infrastruktur gestaltender Akteur im Feld (vgl. Greese, 2001, S. 9). Insbesondere der erste Aspekt wird jedoch in Kinderschutzfällen flankiert durch den Kontrollauftrag, den der ASD hinsichtlich des Kindeswohls innehat:

> »Ein ASD muss im Rahmen des Kinderschutzes [...] seine Schutzaufgaben als eine qualifizierte und zuverlässige Krisenintervention ausgestalten, als notwendiges Pendant zu den anderen, Lebensbedingungen gestaltenden, präventiv wirksamen Aufgaben« (Schrapper, 2013, S. 61).

Bedauert wird in der Fachliteratur, dass vor dem Hintergrund, Kinderschutz als wichtigste Aufgabe der Jugendhilfe zu priorisieren, der Gestaltungsaspekt, der rechtlich im SGB VIII festgelegt ist, zu kurz kommt. Die dort beschriebene Schaffung positiver Lebensbedingungen würde das Entwickeln neuer Konzepte bzw. das Umsetzen bereits Vorhandener bedeuten, die in Stadtteilen und früh bei den Familien ansetzen sowie eine deutlich stärkere Kooperationsarbeit mit weiteren Akteuren bedeuten. Reformbemühungen in diese Richtung werden angestrebt (vgl. Kasper, 2017, S. 35). Insbesondere im Kontext sozialräumlicher Umstrukturierungen würde »die ständig neu zu leistende Gestaltung der lokalen Trägerlandschaft« (Hinte, 2014, S. 531) mit in den Vordergrund rücken.

Mit Blick auf den Kinderschutz beschreibt Christian Schrapper jedoch in diesem Kontext, Prävention – etwa durch die Gestaltung der Angebotslandschaft in den Sozialräumen – nicht auszuspielen gegen die immer auch notwendige Möglichkeit zur Intervention und diese beiden Kernelemente der ASD-Tätigkeiten nicht als komplementär wahrzunehmen (vgl. Schrapper, 2013, S. 60f).

Jugendhilfeausschuss

Wichtiger Akteur ist neben der Verwaltung der Jugendhilfeausschuss. Dieser fungiert als »wichtiger Entscheidungsträger der örtlichen Kinder-, Jugend- und Familienpolitik« (Krause & Peters, 2002, S. 136). Sein Aufgabenbereich im Kontext der Jugendhilfe ist umfassend, so beinhaltet er auch die Jugendhilfeplanung. Der Ausschuss trifft zudem erste Entscheidungen über die Finanzierung der Angebote der freien Träger (vgl. ebd.).

> »Jugendhilfeausschüsse sind Bestandteil und Leitungsorgan des Jugendamtes und unterscheiden sich auch hinsichtlich ihrer Zusammensetzung von anderen Ausschüssen. Drei Fünftel der ordentlichen Mitglieder entsenden die Parteien entsprechend ihrer Repräsentation im Stadtrat oder Kreistag [...]. Zwei Fünftel der Mitglieder werden aus den Reihen und auf Vorschlag der in der jeweiligen kommunalen Einheit tätigen anerkannten freien Träger der Jugendhilfe gewählt. Der Jugendhilfeausschuss kann Unterausschüsse [...] einrichten« (ebd.).

Es besteht zudem die Möglichkeit, Arbeitsgemeinschaften gemäß § 78 SGB VIII zu gründen, sie dienen der Planung und Qualitätssicherung des lokalen Angebots und setzen sich aus Akteuren der öffentlichen und freien Träger zusammen (vgl. Krause & Peters, 2002, S. 136; Böllert, 2018, S. 16). Der Jugendhilfeausschuss gilt somit auch als Zentrale der Kooperation zwischen öffentlichen und freien Trägern der Jugendhilfe, der Öffentlichkeit und einer breiten fachlichen Zusammensetzung. Ihm obliegt die Befassung mit aktuellen Problemstellungen junger Menschen, deren Belange hier von den Trägern vermittelt werden sollen. Sie haben also auch ein »kinder- und jugendpolitisches Mandat« (Böllert, 2018, S. 16).

Träger

Träger sind im Kontext sozialer Arbeit ein »Oberbegriff für Organisationen [...], die sich mit Sozialer Arbeit ideell fördernd, konzeptionell-entwickelnd, planend und vor allem ausführend und finanzierend befassen« (Bieker, 2011, S. 13; zit.

nach Merchel, 2018, S. 95), dabei sind insbesondere die Merkmale *ausführend* und *finanzierend* entscheidend für eine Definition als solcher (vgl. ebd.). Ihr Verhältnis zum jeweils öffentlichen Träger wird qua SGB VIII in § 4 Abs. 1 als partnerschaftliche Zusammenarbeit definiert. Fokussiert werden soll damit das Wohlergehen der Leistung empfangenden Menschen, das Vorrang vor einer starren Auslegung des Subsidiaritätsprinzips haben soll (vgl. Merchel, 2018, S. 99):

> »Im SGB VIII (KJHG) ist das Subsidiaritätsprinzip in der Form festgeschrieben, dass die öffentliche Jugendhilfe von eigenen Maßnahmen absehen soll, solange diese von geeigneten Trägern der freien Wohlfahrtspflege betrieben oder rechtzeitig geschaffen werden können (vgl. § 4 Abs. 2)« (Krause & Peters, 2002, S. 138f.).

Neben dem Jugendamt als öffentlicher Träger können auch Kirchengemeinden oder religiöse Gemeinschaften, insbesondere die Wohlfahrtsverbände, aber auch privat-gewerbliche Anbieter Träger sein. Diese Vielfalt an Anbietern hat historische Gründe, die Pluralität ist gewollt. Im Rahmen der rechtlichen Möglichkeiten kann jeder Träger eigene Ziele und Werte formulieren. Ihr jeweiliger Wirkungskreis changiert dabei zwischen einer bundesweiten regionalen oder lokalen Ausrichtung. Auch das Handlungsfeld variiert in seiner Breite von einem umfassenden Angebot bis hin zu einer Fokussierung bspw. auf die Hilfen zur Erziehung (vgl. Krause & Peters, 2002, S. 138).

> »Träger erzieherischer Hilfen können öffentliche (also die Jugendämter selbst oder deren Eigenbetriebe), freie (Kirchen-(gemeinden), religiöse Gemeinschaften, Wohlfahrtsverbände, Vereine, gemeinnützige Gesellschaften mit beschränkter Haftung) und privat-gewerbliche Anbieter sein. Diese Trägerpluralität ist historisch gewachsen und politisch gewollt. [...] Jeder Träger kann im Rahmen der gesetzlichen Vorgaben seine Ziele, Weltanschauungen und Werte eigenständig definieren (vgl. § 3 Abs. 1 KJHG). Manche Träger agieren bundesweit, andere nur regional oder lokal wie viele Vereine oder Selbsthilfegruppen. Einige Träger sind auf allen Gebieten der Jugendhilfe tätig, manche nur in bestimmten Bereichen (z. B. Jugendarbeit, erzieherische Hilfen oder Jugendsozialarbeit)« (ebd.).

Die Trägerlandschaft in Deutschland gilt mit steigender Tendenz als unübersichtlich. Die allgemeingültige Forderung nach Kooperation und Vernetzung führt auch zu einer Verbindung der Jugendhilfeträger mit Organisationen anderer Bereiche, insbesondere im Bereich der frühen Hilfen im Kontext des Kinderschutzes. Merchel beschreibt daher eine Ausfransung der Jugendhilfe, mit der eine Unklarheit verbunden ist, was eigentlich noch zu ihr gehört oder inwiefern sich einige Bereiche dann der Steuerbarkeit entziehen (vgl. Merchel, 2018, S. 101). Er attestiert unter anderem eine »Aufweichung der Grenzen zwischen den Verantwortungsbereichen öffentlicher und freier Träger« (ebd., S. 100). Obwohl die oben angerissene partnerschaftliche Zusammenarbeit auch rechtlich intendiert ist, markiert er den wesentlichen Unterschied zwischen beiden – nur der öffentliche Träger unterliegt letztlich der »rechtlichen, politischen und administrativen Gewährleistungsverantwortung« (ebd., S. 102). Hingegen liegt die Verantwortung zur Leistungserbringung überwiegend bei den freien Trägern. Merchel sieht diese »elementare Funktionsdifferenzierung« (ebd.) unter anderem durch die Einführung von Sozialraumbudgets in Gefahr, weil hier trägerübergreifende Teams innerhalb eines Sozialraums die Budgetsteuerung gemeinsam innehaben.

In der Konsequenz erfolgt dadurch eine ungünstige Rollendiffusität, die wie folgt kritisiert wird:

> »Im Hinblick auf die Hilfesteuerung im Einzelfall gerät die Rollendifferenz dadurch ins Wanken, dass durch den Einbezug von Fachkräften der Leistungserbringer in die fallbezogene Steuerungsverantwortung des öffentlichen Trägers im Bewusstsein und im Handeln der Beteiligten erodiert« (Merchel, 2018, S. 102).

Diesen Entwicklungstendenzen muss mit sensibler Aufmerksamkeit durch Leitungskräfte begegnet werden, wenn die von den Entwicklerinnen und Entwicklern der Sozialraumbudgets intendierte gemeinsam wahrgenommene Verantwortung (als ein Ziel, das »den fachlichen Zielen einer Lebenswelt- und Adressatenorientierung, einer Stärken und Ressourcenlogik« (Fehren & Kalter, 2014, S. 36) nachgeordnet ist) für knappere Ressourcen wirksam werden soll (vgl. Merchel, 2018, S. 102). Diese Thematik betrifft auch den deutschen Versorgungsraum St. Wendel, der sich mit seiner sozialräumlichen Umstrukturierung somit zwischen fachlicher Neuorientierung und potenziell der oben beschriebenen Rollendiffusität bewegt. Um die Qualität im Kontext des sozialrechtlichen Leistungsdreiecks gewährleisten zu können, muss daher besonderes Augenmerk auf eine von Fairness, Reflexionsbereitschaft und Rollenklarheit zwischen Jugendamt und freien Trägern sowie besondere Gewichtung auf die Stärkung der Rechte der Adressaten gelegt werden (vgl. Böllert, 2018, S. 8).

Familiengericht

Blickt man vom Gesamtkomplex der Kinder- und Jugendhilfelandschaft in Deutschland wieder auf den Teil des Kinderschutzes, kann aus dem Familiengericht eine bedeutsame Instanz werden. Wiesner spricht von einer »Verantwortungsgemeinschaft« (Wiesner, 2008, S. 1) zwischen Jugendamt und Familiengericht, die in Deutschland im Kontext von Kinderschutz eine wechselseitige Kooperationsbeziehung eingehen. Mit der staatlichen Gemeinschaft, die gemäß Art. 6 Abs. 2 GG das Wächteramt innehat, sind in erster Linie diese beiden Institutionen gemeint (vgl. Fachstelle Kinderschutz, 2008, o. S.).

In rechtlichen Fragen ist in Deutschland das Amtsgericht die erste Instanz, zu der auch das Familiengericht gehört. Das Familiengericht reagiert, wenn dort ein Antrag gestellt wird, was im Kinderschutzgeschehen etwa durch einen Elternteil oder das Jugendamt, aber auch durch den Verfahrensbeistand (als Vertreter für das Kindeswohl) eines Kindes geschehen kann.

> »Aufgabe des Verfahrensbeistandes ist es, durch Gespräche mit den Beteiligten im Netzwerk des Kindes den sogenannten ›Kindeswillen‹ festzustellen und dem Gericht vorzutragen. Der Verfahrensbeistand kann im Interesse des Kindes Rechtsmittel einlegen, er ist jedoch nicht gesetzlicher Vertreter des Kindes« (Kasper, 2017, S. 184).

Sobald Kinder in Familienangelegenheiten involviert sind, muss das Jugendamt dazu Stellung nehmen, es ist als »sozialpädagogische Fachbehörde« (Schimke, 2012, S. 282) automatisch beteiligt. Abschließend muss der Richter oder die Richterin auf der Basis des Gehörten und Gelesenen eine Lösung für alle Beteiligten konzipieren oder eine Entscheidung treffen (vgl. Kasper, 2017, S. 184; Schimke, 2012, S. 282).

Das Institut für Jugendhilfe und Familienrecht formuliert für Richterinnen und Richter in Deutschland, dass sie einerseits in ihrer Unabhängigkeit, mit der sie entscheiden, akzeptiert werden müssen, andererseits jedoch Unterstützung in der Ausübung ihrer Tätigkeit durch das Jugendamt und ggf. weitere Gutachter benötigen, in diesem Sinne also »von der staatlichen Gemeinschaft mit den für ihre Aufgaben erforderlichen Ressourcen ausgestattet werden« (DIJuF, o. J., S. 6). Gleichwohl müssen die getroffenen Entscheidungen in Frage gestellt werden können und transparent sein (vgl. ebd.).

Insbesondere im Kontext mit familiengerichtlicher Entscheidungen werden die unterschiedlichen Funktionen von Familiengericht und Jugendamt deutlich und zeigen ein Spannungsfeld auf:

> »Während der Zweck der Justiz darin liegt, Streitentscheidungen mit Verbindlichkeit für alle Betroffenen zu treffen bzw. Verstöße gegen Strafgesetze zu sanktionieren, ist der Zweck der Jugendhilfe, das Wohl der jungen Menschen zu verwirklichen« (Schimke, 2012, S. 283).

Obwohl die Kooperation dieser beiden Institutionen konfliktbehaftet ist, wird nach Konsens und einer Basis für die Zusammenarbeit gesucht:

> »Das Jugendamt ist nicht Erfüllungshilfe des Gerichts, sondern gleichgeordnete Fachbehörde. Damit ist es unvereinbar, dass das Gericht dem Jugendamt gegenüber Anordnungen erteilt oder ihm eine bestimmte Handlungsweise etwa in der Form der Stellungnahmen vorschreibt. Das Jugendamt hat einen Handlungsspielraum, seine Aufgaben, Rechte und Pflichten ergeben sich aus dem SGB VIII und dem gerichtlichen Verfahrensrecht, sie werden nicht durch die Gerichte festgelegt« (Schimke, 2012, S. 283).

Finanzierung

Seit 1992 haben sich die Ausgaben für die Kinder- und Jugendhilfe auf 30,5 Milliarden Euro (Stand 2011) verdoppelt. Dies hängt auch mit den Entwicklungen zusammen, früh zu fördern bzw. die Betreuungsleistungen insbesondere für junge Kinder und die unter Dreijährigen auszuweiten. Für den hiesigen Kontext von Relevanz ist jedoch insbesondere die Verdopplung der Kosten im Bereich der Hilfen zur Erziehung, die auf die Debatte um Kinderschutz zurückzuführen ist. Diese beiden Bereiche machen gemeinsam 86 % der Kosten für die Kinder- und Jugendhilfe aus (vgl. Wiesner, 2018, S. 166).

In Deutschland wird unterteilt zwischen jenen, die für die Gesetzgebung zuständig sind – für das hier relevante SGB VIII also der Bund –, und jenen, die für die Ausführung zuständig sind – die Länder und kommunalen Gebietskörperschaften. Verbunden damit ist der Begriff der Vollzugskausalität – letztgenannte tragen also die überwiegende Kostenlast für die Kinder- und Jugendhilfe, das Verhältnis beträgt in etwa 70 %, die im Rahmen der kommunalen Selbstverwaltung getragen werden, zu 30 %, die von den Ländern finanziert werden. Die Einnahmen kommen überwiegend aus kommunalen Steuern sowie aus allgemeinen und zweckgebundenen Zuwendungen der Länder, ergänzt durch »landesverfassungsrechtlich geregelten Mehrbelastungsausgleichsverpflichtungen der Länder gegenüber den Kommunen seit der Föderalismusreform I auch bei den durch Bundesrecht verursachten Belastungen zur Anwendung« (Wiesner, 2018, S. 167). Auch unterhaltspflichtige Personen werden zu Kostenbeiträgen an Maßnahmen verpflichtet, diese Gelder machen jedoch lediglich 5 % der Kostendeckung aus (vgl. ebd.).

Werden Leistungen in Deutschland nicht durch den öffentlichen Träger, sondern durch freie Träger erbracht, werden diese durch öffentliche Mittel finanziert. Unterschieden wird hierbei zwischen Objekt- und Subjektfinanzierung. Bei der Objektfinanzierung handelt es sich um Subventionen im Sinne von »Vermögenswerte[n] Leistungen, die von einem Träger der öffentlichen Verwaltung einem Privaten gewährt werden, damit dieser einen öffentlichen Zweck erfüllt, ohne dass der Subvention eine konkrete, marktmäßig gekaufte Gegenleistung gegenübersteht« (Wiesner, 2018, S. 169). Im Kontext der Kinder- und Jugendhilfe sind das also Mittel, die bspw. der Jugendarbeit zur Verfügung stehen, aber auf die kein Rechtsanspruch besteht (vgl. ebd.). Bestehen diese jedoch (wie bezüglich der Leistungen des SGB VIII), greift die Subjektfinanzierung im Rahmen des Leistungsdreiecks aus Jugendamt, leistungsberechtigten Personen und den Trägern als Erbringer. Hat das Jugendamt die Gewährung einer Hilfe entschieden, übernimmt es demnach die Kosten für diese Leistung. In diesem Fall erhält der Träger, der diese erbringt, also keine »nutzungsunabhängige Finanzierung« (Wiesner, 2018, S. 170), er trägt das Risiko, dass seine Angebote auch angenommen werden. Bezogen auf die Finanzierung öffentlicher Träger sind die Haushaltsmittel entscheidend, die dann nach Ermessen zugeteilt werden. Dieses ist verknüpft mit einer Förderkonzeption, die sich auf Wissen und Aussagen der Jugendhilfeplanung gründet, die wiederum angepasst an aktuelle Gegebenheiten sein sollten. Eine relevante Rolle spielt in diesem Kontext der oben beschriebene Jugendhilfeausschuss, der sowohl die Zuständigkeit für die »strategischen Entscheidungen der Jugendhilfeplanung, als auch die Förderung der freien Jugendhilfe« (Wiesner, 2018, S. 172) innehat.

Um die Versäulung der Jugendhilfe aufzuweichen und verstärkt passgenaue Lösungen für und mit Adressatinnen und Adressaten zu entwickeln, empfehlen sich Budgetfinanzierungen:

> »[...] nur ein kooperatives Verhältnis zwischen Kostenträger, Leistungserbringer und Leistungsempfänger, und dies unter Verzicht auf einzelfallorientierte Fachleistungsstunden und Pflegesätze zugunsten von Pauschal- und Budgetfinanzierungen, bei denen im Konsens zwischen Kostenträger und Leistungserbringer unter Mitwirkung des Hilfeempfängers über die Hilfe entschieden wird, und zwar unter Letztentscheidung des Kotenträgers bei gleichzeitigem Vetorecht der Leistungserbringerseite« (Hinte, 2014, S. 533).

Unter Rückgriff auf die Berufsfreiheit werden diese Finanzierungsformen bislang jedoch noch erschwert (vgl. ebd., S. 533f) und im Fachdiskurs kontrovers diskutiert.

Neben den hier aufgeführten Institutionen der Jugendhilfe sind spätestens seit Einführung des Bundeskinderschutzgesetzes 2012 weitere »Akteure, die sich in der Erziehung und Betreuung von Kindern engagieren, anzusprechen und mit Handlungs- und Rechtssicherheit zu versehen« (Kasper, 2017, S. 33). Damit geraten einerseits weitere Berufsgruppen, die mit Kindern in Kontakt sind in den Fokus der Sicherstellung des Kindeswohls, andererseits erhalten sie konkrete Unterstützung, da das Jugendamt ihnen im Bedarfsfall Unterstützung anbieten muss (vgl. ebd., S. 33f).

Schaut man auf die Hilfelandschaft in Deutschland, so lässt sich seit Beginn der 2000er Jahre beschreiben, dass

»als aktuelle Standards [...] derzeit eine verstärkte Integration von Hilfen, mehr Flexibilität, Regionalität, Sozialraumbezug, maßgeschneiderte Hilfen im Einzelfall, Qualifizierung des Hilfeplanverfahrens, Partizipation, Genderbewusstsein, Professionalität und Qualitätsentwicklung [gelten]« (Krause & Peters, 2002, S. 137).

Weiter lassen sich die Entwicklungen der letzten Jahrzehnte zusammenfassen als eine Tendenz hin zu ressourcenorientierten Ansätzen, mit denen zugleich Alltagsnähe und Niedrigschwelligkeit verbunden ist. In den Vordergrund rücken zudem zunehmend die in diesem Forschungsprojekt analysierten Kooperationsbeziehungen und Vernetzungsmöglichkeiten mit anderen Trägern (vgl. Böllert, 2018, S. 7). Als Fachlicher Standard sowie als Selbstverständnis sowohl öffentlicher als auch freier Träger gilt die Beteiligung und Partizipation der Hilfesuchenden. Ein Anspruch, der in der Kinder- und Jugendarbeit deutlich stärker erfüllt wird als in den Hilfen zur Erziehung (vgl. ebd., S. 15). Diese Entwicklungen werden jedoch einflussreich flankiert von Forderungen nach einem wirksamen Kinderschutz.

13.4 Schweiz

Blickt man auf den Kinderschutz in der Schweiz, so können hier vier unterschiedliche Bereiche unterschieden werden:

- *Strafrechtlicher Kindesschutz:* Dieser dient der strafrechtlichen Verfolgung von Strafdelikten gegenüber Minderjährigen. Die wichtigsten gesetzlichen Bestimmungen sind im Strafgesetzbuch, in der Strafprozessordnung und im Opferhilfegesetz enthalten. Inhärent ist dieser Form des Kindesschutzes seine Repressivität (vgl. Rosch & Hauri, 2016, S. 407f).
- *Zivilrechtlicher Kindesschutz*: Zu diesem Teil gehören die im Kontext des Forschungsprojekts besonders relevanten behördlichen Maßnahmen nach Art. 307ff ZGB. Seit 2013 liegt die diesbezügliche Zuständigkeit bei den Kindes- und Erwachsenenschutzbehörden, die nun in interdisziplinärer professioneller Zusammensetzung agieren. »Bei einer Gefährdungslage kann die KESB maßgeschneiderte Maßnahmen zum Schutz von und zur Förderung der Minderjährigen anordnen. Die Kindesschutzmaßnahme hat einzig zum Ziel, das Kindeswohl zu sichern oder wiederherzustellen. Diese sind nur zu erlassen, wenn die Eltern nicht von sich aus handeln und keine freiwillige Hilfe annehmen wollen oder können (Subsidiarität). Behördliche Maßnahmen müssen außerdem verhältnismäßig sein. Für die Umsetzung der Behördenorganisation

sind die einzelnen Kantone verantwortlich. […]« (Kinderschutz Schweiz, o. J., o. S.). In den zugehörigen Paragrafen werden all jene Maßnahmen beschrieben, die Vermeidung und Aufhebung von Gefährdung intendieren (vgl. Hauri & Zingaro, 2013, S. 18).
- *Freiwilliger Kindesschutz*: Dieser umfasst die Maßnahmen und Einrichtungen, die Eltern, Kinder und Jugendliche unter Maßgabe der Freiwilligkeit nutzen können. Darunter fallen insbesondere Beratungseinrichtungen für Familien und Jugendliche, die privat oder öffentlich sein können, aber auch Sozialdienste und Kinderspitäler (vgl. Kinderschutz Schweiz, o. J., o. S.; vgl. auch Hauri & Zingaro, 2013, S. 18; Rosch & Hauri, 2016, S. 406).
- *Öffentlich-rechtlicher Kindesschutz*: Rosch und Hauri fassen auch diese Form unter das Kinderschutzwesen und benennen hier die Schule, mit der der Staat zuvorderst seine Verpflichtungen gegenüber Kindern einlöst. Über das öffentliche Schulrecht besteht für Eltern die Verpflichtung, ihren Kindern einen Schulbesuch zu ermöglichen. Da Eltern und Schule gleichermaßen Verantwortung für das Kindeswohl übernehmen müssen, werden »parallele bzw. konkurrierende Kompetenzen zwischen Schule und Sorgeberechtigten« (Rosch & Hauri, 2016, S. 407) attestiert. Diese Parallelität ermöglicht der Schule, dass sie von den Eltern nicht angenommene Unterstützungsleistungen, z. B. Logopädie in Abhängigkeit von kantonalem Recht selbst anweisen kann (vgl. ebd.).

In der Schweiz (wie auch in Deutschland) besteht eine »primäre Schutzfunktion« (Fassbind, 2016, S. 105) der Eltern gegenüber ihren Kindern. Die Umsetzung des Kindeswohls unterliegt dabei dem »elterlichen Interpretationsprimat« (ebd.). Damit also in der Schweiz (wie in Deutschland) behördlich ein Einschreiten in die familiale Lebenswelt rechtlich möglich ist, »[bildet] das Vorliegen einer Kindeswohlgefährdung eine zentrale Voraussetzung« (KOKES, o. J., S. 1).

Ist dieses Wohl gefährdet, gibt es innerhalb der Jugendhilfelandschaft zentrale Institutionen und Akteure, die den Kinderschutz gewährleisten. Als Teil dieser Landschaft erfährt dieser in der Schweiz seit 2013 starke Umbrüche in Form der Neukonzeptionierung des Kindes- und Erwachsenenschutzrechts – beschrieben als »eine Jahrhundertreform« (Ecoplan & HES SO, 2015, S. 9). Nach einer zwanzigjährigen Vorbereitungszeit trat die Revision 2013 in Kraft und verfolgt dabei verschiedene Ziele (vgl. Janett & Fassbind, o. J., S. 13):

1. Förderung der Selbstbestimmung: Diese Absicht richtet sich vorrangig an das Erwachsenenschutzrecht. Die Anerkennung der Selbstbestimmung als hohes Gut soll sich rechtsstaatlich widerspiegeln. Über Vorsorgeauftrag und Patientenverfügung soll dies nun auch bei potenzieller Urteilsunfähigkeit gewährleistet sein (vgl. Ecoplan & HES SO, 2015, S. 11).
2. Individuelle Ausgestaltung der behördlichen Maßnahmen: Hier greift das Prinzip der Verhältnismäßigkeit nun stärker, indem Beistandschaften nur als letztmögliches Mittel eingesetzt werden und der Rechtsschutz bei fürsorgerischen Unterbringungen verschärft wird (vgl. ebd.).
3. Professionalisierung der Behörde: Für das hier fokussierte Kinderschutzgeschehen ist dies die relevanteste Änderung. Bis zur Gesetzesrevision oblag die Ent-

scheidungsgewalt im Vormundschaftssystem (nicht nur) im Kanton Bern dem Gemeinderat oder einer Spezialbehörde mit Laienbesetzung (vgl. ebd.).

Für den hier untersuchten Kanton Bern mit der Stadt Bern und dem Emmental bedeutet das die Implementierung von elf kantonalen Kindes- und Erwachsenenschutzbehörden, die nun anstelle der vorherigen kommunalen Vormundschaftsbehörden mit dem Kinderschutz betraut sind (vgl. Ecoplan & HES SO, 2015, S. 2).

Hintergründe für diese kinderschutzrelevante Umgestaltung war die Notwendigkeit, das ZGB, das seinen Ursprung durch Eugen Huber im 19. Jahrhundert – im Kontext der damaligen Realität der bäuerlichen Großfamilie – hatte, anzupassen an die »pluralisierte Individualgesellschaft« (Janett & Fassbind, o. J., S. 13) unserer Zeit.

Seit Inkrafttreten zeigt sich, dass die Umstrukturierung der Vormundschaftsbehörden die größten Veränderungen mit sich bringt und Chance wie Herausforderung darstellt – »eine Vielzahl kommunaler Vormundschaftsbehörden wurde durch eine kleinere Zahl interdisziplinär zusammengesetzter Fachbehörden abgelöst, wobei das ZGB den Kantonen in der Umsetzung dieses neuen Behördensystems viele Freiheiten lässt« (Janett & Fassbind, o. J., S. 13). Die Schweiz zeichnet sich somit durch eine hochgradig kantonsspezifische Ausgestaltung des Kinderschutzes und seiner Finanzierung aus (vgl. Ecoplan & HES SO, 2015, S. 9; vgl. auch Hauri & Zingaro, 2013, S. 20), bspw. in der Wahl der Abklärungsinstanzen bei möglicher Kindeswohlgefährdung. Die folgenden Ausführungen beziehen sich daher überwiegend auf den Kanton Bern, in dem die hier untersuchten Versorgungsräume Stadt Bern und Emmental liegen.

KESB (Kindes- und Erwachsenenschutzbehörde)

Die elf KESB des Kantons Bern zeichnet aus, dass sie fachlich unabhängig agieren können, obwohl sie *administrativ der Justizdirektion zugeordnet sind*. Die Präsidien der einzelnen KESB bilden eine gemeinsame Geschäftsleitung, die die Geschäfte koordiniert und für eine einheitliche Rechtsanwendung sorgt (vgl. Janett & Fassbind, o. J., S. 13). Zu den zentralen Aufgaben gehören »das Errichten von Beistandschaften, das Bestätigen von fürsorgerischen Unterbringungen der Ärzteschaft, das Überprüfen von bewegungseinschränkenden Maßnahmen sowie Entscheide über gesetzliche Vertretungsrechte« (Janett & Fassbind, o. J., S. 13).

Ähnlich wie das deutsche Jugendamt muss die KESB in akut gefährdenden Situationen sofort agieren. Sie hat in

> »dringenden Fällen [...] allenfalls superprovisorische Maßnahmen zu ergreifen bzw. unverzüglich zu reagieren, indem sie [...] z. B. den Eltern die Obhut über ihr Kind entzieht und das Kind an einem sicheren und geeigneten Ort platziert oder, wenn die allenfalls sofortige Errichtung einer Kindes- oder Erwachsenenbeistandschaft offensichtlich unverhältnismäßig erscheint (einfache und liquide Verhältnisse), indem sie die notwendigen Vertretungshandlungen für das Kind anstelle der Eltern (insbesondere medizinische Vertretung) [...]selbst und direkt vornimmt« (Fassbind, o. J., S. 14).

Die KESB fungiert in Kindes- aber auch in (an dieser Stelle nicht näher betrachteten) Erwachsenenschutzangelegenheiten. Sie ist *eine Entscheidbehörde* (vgl. Fassbind, o. J., S. 14), die jedoch nach dem Subsidiaritätsprinzip nur tätig wird, wenn die individuellen Kompetenzen und Möglichkeiten der Eltern nicht reichen:

> »Ihr wird hoheitliche Gewalt zur Krisenbewältigung zugestanden, welche aber nur dann zum Tragen kommen, wenn den betreffenden Personen, insb. Anlässlich der Abklärung durch die externen Abklärungsdienste (zuständig dafür sind die polyvalenten Sozialdienste bzw. die kommunalen Erwachsenen- und Kinderschutzämter, welchen als Doppelfunktion nicht nur die Aufgabe der Abklärung, Berichterstattung und Antragsstellung an die KESB, sondern auch die Aufgaben der Unterstützung, Hilfeleistung und Vernetzung zukommen, damit behördliche Maßnahmen effektiv verhindert werden können) nicht anderweitig geholfen werden kann […]« (Fassbind, o. J., S. 14).

Ordnet die KESB eine Maßnahme an, so hat sie diese von sich aus regelmäßig dahingehend zu überprüfen, ob sie geeignet ist und weiter andauern muss. Die Sicherstellung des Kindeswohls bedeutet eine flexible wie reflexive Herangehensweise (vgl. Fassbind, 2016, S. 101ff).

Als Zentrale der KESB gilt die *Kanzlei*. Hier gehen unter anderem alle Anträge und Gefährdungsmeldungen ein. So erfolgt an dieser Stelle auch die Fallzuteilung durch die Präsidentin bzw. den Präsidenten an die Mitglieder der Behörde oder de fallinstruierenden Personen (siehe unten) (vgl. Fassbind, o. J., S. 15). »Komplexe Kinderschutzfälle gehen in der Regel in die Kammer I […]. Beide Kammern sind interdisziplinär zusammengesetzt (Jurisprudenz und Soziale Arbeit)« (ebd.).

Behördenmitglieder und Sozialjuristischer Dienst – fallinstruierende Personen

Die fallinstruierenden Personen entscheiden anhand der Meldung, ob ein Verfahren eröffnet werden muss. Ist dies der Fall, wird die »verfahrensleitende Verfügung mit Abklärungsauftrag an die betroffenen Personen sowie gleichzeitig an den kommunalen Sozialdienst (in der Stadt Bern das Amt für Erwachsenen- und Kindesschutz, EKS) erlassen« (Fassbind, o. J., S. 15). Im Anschluss hat das Amt, im betreffenden Kanton die EKS in Kinderschutzfragen vier Monate Zeit, den Grad der Schutz- und Hilfebedürftigkeit in relevanten Lebensbereichen festzustellen und darüber einen Bericht für die KESB anzufertigen. Dieser Bericht wird dann von den fallinstruierenden Personen analysiert und ggf. weitere Abklärungen vorgenommen. Anschließend wird die Anhörung (der Betroffenen) vorbereitet. Vor dem Hintergrund des Berichtes, der Anhörung bzw. Inaugenscheinnahme »schlägt die fallinstruierende Person in der Regel im Eiverständnis der betroffenen Person eine geeignete Maßnahme in Form eines begründeten Entscheides vor, der durch die Behörde in der Kammersitzung jeweils am Mittwoch entweder genehmigt, abgeändert oder zurückgesetzt wird. Die fallinstruierende Person nimmt an der Kammersitzung mit beratender Stimme teil und vertritt ›ihren‹ Fall vor der Kammer« (Fassbind, o. J., S. 16) – sie hat kein Mitentscheidungs-, aber Mitspracherecht (vgl. ebd., S. 15). Für den Kanton Bern wird derzeit noch eine mangelnde Rollenschärfe konstatiert, eine vergleichende Aufgabenbeschreibung ist noch nicht möglich (vgl. Ecoplan & HES SO, 2015, S. 3).

Die *Gesamtleitung KESB (GL KESB)* im Kanton ist dafür verantwortlich, dass das Recht einheitlich angewendet wird und die Ressourcen angemessen und sorgsam verteilt werden (vgl. Ecoplan & HES SO, 2015, S. 3).

Die *Systemsteuerung* erfolgt im Kanton Bern über das Dreieck (1) lokale KESB, (2) GL KESB und (3) kantonales Jugendamt (KJA) (als Amt der Justiz-, Gemeinde- und Kirchendirektion JGK) (vgl. Ecoplan & HES SO, 2015, S. 2).

Die KESB im Kanton Bern sind an die Justiz-, Gemeinde- und Kirchendirektion angegliedert, die wiederum »bestimmte Aufgaben der Steuerung und Aufsicht an das Kantonale Jugendamt« (Ecoplan & HES SO, 2015, S. 17) abgibt, es ist das zuständige Fachamt für die KESB in Bern.

Das *kantonale Jugendamt (KJA)* im Kanton Bern ist in der Kinder- und Jugendhilfe sowie im Kinderschutz tätig, ihm obliegen in diesem Kontext vor allem Koordinierungsaufgaben hinsichtlich der Zusammenarbeit der diesbezüglichen Behörden und Anlaufstellen (vgl. Justiz-, Gemeinden- und Kirchendirektion, o. J., o. S.). Die wichtigsten Aufgaben im Bereich Kinderschutz« (ebd.) werden wie folgt beschrieben: Das KJA übt Steuerung und Aufsicht über die administrative und organisatorische Führung der elf kantonalen Kindes- und Erwachsenenschutzbehörden (KESB) aus. Als zuständige kantonale Stelle übernimmt das KJA Aufgaben in den Bereichen internationalen Kindesentführung und Kindesrückführung« (Justiz-, Gemeinden- und Kirchendirektion, o. J., o. S.).

Rechtsgrundlage für die Tätigkeit des kantonalen Jugendamts ist Art. 18 KESG, in dem Steuerung und Aufsicht als Aufgaben gegenüber der KESB festgehalten sind. Die Steuerung der KESB durch das kantonale Jugendamt erfolgt über eine jährliche Leistungsvereinbarung oder im Bedarfsfall über Weisungen (vgl. Ecoplan & HES SO, 2015, S. 52).

Aufgrund des hier geltenden dezentralen Verwaltungsmodells können die KESB des Kantons je verhältnismäßig unabhängig agieren. Ihre Präsidentinnen und Präsidenten bilden die Geschäftsleitung KESB, zuständig für Koordinierung und Rechtsprechung (vgl. Ecoplan & HES SO, 2015, S. 18). Die Präsidentinnen und Präsidenten der KESB sind personalrechtlich der Justiz-, Gemeinden- und Kirchendirektion unterstellt. Die GL KESB ist außerdem zuständig für »die Umsetzung der Leistungsvereinbarung, die Koordination der Aufgabenerfüllung und die Verteilung der Ressourcen auf die lokalen Einheiten« (Ecoplan & HES SO, 2015, S. 47) sowie für die Vereinheitlichung der Umsetzung der Kinderschutzpraxis (vgl. ebd., S. 48).

Obwohl die Abläufe des Verfahrens im Kinderschutz im Gesetz festgelegt sind, sind in der Ausgestaltung stark divergierende Abläufe festzustellen, begründet mit spezifischen Organisationsstrukturen, unterschiedlichen Personalressourcen und Arbeitsbelastungen. Dies wird intern unterschiedlich bewertet, für externe Partner wie die Sozialdienste wäre eine einheitliche Vorgehensweise der KESB jedoch wünschenswert (vgl. Ecoplan & HES SO, 2015, S. 22f).

Für die beiden Versorgungsräume Bern und Emmental wird in diesem Kontext durch die Eco Plan/HES SO seit der Änderung ein positives Zeugnis ausgestellt. Die KESB des Kanton Bern zeichnen sich aus durch

- »Kohärenz in der Zuweisung zur kantonalen Ebene, welche die andernorts geführten Diskussionen um die Finanzierung kantonal verfügter Maßnahmen durch die Gemeinden vermeidet,
- weitgehende intrakantonale Einheitlichkeit bezüglich Struktur und Prozess,
- Umsetzung der Interdisziplinarität in der Form präziser Vorgaben zur Qualifikation der Behördenmitglieder« (Ecoplan & HES SO, 2015, S. 2).

Sozialdienst

Im Kanton Bern sind die Sozialdienste »Abklärungsstellen der KESB, welche zudem für den freiwilligen Kindes- und Erwachsenenschutz zuständig sind« (Fassbind, o. J., S. 13). Die Sozialdienste gelten im Kontext des Kinderschutzes als die wichtigsten Partner der KESB (vgl. Ecoplan & HES SO, 2015, S. 3). Ihre Aufgaben sind im Kontext des Kinderschutzes die Sachverhaltsabklärung, mit der die KESB sie beauftragt sowie die Mandatsführung. Hierfür rekrutieren, begleiten und bilden die Sozialdienste die privaten Mandatsträgerinnen und -träger auch aus (vgl. Ecoplan & HES SO, 2015, S. 36). Diese sind jedoch nur für den Erwachsenenschutz von Belang.

Mit der Gesetzesrevision ist auch eine Änderung in der Beziehungsgestaltung zwischen KESB und Sozialdiensten intendiert. Art. 440 ZGB schreibt hier die Rolle des Auftraggebers eindeutig den Behörden zu und stärkt diese. Dies wird als Wandel zu den früheren Kooperationsbeziehungen beschrieben, in denen die mit Laien besetzten Behörden die Maßnahmen der Sozialdienste weitestgehend unkritisch genehmigt haben. In ihrer Wechselwirkung müssen beide Institutionen funktionieren, wenn Kindes- und Erwachsenenschutz gelingen soll. Grundsätzlich lässt sich festhalten, dass die Anforderungen an die Sozialdienste mit der Umstrukturierung gestiegen sind (vgl. Ecoplan & HES SO, 2015, S. 37).

Abklärung

Relevanter Aspekt im Kinderschutzgeschehen ist die Phase der Abklärung, ob eine Gefährdung vorliegt oder nicht. Sie unterscheidet sich von der deutschen. Die Schweizer Abklärung erfolgt, wenn ein behördlicher Auftrag durch die KESB ergeht, »in Form einer verfahrensleitenden Verfügung« (Peter, Dietrich & Speich, 2016, S. 154). Grundsätzlich besteht dazu in der Schweiz kein methodisch einheitliches oder standardisiertes Modell (vgl. Fassbind, 2016, S. 147). Ihr inhärent ist jedoch immer eine psychosoziale Diagnostik (sowie im Kinderschutz ein Hausbesuch, wenn die betroffenen Kinder unter 6 Jahre alt sind). Planung, Vertrauensaufbau und zeitliche Ressourcen sind dabei beschriebene Qualitätskriterien (vgl. ebd., S. 147ff). Obligatorisch ist auch mindestens ein gemeinsamer Kontakt zwischen abklärender Person und den Betroffenen (vgl. Peter, Dietrich & Speich, 2016, S. 155).

Beim eröffnenden Verfahren wird geklärt, ob und an wen ein Abklärungsauftrag erteilt werden soll. Das kann durch den internen oder externen Abklärungsdienst der KESB erfolgen (meist sozialarbeiterisch besetzt). Dabei unterschieden werden kann zwischen einer

- umfassenden oder aber einschränkenden Sozialabklärung oder
- einer ergänzenden oder alleinstehenden Spezialabklärung – dann »im Sinne eines maßzuschneidernden Fachgutachtens« (Fassbind, 2016, S. 141).

KESB-intern kann die Abklärung dann vorgenommen werden, wenn notwendige Kenntnisse, z. B. über Entwicklungspsychologie, Bindungstheorie und Risikoeinschätzungen vorliegen (vgl. Fassbind, 2016, S. 145). Auch für den abschließenden Bericht gibt es keine rechtlichen einheitlichen Vorschriften, Nachvollziehbarkeit, Nachprüfbarkeit und Transparenz gelten aber als Qualitätskriterien (vgl. Peter, Dietrich & Speich, 2016, S. 158).

Sogenannte maßgeschneiderte Fachgutachten (optional, wenn fachlich angemessen) zur Abklärung einer Gefährdung werden im Kanton Bern erbracht durch

- die Erziehungsberatung,
- den Kinder- und Jugendpsychiatrischen Dienst,
- private Begutachtende,
- bei Fachsozialberichten Fachstellen und Institutionen, die z. B. klären können, ob ein Baby bei seinen drogenabhängigen Eltern verbleiben kann (vgl. Fassbind, 2016, S. 141).

Es können dabei unterschiedliche Gutachten angefordert oder miteinander kombiniert werden. Es kann auch grundsätzlich – wenn die Aktenlage dies hergibt – auf ein Gutachten verzichtet werden. Fragen rund um die Gestaltung und Notwendigkeit der Gutachten sind im günstigsten Fall im interdisziplinären Kooperationsverbund aus fallinstruierenden Personen (die letztendlich bestimmt, was abzuklären ist) und Begutachtenden zu klären (vgl. ebd., S. 142).

Als *externe Partner* sind für die KESB auf kommunaler Ebene also *die Sozialdienste* relevant, daneben sind als Einflussgrößen jedoch auch der *Verband Berner Gemeinden und die Regierungsstatthalter* zu nennen (vgl. Ecoplan & HES SO, 2015, S. 3).

Seit 2010 bestehen im Kanton Bern zehn Regierungsstatthalter (gemäß Art. 93 der Kantonsverfassung[2]) (vgl. Justiz-, Gemeinden- und Kirchendirektion o. J., o. S.). Die von den Stimmberechtigten gewählten *Regierungsstatthalter* haben die folgenden Hauptaufgaben:

- »Vertretung des Regierungsrates im Verwaltungskreis;
- Überwachung des ordnungsgemäßen Ganges der Verwaltung und Beaufsichtigung der Gemeinden;

---

2 Verfassung des Kantons Bern: Art. 93.

- Tätigkeit in den von der Gesetzgebung bezeichneten Fällen als Bewilligungs-, Genehmigungs-, Verwaltungsjustiz- und Vollzugsbehörde;
- Führungs- und Koordinationsaufgaben in außerordentlichen Lagen« (ebd.)

Im Kontext der Zusammenarbeit mit der KESB im Kanton Bern vollzieht sich die Zusammenarbeit im Rahmen eines regelmäßigen Austauschs zwischen der Geschäftsleitung KESB und einem Ausschuss der Regierungsstatthalter (vgl. Ecoplan & HES SO, 2015, S. 43).

Die Zusammenarbeit mit den *Berner Gemeinden* wird anders als die mit den Regierungsstatthaltern als schwieriger beschrieben. Der Verband der Berner Gemeinden ist zwar kein direkter Kooperationspartner der KESB, »vertritt aber die Interessen der Bernischen Gemeinden gegenüber dem Kanton« (Ecoplan & HES SO, 2015, S. 44). Diese zeigen sich besorgt, da sich die Arbeitsbedingungen für die Sozialdienste seit Einführung der KESB eher verschlechtert haben, der Aufwand zugenommen hat, die KESB mit vielen Dossiers im Rückstand ist und der Informationsfluss optimierbar wäre. Für hochgradig komplexe Fälle wird die KESB als geeignet empfunden. Kosten und Aufwand für Abklärungen in weniger schwierigen Fällen werden jedoch als zu hoch eingeschätzt (vgl. Ecoplan & HES SO, 2015, S. 43f).

Grundsätzlich gelten die Gemeinden neben den Kantonen in der Schweiz als maßgebliche Akteure im Kontext der Umsetzung von Kinder- und Jugendpolitik. Sie können diese an den lokalen Gegebenheiten entlang gestalten und haben die Oberhand über Entscheidungen in Kinderschutzfällen. Vor der Umstrukturierung des Systems war festzustellen, dass insbesondere kleine Gemeinden hier stärker und härter interveniert haben und Entscheidungen teilweise willkürlich getroffen wurden (vgl. Nett & Spratt, 2012, S. 45ff).

Als wesentlicher Akteur im Schweizer Kinderschutz ist letztlich noch die *KOKES* Die (Konferenz der Kantone für den Kindes- und Erwachsenenschutz) zu nennen. Insbesondere in Bezug auf die Revision des Kindes- und Erwachsenenschutzrechts relevante Empfehlungen formuliert, so etwa dass die Mitglieder der neuen KESB sich aus den Disziplinen Recht, Sozialarbeit und Pädagogik zusammensetzen sollten (vgl. Nett & Spratt, 2012, S. 46).

Finanzierung

In Verbindung mit der Neukonzeptionierung des Kinderschutzes hat sich auch die Finanzierungsstruktur in der Schweiz verändert. Die vorab durch Lastenausgleich gewährleistete Finanzierung von Maßnahmen ist einer Vorfinanzierung durch die KESB bei angeordneten Maßnahmen gewichen. Für den Kanton Bern gilt nun:

- Der Kanton Bern zahlt von der KESB verfügte Maßnahmen.
- Über den Finanzausgleich Sozialhilfe (50 % Kanton und 50 % Gemeinden) werden nicht von der KESB verfügte freiwillige Maßnahmen gezahlt, zwischen den Gemeinden besteht in der Sozialhilfe ein Lastenausgleich, damit

auch finanzschwächere Gemeinden freiwillige Leistungen vorhalten können (vgl. Ecoplan & HES SO, 2015, S. 57f).

Grundsätzlich besteht ein Zusammenhang zwischen vorhandener Infrastruktur und der Verortung von Maßnahmen. Ist erstere nicht hinreichend ausgestaltet, werden in der Konsequenz Fälle in den zivilrechtlichen Bereich, zur KESB, verlagert, die eigentlich mit freiwilligen Mitteln hätten bearbeitet werden können. Für den Kanton Bern lässt sich vor diesem Hintergrund festhalten, dass zumindest Diskussionen über die angemessene Zuordnung von Fällen entstehen (vgl. ebd.).

13.5 Gemeinsamkeiten und Unterschiede

Blickt man abschließend vergleichend auf die beiden untersuchten Länder, fallen sowohl Gemeinsamkeiten als auch Unterschiede im Hinblick auf die Kinderschutzlandschaft auf. Sowohl die Schweiz als auch Deutschland verfügen über historisch gewachsene professionelle Kinderschutzsysteme, die rechtlichen Verankerungen und dabei denselben übergeordneten Prinzipien unterliegen:

Subsidiarität

Exemplarisch für die Schweiz gilt: »Die KESB greift erst ein, wenn die Eltern nicht von sich aus Abhilfe schaffen oder dazu außer Stande sind« (KOKES, o. J., S. 1). Auch Hauri & Zingaro betonen die Subsidiarität, ein Eingriff staatlicherseits ist ausschließlich bei mangelnder Verantwortungsübernahme der Eltern rechtens (vgl. Hauri & Zingaro, 2013, S. 18). Allerdings darf die KESB nicht nur erst dann eingreifen, wenn das Kindeswohl bereits beeinträchtigt ist, auch die »ernstliche Möglichkeit« einer solchen Beeinträchtigung (ebd., S. 19) ist ausreichend, um tätig zu werden (vgl. ebd.). Auch für Deutschland gilt in Anlehnung an das Grundgesetz, dass der Staat erst in die Elternrechte eingreifen darf, wenn alle anderen Möglichkeiten geprüft wurden (vgl. Wazlawik & Wolff, 2018, S. 306). In den hier untersuchten deutschen wie schweizerischen Versorgungsräumen wird teilweise kritisiert, dass freiwillige Maßnahmen zu lange aufrechterhalten werden und KESB oder Jugendamt zu spät auf Zwangsmaßnahmen hinwirken. So beschreiben die Sozialdienste des Kanton Bern, »dass in Einzelfällen die Subsidiarität im Kinderschutz von der KESB zu weit gedehnt wird« (Ecoplan & HES SO, 2015, S. 59), was wiederum In Zusammenhang mit der Finanzierungslogik zusammenhängen könnte. Des Weiteren zählen Verhältnismäßigkeit, also die Maßgabe, angemessene Unterstützungs- und Maßnahmesettings zu gestalten (vgl. Ecoplan & HES SO, 2015, S. 11) sowie die Komplementarität dazu: Die Kompetenzen und Ressourcen der Eltern sollen im Idealfall durch Kinderschutzmaßnahmen nicht be- oder verhindert, sondern ergänzt werden (vgl. Hauri & Zingaro, 2013, S. 19). Von Schweizer Autorinnen und Autoren wird als weiterer Grundsatz für die Schweiz zudem noch die Verschuldensunabhängigkeit benannt. Kinderschutzmaßnahmen sind demnach unabhängig davon zu treffen, wer die Schuld dafür trägt: »Im Fokus stehen die Gefährdung, deren Ursachen (wie gesagt unabhängig vom Verschulden) und Lösungsmöglichkeiten« (Rosch & Hauri, 2016, S. 412).

Auch bei den *Qualitätsstandards* in der Kinder- und Jugendhilfe gibt es Gemeinsamkeiten. Bezogen auf den Allgemeinen Sozialen Dienst als für den Kinderschutz relevanten Bereich des Jugendamts beschreibt Schrapper folgende Qualitätsanforderungen:

- Sensibilität für die komplexen Lebensumstände der Adressatinnen und Adressaten, die Ressourcen und Verletzungen gleichermaßen wahrnimmt
- Lebenswelt- und -raumorientierung mit Blick für kulturelle und strukturelle, soziale und räumliche Rahmenbedingungen
- Zuverlässige und zugängliche Unterstützungsleistungen, verbunden mit Transparenz über Möglichkeiten und Grenzen im Unterstützungssystem
- Verbindliche tragfähige Kooperationsbeziehungen zu weiteren Fachkräften und Institutionen
- Sorgsamer und transparenter Umgang mit den Ressourcen für öffentliche Leistungen (vgl. Schrapper, 2013, S. 61f.; vgl. Merchel, 2018, S. 105)

Karin Böllert formuliert den Anspruch »der Sicherstellung der personellen, organisatorischen und finanziellen Rahmenbedingungen im Hinblick auf eine sozialräumliche und bedarfsorientierte Kombination von individuellen Leistungen und lebensfeldorientierten Angeboten« (Böllert, 2018, S. 9). Auch die Schweizer Ausführungen sind durch ähnliche Ansprüche charakterisiert, so sind Partizipation, Gewährung der Autonomie sowie maßgeschneiderte Unterstützungsmaßnahmen in der Schweiz Ziele der Gesetzesrevision (vgl. Ecoplan & HES SO, 2015, S. 11).

Divergenz und Ambivalenz in den Rollen der relevanten Kinderschutzinstitutionen

Mit Blick auf die Fachliteratur fällt auf, dass maßgebliche Institutionen im Kinderschutz – sowohl die KESB als auch das Jugendamt, aber auch die Schweizer Sozialdienste mit Rollendivergenzen und Ambivalenzen befasst sind. Bezogen auf das Selbstverständnis betrifft dies insbesondere KESB und Jugendamt. Obwohl die KESB explizit als Eingriffsbehörde definiert wird, will sie von ihren Akteuren vorrangig verstanden werden als »Dienstleistungsorganisation im Dienste der betroffenen Personen, lösungsorientiert, pragmatisch, niedrigschwellig anrufbar, auf Überzeugung und Einbezug der betroffenen Personen ausgerichtet« (Fassbind, o. J., S. 15). Auch das deutsche Jugendamt will trotz anteilig kontrollierender Aufgaben verstärkt als Unterstützungsorgan charakterisiert werden, wenngleich gestalterische und schützende Aspekte gleichrangig betrachtet werden sollten (vgl. Schrapper, 2013, S. 61). Diese Ambivalenzen der eigenen Rolle betreffen verstärkt in der Schweiz auch die Sozialdienste, wenn diese einerseits als Abklärungsinstanz berufen werden und anderseits als Akteure im freiwilligen Kinderschutz tätig sind. Explizit für den deutschen Raum skizziert Merchel zudem eine Rollendiffusität in der Kooperationsbeziehung zwischen öffentlichen und freien Trägern hinsichtlich der Steuerungsverantwortung (vgl. 2018, S. 102).

Für beide Länder lässt sich ebenfalls feststellen, dass an die Kooperationsbereitschaft zugunsten gelungener Hilfe-, aber auch Abklärungsprozesse appelliert und diese verstärkt gefordert wird (vgl. Peter, Dietrich & Speich, 2016, S. 153). In den vergangenen Jahren ist das staatliche Handeln im Kinderschutzkontext in Deutschland neben den intervenierenden Maßnahmen verstärkt erweitert worden um präventive Vorgehensweisen mit denen eine mögliche Gefährdung der Kinder frühestmöglich abgewendet werden soll. Diese Frühen Hilfen werden zum Einen in Form von Unterstützungsleistungen für Familien ausbuchstabiert, zum anderen beinhalten sie konzeptionell eine Stärkung der Kooperationsbeziehungen zwischen den unterschiedlichen Professionen, die in besonderem Maße mit Kindern und ihrem Wohl in Berührung kommen, bspw. Lehrerinnen und Lehrer, Kinderärztinnen und -ärzte oder Fachkräfte der Jugendhilfe (vgl. Peifer, 2011, S. 500f). Das Gestalten positiver Kooperationsbeziehungen gilt jedoch als Herausforderung, insbesondere da für Deutschland die Arbeit mit den freien Trägern häufig gekennzeichnet ist von im Hilfesystem begründeten »divergierenden Loyalitäten« (Böllert, 2018, S. 8), die Fairness und Transparenz erschweren (vgl. ebd.).

Werden im Kontext des Forschungsprojekts die kindeschutzrelevanten Institutionen und hier insbesondere das Jugendamt und die KESB miteinander verglichen, so fallen Aspekte ins Auge, die die Unterschiede beider Länder verdeutlichen.

Unterschiedliche Breite des Aufgabenfeldes

Die KOKES beschreibt als einziges Ziel der KESB den »Schutz von gefährdeten Kindern« (KOKES, o. J., S. 1). Der für die KESB relevante Bereich des zivilrechtlichen Kinderschutzes dient demnach der »Vermeidung sowie der Behebung von Gefährdungen« (Hauri & Zingaro, 2013, S. 18). Wesentlich umfangreicher und mit besonderem Fokus auch auf Förderung und Entwicklung stellt sich das Handlungsfeld deutscher Jugendämter dar. Unterschiede zwischen KESB und Jugendamt werden zusätzlich verdeutlicht, wenn man der Analyse von Rosch und Hauri folgt, die dem gesamten schweizerischen Kinderschutz drei Wirkungen zuschreiben: Der Schutz des Kindeswohls, die Sicherung des Kindeswohls sowie die Förderung des Kindeswohls (vgl. Rosch & Hauri, 2016, S. 417) Der für die KESB relevante Bereich des zivilrechtlichen Kinderschutzes dient jedoch ausschließlich dem Schutz und der Sicherung, anders als der Tätigkeitsbereich des Jugendamtes, der auch einen Gestaltungsauftrag umfasst[3]. Rosch und Hauri be-

---

3 Heruntergebrochen auf die Ebene der konkreten Tätigkeiten einer Fachkraft zeigt sich der erweiterte Auftrag des Jugendamts in Deutschland auch an der fallunspezifischen

tonen, dass es an dieser Stelle ethische und gesamtgesellschaftliche Fragen berührt, ob der (hier schweizerische) Staat über die behördlich verordneten Maßnahmen hinaus auch durch weitere Unterstützungsleistungen Kinder schützen – oder fördern – will (vgl. Rosch & Hauri, 2016, S. 417). In diesem Kontext als herausragendes Unterscheidungsmerkmal ist daher nochmal die Doppelfunktion des deutschen Jugendamtes zu betonen: Es fungiert »zum einen als Träger von Einrichtungen und Diensten sowie zum anderen als Gewährleistungsträger sowohl für die Realisierung der individuellen Rechtsansprüche als auch für die Gestaltung einer angemessenen Infrastruktur« (Merchel, 2018, S. 96). Um dieser spezifisch deutschen Doppelrolle, die mit einem Spannungsfeld verbunden ist, gerecht zu werden, wurde im Rahmen des 11. Kinder- und Jugendbericht empfohlen, dass die öffentlichen Träger in allererster Linie Steuerungs- und Gewährleistungsfunktion übernehmen und somit die Leistungserbringung verstärkt den freien Trägern überantworten. Dies wurde jedoch nicht konsequent in die Jugendhilfelandschaft überführt (vgl. Merchel, 2018, S. 96). Damit würde das deutsche Jugendamt hinsichtlich ihres Tätigkeitsfeldes etwas näher an die schweizerischen KESB heranrücken. Bislang besteht diesbezüglich jedoch ein markanter Unterschied.

In jüngsten Veröffentlichungen wird jedoch bezogen auf das deutsche Jugendamt nochmals betont, dass ungeachtet seiner Funktion als Wächteramt »Aspekte der allgemeinen Förderung einen eindeutigen Vorrang gegenüber dem Primat der sozialen Kontrolle erhalten haben« (Böllert, 2018, S. 19). An diese Forderung anschließen lässt sich eine Kritik der Sozialdienste der Schweiz, die ebenfalls ein solches Primat skizzieren: Die überwiegenden Ressourcen würden in die Abklärungsaufgaben – also den Kinderschutz fließen – die Fokussierung darauf lässt andere relevante Aufgabenbereiche in den Hintergrund rücken (vgl. Ecoplan & HES SO, 2015, S. 37).

Divergierende Verfügungsmöglichkeiten

Als herausragendes Unterscheidungsmerkmal im Ländervergleich können zudem die Verfügungsmöglichkeiten im Kinderschutzgeschehen genannt werden. Während die KESB wie oben beschrieben *als Eingriffsbehörde* fungiert, ist das deutsche Jugendamt »primär eine Leistungs- und *keine Eingriffsbehörde*« (Oberloskamp, 2012, S. 898). Die KESB entscheidet letztlich selbst, ob das Kind gefährdet ist oder in der Familie bleiben kann, und kann dazu auf die vorhandenen Kinderschutzmaßnahmen zurückgreifen und diese anordnen. Das Jugendamt wiederum kann Maßnahmen gewähren und auch anregen, aber deren Inanspruchnahme nicht erzwingen. Auch über die Herausnahme eines Kindes aus der Familie können Mitarbeiterinnen und Mitarbeiter nicht entscheiden, in Obhut nehmen dürfen sie nur in akuten Notsituationen für einen kurzen Zeitraum. Entschei-

---

Arbeit, die der Ressourcenfindung in einem konkreten Sozialraum dient und so in der Schweizer Fachliteratur als Aufgabe für Mitarbeiterinnen und Mitarbeiter der KESB nicht zu finden ist.

dungsgewalt hat das Familiengericht, an das das Jugendamt sich wenden muss. Es kann hier einen Antrag stellen und Stellung nehmen. Nimmt das Jugendamt aufgrund der Gefahrenlage also ein Kind gemäß § 42 SGB VIII in Obhut, handelt es sich um eine vorläufige Maßnahme. »Widersprechen die Eltern der Inobhutnahme, so ist ihnen das Kind oder der Jugendliche herauszugeben, wenn nicht eine Gefahrenlage nach § 1666 BGB besteht oder eine familiengerichtliche Entscheidung herbeizuführen ist« (Schimke & Münder, 2012, S. 276).

In der Schweiz besteht ein Spezifikum bezüglich des Sorgerechtsentzugs. Während in Deutschland für jedes einzelne Kind ein Antrag auf diesen gestellt werden muss, auch wenn dies für andere Kinder derselben Eltern bereits entschieden wurde, überträgt sich in der Schweiz der Entzug auf nachgeborene Kinder: »Die Entziehung kann gegenüber einem von mehreren Kindern ausgesprochen werden. Wird sie auf alle Kinder der betroffenen Eltern ausgedehnt, wirkt sie auch gegenüber später geborenen Kindern, sofern nicht ausdrücklich das Gegenteil verfügt wird« (Hauri & Zingaro, 2013, S. 23). Hier besteht auf Seiten der Schweiz also ein deutlich stärkeres Eingriffsrecht.

Zusammenfassen lässt sich also, dass sich vor dem Hintergrund länderspezifischer Besonderheiten professionelle Institutionen zur Gewährung des Kinderschutzes ausgebildet haben, deren Verfahren spezifischen Ablaufschemata folgen und rechtlichen Vorschriften unterliegen. Deutschland und die Schweiz formulieren dabei formal ähnliche Ziele, die von den Prämissen von Partizipation und Lebensweltorientierung geleitet werden, andererseits jedoch länderspezifische Ausprägungen mit sich bringen, die sich potenziell in den Analysen zu den hier untersuchten Versorgungsräumen widerspiegeln. Darüber hinaus ist der Kinderschutz als eine Aufgabe zu begreifen, »die alle Sozialisationsinstanzen von Kindern und Jugendlichen umfasst« (Wazlawik & Wolff, 2018, S. 307), also für beide Länder gelungene Kooperationsbeziehungen über die hier skizzierten Institutionen hinaus bedeutet, wenn ein angemessenes Leistungsangebot im Sinne der Betroffenen bestehen soll.

Literatur

Bieker, R. (2018). Trägerstrukturen in der Sozialen Arbeit – ein Überblick. In: R. Bieker & Floerecke, P. (Hrsg.). *Träger, Arbeitsfelder und Zielgruppen der Sozialen Arbeit*. Kohlhammer Verlag. Stuttgart. S. 13–43.

Böllert, Karin. (2018). Einleitung: Kinder- und Jugendhilfe – Entwicklungen und Herausforderungen einer unübersichtlichen sozialen Infrastruktur. In: Dies. (Hrsg.). *Kompendium Kinder- und Jugendhilfe*. Springer Verlag. Wiesbaden. S. 3–62.

Brandstetter, Manuela. (2007). Soziale Probleme im ländlichen Raum. Übersetzungsprobleme und Erklärungsversuche für ›Hilfe im ländlichen Raum‹ aus sozialraumorientierter Perspektive. In: EQUAL (Hrsg.). *Sozialer Sektor im Wandel. Zur Qualitätsdebatte und Beauftragung Sozialer Arbeit*. Pro Mente. Linz. S. 231–247.

Ecoplan & Hes-So Valais-Wallis. (2015). *Evaluation Umsetzung des Kindes- und Erwachsenenschutzgesetzes im Kanton Bern. Bericht 1. Evaluationsphase*. Abgerufen unter https://

www.jgk.be.ch/jgk/de/index/direktion/organisation/kesb/publikationen.assetref/dam/docu ments/JGK/KESB/de/KESB_Bericht-Evaluation-Ecoplan_de.pdf [letzter Zugriff: 03.09. 2018].

Fachstelle Kinderschutz. (2008). *Zusammenarbeit von Jugendamt und Familiengericht in familiengerichtlichen Verfahren.* Abgerufen unter http://www.fachstelle-kinderschutz.de/cms/upload/Publikationen/Info_aktuell/9_Info_aktuell.pdf [letzter Zugriff: 03.09.2018].

Fassbind, Patrick. (o. J.). *Wie arbeitet eine KESB – am Beispiel der KESB Bern.*

Fassbind, Patrick. (2016). Ablauf und Stadien des Kindes- und Erwachsenenschutzverfahren. In: Rosch, Daniel/Fountoulakis, Christiana/Heck, Christoph (Hrsg.). *Handbuch Kindes- und Erwachsenenschutz.* Haupt-Verlag. Bern. S. 124–146.

Fehren, Oliver & Kalter, Birgit. (2014). Zur Debatte um Sozialraumorientierung in Theorie- und Forschungsdiskursen. In: Hinte, Wolfgang & Fürst, Roland (Hrsg.). *Sozialraumorientierung.* UTB-Verlag. Wien. S. 29–43.

Fountoulakis, Christina & Rosch, Daniel. (2016). Kindes- und Erwachsenenschutz als Teil des Eingriffssozialrechts. In: Dies. & Heck, Christoph (Hrsg.). *Handbuch Kindes- und Erwachsenenschutz.* Haupt-Verlag. Bern. S. 22–29.

Greese, Dieter. (2001). Allgemeiner Sozialer Dienst. In: Otto, Hans-Uwe & Thiersch, Hans (2001). *Handbuch Sozialarbeit/Sozialpädagogik.* Luchterhand Verlag. Neuwied. S. 7–10.

Hauri, Andrea & Zingaro, Marco. (2013). *Leitfaden Kindesschutz. Kindeswohlgefährdung erkennen in der sozialarbeiterischen Praxis.* Abgerufen unter https://www.soziale-arbeit.bfh. ch/fileadmin/_migrated/content_uploads/Hauri_Zingaro_2013_Leitfaden_3_Kindeswohl gefaehrdung_.pdf [letzter Zugriff: 03.09.2018].

Hegnauer, Cyril. (1999). *Grundrisse des Kindesrechts.* Bern.

Herschelmann, Michael. (2018). Kinderschutz im ländlichen Raum. Entwicklungen und Perspektiven. In: Böwer, Michael/Kotthaus, Jochem (Hrsg.). *Praxisbuch Kinderschutz.* Beltz Juventa. Weinheim und Basel. S. 92–111.

Hinte, Wolfgang & Treeß, Helga. (2007). *Sozialraumorientierung in der Jugendhilfe.* Juventa Verlag. Weinheim und München.

Hinte, Wolfgang. (2014). Der »Fall im Feld« im SGB VIII – wie wird Sozialraumorientierung finanziert? In: *RdJB 04/2014, 62. Jahrgang.* S. 526–535.

Janett, Daniel & Fassbind, Patrick. (o. J.). *Vom Aufbau und Alltag der Kindes- und Erwachsenenschutzbehörden (KESB) des Kantons Bern – ein kleiner Zwischenbericht aus einem grossen zivilrechtlichen Reformprojekt.* Abgerufen unter https://www.jgk.be.ch/jgk/de/index/direkti on/organisation/kesb/publikationen.assetref/dam/documents/JGK/KESB/de/KESB_Publik ation_2014_BE_N-ius_Heft_14_de.pdf[letzter Zugriff: 03.09.2018].

Jordan, E./Schone, R. (1992). *Jugendhilfeplanung – aber wie? Eine Arbeitshilfe für die Praxis.* Münster.

Jordan, Erwin/Maykus, Stephan/Stuckstätte, Eva C. (Hrsg.) (2012). *Kinder- und Jugendhilfe. Einführung in Geschichte und Handlungsfelder, Organisationsformen und gesellschaftliche Problemlagen.* Beltz Juventa. Weinheim und Basel. S. 271–274.

Justiz-, Gemeinde- und Kirchendirektion. (o. J.). *Über uns.* Abgerufen unter http://www.jgk. be.ch/jgk/de/index/direktion/organisation/rsta/ueber_uns.html#middlePar_textbild_0 [letzter Zugriff: 13.09.2018].

Justiz-, Gemeinden- und Kirchendirektion. (o. J.). *Kantonales Jugendamt.* Abgerufen unter http://www.jgk.be.ch/jgk/de/index/direktion/organisation/kja.html [letzter Zugriff: 13.09. 2018].

Kalter, Birgit. (2011). *Aktuelle Situation und Praxis des Kinder- und Jugendschutzes in Deutschland – Eine Zusammenfassung.* Essen. Unveröffentlicht.

Kasper, Bernd. (2017). *Kindeswohl. Eine gemeinsame Aufgabe.* Vandenhoeck und Ruprecht. Göttingen.

Kinderschutz Schweiz. (o. J.). *Das System des Kindesschutzes in der Schweiz.* Abgerufen unter https://www.kinderschutz.ch/de/das-system-des-kindesschutzes-in-der-schweiz.html [letzter Zugriff: 13.09.2018].

Klundt, Michael. (2017). *Kinderpolitik. Eine Einführung in Praxisfelder und Probleme.* Beltz Juventa. Weinheim und Basel.

KOKES. (o. J.). *Merkblatt zum Kinderschutz.* Abgerufen unter https://www.kokes.ch/applica tion/files/9114/9390/8357/Merkblatt_Kindesschutz_normale_Sprache.pdf [letzter Zugriff: 13.09.2018].
Kompetenzzentrum Kinderschutz. (o. J.). *Kinderschutz im Wandel. Die Definition des Begriffs der Kindeswohlgefährdung unter Berücksichtigung der Kinderrechte.* Abgerufen unter http://www.kinderschutz-in-nrw.de/fileadmin/medien/Kinderschutz_im_Wandel.pdf [letzter Zugriff: 10.09.2018].
Krause, Hans-Ullrich/Peters, Friedhelm. (Hrsg.) (2002). *Grundwissen Erzieherische Hilfen. Ausgangsfragen, Schlüsselthemen, Herausforderungen.* Votum Verlag. Münster.
Liebel, Manfred. (2011). Kinderrechte. In: Deutscher Verein für öffentliche und private Fürsorge (Hrsg.). *Fachlexikon der Sozialen Arbeit.* Nomos Verlag. Baden-Baden. S. 499–500.
Merchel, Joachim. (2018). Trägerstrukturen und Organisationsformen in der Kinder- und Jugendhilfe. In: Böllert, Karin (Hrsg.). *Kompendium Kinder- und Jugendhilfe.* Springer Verlag. Wiesbaden. S. 93–113.
Netzwerk Kinderrechte Schweiz. (o. J.). *Geschichte der Rechte des Kindes.* Abgerufen unter http://www.netzwerk-kinderrechte.ch/index.php?id=15 [letzter Zugriff: 08.09.2018].
Rosch, Daniel & Hauri, Andrea. (2016). Begriff und Arten des Kindesschutzes. In: Ders., Fountoulakis, Christiana & Heck, Christoph (Hrsg.). *Handbuch Kindes- und Erwachsenenschutz.* Haupt-Verlag. Bern. S. 406–458.
Peter, Verena, Dietrich, Rosmarie & Speich, Simone. (2016). Vorgehen bei der Hauptabklärung und Instrumente. In: Rosch, Daniel, Fountoulakis, Christiana & Heck, Christoph (Hrsg.). *Handbuch Kindes- und Erwachsenenschutz.* Haupt-Verlag. Bern. S. 147–162.
Peifer, Ulrike. (2011). Kinderschutz. In: Deutscher Verein für öffentliche und private Fürsorge (Hrsg.). *Fachlexikon der Sozialen Arbeit.* Nomos Verlag. Baden-Baden. S. 500–501.
Schimke, Hans-Jürgen. (2012). Der Schutzauftrag bei Kindeswohlgefährdung. In: Jordan, Erwin, Maykus, Stephan & Stuckstätte, Eva C. (Hrsg.). *Kinder-und Jugendhilfe. Einführung in Geschichte und Handlungsfelder, Organisationsformen und gesellschaftliche Problemlagen.* Beltz Juventa. Weinheim und Basel. S. 271–274.
Schimke, Hans-Jürgen & Münder, Johannes. (2012). Hoheitliche Aufgaben der Jugendhilfe. In: Jordan, Erwin, Maykus, Stephan & Stuckstätte, Eva C. (Hrsg.). *Kinder-und Jugendhilfe. Einführung in Geschichte und Handlungsfelder, Organisationsformen und gesellschaftliche Problemlagen.* Beltz Juventa. Weinheim und Basel. S. 275–300.
Schrapper, Christian. (2013). Allgemeiner Sozialdienst. In: Kreft, Dieter & Mielenz, Ingrid (2013). *Wörterbuch Soziale Arbeit.* Beltz Juventa Verlag. Weinheim und Basel. S. 57–62.
Stadt Essen. (2016). *Kinder vor Gewalt, Vernachlässigung und anderen Gefahren schützen.* Abgerufen unter https://media.essen.de/media/wwwessende/aemter/51/soziale_dienste/Kinder _vor_Gewalt_Vernachlaessigung_und_anderen_Gefahren_schuetzen_beschlossen_08112 016_JHA.pdf [letzter Zugriff: 10.09.2018].
Stadt Essen. (2017). *Kooperationsvereinbarung bei Hinweisen auf Kindeswohlgefährdung für Träger der Jugendhilfe.* Abgerufen unter https://media.essen.de/media/wwwessende/aemter/ 51/soziale_dienste/Koopertionsvereinbarung_gem.__8a_-4-.pdf [letzter Zugriff: 10.09.2018].
Wazlawik, Martin & Wolff, Mechthild. (2018). Gefährdungen von Kindern und Jugendlichen und der Schutzauftrag der Kinder- und Jugendhilfe. In: Böllert, Karin (Hrsg.). *Kompendium Kinder- und Jugendhilfe.* Springer Verlag. Wiesbaden. S. 291–314.
Wiesner, Reinhard. (2011). Kinder- und Jugendhilfegesetz. In: Deutscher Verein für öffentliche und private Fürsorge (Hrsg.). *Fachlexikon der Sozialen Arbeit.* Nomos Verlag. Baden-Baden. S. 504.
Wiesner, Reinhard. (2018). Die Finanzierung der Kinder- und Jugendhilfe. In: Böllert, Karin (Hrsg.). *Kompendium Kinder- und Jugendhilfe.* Springer Verlag. Wiesbaden. S. 165–177.
Wolff, Reinhart. (2013). *Zusammenarbeit im Kinderschutz – wichtig, aber schwierig.* Abgerufen unter https://www.fruehehilfen.de/fileadmin/user_upload/fruehehilfen.de/pdf/Vortrag_ Wolff_130605.pdf [letzter Zugriff: 13.09.2018].
Ziegler, Holger. (2010). *Offensiver Kinderschutz für Jugendliche.* In: Arbeitsgruppe Fachtagungen Jugendhilfe im Deutschen Institut für Urbanistik. S. 61–71.

Dank

Die Forschung MehrNetzWert und die hier vorliegende Publikation konnten nur dank dem Mitwirken vieler Fachleute aus Praxis und Wissenschaft verwirklicht werden. Etliche Mitarbeiterinnen und Mitarbeiter von Kindes- und Erwachsenenschutzbehörden und Jugendämtern halfen mit, Kinder und Elternteile für Forschungsinterviews zu gewinnen und später die ersten provisorischen Ergebnisse zu diskutieren und einzuordnen. Besonderer Dank geht an Raffaele Castellani und Franziska Voegeli von der KESB Bern und an Verena Schwander und Silvio Imhof von der KESB Emmental. Im Jugendamt der Stadt Essen setzten sich Werner Flügel und der kürzlich verstorbene Ulrich Engelen für die Umsetzung der Studie ein. In St. Wendel geht unser Dank insbesondere an Vera Meyer und Dirk Wolter.

An den umfangreichen Datenerhebungen und Datenanalysen beteiligten sich an der Berner Fachhochschule Prof. Simone Küng Etter und Prof. Dr. Rahel Müller De Menezes sowie Dominik Bodmer, Wissenschaftlicher Mitarbeiter. Für ihre Beiträge zum Gelingen des Projekts sei ihnen herzlich gedankt. Ein großes Dankeschön geht auch an Prof. Dr. Wolfgang Hinte. Er hatte die Zusammenarbeit zwischen der Universität Duisburg Essen und der Berner Fachhochschule seit Jahren gepflegt und zur Idee und Planung der Forschung MehrNetzWert viel beigetragen.

Herzlicher Dank gebührt auch den Geldgebern, die MehrNetzWert erst möglich machten: Die Stiftung Mercator Schweiz unterstützte die Forschungsaktivitäten in der Schweiz mit einem namhaften Geldbetrag. Weitere finanzielle Beiträge leisteten die Universität Duisburg-Essen, die Stadt Essen und die Berner Fachhochschule.

Verzeichnis der Autorinnen und Autoren

Dieter Haller, Soziologe (Dr. phil.) und Dipl. Sozialarbeiter, arbeitet seit 2007 an der Berner Fachhochschule. In verschiedenen Projekten befasste er sich mit der Organisation, den Interventionen und den Wirkungen von Unterstützungsprozessen im Sozial- und Gesundheitswesen. Aktuell stehen in seiner Forschung und Lehre die Themen transdisziplinäre Kooperation, Kindeswohl und Kinderschutz sowie die Schnittstelle von Sozialer Arbeit und Gesundheit im Zentrum.

Regina Jenzer, Dipl. Sozialarbeiterin MSc, arbeitete längere Zeit in ihrem Erstberuf als Lehrerin. Nach ihrer Ausbildung in Sozialer Arbeit war sie sieben Jahre lang in einem polyvalenten Sozialdienst tätig. An der Berner Fachhochschule lehrt und forscht Regina Jenzer als wissenschaftliche Mitarbeiterin im Themenfeld Kinder- und Erwachsenenschutz.

Birgit Kalter, Dipl. Pädagogin, arbeitete zunächst an der Universität Koblenz-Landau und ist seit 2006 am Institut für Stadtteilentwicklung, Sozialraumorientierte Arbeit und Beratung (ISSAB) der Universität Duisburg-Essen tätig. Neben Lehre umfasst ihr Tätigkeitsfeld die verantwortliche Durchführung von Organisationsuntersuchungen und Entwicklungsprojekten. Arbeitsschwerpunkt bilden Forschungs- und Evaluationsprojekte im Sinne der Praxisforschung in den Bereichen Jugendhilfe, Eingliederungshilfe und inklusive Stadtteilentwicklung.

Jodok Läser, MA Sozialwissenschaften, Sozialarbeit und Sozialpolitik, arbeitet als wissenschaftlicher Mitarbeiter an der Berner Fachhochschule. Seine Themenschwerpunkte in Forschung und Lehre sind die Steuerung sozialer Dienstleistungen, die Arbeitsintegration, die Kinder- und Jugendhilfe und die Methoden der empirischen Sozialforschung.

Julia Schatzschneider, MA Soziale Arbeit, ist seit 2019 wissenschaftliche Mitarbeiterin an der Hochschule Niederrhein. Ihre Arbeitsschwerpunkte sind Partizipation und Konfliktdynamiken in der Energiewende. Zuvor arbeitete sie mehrere Jahre am Institut für Stadtteilentwicklung, Sozialraumorientierte Arbeit und Beratung (ISSAB) der Universität Duisburg-Essen im Arbeitsgebiet Kinder- und Jugendhilfe.